新版

真理

別冊

生死を超える道

総索引・総目次・体験事例別索引付

谷口雅春［著］

日本教文社

はしがき

『真理《しんり》』全十巻を編纂《へんさん》し終《お》わって、もう一冊是非追加《いっさつぜひついか》したいと思ったのは、人間の生命《せいめい》の死後《しご》の問題《もんだい》である。単《たん》に「死後に生活がある」と云《い》う問題以上《いじょう》に、生死《せいし》を超《こ》えて生きとおす生命があるかどうか、死後の霊魂《れいこん》が存続《そんぞく》して救《すく》われるかどうか、天国《てんごく》へどうしたら行《ゆ》けるか、などと云《い》う問題は、人間にとってまことに重要《じゅうよう》な問題であるので、この問題に言及《げんきゅう》して置《お》きたいと思って、別冊《べっさつ》『真理』として「生死を超える道」を追加したのである。結論《けつろん》を先に云うと、生前《せいぜん》を支配《しはい》する法則《ほうそく》も死後を支配する法則も、同じ「心の法則」であると云うことで、本書《ほんしょ》はそれを明《あきら》かにしたのである。

この書を完成《かんせい》するにあたってはハーヴィー・ハードマン博士《はくし》のメンタル・サイエンスから幾《いく》多《た》の示唆《しさ》を受けたのであり、博士の『メンタル・サイエンス講義《こうぎ》』から引用《いんよう》した部分も含《ふく》まれている。と云うのは、メンタル・サイエンスは現在《げんざい》のところ世界唯一《ゆいいつ》の科学的《かがくてき》な宗教《しゅうきょう》であると同時《どうじ》に、万教帰一的《ばんきょうきいってき》な点に於《おい》て生長《せいちょう》の家《いえ》と非常《ひじょう》によく似《に》ているからであり、終戦後《しゅうせんご》、一時《いちじ》私はハードマン博士と協同《きょうどう》して東京《とうきょう》にメンタル・サイエンス東洋本部《とうようほんぶ》を設《もう》けたこともあった位《くらい》に相似《そうじ》の点があるからである。

私がハードマン博士の真理に忠実《ちゅうじつ》な点に感心《かんしん》するのは、キリスト教《きょう》の世界に育《そだ》ちながら、万教帰一的にキリスト教の教義《きょうぎ》の神髄《しんずい》を把握《はあく》しながら、間違《まちが》った部分を容赦《ようしゃ》なく排撃《はいげき》していることである。即《すなわ》ち、イエスが自《みずか》ら犠牲《ぎせい》になって他人の罪《つみ》を贖《あがな》ったと云《い》う説《せつ》を欺瞞《ぎまん》であると云って、次《つぎ》のように勇敢《ゆうかん》に批評《ひひょう》していることである。

「若《も》しあなたが自分の借財《しゃくざい》を他の何人《なんぴと》かが既《すで》に支払《しはら》ってくれたと聞いたり、或《あるい》は支払うはずであると聞いたりして、それを信《しん》ずる時は、恐《おそ》らくあなたは自《みずか》ら支払うための努力《どりょく》をしないで、従《したが》って、貴方《あなた》の精神的《せいしんてき》な努力は停止《ていし》してしまうであろう。之《これ》は全《まった》く宗教家《しゅうきょうか》の発明《はつめい》した謀略《ぼうりゃく》であると考えざるを得《え》ない。」

現今《げんこん》、日本でも新興《しんこう》宗教のうちには、その自称教祖《じしょうきょうそ》がイエスの如《ごと》く、「自分が信者の罪《つみ》の身代《みがわ》りになって救《すく》うのだから、自分の名前を称《とな》えたら救われる」などと傲語《ごうご》して自分に崇拝《すうはい》をあつめて衆人《しゅうじん》を欺《あざむ》いているものがあり、その謀略にのっている信者も多いのであるから、そのような人達《ひとたち》にはハードマン博士のこの容赦《ようしゃ》なき真理の言葉は彼らが目覚《めざ》めるための頂門《ちょうもん》の一針《いっしん》となるであろうと思う。人間が救われるのは法則即《すなわ》ち「道」又《また》は「真理」によるのであって、「他の人の努力」によって自分が救われるのではない。イエスが「我《われ》は道なり、真理なり、われによらで〝神の国〟に入《い》りしものなし」と云《い》ったのは、法則により、真理により、道によらねば、他の人の犠牲《ぎせい》では〝神の国〟に入ることができないことを喝破《かっぱ》されたのである。本書は、人間が生前《せいぜん》、死後《しご》を通《つう》じて救われる法則を書いたものである。

尚《なお》、第一章から読み始めて多少むつかしいと思われた読者は、第八章から終りの章までお読みになってから、第一章へと読み返されるならば一層理解《いっそうりかい》がしやすいと思う。何故《なぜ》なら第八章以下《いか》は、私が各地《かくち》の講習会《こうしゅうかい》で講話《こうわ》したものの録音《ろくおん》を筆録《ひつろく》したものであるから、最初《さいしょ》から「話された言葉」で書かれているからである。

著《ちょ》者《しゃ》識《しる》す

新版 真理 別冊 生死を超える道 目次

はしがき
新版凡例
第一章　科学的な合理的宗教の樹立
新しき宗教への歩み　3
普遍愛の人格的理会　4
第二章　神話的神学から科学的神学へ　10
事実は結論を確認する　12
力と平和の世界　19
第五王国への高昇　14
超感覚世界　21
聖パウロは超人の意義を語る　18
第三章　人間の宇宙に於ける位置
因果の法則　23
伝説は証拠にはならぬ　26
宗教の意義　24
人間不平等の所以　28
証拠の必要　25
心の因と肉体の果　29
第四章　生命は死を超えて前進する
死後にも或る種の「体」が存続する　32
証拠と想像　40
心の法則は公正の秤である　33
合理的な信念を目指して　41
欲望は不滅の原動力である　37
生命は死を超えて前進する　44

第五章　生と死の神秘に就いて
輪廻転生　48
再化身説に対する異義　51
潜在意識の記憶　54
個人の意見は法則ではない　55
「個」の進化と「種族」全体の進化　57
人間には平等はない　59
差別の原理　59
業の報償と刑罰　61
第六章　因果応報と生れ更りの理
因果応報と魂の教育　64
霊の法則が回答を与える　66
生長のための無限の機会　69
再化身の概要　70
第七章　生命の神秘に就いて
霊的進化の促進　78
異る存在の五つの「界」について　81
鉱物界　82
植物界　84
展開する舞台　86
第八章　〝新たに生れる〟と云うこと
縦と横との真理　89
諸行無常すなわち現象無常　91
「変化する」と云うことの正体　92
「人間」とは如何なるものか　93
現象の奥にある〝不滅のもの〟　94
実相の人間は何故完全であるか　97
人間は何処から生れるか　98
何故、現象界に不完全があらわれるか　99
映画の如き現象世界　102

心のレンズの歪みや曇りを無くするには 104
現実逃避の修行者について 105
功利的な近代人を救うには 106
『生命の實相』を読むと病気が治る理由 107
今迄の宗教は何故人類に平和を持ち来さなかったか 108

第九章　生物たがいに平和の世界

心とはどんなものか 118
心の状態が肉体にあらわれる 120
鳥射ちの名人が鳥と和解す 122
『生命の實相』を読んで自殺を思いとどまる 123

第十章　感情の興奮と健康との関係

天動説が地動説にかわる 129
病人の74％が感情から 130
果して感情は間脳からおこるか 133

第十一章　宗教におこる奇蹟 139

教祖に背いたことを自覚せぬ弟子たち 109
催眠術や精神科学の原理を知らぬ宗教家 111
潜在意識層の浄化について 112
何故『生命の實相』を読めば潜在意識層が浄まるか 113
蛙と和解して傷つけ合わない 124
原爆病でも心が調和すればこのように治る 127
間脳は〝心の波動〟を受信するアンテナである 133
杉靖三郎博士は斯う言う 136

宗教は神秘的世界からの人類救済運動である 142
人間は未だ嘗て女の子宮から生れたことはない 143
悟りにも色々の段階がある 148
病気の治るよりも魂の向上を神はねがっていられる 149
生れつきの睾丸の上部の塊が消える 151
腋臭が消える 153
「力われより出でて汝に入れり」 153
「霊界の妻は語る」 156

第十二章　病気は心の想いが映写されたもの

心が転じない人は医師の手術もやむを得ぬ 160
切る心、攻撃精神で起る病気 162
卵巣嚢腫の再発が心の転回で消えた 164
全身の神経痛が一夜で治る 168

第十三章　病菌も関節炎も心の影

心の中の汚れ物を洗いましょう 172
心を浄める念じ方 173
関節炎の精神分析 175
重症の結核性関節炎の治った実例 176
黴菌おそるるに足らず 179
黴菌は培養すると毒性が減る 182
私は猫に負けた 183

第十四章　心に従って病菌も益菌に変化する

特級酒が自然に出来た 186
月経中の婦人と梅干 189

第十五章　私たちの運命を支配するもの
誰かを憎んで排斥の心を起すと店が繁昌しなくなる　197
富を得んとすれば富想を心に起しなさい　199
心が変れば手相も変る　200
あなたの運命は心の掌中にある　201
心は人相にも手相にも運命にもあらわれる　202
私は何故、名前が変ったか　203
第十六章　原爆・水爆をのがれるには
自動車は何故衝突しますか　207
〝親和の法則〟とはこんなものです　208
信念の魔術はどれほどきくか　208
心の無線電信を使いましょう　209
心が温和であれば、危害は近寄って来ません　210
不幸のときほど明るい心になりましょう　211
神想観をして〝実相の世界〟を見つめましょう　212
自然に危険から遠ざかる（実例その一）　212
自然に危険から遠ざかる（実例その二）　214
心は宇宙に満ちていて互に一体です　216
心の力による筋肉の発達　218
ホルモン医学の発達と精神身体医学の樹立　219
第十七章　苦難と恐怖の克服
「悪」を心でつかんではならない　222
真に平和を持ち来すには　224

「実相」を念ずるのは単なる技術ではない 225
実相界の実在の延長としての善 226
ただ「善」のみ実在である、念ずれば現れるのは法則による 227
全身ただ真理の言葉をもって浸潤せよ 229
菌の性質は精神波動で変形する 231
神想観のすすめ 234

第十八章 死と病を超えるには

何故臨終に苦しみが来るのか 236
何故寿命が来ないのに死ぬのか 238
親孝行の心が病気を治します 242
肉体は心で思うとおりになる 243
環境悪から起る病気 244
夫婦の不調和から起る病気 245

第十九章 真理の普及こそ本当の平和運動である

愛念は相互に感応する 249
与えたものが与え返される 251
生長の家の精神的平和武器 252
広島へ原爆が投下された時の実例 253

総目次（新版 真理 全十一巻）

体験事例別索引（新版 真理 全十一巻）

総索引（新版 真理 全十一巻）

新版 真理 別冊 生死を超える道 目次〈了〉

新《しん》版《ぱん》凡《はん》例《れい》

一、巻頭《かんとう》の「はしがき」は、昭和《しょうわ》三十三年十一月二十日初版発行時《しょはんはっこうじ》のものである。

一、本全集旧版《ほんぜんしゅうきゅうはん》の文字遣《もじづか》いは、第三巻を除《のぞ》き正漢字《せいかんじ》・歴史的仮名遣《れきしてきかなづか》いであるが、新版《しんぱん》にあたっては時代《じだい》の推移《すいい》に鑑《かんが》み、より広範《こうはん》な読者を得《う》るために、文字遣いを常用《じょうよう》漢字・現代《げんだい》仮名遣いに改《あらた》めた。又《また》、それにともない本文《ほんもん》の活字《かつじ》を大きくし、より読み易《やす》くした。

一、本全集旧版は総《そう》ルビであるが、新版にあたってはパラルビを採用《さいよう》し、小学校で習《なら》うごく基本的《きほんてき》な漢字・熟語《じゅくご》のルビは除くこととした。

一、本全集旧版の上欄《じょうらん》の註釈《ちゅうしゃく》は、すべて本文の該当箇所《がいとうかしょ》に割註《わりちゅう》として挿入《そうにゅう》した。

一、本全集旧版は、昭和二十九年九月十五日から昭和三十三年十一月二十日にかけて初版発行されており、一部今日《こんにち》とは時代背景《はいけい》を異《こと》にする文章もあるが、原文《げんぶん》尊重《そんちょう》のためそのままとした。但《ただ》し、旧版初版時に本文中で紹介《しょうかい》された小社《しょうしゃ》刊行書籍《かんこうしょせき》のうち、現在品切《げんざいしなぎ》れ中《ちゅう》の書籍については書名の脇《わき》に＊を付《つ》け、現在も流通《りゅうつう》している書籍、及《およ》び尺貫法《しゃっかんほう》の数値等《すうちとう》については適宜編註《てきぎへんちゅう》をほどこした。

株式会社《かぶしきがいしゃ》　日本教文社《にっぽんきょうぶんしゃ》

新版 真理 別冊 生死を超える道

総索引・総目次・体験事例別索引付

第一章　科学的《かがくてき》な合理的《ごうりてき》宗教《しゅうきょう》の樹立《じゅりつ》

新しき宗教《しゅうきょう》への歩《あゆ》み

人間の心意《こころ》の中から神に対立《たいりつ》する人格的《じんかくてき》な悪魔《あくま》がいると云《い》うような考えを消滅《しょうめつ》する（けし去る／なくする）ことが、人間の不幸《ふこう》の根元《こんげん》である「自己処罰《じこしょばつ》」をなくして、人間に幸福《こうふく》のみを持ち来《きた》すところの科学的《かがくてき》な合理的《ごうりてき》（道理に／合った）宗教《しゅうきょう》を樹立《じゅりつ》する（たてる）第一歩であります。そして多神《たしん》を信《しん》ずる代《かわ》りに、一つの神、而《しか》も宇宙《うちゅう》に普遍《ふへん》して一つしかない神を信仰《しんこう》の対象《たいしょう》とする、万教《ばんきょう》に共通《きょうつう》する救《すく》いの真理《しんり》を説《と》く綜合的《そうごうてき》な（全体を一つ／にまとめた）万教帰一《ばんきょうきいつ》教を築《きず》いて世界に宣布《せんぷ》することが私達《わたしたち》の理想《りそう》であります。これによってのみ、科学的宗教が発達《はったつ》し、神は相手《あいて》によって愛情的《あいじょうてき》に差別《さべつ》するものではなく、常《つね》に完全《かんぜん》な法則《ほうそく》として働《はたら》くものである、と云う確信《かくしん》が出来るのであります。そうなれば、法則を知ると云うことがすべての人類《じんるい》の理想となり、自己の悩《なや》みと不幸とは、問題《もんだい》の解《かい》決《けっ》のために、普遍的《ふへんてき》な（どこにでも満ち、どこにでも通用する）原理《げんり》を逆用《ぎゃくよう》した為《ため》に起《おこ》った結果《けっか》であることを悟《さと》るに到《いた》って、人類はみずから反省《はんせい》して法則に随《したが》う心が出来、向上進歩《こうじょうしんぽ》をとげることが出来るのであります。

愛《あい》は法則の統一《とういつ》であり、この法則の公平《こうへい》な作用《さよう》は普遍性《ふへんせい》と云うことであります。この法則に合せて自己を調整《ちょうせい》する（ととのえて調和させる）ことが、幸福と平和《へいわ》と、力と豊富《ほうふ》との基礎《きそ》となります。そこに愛と智慧《ちえ》、法則と愛とが一致《いっち》してくるのであります。そして普遍的愛と法則とが不断《ふだん》に調和《ちょうわ》ある作用を吾々《われわれ》に与《あた》えるのを妨害《ぼうがい》するような、「原罪《げんざい》」（人類の祖先のアダムがおかした罪が其の子孫である人類にうけついでいる罪）とか「人格的悪魔」などと云うものは存在《そんざい》しないと云うことを悟《さと》ってこそ、人類は自己の運命《うんめい》を自己調整することができ、人間が神の子として自己の運命の主人公《しゅじんこう》となることができるのであります。

普遍愛《ふへんあい》の人格的理会《じんかくてきりかい》

然《しか》し人間の心の中《うち》には「人格神《じんかくしん》」（人間としての性質ある神）と云《い》う意味での「愛《あい》なる神」を知りたいと云う根《ね》強《づよ》い願望《がんもう》があるのであります。神は、父親《ちちおや》がその子供《こども》を保護《ほご》し、養《やしな》い、着物《きもの》を着せ、その他、人格的愛《あい》の活動《かつどう》と考えられるすべてのことをしてやるのと同じように、人間を世話《せわ》してくれるのだと吾々《われわれ》は考えたいのであります。併《しか》し、残念《ざんねん》なことには吾々は如何《いか》に探《さが》して見ても、神がその子供に斯《こ》のような人間の父のような世話をして下さっていると云う証拠《しょうこ》を見出《みいだ》すことは出来ないのであります。神は万人《ばんにん》が公平《こうへい》に利用《りよう》することの出来る「法則《ほうそく》」と「資源《しげん》」（もとでとなるもの）とを造《つく》り、各自《かくじ》がそれに対して自己《じこ》を調整《ちょうせい》して、自己の内《うち》に具《そな》えている生命《せいめい》と智慧《ちえ》とを使用することにより、何《な》んでも己《おのれ》の欲《ほっ》するものを宇宙《うちゅう》の倉庫《そうこ》の中から取り出すにまかせていられるのであって、愛憎《あいぞう》によってその供給《きょうきゅう》を左右《さゆう》せられることなく、すべての者に公平に与《あた》えていてくれるのであります。まことに神は無限者《むげんしゃ》なる父であります。

無限者なる父と人格的な交《まじ》わりを結《むす》びたいと云う願望は、吾々《われわれ》が悟《さと》りによって吾《わ》が内なる「生命」は「内に宿《やど》る神」であると云うことを知り、「内に宿る神」との交わりは、人間同士《どうし》の交わりと全《まった》く同じであり、又《また》は同じにすることが出来ると云うことを学んだ時に完《まっと》うせられるのであります。このことは各時代《かくじだい》の霊覚者《れいかくしゃ》や預言者《よげんしゃ》たちの経験《けいけん》した所により真《しん》であるだけではなく、今日《こんにち》の世界の何百万人についても真であるのであって、何人《なんぴと》に限《かぎ》らず自己の「内なる神」を求《もと》めるならば、すなわち自分の内に「生命」として神が宿っていることを見出《みいだ》すことが出来るのであります。

ユダヤ民族《みんぞく》のみを「選民《せんみん》」（神が特別にえらんだ民族）として此《こ》の民族の為《ため》にのみ天の加護《かご》を与える人格神《じんかくしん》と云う旧約聖書的《きゅうやくせいしょてき》な概念《がいねん》は、人類《じんるい》を恐怖《きょうふ》と不安《ふあん》に導《みちび》くものであります。これでは各個人《かくこじん》は自分が神の特別《とくべつ》の恩恵《おんけい》に値《あたい》するか否《いな》かについて不安を感ぜずにはいられないのであります。あわれなる人間の歎願《たんがん》に対する神の答《こたえ》が「イエス」であるか「ノー」であるかは決《けっ》してハッキリ知ることが出来ません。かかる信仰《しんこう》の対象《たいしょう》たる神はもうろうとした、不可思議《ふかしぎ》な抽象概念《ちゅうしょうがいねん》(具体性のない頭だけの考え)であって、未知《みち》にして不可知《ふかち》な(しることのできない)存在《そんざい》でありました。人類は捉《とら》えどころなき不安の中を手探《てさぐ》りで彷徨《ほうこう》(さまよう)していたのであります。生命《せいめい》の実相《じっそう》として「内に宿る神」と云う科学的《かがくてき》な概念《かんがえ》はこのような不安と分離感《ぶんりかん》とを完全《かんぜん》に除去《じょきょ》してくれるのであります。この「内に宿る神」こそ「まことの自分」なのであります。吾々《われわれ》の「存在原理《そんざいげんり》」が化身《けしん》して吾《わ》が内にあり、それと完全に結合《けつごう》すると云う感じの中に吾々は「愛《あい》」と「法則《ほうそく》」とを見出《みいだ》すのであります。「法則」こそは直《ただ》ちに、そして不断《ふだん》に応《こた》えてくれるところの「神の愛」の表現《ひょうげん》(あらわれ)であります。完全であり、智慧《ちえ》があり、而《しか》も吾々の個人的意識《こじんてきいしき》、意志《いし》、及《およ》び決定《けってい》を決して破《やぶ》ることのない愛であります。だからと云《い》って、それは吾々《われわれ》を甘《あま》えさせる愛ではなく、吾々の責任《せきにん》は吾々の責任として、その責任を完全に果《はた》す程度《ていど》に従《したが》って、益々《ますます》与えられる愛であります。然《しか》も吾々の「内に宿る神」は求《もと》めに応《こた》える愛であり、法則であり、智慧であると知る時、「吾々は欲《ほっ》するものを求め、求むるものは吾々にまで成《な》される」ことを知るのであります。斯《か》くして宇宙《うちゅう》に普遍《ふへん》する愛の法則は、吾々の為《ため》に、「法則」そのままに「人格的愛《じんかくてきあい》」となるのであります。吾々がこの法則そのままの人格的愛を知ることが、吾々に自由《じゆう》と力との楽《たの》しい豊《ゆた》かな生活を与《あた》えてくれる真《しん》理《り》を知ることになるのであります。

爰《ここ》に正しい神学《しんがく》の根本原理《こんぽんげんり》となるところの真理を箇条書《かじょうがき》に解《わか》りやすく列記《れっき》すると次《つぎ》の如《ごと》くなるのであります。

一、宇宙《うちゅう》の本体《ほんたい》――あらゆる時間空間《じかんくうかん》を通《つう》じて遍在《へんざい》し、すべての所に存在《そんざい》する「一つなる心」がそれである。

1、この「心」は植物《しょくぶつ》、昆虫《こんちゅう》、動物《どうぶつ》の知性乃至《ちせいないし》は人間の「心」の何《いず》れに現《あらわ》れているとを問《と》わず、すべての心の本源《ほんげん》である。

2、その「一つなる心」は創造《そうぞう》する。宇宙が常《つね》に創造されつつあるのがその証拠《しょうこ》である。

イ、それは創造の原動力《げんどうりょく》である――創造は思想《しそう》即《すなわ》ち心の作用《さよう》によって展開《てんかい》する（内にあるものが外にあらわれる）。

ロ、この「一つの心」が思い浮《う》かべた設計《せっけい》（理念《りねん》）は創造されたものの種々相《しゅじゅそう》の中に現《あらわ》れているのである。

3、宇宙普遍《うちゅうふへん》の「一つの心」は個人生命《こじんせいめい》と云う形式《けいしき》に出現《しゅつげん》したときに於《お》いて自己《じこ》を意識《いしき》する。

イ、「一つの心」そのままでは時間空間の意識がない。一日は千年に等《ひと》しく千年は一日に
等しいのである。

ロ、その性質《せいしつ》と属性《ぞくせい》とは宇宙の到《いた》る所に同一瞬間《どういつしゅんかん》に、そして永遠《えいえん》に全体のままで完全《かんぜん》に
存在する。

ハ、「一つの心」は人間の中では自己意識《じこいしき》を生《しょう》じ、個人《こじん》の意志《いし》、思想及《しそうおよ》び自由選択力《じゆうせんたくりょく》ある
個人の活動力《かつどうりょく》あるいは個人的創造性《そうぞうせい》として活動する。

ニ、「個人の心」とあらわれては、それは知能《ちのう》に限度《げんど》がある。従《したが》って経験《けいけん》を通《つう》じて、意識
を拡大《かくだい》、向上《こうじょう》のために、進化《しんか》の原理《げんり》が働《はたら》くのである。

ホ、「経験」は「自己調整《じこちょうせい》」をその中《うち》に含《ふく》んでいるのである。調整を怠《おこた》る時結果《けっか》の不完全《ふかんぜん》
即《そく》「悪《あく》」と云う結果が出て来る。この結果の不完全は、吾々《われわれ》に反省《はんせい》の機会《きかい》を与《あた》えて人間
を教育《きょういく》してくれる。即《すなわ》ち潜在的《せんざいてき》な可能性《かのうせい》(内にかくれてある能力)又は一層大《いっそうだい》なる調整力《ちょうせいりょく》を引出《ひきだ》してく
れることになるのである。

ヘ、完全なる「法則」として常に活動している神の「愛」は、教育乃至《ないし》は進化の過程《かてい》に偏《へん》
愛《あい》(不公平な愛)的《てき》な干渉《かんしょう》はせぬのである。

4、「一つの心」の創造過程《そうぞうかてい》は宗教科学《しゅうきょうかがく》においては、吾々《われわれ》の経験の世界で活動するファクト

（事実《じじつ》）を科学的に観察《かんさつ》する以外《いがい》に理会《りかい》する道はないとしている。
イ、人間の胎児《たいじ》を造《つく》るために結合《けつごう》する雌雄《しゆう》二つの細胞《さいほう》の中にある智慧《ちえ》は宇宙遍在《へんざい》の「一つの心」が創造過程のその部分で働いているのである。
ロ、個々《ここ》の魂《たましい》は「一つの心」が創造者《そうぞうしゃ》として時間及《およ》び空間のその一点に於《お》ける自己《じこ》表現《ひょうげん》であるのである。

第二章　神話的神学《しんわてきしんがく》から科学的神学《かがくてきしんがく》へ

旧約《きゅうやく》の怒《いか》りの神、復讐《ふくしゅう》の神の宗教《しゅうきょう》を、愛《あい》の神、赦《ゆる》しの神の宗教にまで改革《かいかく》したのはイエスの天才的《てんさいてき》な宗教改革であったが、コペルニクスやガリレオの科学学説《かがくがくせつ》を通して旧時代《きゅうじだい》の非科学《ひかがく》的不合理《てきふごうり》な神学《しんがく》は更《さら》に革命《かくめい》されることになったのでした。今日《こんにち》の人類《じんるい》の多数は、天国《てんごく》を雲の彼方《かなた》にありとしたり、神が神人同形的《しんじんどうけいてき》なものであって人間を審判《しんぱん》すると云《い》うような宗教には背《せ》を向けているのであります。そして人間の霊的進歩《れいてきしんぽ》の手段乃至方法《しゅだんないしほうほう》としては科学的な進化《しんか》の概《がい》念《ねん》を受け入れて思索《しさく》（深く理論的に考える）を重《かさ》ね新しい神学の樹立《じゅりつ》に成功《せいこう》したのであります。と云って、私たちの科学的宗教は在来《ざいらい》の宗教に反対《はんたい》するものではない。在来の宗教経典《しゅうきょうきょうてん》を新しい科学的な光を以《もっ》て照《て》らし、それを最《もっと》も正しい意味に解釈《かいしゃく》して人類の精神的及《せいしんてきおよ》び霊的な遺産《いさん》を最も輝《かがや》かしいものとしたのであります。私たちは既成《きせい》宗教を排斥《はいせき》するのではない、在来の宗教と雖《いえど》も、「神の心」の中に包蔵《ほうぞう》されている救《すく》いの原理《げんり》を伝《つた》えるための神の摂理《せつり》であると観《み》ているのであります。

人間は一層《いっそう》高き世界に向《むか》って進化の螺旋階段《らせんかいだん》を登《のぼ》って行《ゆ》きつつあるのであります。イエス、マホメット、釈迦《しゃか》、ソクラテス等《とう》の聖者《せいじゃ》は、その生活と教《おしえ》とによって、如何《いか》なる精神的生活の原理を実行《じっこう》すれば、各個人《かくこじん》が、そして遂《つい》には人類が、一層高き世界に到達《とうたつ》することが出来るかということの目標《もくひょう》を示《しめ》しているのだと吾々《われわれ》の精神科学は観るのであります。

人類上昇《じんるいじょうしょう》の全貌《ぜんぼう》（全体のようす）を見るためには人類学を研究《けんきゅう》するがよろしい。すると人類はその目的地《もくてきち》に進む途中逆行《とちゅうぎゃっこう》（さかさまに行く。ぎゃくにゆく。）があったに拘《かかわ》らず、前進《ぜんしん》していることが判《わか》るのであります。植物界《しょくぶつかい》にも時々《ときどき》勝れた特質《とくしつ》をもつ植物ができて、この勝れた特質を持ったものが、新種《しんしゅ》の一層高級《こうきゅう》な型《かた》となったと同じく、人間界《にんげんかい》に於いても高徳君子《こうとくくんし》の天才《てんさい》と力、霊的精神的な性質は、進化の次《つぎ》の段階《だんかい》への道と、現在《げんざい》の人間の段階を超《こ》えた超人間《ちょうにんげん》の出現《しゅつげん》を予望《よぼう》（予想して待ち望んでいる）しているのであります。

事実《じじつ》は結論《けつろん》を確認《かくにん》する

人間の精神的進化《せいしんてきしんか》の有様《ありさま》を見る時、次の事実を認《みと》めるのであります。人間は過去《かこ》三、四万年の間に獣《けもの》の如《ごと》き原始時代《げんしじだい》の野蛮状態《やばんじょうたい》から、この遊星《ゆうせい》で最《もっと》も高き地位《ちい》と力とを備《そな》えるようになったのであります。人間は一大文明《いちだいぶんめい》を築《きず》いたが、〝マーズの神〟（ローマの神話の軍神（mars）。戦争のたとえ）と〝マンモンの神〟（富の神。金銭崇拝精神のたとえ）の組織的《そしきてき》な兵力《へいりょく》のために破壊《はかい》されるに到《いた》りました。次《つ》いで長期《ちょうき》に亙《わた》る屏息《へいそく》（いきをふさぐ）状態の後《のち》、人類《じんるい》は再《ふたた》び正気《しょうき》を取り戻《もど》し、以前《いぜん》に勝《まさ》る大文明を築いたのであります。それは一層《いっそう》高き、一層進歩《しんぽ》した文化《ぶんか》であります。そして言語《げんご》と芸術《げいじゅつ》と並《ならび》に社会的経済的《しゃかいてきけいざいてき》地位を改善《かいぜん》しました。今や、全《まった》く迷信《めいしん》の暗《やみ》に閉《とざ》されている国以外《いがい》では、奴隷《どれい》を無《な》くしてしまったのです。人類は政治制度《せいじせいど》を改善《かいぜん》し、大《おお》なる教育組織《きょういくそしき》を作りました。病院《びょういん》を建《た》てたり、地球《ちきゅう》を迅速《じんそく》な交通機関《こうつうきかん》で取り巻《ま》いたりしました。無数《むすう》の機械《きかい》を発明《はつめい》し、不可思議《ふかしぎ》な巨大《きょだい》な電気装置《でんきそうち》を装備《そうび》し、ラジオによって一瞬《いっしゅん》にして世界の津々浦々《つづうらうら》まで自分の声を送ることが出来るようになりました。自動車《じどうしゃ》が発明され、改善され、大道路《だいどうろ》が建設《けんせつ》され、ミサイルは音速以上《おんそくいじょう》の速《はや》さで飛《と》び、人工衛星《じんこうえいせい》はぐるぐる地球の周囲《しゅうい》をまわるようになりました。一世紀前《いっせいきまえ》には神にさえも不可能《ふかのう》であると思われたほどの事さえ成就《じょうじゅ》したのであります。

科学発明と応用技術《おうようぎじゅつ》に関《かん》する限《かぎ》りに於《お》いては、人間は不思議《ふしぎ》な広大《こうだい》な自然力《しぜんりょく》を捕《とら》えて人間の御用《ごよう》を務《つと》めさせようとしているのであります。それは通常《つうじょう》の人には想像《そうぞう》も及《およ》ばぬ大規模《だいきぼ》（おおじかけのもの）な仕事《しごと》であります。原子力《げんしりょく》の利用《りよう》一つを考えて見ましても、それは宇宙《うちゅう》の宝庫《ほうこ》の秘密《ひみつ》の扉《とびら》を開《ひら》こうとしているのでありまして、この扉を完全《かんぜん》に開いた暁《あかつき》には、人間界《にんげんかい》の組織が完全に変化《へんか》するでありましょう。しかもこれが破壊的《はかいてき》に使われるならば必《かなら》ずや近き将来《しょうらい》に於いて最《もっと》も悲惨《ひさん》な地球世界の破滅《はめつ》が来るでありましょう。私たちは此《こ》のような不吉《ふきつ》な予言《よげん》が現実化《げんじつか》するに先立《さきだ》って戦争《せんそう》や闘争《とうそう》の精神波動《せいしんはどう》を、愛《あい》と平和《へいわ》の精神波動で中和《ちゅうわ》するよう努力《どりょく》しなければならないのです。若《も》し人類が世界最後《さいご》の大破壊を原子戦争《げんしせんそう》によって迎《むか》える日が来るならば、それは自然界《しぜんかい》と精神界《せいしんかい》の法則《ほうそく》に一致《いっち》する神学《しんがく》、即《すなわ》ち「人類は皆《みな》、神の子で一体《いったい》である」と云《い》う正しき神学を速《すみや》かに人類に教えることを怠《おこた》った私たちの責任《せきにん》だと謂《い》っても好《よ》い位《くらい》であります。

旧式《きゅうしき》な宗教思想《しゅうきょうしそう》は、人間がその当初《とうしょ》それに勝《まさ》る制度《せいど》を思い附《つ》かなかったために採用《さいよう》した過《か》去《こ》の幾多《いくた》の旧式な制度と同じく、滅《ほろ》びる運命《うんめい》にあるのだと言って好《よ》いのであります。古代《こだい》の旧式な制度を何時《いつ》までも保存《ほぞん》しようと政治家《せいじか》が努力しても、やがて次《つぎ》の政治家があらわれて、旧《ふる》い制度を廃《はい》してしまうように、新しい宗教家があらわれて、旧い神学を廃して新しい神学を打ち建てるに至《いた》るでありましょう。今も尚《なお》、本願寺《ほんがんじ》の勧学寮《かんがくりょう》で解釈《かいしゃく》した以外《いがい》の解釈を仏典《ぶってん》に与《あた》える者は「異安心《いあんじん》」だと圧迫《あっぱく》する宗教家は、二千年の昔《むかし》は旧式な宗教思想に身を固《かた》めていたユダヤの祭司《さいし》が、イエスの説《と》く真理《しんり》を拒否《きょひ》したのと同一《どういつ》の立場にあるのであります。

教会《きょうかい》キリスト教《きょう》を見渡《みわた》したところ、イエスの説いた通りの教《おしえ》を説いていそうなものは殆《ほとん》ど見《み》附《つ》からぬのであります。何故《なぜ》なら、教会キリスト教は、「神の子・人間」なるものは唯《ただ》一人しか無《な》く、しかもその唯《ただ》一人のキリストは二千年の昔「天国《てんごく》に昇《のぼ》って神の右側《みぎがわ》に坐《ざ》し」ているが、人間は「罪《つみ》の子」であって、肉体《にくたい》が死んだ後《のち》は霊魂《れいこん》は眠《ねむ》っており、キリストが再臨《さいりん》して来たとき「恥《はじ》を受くるものは永久《えいきゅう》に恥を受けん」と、教えているからであります。

第五王国《おうこく》への高昇《こうしょう》

大自然《だいしぜん》を見渡《みわた》せば、鉱物《こうぶつ》の王国《おうこく》から植物《しょくぶつ》の王国、動物《どうぶつ》の王国へと、「生命《せいめい》」と云《い》うものが、何《いず》れも次《つぎ》の一段《だん》高い王国の到来《とうらい》を予示《よじ》しているのであります。人類《じんるい》の王国も亦《また》、一層高次《いっそうこうじ》の高い王国を予示していると私は思うのであります。進化《しんか》の段階《だんかい》が上昇《じょうしょう》するに従《したが》い、上位《じょうい》の王国は下位《かい》の王国を支配《しはい》し、最後《さいご》の段階の人間の王国は他のすべての王国を支配しております。私は生命原理《せいめいげんり》の進化の段階に、更《さら》に現在《げんざい》の人間の上に、尚《なお》一層のすぐれたる段階が出現《しゅつげん》すると云うことを期待《きたい》しているのであります。それは生命の第五王国——超人《ちょうじん》——の出現であります。

この第五王国に位《くらい》する超人は、今の人類が動物に勝《まさ》る程度《ていど》に、今の人類に勝るでありましょう。ハードマン博士《はくし》はこう言っています。

「私は又《また》イエスの教《おしえ》の中に、次の段階の人間の基本的原理《きほんてきげんり》と法則《ほうそく》とが示《しめ》されていて、個人的《こじんてき》に、そして遂《つい》には人類的《じんるいてき》に、その高い人間に到達《とうたつ》する道を教えていると信《しん》ずる。この新しき人間に与《あた》える名称《めいしょう》は何であってもそれは重要問題《じゅうようもんだい》ではない。一層高い種類《しゅるい》の人間が出現すると云う事実《じじつ》の方が最重要事《さいじゅうようじ》である。この一層高い種類の人間に就《つ》いて吾々《われわれ》は何も知らぬわけではない。彼は已《すで》に地上に居《い》るのである。恐《おそ》らく彼は或《あ》る大規模《だいきぼ》な研究室《けんきゅうしつ》に働《はたら》いていて大衆《たいしゅう》には知られていない。恐らく彼等《かれら》は、人類の実際問題《じっさいもんだい》に正義《せいぎ》と公平《こうへい》とを招来《しょうらい》する新しい社会的経済的制度《しゃかいてきけいざいてきせいど》を作る計画《けいかく》を立てているであろう。また人知れず、世の一般《いっぱん》の人々のために、新しい都市《とし》と一層良《よ》き住居《すまい》とを計画するのに骨《ほね》を折《お》っているのである。彼等は広大《こうだい》ではあるが散在《さんざい》している人間工学《にんげんこうがく》の知識《ちしき》を統合《とうごう》して条理《じょうり》（すじみち）整然《せいぜん》（ととのっていること。キチンとしていること）とした体系《たいけい》（スジの通った生きたならびかたをしたもの）とし、その結果簡単《けっかかんたん》にして賢明《けんめい》に出来ているため、人類が賛成《さんせい》するか否《いな》かは問題にならぬ程《ほど》のものにしようとしているのである。此《こ》の新人《しんじん》は天使《てんし》の大群《たいぐん》の長《おさ》となって力づくで人類を救済《きゅうさい》するために天国《てんごく》から天降《あまくだ》って来るのではなくて、人間が一段低《ひく》い生命体《せいめいたい》から生《うま》れ出たように、新人は人類の生殖力《せいしょくりょく》から生れ出て来るのである。新王国《しんおうこく》の栄光《えいこう》と力とは已《すで》に人類の魂《たましい》の中に、人類全体の中に既《すで》に胎動《たいどう》（子供がはらにやどって動くように、目に見えないところにすでにあって動いていること）しつつあるのである。唯現在《ただげんざい》は其《そ》の出産《しゅっさん》に先立《さきだ》って起《おこ》る陣痛《じんつう》の最中《さいちゅう》なのである。」

即《すなわ》ち、人間よりも一段上の王国の可能性《かのうせい》は人間の内《うち》にあると云うことであります。これは必《かなら》ずしも人間が、動物から生れ出て真直《まっすぐ》に立って歩き、心の道具《どうぐ》として手を造《つく》った時と同じように、次の段階の人間に到達《とうたつ》する過程《かてい》に於いて人間の身体的性質《しんたいてきせいしつ》と構造《こうぞう》が変化することを意味しないのであります。それは人間が自己の内に超人《ちょうじん》となるための新しい力を発見《はっけん》すると云う意味であります。

この種《しゅ》の力について吾々《われわれ》は已《すで》に或《あ》る程度《ていど》知っているのであります。直観《ちょっかん》は本能知《ほんのうち》が一段上の段階まで進歩して理知《りち》に相当《そうとう》するものとなったものであり、千里眼《せんりがん》は視力《しりょく》が霊的《れいてき》視力の域《いき》まで拡大《かくだい》したものであり、霊聴《れいちょう》は音の範囲外《はんいがい》の振動《しんどう》を「聴《き》く」力であり、又読心術《またテレパシィ》は声又は通信《つうしん》のための物的手段《ぶってきしゅだん》なしに心の通信を受け取る能力《のうりょく》であります。その他にも正常《せいじょう》な人間の領域《りょういき》を超《こ》えた力で已《すで》に知られ且《か》つ証明《しょうめい》されたものがあります。然《しか》しながら要点《ようてん》は、第五王国の獲得《かくとく》は、人類が一層大《だい》なる力を獲得することを意味するのだと云うことであります。

これらの不思議《ふしぎ》な力は、一方《いっぽう》に於《お》いて物質科学《ぶっしつかがく》の進歩《しんぽ》によってロケットによる宇宙旅行《うちゅうりょこう》を企《くわだ》てている宇宙人と云う形で発現《はつげん》し精神科学《せいしんかがく》の応用《おうよう》と云うことによって超時空的《ちょうじくうてき》な力を発揮《はっき》する

「生命」の第五王国を形成《けいせい》せんとしつつある人々の間に胎動《たいどう》しているのでありますが、完全に現実的には未《いま》だ実現していないのであります。歴史《れきし》を通《つう》じて霊的にすぐれた高き宗教家の大多数は、現実の人生問題からは懸《か》け離《はな》れて生活していたのであります。キリストだけは全然例外《ぜんぜんれいがい》であった。彼は一般人《いっぱんじん》に交《まじ》わり、彼等《かれら》を教え、助け、且《か》つ自己の主張《しゅちょう》する原理《げんり》を、超自然《ちょうしぜん》(自然界のはたらき以上の)現象《げんしょう》を実演《じつえん》して実証《じっしょう》したのであります。

人間が鉱物《こうぶつ》、植物及《しょくぶつおよ》び動物《どうぶつ》の王国を支配《しはい》しているのは力、彼らにまさる知識《ちしき》の力に因《よ》るのであります。「生命」の下位《かい》の王国はすべての其《そ》の上位《じょうい》の王国に奉仕《ほうし》するように出来ているのであります。人間の場合も同じである。上位の力を獲得《かくとく》したる新しき人類は物質意識《ぶっしついしき》の標準《ひょうじゅん》から出て、キリスト意識、超人《ちょうじん》意識の標準にまで上《のぼ》るからであります。第五王国の新しき人間とは貧乏《びんぼう》、病気等《びょうきとう》を克服《こくふく》し得《う》るのみならず、恐怖《きょうふ》、不安《ふあん》、其《そ》の他すべての精神的感情的不自由《せいしんてきかんじょうてきふじゆう》から解放《かいほう》された人であります。

精神科学を知って、心の法則を現実人生に応用せんとする人々は、謂《い》わば第五王国に到《いた》る梯子《はしご》を一段一段と昇《のぼ》りつつあるようなものであります。と云《い》って、第五王国の人々は、下位《かい》王国の人々を見捨《みす》てるのではなく、精神科学を知って応用し得《う》るに従《したが》って、カペナウム、サマリヤ、エルサレム、その他のパレスチナの町々《まちまち》で教《おしえ》を説いたイエスの如《ごと》く民衆《みんしゅう》と共《とも》に住み民衆と共に生活すべきであります。

聖《せい》パウロは超人《ちょうじん》の意義《いぎ》を語る

第五王国《おうこく》の人民《じんみん》の様子《ようす》を最《もっと》も美《うつく》しく描《えが》いた文献《ぶんけん》は、コリント前書《ぜんしょ》第十三章だと言えましょう。聖書《せいしょ》に「愛《あい》」と云う言葉は執着《しゅうじゃく》の愛ではなく、「慈悲《じひ》」の意味に解《かい》すべきであります。「愛」を、惜《お》しみなく貧者《ひんじゃ》に与《あた》える意味に用《もち》いているからであります。同章三節《せつ》に、パウロは「吾《われ》すべての持物《もちもの》を与えて貧者《ひんじゃ》を養《やしな》うとも吾《われ》に愛なくば何の益《えき》なし」と言っています。「愛」と云う言葉を使っても、寛容《かんよう》、寛仁《かんじん》、深切及《しんせつおよ》びイエスが良《よ》きサマリア人《びと》をして困窮者《こんきゅうしゃ》を救《すく》わしめた如《ごと》き慈悲《じひ》を包含《ほうがん》する広い意味の愛でなければ適切《てきせつ》でないのであります。

第五王国の人民は隣人《りんじん》の間違《まちがい》や悪《あく》についての噂話《うわさばなし》を決《けっ》してしない。虚栄《きょえい》と偽善《ぎぜん》とがない。彼らには心配《しんぱい》、恐怖《きょうふ》、憤慨《ふんがい》、嫉妬《しっと》、自責《じせき》のような、みずからの活力《かつりょく》を消耗《しょうこう》し、力を滅《ほろ》ぼす種《しゅ》類《るい》の精神的習慣《せいしんてきしゅうかん》がない。彼らは思想《しそう》に於《お》いても、行為《こうい》に於いても、他の人と公正正直《こうせいしょうじき》に交《まじ》わり、人間の思想が破壊的《はかいてき》であるならば、それは荒々《あらあら》しい声や残酷《ざんこく》な行為と同じ程度《ていど》に、他人に有害《ゆうがい》であることを知っているのであります。

彼らは他人に属《ぞく》する物を欲《ほ》しがらないで、必要《ひつよう》なもの、欲しい物を手に入れるために、心の法則《ほうそく》を正しく応用《おうよう》することによって誰《たれ》をも犯《おか》すことなしに獲得《かくとく》する道を知っているのでありま す。

力《ちから》と平和《へいわ》の世界

本質的《ほんしつてき》に言えば、第五王国《おうこく》は平和と調和《ちょうわ》の満《み》ちた内的《ないてき》世界であります。あなたが精神科学《せいしんかがく》を知って第五王国の人民《じんみん》となれば、内界《ないかい》が平和であれば外界《がいかい》を平和に保《たも》つことが出来ることを知るでしょう。感情的精神的《かんじょうてきせいしんてき》生活の統制《とうせい》が出来ていれば、あなたの生命《せいめい》は力学的均衡《りきがくてききんこう》(つりあいをたもつこと)状態《じょうたい》にあるのであって、何の争《あらそ》いも緊張《きんちょう》もなく人や状況《じょうきょう》と調和することが出来るのでありま す。これが精神的力学の実証《じっしょう》であります。そしてあなたの希望《きぼう》と一致《いっち》しない状況は、あなたの利用《りよう》し得《う》る力を用《もち》いて変更《へんこう》することが出来るのであります。あなたが力を単《たん》に受動的《じゅどうてき》なものとして所有《しょゆう》し、他人や状況に屈服《くっぷく》することによって平和を得るのと、あなたの力を積極的《せっきょくてき》に使用することによって、あなたの計画《けいかく》と理想《りそう》とに適《てき》した状況を造《つく》り出すこととは全然別《ぜんぜんべつ》の事柄《ことがら》であります。あなたの目指《めざ》すところは後者《こうしゃ》でなければなりません。

心の法則《ほうそく》を用いて現実《げんじつ》を支配《しはい》しようとするとき、実際《じっさい》に外的結果《がいてきけっか》が現《あらわ》れるためには気長《きなが》く待《ま》たなければならないことがあります。何故《なぜ》なら、あなたの欲《ほっ》するものは、あなたの所に来る途上《とじょう》にあるかも知れないのであります。又《また》、待ちどおしいと云《い》う気持《きもち》が起《おこ》るのは、それが来ることを疑《うたが》っている気持が混《まじ》っているのであって、その疑いの心はその欲する事物《じぶつ》が到来《とうらい》することを妨《さまた》げるのであります。第五王国の心の法則をあなたが受け容《い》れるならば、あなたは急《いそ》がないのであります。あなたの求《もと》めている善《ぜん》は又あなたを求めているのであります。これをあなたは知らなければなりません。あなたが求めるために使用する力は実《じつ》はあなたの求めている実在《じつざい》そのものから来る力なのであります。あなたの心は磁石《じしやく》であって、疑ったり動揺《どうよう》したりすることなく信念《しんねん》の電流《でんりゆう》を通《つう》じておけば求めるものを引き寄《よ》せて呉《く》れるのであります。「生命《せいめい》」進化《しんか》の段階《だんかい》を一段一段昇《のぼ》るに従《したが》って、あなたがそこから昇って来た低《ひく》い「生命」の王国を支配することができるのであります。鉱物《こうぶつ》の王国は地球自体《ちきゆうじたい》の巨大《きよだい》さ全部を以《もっ》て代表《だいひよう》されています。次《つぎ》は植物《しよくぶつ》王国であって、これは地球の表面《ひようめん》だけを森林《しんりん》その他の植物をもって覆《おお》い、更《さら》に海中《かいちゆう》には地上《ちじよう》よりも大きな森林や植物があって、広大《こうだい》なものではあるが、鉱物の世界に比《くら》ぶれば極《きわ》めて小さな量《りよう》であります。次は動物《どうぶつ》の王国でありますが、之《これ》は植物の王国に較《くら》べれば、一小片《しようへん》にすぎません。更に第四の王国たる人間界《にんげんかい》は海中及《およ》び地上の動物に比《ひ》すれば数に於いても量に於いても言うに足《た》りない程《ほど》のものであります。〈鰯《いわし》の缶詰《かんづめ》の様《よう》に人間を詰《つ》め込《こ》むならば一立方哩《りつぽうマイル》〈編註・一辺《いつぺん》が約《やく》一六〇九メートルの立方体《りつぽうたい》の体積《たいせき》〉あれば地球上の人類全体を詰め込むに足りると言われている。ヴァン・ルーンは、これを1/2立方哩《りっぽうマイル》で足りると言っているが、要《よう》するに、これは一人の人間の体積を二十七億《おく》〈編註・旧版初版発行時《きゅうはんしょはんはっこうじ》の世界人口〉倍《ばい》にすればよいのであるから、之《これ》は簡単《かんたん》な算数問題《さんすうもんだい》である。）要するに、人間を量で計《はか》るならば動物の王国の生物量《せいぶつりょう》に較《くら》べれば実に小さな分量であります。然《しか》しながら、人間は精神的《せいしんてき》な力を持って居《お》り、その精神的な力を通して機械《きかい》を使用することにより、肉体《にくたい》の力を拡大《かくだい》して他の三つの世界の支配者《しはいしゃ》となっているのであります。

超感覚《ちょうかんかく》世界

然《しか》しこの「生命《せいめい》」上昇《じょうしょう》の段階《だんかい》は、人間の知識《ちしき》と技術《ぎじゅつ》との究極《きゅうきょく》に来ると、其処《そこ》で止《とま》ってしまってそれ以上《いじょう》進むことができない。何故《なぜ》なら知識と技術とは物質的《ぶっしつてき》なもののみを取扱《とりあつか》うからである。物質の彼方《かなた》に霊界《れいかい》が存在《そんざい》する。そして人間は物質的な体《たい》に包《つつ》まれた「霊《れい》」である。それゆえに人間の霊は、人間の念願《ねんがん》を触角《しょっかく》（ヒゲのようなほそいツノで、行く先をさぐるもの）として物質と空間《くうかん》とを越《こ》えて超感《ちょうかん》覚《かく》世界に達《たっ》しようとするのであります。人間は夢《ゆめ》を見る、そして自己《じこ》の不滅《ふめつ》の生命の幻《まぼろし》と無《む》限《げん》の可能性《かのうせい》とを見るのです。たとい足は物質の地上《ちじょう》を踏《ふ》んでいても、霊は高き世界に昇《のぼ》り、謂《い》わばキリストと共《とも》に「神の右側《みぎがわ》に坐《ざ》す」のであります。

この人間の理想《りそう》への夢を、生命の幻《まぼろし》を、そして無限の可能性を現実に飜訳《ほんやく》することが必要《ひつよう》なのです。人間はアダムの子孫《しそん》として肉体《にくたい》と云う物質的な低《ひく》い本性《ほんせい》の上に立ちながら、その実《じっ》相《そう》に於いては神の子たる霊的存在《れいてきそんざい》であって、吾《われ》らは、その霊的実相を自覚《じかく》することによってのみ一段高い世界の市民《しみん》となることが出来るのである。この一段高い世界の市民となると云うことは、物質界《ぶっしつかい》とは異《こと》なる新しき秩序《ちつじょ》の世界に入り、精神的《せいしんてき》にも、道徳的《どうとくてき》にも、経済的《けいざいてき》にも、完《かん》全《ぜん》なる自由《じゆう》を獲得《かくとく》すると云うことを意味するのであります。

第三章　人間の宇宙《うちゅう》に於《お》ける位置《いち》

因果《いんが》の法則《ほうそく》

宗教《しゅうきょう》が人間の宇宙的位置《うちゅうてきいち》を考察《こうさつ》するためには、現在《げんざい》は勿論《もちろん》、過去《かこ》及《およ》び未来《みらい》の人間生活をも考慮《こうりょ》に入れなければならないのであります。鉱物《こうぶつ》、植物《しょくぶつ》、動物《どうぶつ》と生命《せいめい》の諸王国《しょおうこく》の関係《かんけい》と発達《はったつ》のあらましを前章に於《お》いて述《の》べたのはそのためであります。

生命の諸王国が、鉱物、植物、動物と発達して来た事実《じじつ》は、宇宙の知性《ちせい》がその展開《てんかい》を拡張《かくちょう》し来《きた》ったことをはっきり表《あらわ》しているのであります。宇宙の知性は上昇過程《じょうしょうかてい》に於いて、ピラミッドの如《ごと》く、上位《じょうい》の段階《だんかい》をすべて支《ささ》え得《う》る大《だい》なる無機物《むきぶつ》の基礎《きそ》を最下《さいか》に置《お》き、昇《のぼ》るに従《したが》って小さくなっています。現在の頂点《ちょうてん》は人間になっていますが、人間は個人的《こじんてき》発達と道徳上《どうとくじょう》の進《しん》歩《ぽ》の程度《ていど》が千差万別《せんさばんべつ》で、知性の高度《こうど》に発達した種《しゅ》は「超人《ちょうじん》」となり得《う》ることを予想《よそう》せしめているのであります。人類《じんるい》は時《じ》―空《くう》―物質界《ぶっしつかい》に活動《かつどう》する有機生命体《ゆうきせいめいたい》の一種《いっしゅ》であって、その「肉」としての人間は分解《ぶんかい》して発生源《はっせいげん》の物質《ぶっしつ》に返り、「理念《りねん》」としての人間のみが永遠《えいえん》に続《つづ》くのであります。併《しか》し宗教が斯《か》くの如《ごと》き「理念」としての人間のみと関係をもつのであって「個《こ》」としての個性霊魂《こせいれいこん》に関係がないとすれば、宗教は抽象概念的《ちゅうしょうがいねんてき》に人間は如何《いか》に生《い》くべきかと云《い》う倫理《りんり》（人の生きる正しき道）思想及《しそうおよ》び行為《こうい》を律《りつ》するにすぎないものとなり、それ以上《いじょう》の意義《いぎ》はなくなるのであります。そんなことでは昆虫《こんちゅう》や動物《どうぶつ》の種族保存本能《しゅぞくほぞんほんのう》として現《あらわ》れている利他主義《りたしゅぎ》と何等択《なんらえら》ぶところが無《な》いことになってしまうのであります。それを例《たと》えば本能的《ほんのうてき》な社会倫理的規則《しゃかいりんりてききそく》に強制《きょうせい》されて個々の蜜蜂《みつばち》が集団《しゅうだん》の繁栄《はんえい》と生存《せいぞん》のために働《はたら》くことより以上の意味は無いこととなるのであります。すなわち、蜜蜂の巣箱《すばこ》を保持《ほじ》する飼主《かいぬし》の精神《せいしん》は巣箱の生命を永遠に保証《ほしょう》しますが、個々の蜜蜂の生命は死によって消滅《しょうめつ》するのと同じようになるのであります。

宗教《しゅうきょう》の意義《いぎ》

だから、「個《こ》」としての人間霊魂《にんげんれいこん》が夫々《それぞれ》ひとつの実在《じつざい》として永遠《えいえん》に存続《そんぞく》する精神的存在《せいしんてきそんざい》であると云《い》う考えを余所《よそ》にしては、宗教《しゅうきょう》は全《まった》く意義《いぎ》も価値《かち》もないものとなってしまうのであります。死によって個々の霊魂が忘《わす》れられ、消滅《しょうめつ》してしまうものであるとするならば、宗教に何等《なんら》かの価値があるとしましても、それは結局《けっきょく》、人生の悲劇《ひげき》を和《やわら》げるための阿片剤《あへんざい》だけの価値しかないこととなります。特《とく》に一生涯貧乏《いっしょうがいびんぼう》と悲惨《ひさん》の生活をする男女の大多数についてはそうであります。

吾々《われわれ》が宗教の意義を考える時、全人類《ぜんじんるい》を包含《ほうがん》する救済《きゅうさい》について考えるのであります。現在《げんざい》地球上《ちきゅうじょう》の大多数の国々に於いては人民《じんみん》の社会的経済的条件《しゃかいてきけいざいてきじょうけん》が甚《はなは》だ悪《わる》く人生は全く悲劇の継《けい》続《ぞく》(つづく)となっているのであります。死後立派《しごりっぱ》な生活が出来ると云う希望《きぼう》が彼等《かれら》を支《ささ》える支柱《しちゅう》となっているとも考えられます。この希望がなかったならば自己保存《じこほぞん》(自分の生命をまもりたもつ)の本能《ほんのう》さえも萎縮《いしゅく》してしまい、人類の多数は自殺《じさつ》に誘惑《ゆうわく》されたかも知れません。宗教は、自殺は他殺《たさつ》と同じ程度《ていど》に重い罪悪《ざいあく》であって、その応報《おうほう》は永遠の刑罰《けいばつ》であると教えて、死によって休息《きゅうそく》と自由《じゆう》を求《もと》めんとする人々の手を恐怖《きょうふ》が引き止めているのであります。

証拠《しょうこ》の必要《ひつよう》

宗教《しゅうきょう》を科学的《かがくてき》に樹立《じゅりつ》するに方《あた》って、先《ま》ず吾々《われわれ》にぶつかって来る問題《もんだい》は、死後個々《しごここ》の魂《たましい》が存《そん》続《ぞく》することの実験的《じっけんてき》に証拠《しょうこ》となる事実《じじつ》の発見《はっけん》であります。キリスト教《きょう》はイエスが死後もなお存続して姿《すがた》をあらわしたという福音書《ふくいんしょ》の記録《きろく》を持っていますけれども、之《これ》は全《まった》くの伝説《でんせつ》であって、証拠としての価値《かち》は殆《ほとん》どないのであります。肉体復活《にくたいふっかつ》の物語《ものがたり》は処女妊娠《しょじょにんしん》の物語と同じく現実的《げんじつてき》な証拠は少しもないのであって、それは一種《いっしゅ》の象徴物語《しょうちょうものがたり》（ある意味をかたどった物語）と解《かい》すべきものであります。仮《か》りにそれが本当に現実に起《おこ》った歴史的事実《れきしてきじじつ》であったとしても、そのような特殊《とくしゅ》な人に起った唯《ただ》一つしかない出来事《できごと》は、個人的《こじんてき》にせよ、集団的《しゅうだんてき》にせよ、人間は普遍的《ふへんてき》に不滅《ふめつ》であると云《い》う証拠にはならぬのであります。昔《むかし》の宗教の教えてくれる根拠《こんきょ》よりも、もっと本質的《ほんしつてき》な人間不滅説《にんげんふめつせつ》の根拠を求《もと》めなければならないのであります。伝説や象徴物語を基礎《きそ》とする学説《がくせつ》を幾《いく》つ並《なら》べて見ても、それに科学的な価値のないことは同じであります。

伝説《でんせつ》は証拠《しょうこ》にはならぬ

キリスト教《きょう》たると回教《かいきょう》たるとを問《と》わず、伝説的物語《でんせつてきものがたり》を真《しん》の宗教的科学《しゅうきょうてきかがく》をつくりだすための資料《しりょう》と見なすことが出来ないのは、その根拠《こんきょ》が科学的な法則《ほうそく》に合致《がっち》しないと云《い》う理由《りゆう》によるのであります。今までの多くの神学《しんがく》はすべて経典《きょうてん》や聖書《せいしょ》にある出来事《できごと》や啓示《けいじ》が本当であるとの仮定《かてい》を基礎《きそ》として築《きず》かれたものであります。神が直接《ちょくせつ》にモーセに話しかけたことや、イエスが、唯一無二《ゆいいつむに》の神の霊《れい》の権化《ごんげ》であり、且《か》つ神の独《ひと》り子《ご》であったと云うことや、或《あるい》はアラーの神が鳩《はと》を遣《つか》わしてコーランの思想《しそう》をマホメットに告《つ》げたのであるから、コーランは唯一《ゆいいつ》の真《しん》の神《しん》聖《せい》なる啓示《けいじ》の書《しょ》であると云うことや――これ等《ら》は今までの神学の非科学的《ひかがくてき》な例証《れいしょう》でありま す。

死の謎《なぞ》を解《と》く前提《ぜんてい》として、人間不滅《ふめつ》の問題《もんだい》を解決《かいけつ》するためには、前記《ぜんき》のような非科学的な伝説にすぎない「証拠《しょうこ》」を棄《す》て、「自然《しぜん》」と云う書、特《とく》に「人間界《にんげんかい》」と云う大自然の書に証拠を求《もと》めなければならないのであります。

人間の知的発達《ちてきはったつ》の程度《ていど》は、最下級《さいかきゅう》の痴呆者《ちほうしゃ》から、大思想家《だいしそうか》、大科学者《だいかがくしゃ》の創造的天才《そうぞうてきてんさい》の頂点《ちょうてん》に至《いた》るまで実《じつ》に千差万別《せんさばんべつ》であります。この事実《じじつ》が人間の生命《せいめい》は単《たん》に「種族《しゅぞく》」の生命として動物《どうぶつ》、昆虫《こんちゅう》、鳥類《ちょうるい》、魚類《ぎょるい》の場合のように、一斉《いっせい》に揃《そろ》って進化《しんか》するのではなく、「個《こ》」としての生命が、個々別々《ここべつべつ》に進化することが判《わか》るのであります。人間の心、道徳《どうとく》、精神《せいしん》の発達程度《はったつていど》に右のような大差《たいさ》があり、従《したが》って条件《じょうけん》に不公平《ふこうへい》を生《しょう》ずると云う事実は、人間の個性生命《こせいせいめい》の不滅《ふめつ》と云う問題に関連《かんれん》して深《ふか》い意義《いぎ》があるに相違《そうい》ないのであります。併《しか》し、下等生物《かとうせいぶつ》が種族《しゅぞく》としての霊魂《れいこん》しかなく、個々別々の生物に霊魂がないのと同じように、人間にも或《あ》る人の霊魂は存続するし、充分《じゅうぶん》発達しない人間の霊魂は肉体《にくたい》の死と共《とも》に消滅《しょうめつ》すると云う説《せつ》をたてる人もあります。ハードマン博士《はくし》は「濠洲《ごうしゅう》の藪林《そうりん》地帯《ちたい》の民族《みんぞく》やアフリカの侏儒種族《こびとしゅぞく》などは唯《ただ》人間であると云うだけの理由によって、吾々《われわれ》がキリスト、ソクラテス、その他過去《かこ》及《およ》び現在《げんざい》の偉人《いじん》について考えるのと同種同程度《どうしゅどうていど》の不滅性《ふめつせい》を与《あた》えられているのでありましょうか。或《あるい》は不滅性は一定《いってい》の知的獲得《ちてきかくとく》として個人《こじん》個人が各々《おのおの》の発達によって修得《しゅうとく》するべきものでありましょうか。換言《かんげん》すれば人間の不滅性は個人の心的霊的《しんてきれいてき》進化の結果《けっか》でありましょうか、或《あるい》は又、人類全体に先天的《せんてんてき》に具《そな》わっているものでありましょうか。斯様《かよう》な問題は科学的事実としては答えることが出来ないのであろうが、真面目《まじめ》な研究《けんきゅう》によって回答《かいとう》を求めるのでなければ結論《けつろん》の方向《ほうこう》に進むことは出来ない」と、云っているのであります。

人間不平等《ふびょうどう》の所以《ゆえん》

兎《と》も角《かく》人間の天賦《てんぷ》（天から与えられた性質）は他の動物《どうぶつ》のように多勢《おおぜい》がみな一様《いちよう》ではなく、個人《こじん》個人がみな精《せい》神的《しんてき》にも、道徳的《どうとくてき》にも、更《さら》に肉体能力《にくたいのうりょく》にまでも、個性的《こせいてき》に異《こと》なる発達《はったつ》をしていることによって、人間の霊魂《れいこん》が繰返《くりかえ》し生《う》れかわる間に特殊《とくしゅ》な発達をとげたのだと結論《けつろん》してもよいと思うのであります。このことは非常《ひじょう》にむつかしい問題《もんだい》であることを私も認《みと》めます。特《とく》にこの事には未知《みち》の部分が含《ふく》まれていますので益々困難《ますますこんなん》ではありますが、或《あ》る点では推理《すいり》（そうぞうによって次の結論を出すこと）によって結論《けつろん》に到達《とうたつ》しなければならないのでありますが、推理に頼《たよ》ると云《い》うことは、すべての古い宗《しゅう》教《きょう》と少数の新しい宗教とのどちらにもある致命的《ちめいてき》誤《あやま》りの源《みなもと》であったことは明《あきら》かであります。然《しか》し先入観《せんにゅうかん》（さきに心に入った物の考え方）や偏見《へんけん》（かたよったものの見方）によって証拠《しょうこ》を枉《ま》げようとさえしなければ、代数《だいすう》方程式《ほうていしき》の場合のように、人生の事実《じじつ》に合致《がっち》する答《こたえ》が得《え》られる可能性《かのうせい》はあるのであります。

実相哲学《じっそうてつがく》を主流《しゅりゅう》とする神学体系《しんがくたいけい》は、「神はすべてであり、神は霊《れい》である。故《ゆえ》にすべては霊であり、物質《ぶっしつ》は存在《そんざい》せず」と云《い》う直観的真理《ちょっかんてきしんり》を基礎《きそ》としているのであります。この直観を基礎とした哲学および神学は、病気《びょうき》の如《ごと》き人間経験《けいけん》を否定《ひてい》する時は、理論的《りろんてき》であり、科学的《かがくてき》であります。これは絶対理想主義《ぜったいりそうしゅぎ》の哲学であって、理論的に「罪《つみ》と病《やまい》と死《し》」の存在を否定する時、この三つの悪《あく》は意識《いしき》の中に居《お》り場《ば》がなくなり、従《したが》ってそれらを恐《おそ》れることが無《な》くなるからとの理由《りゆう》でこの説《せつ》を受け容《い》れる人にとっては中々好結果《なかなかこうけっか》を得《う》る学説《がくせつ》であります。この純理想主義《じゅんりそうしゅぎ》哲学を奉《ほう》ずる人の信念《しんねん》が昂揚《こうよう》する（たかまる。高くあがる）とき、五官《ごかん》の立証《りっしょう》するものを否定し、さらに理性《りせい》が肯定《こうてい》するものさえも否定し客観的経験《きゃっかんてきけいけん》さえも否定し去るならば、自律神経《じりつしんけい》を媒介《ばいかい》として生理作用《せいりさよう》を司《つかさど》る潜在意識《せんざいいしき》は、その「否定」によって悪（病気等）を恐れなくなっている人をその悪から解《かい》放《ほう》するのであります。

心の因《いん》と肉体《にくたい》の果《か》

このような問題《もんだい》に直接《ちょくせつ》に接近《せっきん》して行《ゆ》くためには、心の世界に働《はたら》く因果《いんが》の法則《ほうそく》の有《あ》りのままを研究《けんきゅう》しなければならないのであります。〝宇宙《うちゅう》の知性《ちせい》〟は人間を創造《そうぞう》し、人間の魂《たましい》に不滅《ふめつ》の観念及《かんねんおよ》び不滅を実現《じつげん》したいと云《い》う希望《きぼう》を植《う》えつけたのである以上《いじょう》、之《これ》を立証《りっしょう》する方法《ほうほう》も必《かなら》ず造《つく》ってあるに相違《そうい》ないのであります。併《しか》し如何《いか》に多数の人々がそのことを信《しん》じているにしても、疑《うたが》いの存《そん》する限《かぎ》り、実例《じつれい》によって立証されていないのだと云《い》うことになるのであります。

人類《じんるい》の大多数が信《しん》じ且《か》つ願《ねが》っているところの生命《せいめい》の「不滅《ふめつ》」と云《い》うことは、滅《めつ》する肉体《にくたい》を超《こ》えて不思議《ふしぎ》な煙幕《えんまく》の彼方《かなた》に在《あ》るのであります。此《こ》の肉体の目は、こうした煙幕を貫《つらぬ》いて見ることが出来ないのでありますから、理《り》に照《てら》してその不滅なる「結果《けっか》」を来《きた》すための「因《いん》」を求《もと》めなければならないのであります。吾々《われわれ》は盲目的信仰《もうもくてきしんこう》のみを頼《たよ》りとすることは出来ないのであります。歴史《れきし》を見ても現代人《げんだいじん》の為《な》す所を見ても、人間は本気《ほんき》になって誤謬《ごびゅう》を信ずることが出来るものだと云うことが明瞭《めいりょう》に証明《しょうめい》されているのであります。例《たと》えば、キリスト教《きょう》の世界では、文字通《もじどお》りの「天国《てんごく》」と客観的《きゃっかんてき》な「地獄《じごく》」とが現実《げんじつ》に存在《そんざい》し、肉体死後の魂《たましい》がそこに行くのだと云うことを信ぜよと教え、又事実《またじじつ》大多数の人が信じているのであります。そして死後人間の或《あ》る者は永遠《えいえん》の歓喜《かんき》を受け、或る者は永遠の苦痛《くつう》を受けるのであると信じているのであります。

右の信仰の証拠《しょうこ》としては、昔《むかし》ながらの教義《きょうぎ》と伝説以外《でんせついがい》には何もないのであります。その伝説と教義とは九十九パーセントの人間が文盲《もんもう》で迷信《めいしん》に浸《ひた》っていた頃《ころ》の無智蒙昧《むちもうまい》(知識がなく心がくらいこと)の暗闇《くらやみ》時代《じだい》の人々の書いたものであります。それらによると肉体を離《はな》れた人間の魂《たましい》には二つの階級《かいきゅう》があり、その住む場所が二つの場所に分《わか》れるのだと云う以外には住む場所はなく、その精神的《せいしんてき》原因《げんいん》としては、或《あ》る人の身代《みがわ》りの苦《くる》しみを信ずることによるだけで一方《いっぽう》は聖人《せいじん》となり、他の人はそれを信じないだけで永久《えいきゅう》に罪人《つみびと》として処罰《しょばつ》されると云うこと以外には何もないのであります。そう云う宗教に於いては、公正《こうせい》な神の本質《ほんしつ》、贖《あがな》いの法則《ほうそく》、精神的進化《せいしんてきしんか》の原理等《げんりとう》は皆拒否《みなきょひ》され、科学上《かがくじょう》の事実と理智《りち》の叫《さけ》びは無視《むし》され、その代《かわ》りにずっと昔《むかし》死んだ人々の言葉の権威《けんい》及《およ》び教会当局者《きょうかいとうきょくしゃ》の言葉を迷信的に信じているのであります。それではいよいよ本論《ほんろん》に入《はい》り、人間の生《うま》れ更《かわ》りは可能《かのう》であるか否《いな》かの事実の検討《けんとう》をすることに致《いた》します。

第四章　生命《せいめい》は死を超《こ》えて前進《ぜんしん》する

死後《しご》にも或《あ》る種《しゅ》の「体《たい》」が存続《そんぞく》する

意識《いしき》（こころ）の本体《ほんたい》が永続《えいぞく》する過程《かてい》として、その中で作用《さよう》するための乗物《のりもの》としての「体《たい》」（body《ボディ》）を別《べつ》にしては個生命《こせいめい》（個々別々の生命。一個人としてのいのち）の不滅性《ふめつせい》を考えることは出来ません。ここに言う「体《ボディ》」と謂《い》うのは肉体《にくたい》のことではありません。肉体は死すべきものであると云《い》う簡単《かんたん》な理由《りゆう》によって、肉体は個生命の永続のための「乗物」たる資格《しかく》をもっていないのであります。従《したが》って人間の永続と云う概念《がいねん》（かんがえかた）は更《さら》に進んで永続する乗物としての不可視《ふかし》（目に見えない）不滅《ふめつ》（ほろびない）の体《たい》と云う概念を含《ふく》んでいるのであります。この不可視不滅の体《ボディ》がなければ、不滅と云うことは単《たん》なる抽《ちゅう》象《しょう》（かたちのない。具体的でない。）概念に過《す》ぎないので、不滅説《ふめつせつ》はその基礎《きそ》を失《うしな》うことになるのであります。

心霊研究家《しんれいけんきゅうか》の言《げん》に依《よ》れば、宗教画《しゅうきょうが》にある聖者《せいじゃ》の頭の周囲《しゅうい》の光輪《こうりん》（ひかりのワ。ごこう〈後光〉）は想像《そうぞう》の所産《しょさん》ではなく、高い意識《いしき》に達《たっ》した人の霊体内《れいたいない》に振動《しんどう》する霊的《れいてき》な光の放射《ほうしゃ》を霊視《れいし》（心眼で見る）して描《か》いたものであると云うことであります。然《しか》しこの光の放射は宗教文学《ぶんがく》で不滅の存在《そんざい》となっている人々に限《かぎ》られているのではないのであります。魂《たましい》はすべてそれぞれの力と霊的悟《さと》りの程度《ていど》に応《おう》じて独特《どくとく》の霊的振動を放射しているのであります。我々《われわれ》はこの振動から発《はっ》する光を「見る」ことは出来ないけれども、それを人格的《じんかくてき》（その人の人ガラとしての）雰囲気《ふんいき》（とりまく心の波のような感じ）として感ずるのであります。

人の発する霊気《れいき》は肉眼《にくがん》では見ることが出来ないが、霊の感覚《かんかく》には本当に存在し且《か》つ触《ふ》れることが出来るのであります。あなたが人に会ったとき、何となく他の人に引きつけられたり反《はん》撥《ぱつ》（はんたいし、はねかえす）されたりするのは、相手の雰囲気を感ずるのであって、これは五官《ごかん》ではなく霊的感覚であります。之《これ》は各人《かくじん》に霊体《れいたい》のあることを証明《しょうめい》し、又《また》他の人の斯《か》くの如《ごと》き雰囲気を認識《にんしき》（みとめること）すると云うことは、五官の感覚と同じく魂の感覚が実在《じつざい》であることを証明しているのであります。

心の法則《ほうそく》は公正《こうせい》の秤《はかり》である

心の法則《ほうそく》も自然《しぜん》の法則も生命《せいめい》のすべての分野《ぶんや》に於《お》いて「公正《こうせい》の原理《げんり》」又《また》は「償《つぐない》の原理」（一方にある損があればそれだけトクになる何かがあってツリアイがとれる法則）が働《はたら》いていることを明瞭《めいりょう》に証明《しょうめい》しているのであります。知性《ちせい》が劣《おと》り、精《せい》神的道徳的肉体的能力《しんてきどうとくてきにくたいてきのうりょく》の乏《とぼ》しい人を見ると、神はその人に対して差別《さべつ》をし、能力の分配《ぶんぱい》が不《ふ》公正《こうせい》であるとあなたは結論《けつろん》するかも知れません。然《しか》し更《さら》に入念《にゅうねん》（ネンを入れて）に観察《かんさつ》する時少しの不公正もないことが判《わか》るのであります。

各人《かくじん》はその能力に相応《そうおう》する満足《まんぞく》を持つのであります。精神的にせよ物質的《ぶっしつてき》にせよ、価値《かち》を理《り》解《かい》する程度《ていど》はその人の心境《しんきょう》（心の高さの程度）の程度に限《かぎ》られているのであって、それから先は理解出来ないのであります。或《あ》る人の生命評価《ひょうか》（ねうちをはかる。ねだんづけをする）の「量《りょう》」はその人より一層《いっそう》高い程度の理解と評価に達《たつ》している人の「量」に劣《おと》るかも知れないが「本質《ほんしつ》」は劣《おと》らぬのであります。例《たと》えばあなたが天文学者《てんもんがくしゃ》に話しかけているとします。天文学者は或《あ》る種《しゅ》の理解を有《ゆう》し、あなたはそれとは別種《べっしゅ》の理解を持つ。彼は最初《さいしょ》は空間《くうかん》の広さや運動《うんどう》の法則についての自分の感情反応《かんじょうはんのう》をあなたに伝《つた》えることが出来ない。それはあなたがそれを受《う》け容《い》れる能力を発掘《ほっくつ》（ほりだす）していないからであります。然《しか》しあなたが研究《けんきゅう》と実験《じっけん》とによって、彼と同じ程度の理解に達した時、あなたは空間、広大さ、運動の意味を見たり感じたりするあなたの内《うち》にやどる力を発掘させたのであります。何人《なんぴと》も、自己《じこ》の内にすべての善《よ》きものを宿《やど》していますが、それを発掘するまでは、あなたの持つものがあなたの視力《しりょく》の圏外《けんがい》にあるのであって、あなたはそれを持っていなかったのではないのであります。

知性《ちせい》（心のハタラキの全体をいう）の種々《しゅじゅ》の段階《だんかい》は、精神的・道徳的・霊的価値《れいてきかち》の理解の種々の段階を表《あらわ》す基準《きじゅん》でありますが、このそれぞれの基準によって各人はその報《むく》いられるありかたに等差《とうさ》（さべつ。ちがい。差等）を生《しょう》ずるのであります。それぞれの標準《ひょうじゅん》によって、あらゆる行動《こうどう》は「動《どう》・反動《はんどう》の法則」によってその個人的責任《こじんてきせきにん》を果《はた》さす働《はたら》きをするのであります。痴呆者《ちほうしゃ》（精神はくじゃくのもの）の道徳的責任は高い知性を有するものの責任と同じではないのであります。人間の作った法則は犯罪《はんざい》（つみをおかす）が真《しん》に精神《せいしん》錯乱《さくらん》によることが証明《しょうめい》される時、その責任は問《と》われないことになっていますけれども、道徳的無責任《むせきにん》や道徳的未成熟《みせいじゅく》は法廷《ほうてい》では弁護《べんご》の材料《ざいりょう》にはならぬのであります。斯《こ》うして社会は社会内に有《あ》る反社会的な力から自己を防衛《ぼうえい》するために努力《どりょく》しており、無智《むち》（智慧がたらぬ。知らぬこと）による犯罪は法理論《ほうりろん》（ほうりつの上でのリクツ）上《じょう》には高い知性の犯罪と同じ罰《ばつ》が課《か》せられるのであります。

この点に於《お》いて「心の法則《ほうそく》」によって起《おこ》る原因《げんいん》に対する結果《けっか》は、道徳上《どうとくじょう》の問題《もんだい》に於いて、人間が法理論的に行う人工的審判《じんこうてきしんぱん》よりも完全《かんぜん》であります。精神状態《せいしんじょうたい》の低い者は生命《せいめい》の意義《いぎ》と価値《かち》の評価《ひょうか》が低いのでありますから、従《したが》って心の法則は自動的《じどうてき》に、勝《すぐ》れた人類《じんるい》と同等《どうとう》の道徳の標準《ひょうじゅん》に応《おう》じては罰《ばっ》しないのであります。獣類《じゅうるい》が姦通《かんつう》（男女関係でよろめくこと）しても罰しられないが、高等《こうとう》なる人類の道徳意識《いしき》は姦通をした場合、自責《じせき》（自分の良心がせめること）によって強く自己《じこ》を処罰《しょばつ》するのであります。人の行動《こうどう》の背後《はいご》には如何《いか》なる潜在《せんざい》意識の強制力《きょうせいりょく》があるか第三者《だいさんしゃ》からは完全《かんぜん》に知る事が出来ないのでありますから、他人をその行為《こうい》の外見《がいけん》によって誤《あやま》りなく審判《しんぱん》することは出来ないが、心の法則はこれらを自働的《じどうてき》に審判して適当《てきとう》な応報《おうほう》を与《あた》えるのであります。若《も》しあなたがすべての点に於いて或《あ》る悪人《あくにん》と全《まった》く同じ行動をするならば、あなたは法理論上からは悪人そのものであります。然《しか》し心の法則は決《けっ》して行為の外見のみでは審判を下《くだ》さない。心の法則はあらゆる場合に於いて完全に公正《こうせい》の応報を与え、自然《しぜん》に各人《かくじん》の道徳的進化《しんか》を導《みちび》いて行《ゆ》くようにするのであって、これを因果応報《いんがおうほう》（原因あれば結果があるという法則でむくいられること）と言うのであって神が罰《ばつ》を与えるのではないのであります。

これを宗教的用語《しゅうきょうてきようご》で述《の》べれば、神は直接的意志《ちょくせつてきいし》をもって自然の法則や、道徳上の法則に背《そむ》く者を罰するのではないのでありますが、法則としてあらわれて、法則に適《かな》った場合には斯《こ》うなる、法則にそむいた場合には斯《こ》うなると自然に悟《さと》って、自己開発《じこかいはつ》（自分の内にあるものを開いて出す）的《てき》に人間の自《じ》覚意識《かくいしき》（無意識の反対。気づいている心）を高めようとしていられるのであります。

心の法則がその法則を破《やぶ》る者に苦《くる》しみを起《おこ》す働《はたら》きをしないとすれば、その人は誤《あやま》った道に行くこと（進化に逆行《ぎゃっこう》すること）が免疫性《めんえきせい》になって、誤った道を進むがままに何時《いつ》までも放置《ほうち》されることになるでありましょう。その結果は人類は宇宙《うちゅう》の進化の法則に逆行し、人類は絶滅《ぜつめつ》の危機《きき》に瀕《ひん》するでありましょう。爰《ここ》に心の法則を教える者が出現《しゅつげん》して、法則を正しく用《もち》うる道を教え人類を絶滅から救《すく》う必要《ひつよう》があるのであります。

業《ごう》の流転《るてん》と云うことから考えるならば、法則に背《そむ》いた為《ため》の業《ごう》の刑罰《けいばつ》は、法則に背くに至《いた》らしめた潜在意識内《せんざいいしきない》の欲望《よくぼう》の惰力《だりょく》（業因《ごういん》）が根《ね》こそぎ引抜《ひきぬ》かれて意識外《いしきがい》に除《のぞ》かれた時支払済《しはらいずみ》となるのであります。誤《あやま》れる感情《かんじょう》がおこるのは、欲望の背後《はいご》から駆《か》り立てる業《ごう》の力――即《すなわ》ち潜在意識内の念《ねん》の惰力《だりょく》――であって、この悪《あく》に駆り立てる感情のエネルギーが精神科学的《せいしんかがくてき》な認識《にんしき》即《すなわ》ち「悟《さと》り」によって中和《ちゅうわ》されるか、苦痛《くつう》によって帳消《ちょうけ》しされるまではその欲望は執拗《しつよう》に続《つづ》くのであります。欲望とはその目的《もくてき》に駆り立てる潜在意識的な業《ごう》の惰力の事であります。水が自《みず》からの重さによって水平《すいへい》を求《もと》むるために落下《らっか》する如《ごと》く、感情の駆り立ては自らを堕落《だらく》せしめることによって平衡《へいこう》（ツリアイ。バランスを得る）を得《え》ようとして、其処《そこ》に色々《いろいろ》の問題《もんだい》を起し苦痛を与えるのであります。「悟り」はその落下の水力《すいりょく》を合理的《ごうりてき》に調節《ちょうせつ》して、善《よ》き目的のためにつかう水力電気《すいりょくでんき》の知《ち》識《しき》の如《ごと》きものであります。

欲望《よくぼう》は不滅《ふめつ》の原動力《げんどうりょく》である

「魂《たましい》」はある環境《かんきょう》の中に入《はい》って生活するが、その環境に入ってくる前に、その環境が地獄《じごく》だと信《しん》じていても、極楽《ごくらく》だと信じていても、それが為《ため》に環境は変化《へんか》しないのであります。刑務所《けいむしょ》を極楽世界と言いきかせられてから、その刑務所《けいむしょ》に入れられても、その刑務所が極楽世界にはならないのであります。それと同じく死後《しご》の世界の状態《じょうたい》について理論《りろん》を立てたり思案《しあん》を廻《めぐ》らしたり、お経《きょう》に斯《こ》う書いてあると言って見ても、我々《われわれ》が死んで来世《らいせ》（つぎに生れて出る世界）に生《う》れ行《ゆ》く前に来世に関《かん》して何を教えられていたにせよ、そのために来世の性質《せいしつ》は変化するものではないのであります。次《つぎ》のことだけは間《ま》ちがいない。即《すなわ》ち来世が若《も》しあるならば来世は現世《げんせ》と同様《どうよう》に、無限創造者《むげんそうぞうしゃ》（即《すなわ》ち神）によって〝霊《れい》〟を材料《ざいりょう》として創造されたのであると云うことであります。従《したが》ってそこは、それぞれの人々の魂《たましい》の次なる段階《だんかい》の生活に完全《かんぜん》に適《てき》していると云うことであります。そして、其処《そこ》には現世と同じように「心の法則《ほうそく》」が当嵌《あては》まる、そこは因果応報《いんがおうほう》の世界であって、現世で心の法則によって魂を訓練《くんれん》して来た者は、来世《らいせ》に於いても心の法則を適正《てきせい》に使用してよき環境をあらわし得《う》るにちがいないのであります。とは云うものの、我々は生きている間《あいだ》の心の環境との相関関係《そうかんかんけい》（たがいの関係）について知る所を基礎《きそ》として死後の状態について推測《すいそく》するしか仕方《しかた》がないのであります。我々は一都市《とし》の中でも、一国家内《こっかない》でも、その住む人の心境《しんきょう》によってあらゆる程度《ていど》の幸福《こうふく》とあらゆる程度の悲惨《ひさん》が存在《そんざい》することを知っているのであります。即《すなわ》ち同じ都市や事務所《じむしょ》にも富《と》める者と貧《まず》しき者、善人《ぜんにん》と悪人《あくにん》、賢者《けんじゃ》と愚者《ぐしゃ》とが共《とも》に住んでいるのであります。而《しか》も同じ場所にいながらそれぞれの人々は自己《じこ》の能力《のうりょく》や心境や趣味《しゅみ》や欲望《よくぼう》に相応《そうおう》した水準《すいじゅん》に落著《おちつ》く。この能力や心境や趣味や欲望やはすべて現世《げんせ》に生れ出て一代《だい》のうちに得《え》たものばかりではないと結論《けつろん》することは合理的《ごうりてき》であります。人は皆《みな》その人独自《どくじ》の一定《いってい》の方《ほう》向《こう》、一定の活動及《かつどうおよ》び一定の経験《けいけん》へと引きずられ駆《か》り立てられて行く不可知《ふかち》の傾向《けいこう》を持っているのであります。これは環境からのみ与《あた》えられたものでないのは一卵性双生児《いちらんせいそうせいじ》（一つの卵からできたフタゴ）でもその個性《こせい》が異《ことな》ることによって証明《しょうめい》されます。この種《しゅ》の衝動乃至推進力《しょうどうないしすいしんりょく》は或《あ》る程度前世《ぜんせ》の経験《けいけん》から受け継《つ》ぐのでありますが、現世《げんせ》で之《これ》を発達《はったつ》させたり、等閑《とうかん》（なおざりほったらかすこと）に附《ふ》して退歩《たいほ》（進歩の反対。わるくなる）させたり、努力《どりょく》して改善《かいぜん》したり、誤用《ごよう》したりすることが出来るのであります。このことは現世に於いて吾々《われわれ》が実際《じっさい》生活をいとなんでいる経験によって明《あきら》かな事であります。来世《らいせ》に於《お》いても同じ或《あるい》は似《に》たような過程《かてい》（コース。出来事のじゅんじょ）が起《おこ》るものと結論するのは理《り》に適《かな》っているのであります。現代《げんだい》の心霊学《しんれいがく》では、人間の死後直《ただ》ちに魂の行く霊界《れいかい》は、矢張《やは》りその通りであることを霊界通信《つうしん》によって知らされているのであります。（レスター著《ちょ》『靈界《れいかい》の妻《つま》は語る』参照・日本教文社発行）尤《もっと》もこれはどこにでも霊媒《れいばい》があって、それを証明《しょうめい》し得《う》ると云うような問題《もんだい》ではない。現在《げんざい》の人《にん》間進化《げんしんか》の段階《だんかい》では、普通人《ふつうじん》はこれについて実地《じっち》に又《また》は客観的《きゃっかんてき》に知ることは不可能《ふかのう》であります。死後の彼方《かなた》に存在する状況《じょうきょう》を霊覚《れいかく》によって確《たし》かに知っていると云う人もあるけれども、それは主観《しゅかん》（自分の心で思う見方）的《てき》に知るだけなので、科学的《かがくてき》に適用《てきよう》される法廷《ほうてい》で受け容《い》れられるような現実的《げんじつてき》な証拠《しょうこ》を提出《ていしゅつ》することは、極《きわ》めて特殊《とくしゅ》の場合のほかは難《むつ》かしいのであります。すべての人が「死」と云うものは肉体《にくたい》の活動《かつどう》を停止《ていし》することだと云う証拠を受け入れるのと同じように、「死」は「来世《らいせ》への移行《いこう》」であると云うことを受け容《い》れるためには人間の最高《さいこう》の直観《ちょっかん》（分析によって知るのでなく、全体を心でズバリと知ること）が必要《ひつよう》なのであります。

証拠《しょうこ》と想像《そうぞう》

肉体《にくたい》が死んでから後《のち》、魂《たましい》がどんな状態《じょうたい》で、どんな環境《かんきょう》の中にいるかについての実験的《じっけんてき》なたしかな証拠が現《あらわ》れ、しかも、有能《ゆうのう》な（ちからのある）科学的研究家《かがくてきけんきゅうか》の要求《ようきゅう》に合致《がっち》する形式《けいしき》でその証拠が現れるまでは、来世《らいせ》の状態に関《かん》するあらゆる想像は、大《たい》して価値《かち》がないのであります。どう信《しん》じていても証拠がない限《かぎ》り同じことである。この理由《りゆう》によってこの本では出来る限り独断的《どくだんてき》な結論《けつろん》を避《さ》けることにしているのであります。併《しか》し、出生《しゅっしょう》・生活・死、それから、経験《けいけん》と客観《きゃっかん》的事実《てきじじつ》との各分野《かくぶんや》で働《はたら》いている「法則《ほうそく》」について、吾々《われわれ》が現実《げんじつ》に知っている知識《ちしき》を基礎《きそ》として知り得《え》た根本原理《こんぽんげんり》を認《みと》めることは別問題《べつもんだい》であります。創造《そうぞう》が可能《かのう》なのは宇宙《うちゅう》に法則《ほうそく》と秩序《ちつじょ》とが存在《そんざい》する証拠であり、法則は知性《ちせい》のあらわれであります。心の法則が物質界《ぶっしつかい》では働かないのだと考えるものは無神論者《むしんろんしゃ》または不可知論《ふかちろん》（神については何も知り得ないという学説）者《しゃ》であります。

物質界に法則が存在する事を立証《りっしょう》するためには我々《われわれ》は五官《ごかん》の与《あた》える証拠を認《みと》める外《ほか》はないのであって、自然《しぜん》の法則の基礎となっている力と知性の世界で法則が働いていると考えることは常識《じょうしき》にすぎないのであります。之《これ》を否定《ひてい》することは、物質の本質《ほんしつ》は「法則」即《すなわ》ち「宇宙の知性」が造《つく》り且《か》つ支配《しはい》しているのに、その「宇宙の知性」よりも「物質」の方が実在性《じつざいせい》が大きいと考えるのに等《ひと》しいのであります。「宇宙の知性」は「死」と云う分解《ぶんかい》の過程《かてい》をつかさどる神であるばかりではなく、又《また》生きて進歩《しんぽ》し生長《せいちょう》する「生命《せいめい》」の過程をつかさどる神でもあります。聖書《せいしょ》にある言葉を引用《いんよう》するならば、「我々《われわれ》は神の中に生き、動き、且《か》つ存在を持つ」のであります。恐《おそ》らく「我々は〝宇宙の知性〟の中に生き、考え、行動し、存在を持ち、その外《そと》には何ものも存在することは出来ない」と言った方が、普遍的原因者《ふへんてきげんいんしゃ》（宇宙のどこにでも満ちていてすべてをつくり出す原因となっている知性）としての我々の神の概念《がいねん》に一層《いっそう》近いでありましょう。「宇宙の知性」こそ神であるからであります。

合理的《ごうりてき》な信念《しんねん》を目指《めざ》して

私が以上《いじょう》のような考え方をするのは、読者に「宇宙《うちゅう》の知性《ちせい》」の存在《そんざい》を信《しん》じさせるためと云《い》うよりは、宗教《しゅうきょう》科学《かがく》の基礎《きそ》を構成《こうせい》する根本原理《こんぽんげんり》を知っていただきたいからであります。あなたの意識《いしき》が完全《かんぜん》に宇宙の根本である実在《じつざい》（現象〈アラワレ〉に対してアラワレの元になるホントニアルモノ）を把握《はあく》する（つかむこと。心でつかむ。よくりかいする）までは、そしてあなたの理性《りせい》と感情《かんじょう》生活とが此《こ》の根本実在と調和《ちょうわ》するまでは、あなたは不安《ふあん》と動《どう》揺《よう》と疑《うたがい》とを免《まぬ》かれぬでありましょう。しかも此《こ》の不安・動揺・懐疑《かいぎ》と云う厄介《やっかい》な感情は人生《じんせい》問題解決《もんだいかいけつ》のために心の法則《ほうそく》を応用《おうよう》しようとする努力《どりょく》の大部分を無効《むこう》にしてしまうのであります。

何人《なんぴと》もいつかは直面《ちょくめん》しなければならぬ生活上の実例《じつれい》を挙《あ》げてみましょう。あなたは死と云う現象《げんしょう》によって、父《ちち》・母《はは》・妻《つま》・夫《おっと》・子供《こども》、その他最《もっと》も愛情《あいじょう》の深《ふか》い人のうちの誰《たれ》かを失《うしな》うことがあるでしょう。その時あなたは生き残《のこ》るだけではなく、断腸《だんちょう》（はらわたがちぎれる）の思いをし、やる瀬《せ》ない淋《さび》しさを感ずるでありましょう。あなたは神の愛に疑《うたがい》を持つかも知れません。科学的知《かがくてきち》識《しき》と理解《りかい》がなかったならば、在来《ざいらい》の神学《しんがく》によれば、生死《せいし》を司《つかさど》るのは神であって、神が彼、又《また》は彼女を奪い去ったのであるから、あなたは悲《かな》しみの余《あま》り神の愛を疑《うたが》うかも知れません。またあなたは愛する者が長年《ながねん》恐《おそろ》しい病《やまい》に苦《くる》しむことを経験《けいけん》することもあるでしょう。そんな時、あなたは叫《さけ》ぶ。「こんな立派《りっぱ》なそしてもっと良《よ》い運命《うんめい》に価《あた》いする私の良人《おっと》に、何故《なぜ》こんな恐しい運命が訪《おとず》れたのであろうか。神は義《ぎ》（相手にてきする正しさ）であり愛《あい》であるなどはウソだ」と。あなたは苦《く》悩《のう》のあまり、遂《つい》には神を責《せ》め、迷《まよ》い、途方《とほう》に暮《く》れ、光《ひかり》を失《うしな》い、闇《やみ》と失望《しつぼう》の世界に顚落《てんらく》するかもしれません。

殆《ほとん》どすべての人々が直面《ちょくめん》しなければならないこの様《よう》な問題を解決《かいけつ》する道は、現世《げんせ》に於ける原《げん》因結果《いんけつか》の法則《ほうそく》から来る応報《おうほう》（まさに来る べきムクイ）だけでは解決し難《がた》いのであります。そこに魂《たましい》が永続《えいぞく》する霊体《れいたい》として不滅《ふめつ》に存在《そんざい》して、その霊体が正当《せいとう》な応報にあずかると云う真理《しんり》の正しい認識《にんしき》の必要《ひつよう》があるのであります。私たちはこの問題について古《いにしえ》の聖者《せいじゃ》の教《おしえ》に感謝《かんしゃ》しなければなりません。彼等《かれら》聖者は此《こ》の古《ふる》くからの問題について新鮮《しんせん》な言葉で語ったのであります。イエスは言う、「われは生命《せいめい》なり。われを信《しん》ずる者は死すとも死せず。」「われ」とはすべての人にやどる実相《じっそう》であります。「死は勝利《しょうり》に呑《の》まれたり」と聖《せい》パウロは言いました。印度《インド》ベダンタの聖者はまた言っています。

「魂《たましい》は肉体《にくたい》を纏《まと》いて幼少《ようしょう》、青年《せいねん》、成人《せいじん》、老年《ろうねん》の各段階《かくだんかい》を経験《けいけん》する如《ごと》く、時来《ときき》たれば次《つぎ》の体《たい》に移《うつ》り、他の体《たい》を身《み》にまといて、再生《さいせい》し、動き、そして役割《やくわり》を果《はた》すのである」と。

過去《かこ》の預言者《よげんしゃ》の偉大《いだい》な直観《ちょっかん》にみちびかれて真理《しんり》を悟《さと》る者は幸《さいわ》いであります。然《しか》し私たちは単《たん》にそこで止《とど》まってしまってはならない。私たちは自分自身、己《おのれ》の耳を開《ひら》いて大自然《だいしぜん》の声を聞き、心の目を開いて大自然の魂が斯《か》くも豪壮《ごうそう》（いきおいつよく さかんなこと）にして劇的《げきてき》な（芝居のブタイの実 演を見るような）、適確《てきかく》な（ぴった りした）言葉で教えてくれる教訓《きょうくん》を見なければならないのであります。その教訓はすべて私たち自身に関《かん》するものであって、目に見える形で書かれており、私たちによく考えよと言って挑《いど》んでいるのであります。その一例《いちれい》を自然界の何処《どこ》にでも見出《みいだ》される大甲虫《おおかぶとむし》から引くことにしましょう。

生命《せいめい》は死を超《こ》えて前進《ぜんしん》する

大甲虫《おおかぶとむし》は樫《かし》の木の皮《かわ》の中に生みつけられた卵《たまご》から孵《かえ》るのである。孵った時は小さな蛆《うじ》で長さ半吋《はんインチ》(編註・一インチは約二・五四センチ)、太さは小麦《こむぎ》の茎《くき》ほどのものです。体《からだ》の色は黄色がかっており、頭は黒く、鋭《するど》い顎《あご》があって樫の木の硬《かた》い木質《もくしつ》に孔《あな》を穿《あ》けます。孵化《ふか》すると木質の表面《ひょうめん》で生活を始めるのであります。穿孔虫《せんこうちゅう》(木にアナをあけて生活する虫)であって三年間位《ぐらい》は樫の木の中で生活するのであります。

この虫の感覚《かんかく》(かんじる力)は基本的《きほんてき》なもの二つ——即《すなわ》ち味覚《みかく》(あじを知る感覚)と触覚《しょっかく》(さわるとわかる感覚)しか持っていません。見ることも聞くことも嗅《か》ぐことも出来ないのであります。樫《かし》の木質について発達《はったつ》した味覚を持っています。又《また》この大甲虫《おおかぶとむし》の棲《す》む樫の木を割《わ》って、針《はり》で突《つ》くか或《あるい》は触《ふ》れると触覚があると云う反応《はんのう》を示《しめ》します。神経組織《しんけいそしき》は最《もっと》も簡単《かんたん》なものであります。

自然《しぜん》この虫が最初《さいしょ》に穿《うが》つ孔《あな》はその体の大きさしかないのです。然《しか》し体が樫の木の内部《ないぶ》に進んで行くに従《したが》って体は生長《せいちょう》して大きくなります。生長して大きくなった身体《からだ》は、幼《おさな》い小さい時に穿《うが》った孔《あな》へと引返《ひきかえ》して帰ってくることが出来ません。この虫は木質を消化《しょうか》する為《ため》の「一片《いっぺん》の腸《ちょう》」みたいなものにすぎないような存在《そんざい》ではあるが、生長するに従って、通路《つうろ》も大きくなる。体の前部を伸《の》ばし、後部を縮《ちぢ》めて前に引《ひ》き寄《よ》せ、次《つ》いで後部を伸して前部を縮め、徐々《じょじょ》に前進《ぜんしん》します。この虫の腹部《ふくぶ》には毛虫《けむし》の腹部にあるような匍匐《ほふく》（腹ではい まわる）動物《どうぶつ》の廃退器官《はいたいきかん》の痕跡《こんせき》とでも謂《い》うべきものが残《のこ》っているが、それはもう使用しない。——しかもその跡《あと》が残っていて、この虫の生命《せいめい》の或《あ》る時期《じき》には匍匐動物であって、物の表面《ひょうめん》で生活し、恐《おそ》らくは樫《かし》の葉《は》を食べていたのだと云うことを示しています。然《しか》し進化の或《あ》る段階《だんかい》で樫の木質を好《この》むようになり、穿孔動物《せんこうどうぶつ》になったのであります。或《あるい》は多分《たぶん》鳥はこの虫がおいしくて滋養《じよう》に富《と》んでいると云うので、この敵《てき》から逃《のが》れるために孔《あな》を穿《うが》つことになったのかも知れません。兎《と》も角外界《かくがいかい》を去って樫の木の中の不思議《ふしぎ》な暗《くら》い所に入《はい》り、そこで生命周期《せいめいしゅうき》の最初《さいしょ》の部分を過《すご》すのであります。

大甲虫《おおかぶとむし》の幼虫《ようちゅう》は三年の間《あいだ》生きながらの墓場《はかば》、冥途《めいど》のような闇《やみ》の中でこうして暮《くら》していきます。そして遂《つい》には二吋半乃至三吋《インチはんないしインチ》の長さになり、人間の小指位《こゆびぐらい》の太さになります。次《つ》いで体内《たいない》に神秘《しんぴ》な変化《へんか》が起《おこ》り、その変化のために否応《いやおう》なしに木の表面に向《むか》って真直《まつすぐ》に孔を穿って出て来ます。そしてさっさと仕事《しごと》に取り掛《かか》り、居心地《いごこち》の良《よ》い寝床《ねどこ》になるように、直径《ちょっけい》三吋位《インチぐらい》の適当な長さの巣《す》を造《つく》ります。虫自身のいのちの中にある何物かの智慧《ちえ》により、樫の木から取った繊維《せんい》で巣に内張《うちば》りをするのです。この何物かを我々《われわれ》は何の躊躇《ちゅうちょ》（ためらうこと。えんりょ）もなく本能《ほんのう》と呼《よ》んでいます。実《じつ》はこの何物かは神の智慧《ちえ》が光《ひかり》のごとく現《あらわ》れたものであり、この智慧によって変《へん》貌《ぼう》（すがたがかわる）を行うに便利《べんり》な場所を準備《じゅんび》し、その変貌によってこの虫は新しい生活と新しい運命《うんめい》とに入《はい》って行くのであります。

然《しか》し此《こ》の変貌を行う場所としての彼の楽屋《がくや》は、これだけの準備で完成《かんせい》したのではありません。幼虫は将来《しょうらい》の出口をカモフラージュするに丁度足《ちょうどた》るだけ樫の皮の表皮《ひょうひ》をホンの少し残してその下のところを全部齧《かじ》って、不思議《ふしぎ》にも将来《しょうらい》出て行くことを本能的に知っていて将来にそなえて、出ることを容易《ようい》にしておくのであります。次《つぎ》に体内の分泌物《ぶんぴつぶつ》（しみ出る液体）からかたい粘質物《ねんしつぶつ》（ネバネバしたもの）を吐《は》いて入口を封鎖《ふうさ》（ふさぎとじる）し、雨その他の侵入《しんにゅう》するものを防《ふせ》ぎます。このようにして一大変化《いちだいへんか》の準備《じゅんび》を終《おわ》ると、この醜《みにく》い、見ればぞっとするような姿《すがた》をした虫――当時《とうじ》は、その感覚は基本的《きほんてき》なものが二つしかなく、どう見ても樫《かし》の木質《もくしつ》を消化《しょうか》する能力《のうりょく》を持つ長さは指程《ゆびほど》の一片《いっぺん》の腸《ちょう》にすぎないような様子《ようす》をしたこの虫は――眠《ねむ》りに入《い》るのであります。併《しか》し、その眠りは今まで全然《ぜんぜん》知らなかったような眠りです。「死」さながらの眠りです。そして本能的に頭を入口の方にして眠るのです。これに重大《じゅうだい》な意義《いぎ》があるのですが、そのことは後《のち》に述《の》べます。この点に注目《ちゅうもく》して、一般《いっぱん》の人間は「死」と云う一大変貌《へんぼう》の起《おこ》る前にこの虫位《ぐらい》の分別《ふんべつ》があって、肉体の「死」の後《のち》に来る「死」について準備が出来ているか確《たし》かめてみるがよい。

一定《いってい》の時が経《た》つと「復活《ふっかつ》」（いきかえる。よみがえる）と云う不思議が起《おこ》るのです。生きた大甲虫《おおかぶとむし》が「死んだ体《からだ》」から現《あらわ》れます。芥《あくた》の如《ごと》く「醜《みにく》い虫」の死の体《たい》から生きた新しい輝《かがや》かしい体《たい》が甦《よみがえ》るのです。彼はぎらぎら光る鎧《よろい》を着《つ》け、翼《つばさ》を持ち、味方《みかた》か敵《てき》か、恋《こい》の相手か恋敵《こいがたき》かを、その顫動《せんどう》（こまかくふるえるうごき）によって見分《みわ》ける鋭敏《えいびん》な触角《しょっかく》（昆虫などにある所のふれて感ずるためのツノ）を持っています。彼は、もう味覚と触覚だけの下等生物《かとうせいぶつ》ではない。立派《りっぱ》に五官を具《そな》えた誠《まこと》にすばらしい動物であります。彼は恋愛《れんあい》その他の高い程度《ていど》の冒険《ぼうけん》をすることも出来るし、かれは、もう前方《ぜんぽう》へ匍匐《ほふく》するだけしか知らない動物ではない。もう、飛翔《ひしょう》の機《き》は熟《じゅく》しています。永眠《えいみん》の死の扉《とびら》はばらばらに裂《さ》かれ、新しい生き物となって防寨《ぼうさい》（敵の侵入を防ぐため木材などをくみ合わしたもの）を破《やぶ》って外界《がいかい》に飛《と》び出して天空《てんくう》に舞上《まいあが》るのです。如何《いか》なる意味から考えても、彼は全然新しき生物です。そして、新しき世界に、新しき生活を始めるのです。若《も》し出来るなら、何がかくならしめたか、説明《せつめい》して戴《いただ》きたい。私はただその経過《けいか》（行きすぎたジュンジョ）を説明《せつめい》しただけであって、その不思議を説明することは出来ないのです。この不思議を司《つかさど》るものこそ宇宙普遍《うちゅうふへん》の知性《ちせい》――神なるもの――ではないでしょうか。その不思議な知性があなた達《たち》にも宿《やど》っているのではないでしょうか。

第五章　生と死の神秘《しんぴ》に就《つ》いて

輪廻転生《りんねてんしょう》

「生《うま》れ更《かわ》り」即《すなわ》ち「輪廻転生《りんねてんしょう》」(輪〈わ〉のようにグルグルじゅんかんして生れかわる)と云《い》うことは、人間の個生命《こせいめい》が肉体《にくたい》の死後《しご》も存続《そんぞく》して、再《ふたた》び新しい肉体に生れると云う意味であります。輪廻転生を以《もっ》て魂《たましい》又《また》は「個体《こたい》精神《せいしん》」の進化《しんか》の方法《ほうほう》だと考えるのは東洋《とうよう》の宗教思想《しゅうきょうしそう》であって、何億《なんおく》と云う多数の人間同士《どうし》の間に存在《そんざい》する現世《げんせ》の不平等《ふびょうどう》の生活を解釈《かいしゃく》する最《もっと》も合理的《ごうりてき》な、そして最も理論的《りろんてき》な説明《せつめい》の仕方《しかた》だと言うことができるのであります。この原理《げんり》は、貧富《ひんぷ》の懸隔《けんかく》、文化《ぶんか》の差異《さい》、能力《のうりょく》の相異《そうい》、肉体的に不利《ふり》なものと完全《かんぜん》なものとを生《しょう》ずるその根元《こんげん》に遡《さかのぼ》って、精神的天賦《せいしんてきてんぷ》、徳性《とくせい》、及《およ》び霊《れい》的進境《てきしんきょう》の相異の説明に適用《てきよう》されるのであります。

この説《せつ》は、次《つぎ》の如《ごと》き概念《がいねん》の上に築《きず》かれているのであります。即《すなわ》ち一個人《こじん》、一身体《しんたい》の生命期間《せいめいきかん》では、生得《せいとく》の可能性及《かのうせいおよ》び精神的可能性を充分《じゅうぶん》に発揮《はっき》する機会《きかい》が与《あた》えられるためには不充分《ふじゅうぶん》であるから、神聖《しんせい》にして公正《こうせい》なる神の摂理《せつり》（人間をよくするための神のおひきまわし）は、各人《かくじん》の魂《たましい》に自己《じこ》の現世《げんせ》及び前世《ぜんせ》で学んでいないことがらを他の生命から学ふ機会を与えるために、又別《またべつ》の環境《かんきょう》にその魂《たましい》を生《う》まれ更《かわ》って出て来《こ》させ給《たま》うのであります。即《すなわ》ち政治《せいじ》、社会《しゃかい》、経済《けいざい》、文化等《ぶんかとう》の偶然的《ぐうぜんてき》な環境条件《じょうけん》のために個生命は、一生涯《いっしょうがい》の期間中だけでは著《いちじる》しい進歩《しんぽ》を遂《と》げるために必要《ひつよう》な経験《けいけん》を通過《つうか》することが出来ない場合が多いのである。また幼少時代《ようしょうじだい》の師友関係《しゆうかんけい》、及びその環境条件に於ける経験は個々《ここ》の魂《たましい》に或《あ》る偏《かたよ》った習慣《しゅうかん》を与えるし、両親《りょうしん》、牧師《ぼくし》、教師等《きょうしとう》の無智《むち》のために、その人の魂は束縛《そくばく》されて、奴隷化《どれいか》され、自由《じゆう》な広い経験を得《う》るための機会が奪《うば》われることも多いのであります。だから人間の魂は、如何《いか》なる人でも、一生涯だけでは完全な発達《はったつ》の機会を与えられないから生れ更って出ることによって、その不足《ふそく》せる発達を補《おぎな》うと言う説であります。

「生《うま》れ更《かわ》り」の学説《がくせつ》は東洋《とうよう》の或《あ》る種《しゅ》の宗派《しゅうは》が、人間の霊魂《れいこん》は時には動物《どうぶつ》に、又《また》は昆虫《こんちゅう》にさえ生れ更ることがあるなどと説《と》くために、迷信的《めいしんてき》なものとして本来《ほんらい》の価値以下《かちいか》に評価《ひょうか》されているのであります。人間が動物や昆虫に生れ更ると云うことは明《あきら》かに現代《げんだい》の生物学《せいぶつがく》の原理《げんり》に反《はん》しているのであります。然《しか》し「生れ更り」の学説の勝《すぐ》れている点は、精神的霊的進化《せいしんてきれいてきしんか》を論理的《ろんりてき》に説《せっ》明《めい》していることであります。

　これをキリスト教《きょう》の教義《きょうぎ》と対照《たいしょう》するために、在来《ざいらい》のキリスト教の教義と比較《ひかく》して見ますならば誠《まこと》に興味《きょうみ》が深《ふか》いのであります。キリスト教は、人間は一生涯《いっしょうがい》を通《つう》じて如何《いか》に下劣《げれつ》で、無《む》価値《かち》で、残酷《ざんこく》で、堕落《だらく》していましょうとも、死の直前《ちょくぜん》に牧師《ぼくし》によって罪《つみ》を「赦《ゆる》され」、罪の懺《ざん》悔《げ》と称《しょう》する告白《こくはく》をなし、或《あるい》はイエスを救《すく》い主《ぬし》として受け容《い》れて改宗《かいしゅう》するならば、たといそれから数時間或《あるい》は数分間後に死ぬとしても、新教《しんきょう》に改宗した者ならば直《ただ》ちに天国《てんごく》に、カトリック教《きょう》に改宗したならば潔《きよ》めのために煉獄《れんごく》に行《ゆ》き、何《いず》れにしても神の恵《めぐみ》によって救われ、「神を見る」ことが出来、聖《せい》なる天使《てんし》や聖人《せいじん》たちと交《まじ》わることが出来るのであると教えられているのであります。即《すなわ》ちキリスト教では人間は懺悔《ざんげ》と教祖《きょうそ》の贖罪《しょくざい》(つみをあがなう。つみのつぐないのため苦痛を受ける)によって救われるのであって、霊的発達《れいてきはったつ》又《また》は生長《せいちょう》によって救われるのではないことになっています。このパラダイスへの易行道《いぎょうどう》(救われるためのやさしい道)は、東洋に比し物質主義《ぶっしつしゅぎ》や功利主義《こうりしゅぎ》がよく普及《ふきゅう》している西洋《せいよう》に於《お》いて広く行われているのであります。この説明は極端《きょくたん》であるかも知れないが、それは、「赦《ゆる》し」「神の恵《めぐ》み」による免罪等《めんざいとう》と一致《いっち》していますし、キリストは「彼の名を信《しん》ずる」者が救われんがために、そして、この救いの体系《たいけい》を作るために生命《せいめい》を棄《す》てたと云うことになっているのであります。

　代理者《だいりしゃ》が贖罪《しょくざい》して救われると言う教義《きょうぎ》に比し、生《うま》れ更《かわ》りによって霊《れい》が徐々《じょじょ》に進歩して救われる教義の方が論理的《ろんりてき》に道徳的《どうとくてき》に公平《こうへい》だと言うことができるのであります。

再化身説《さいけしんせつ》に対する異義《いぎ》

しかしながら何千年もの間《あいだ》、疑《うたが》いを持っている人々が論議《ろんぎ》し、大衆《たいしゅう》が盲目的《もうもくてき》に信《しん》じ、東洋《とうよう》の教育《きょういく》ある人々がこれを合理的《ごうりてき》であるとして受け容《い》れたのであるからと云《い》って、吾々《われわれ》は未《いま》だ決定《けってい》していない諸点《しょてん》や未だ証明《しょうめい》されていない動物等《どうぶつとう》への転生《うまれかわり》を含《ふく》んでいる輪廻説《りんねせつ》を独断的《どくだんてき》に肯定《こうてい》してはならないと思うのであります。

「主《しゅ》は斯《か》く言い給《たま》う」と聖書《せいしょ》に書いてあるからと云う態度《たいど》の独断妄信主義《どくだんもうしんしゅぎ》は、同じ態度の頑固《がんこ》な原始主義者《げんししゅぎしゃ》と同様《どうよう》に扱《あつか》い難《がた》いのであります。キリスト教《きょう》の哲学《てつがく》にせよ、異教《いきょう》の哲学にせよ、その哲学に理智《りち》と常識《じょうしき》の厳重《げんじゅう》なテストに耐《た》える真理《しんり》の要素《ようそ》があるのでなければ精神科学《せいしんかがく》としては之《これ》を肯定するわけにはいかないのであります。だから私は先《ま》ず「生《うま》れ更《かわ》り」の教《おしえ》について「未知《みち》」の点または疑義《ぎぎ》のある点を次《つぎ》に検討《けんとう》して見たいと思うのであります。

西洋《せいよう》の本を読んで見ると、自分の前世《ぜんせ》は誰《たれ》であったか、何と云う人に生れていたかを記憶《きおく》しているると云う人が何人も居《い》るのであります。この種《しゅ》の人々は大抵《たいてい》自分の前世時代には偉人又《いじんまた》は知名人《ちめいじん》——たとえば帝王《ていおう》、王女《おうじょ》、公爵《こうしゃく》、将軍等《しょうぐんとう》——に生れていたと言います。ハードマン博《はく》士《し》は「自分の前世はクレオパトラであった」と言っていた人に会ったことがあると言っております。彼等《かれら》は今日《こんにち》は安飲食店《やすいんしょくてん》の皿洗《さらあら》いや溝浚《みぞさら》いの掃除夫《そうじふ》などしているかも知れないが、当時《とうじ》は帝王、又は高貴《こうき》の権力者《けんりよくしゃ》であり美《うつく》しい衣裳《いしょう》を着飾《きかざ》っていたのであると言うのです。「併《しか》し彼《かれ》等《ら》の与《あた》える証拠《しょうこ》は、米国西部地方《べいこくせいぶちほう》の大草原《だいそうげん》の一雑草《ざっそう》と同じく一向《いっこう》に注目《ちゅうもく》の価値《かち》はない」とハードマン博士は言っています。

「生れ更り」の説《せつ》が真《まこと》であるならば、何故《なぜ》もっと多数の人が生前《せいぜん》自分が何であって、何所《どこ》に居《い》たかをありありと写実的《しゃじつてき》に記憶《きおく》していないのかと尋《たず》ねるのも無理《むり》な質問《しつもん》ではありません。答《こたえ》は次の通りである。——即《すなわ》ち多数の人が前世《ぜんせ》の記憶をもっている。然《しか》しその記憶は潜在意識《せんざいいしき》に貯《たくわ》えられている記憶であって、この記憶を脳髄《のうずい》に転写《てんしゃ》するための精神統一的修行《せいしんとういってきしゅぎょう》をする者が少ないのである。古《いにしえ》のギリシャ人はこの場合にどんな事が起《おこ》るかを表現《ひょうげん》する言葉を持っていました。それは、“Lethe《レテ》”即《すなわ》ち〝忘《わす》れの河《かわ》〟〝忘却《ぼうきゃく》の流《なが》れ〟と云う語《ことば》を使ったのでありまして、これは客観的《きゃっかんてき》な記憶を消す水と云う意味の語《ことば》であります。これは人生の事実《じじつ》に合致《がっち》していきます。吾々《われわれ》は前世のことは自覚意識《じかくいしき》には記憶がない。然《しか》し魂《たましい》は潜在意識内に記憶しているのであります。しかし、どうしてそれが判《わか》るのでありましょうか。勿論《もちろん》それは私たちの経験《けいけん》による外《ほか》はない。吾々《われわれ》は物事《ものごと》によっては容易《ようい》に、上手《じょうず》に思い出すことが出来るが、又《また》そうでないものもあるのであります。
私たちは持って生れた「天禀《てんぴん》」と云うものがあります。之《これ》を天賦《てんぷ》の才能《さいのう》と云《い》っています。イエスはこのことについて寓話《ぐうわ》（ある意味をふくんだたとえ話）を説《と》いています。その寓話によれば人間の生れ更りは真《まこと》であるかのように聞《きこ》えます。私は読者にそこをお読みになることをおすすめする。それは二つの物語《ものがたり》であって、一つはマタイ伝《でん》二十五章十四節《せつ》――二十九節に、他はルカ伝十九章十二節――二十六節に出ているのであります。この寓話は検討《けんとう》（よくしらべて研究する）中《ちゅう》の問題《もんだい》に直接関係《ちょくせつかんけい》がありますから、その意味で研究《けんきゅう》されたいのであります。単《たん》に或《あ》る者は成功《せいこう》し或る者は成功しないと云う事実の説明《せつめい》としてだけではなく、与《あた》えられた運命《うんめい》を吾々《われわれ》は如何《いか》に生《い》かし又は殺《ころ》しているか、それによって如何なる報《むく》いを受けるかと云うようなことに関《かん》しての寓話としてであります。

（註）或《あ》る人とおく旅立《たびたち》せんとして其《そ》の僕《しもべ》どもを呼《よ》び、之《これ》に己《おの》が所有《もちもの》を預《あず》くるが如《ごと》し。各人《おのおの》の能力《ちから》に応《おう》じて或《あ》る者には五タラント、或る者には二タラント、或る者には一タラントを与《あた》え置《お》きて旅立《たびたち》せり。五タラントを受けし者は、直《ただ》ちに往《ゆ》き、之《これ》をはたらかせて、他《ほか》に五タラントを儲《もう》け、二タラントを受けし者も同じく、他《ほか》に二タラントを儲く。然《しか》るに一タラントを受けし者は、往《ゆ》きて地を掘《ほ》り、その主人《しゅじん》の銀《かね》をかくし置けり。久《ひさ》しうして後《のち》、この僕《しもべ》どもの主人きたりて、彼

らと計算《けいさん》したるに、五タラントを受けし者は他《ほか》に五タラントを持ち来《きた》りて言う。「主《しゅ》よ、なんじ我《われ》に五タラントを預《あず》けたりしが、視《み》よ、他《ほか》に五タラントを儲《もう》けたり」主人いう「宜《よ》いかな、善《ぜん》かつ忠《ちゅう》なる僕《しもべ》、なんじは僅《わず》かなる物に忠なりき。我《われ》なんじに多くの物を掌《つかさ》どらせん。汝《なんじ》の主人の歓喜《よろこび》に入れ」……また一タラントを受けし者もきたりて言う「主よ、我《われ》はなんじの厳《きび》しき人にて、播《ま》かぬ処《ところ》より刈《か》り、散《ち》らさぬ処より斂《あつ》むることを知るゆえに、懼《おそ》れてゆき、汝《なんじ》のタラントを地に蔵《かく》しおけり、視《み》よ、汝はなんじの物を得《え》たり」主人こたえて言う「悪《あ》しく、かつ惰《おこた》れる僕《しもべ》よ、わが播《ま》かぬ処《ところ》より刈《か》り、散《ち》らさぬ処より斂《あつ》むることを知るか。さらば、我《わ》が銀《かね》を銀行《ぎんこう》にあずけ置《お》くべかりしなり。我《われ》きたりて利子《りし》とともに我が物をうけ取りしものを。然《しか》れば、彼のタラントを取りて十タラントを有《も》てる人に与えよ。すべて有《も》てる人は、与えられて愈々《いよいよ》豊《ゆた》かならん。然《さ》れど有《も》たぬ者は、その有《も》てる物をも取らるべし」（マタイ伝第二十五章十四節――二十九節）

潜在意識《せんざいいしき》の記憶《きおく》

今一つ多数《たすう》の人々が考え込《こ》む問題《もんだい》、特《とく》に死が愛《あい》する者を奪《うば》い去る時に考え込む問題は、「『来《らい》世《せ》』に再《ふたた》び彼と相会《あいあ》うたとき彼であると知ることができるであろうか」と云《い》うことであります。しかし安心《あんしん》なさい。若《も》しあなたが彼に逢《あ》うならばあなたの潜在意識《せんざいいしき》（心のオクソコに記憶や感情の印象が自覚されずにのこっている無意識層）は彼を知るであろう。併《しか》しあなたが、古い世界を去り、新しい世界に来て、初《はじ》めて彼とめぐり合って、お互《たが》いにずっと知り合っていたことを潜在意識で感じ、一目《ひと》見《め》て愛を感ずるとしても、必《かなら》ずしも「おや、わたしとあなたとは前世《ぜんせ》で知《し》り合《あい》でしたね。あのときあなたの名は恵美子《えみこ》さんで、私の名は山本次郎吉《やまもとじろきち》だったね。よくあなたとは名古屋《なごや》の鶴舞公園《つるまいこうえん》で逢《あ》ったものだよ」なんかと言えるとはきまっていないのです。潜在意識に記憶《きおく》があっても現在意識的《げんざいいしきてき》には記憶していないのであるから、そんなことを言うわけはないと思う。何となく直感《ちょっかん》（何となくパッと感ずる）的《てき》になつかしい人であることが判《わか》るだけである。そして、その時あなたは過去《かこ》の経験《けいけん》の思い出のような幸福《こうふく》を感ずるでしょう。然《しか》し反対側《はんたいがわ》のことも言い得《う》るのであります。即《すなわ》ち仇同士《かたきどうし》もお互《たが》いに潜在意識の直感ですぐそれを感じ、昔《むかし》の、清算《せいさん》されていない憎《にく》しみの感情《かんじょう》を再燃《さいねん》（ふたたびもやす）せしめて互いに不幸《ふこう》な感情を味わうでありましょう。ナザレ人《びと》がその弟子達《でしたち》に「汝《なんじ》の敵《てき》を愛《あい》せよ」と教えたのはこのためであると思う。それは昔の憎悪《ぞうお》を払拭《ふっしき》する唯一《ゆいいつ》の方法《ほうほう》であるからであります。

個人《こじん》の意見は法則《ほうそく》ではない

或《あ》る心霊論者《しんれいろんしゃ》は自分が死後《しご》再《ふたた》び現世《げんせ》に還《かえ》ることを好《この》まないと云《い》う理由《りゆう》から人間の生《うま》れ更《かわ》り

説《せつ》を否定《ひてい》していますが、これは人間不滅《ふめつ》の真理《しんり》を説《と》くための自然《しぜん》な論理《ろんり》に叶《かな》った基礎《きそ》を発見《はっけん》すると云《い》う問題《もんだい》と取組《とりく》む事を好まぬ人達《ひとたち》の典型的《てんけいてき》（見本的　モデル的）な実例《じつれい》であります。このように心霊論者でさえもこの問題を避《さ》け、肉体《にくたい》を遊離《ゆうり》した友の霊魂《れいこん》を霊媒《れいばい》に呼《よ》び出してさえも、それから「生れ更り」の確説《かくせつ》をきこうとしないのが多いのであります。来世《らいせ》、その他如何《いか》なる世《よ》に関《かん》しても、吾々《われわれ》がどう信《しん》じているからと云う理由だけで、生命《せいめい》の法則《ほうそく》を変更《へんこう》することは出来ない筈《はず》であります。何人《なんぴと》も現世《げんせ》の生涯《しょうがい》を終《おわ》った後《のち》再びこの世に還《かえ》って来るのを好まぬからと云って、自然界《しぜんかい》の法則又は精神界《せいしんかい》の法則の適用《てきよう》（あてはめる）から免《まぬか》れることは出来ないのであります。恐《おそ》らく彼は「生れ更り」と云う出来事《できごと》を自分の希望《きぼう》や思想《しそう》によって幾分遅《いくぶんおく》らせるとか速《はや》めるとか云う影響《えいきょう》を多少与《あた》え得《う》るかもしれませんが、進化《しんか》の法則が「お前は再び現世《げんせ》に生れて出なければならない」と言っているのであるならば、人間は「私は現世はいやだから自殺《じさつ》する」と言って本当に自殺し得たにしても再《ふたた》び生《うま》れ更《かわ》らしめられるにちがいないのであります。考えるとか信《しん》ずるとか云うことによって、法則の活動《かつどう》を停止《ていし》せしめることは出来ないのであります。自殺によってさえ霊の進化の法則を回避《かいひ》する（よけてまわる。まぬかれるためににげる）わけには行かぬのであります。運命《うんめい》と云う問題については、魂《たましい》の要求《ようきゅう》は現在意識《げんざいいしき》の要求よりも偉大《いだい》であります。肉体生活を始めるためには「生れる」外《ほか》に方法がないのと同じく、肉体生活を再び続《つづ》けるためには「生れ更る」外《ほか》に道はないのであります。同一《どういつ》の肉体の中にとじ込《こ》められて同一の環境《かんきょう》に永久《えいきゅう》に生きていると云うことは、体験《たいけん》が同種類《どうしゅるい》のことのみに限《かぎ》られることになり、魂の発達《はったつ》が片寄《かたよ》って来ますので、個人にとっても無限の悲劇《ひげき》であり、人類に取っては不可能《ふかのう》なことであります。

人間が自分のあやまちによって「死」を引寄《ひきよ》せることになったのであるならば、吾々《われわれ》が「死」を恐《おそ》れても無理《むり》のない話かも知れないが、「死」が「無限者《むげんしゃ》」(神)から出た普遍的命令《ふへんてきめいれい》(たれにも一様にあたえられた命令)であって、如何《いか》なる生物《せいぶつ》もこの不思議な扉《とびら》を通過《つうか》することを避《さ》けることが出来ないのであるならば、そこを通るのを恐れる理由《りゆう》は全然《ぜんぜん》ないどころか、行くべき時が来たらそのことを歓迎《かんげい》する理由はいくらでもあるのであります。人間が、「死」を恐れるようになったのは全《まった》く誤《あやま》れる宗教《しゅうきょう》と悪《にく》むべき迷信《めいしん》の仕業《しわざ》だと言わねばなりません。科学的《かがくてき》に考察《こうさつ》するならば、「死」は「生」と全く同じ程度《ていど》にすばらしいことであります。

「個《こ》」の進化《しんか》と「種族《しゅぞく》」全体の進化

「種族《しゅぞく》」としての全体の進化《しんか》は、植物《しょくぶつ》であっても昆虫《こんちゅう》であっても、或《あるい》は獣《けもの》の場合でも、「種《しゅ》」としての生命《せいめい》は共同戦線《きょうどうせんせん》(いっしょにたたかうためにならぶ)を張《は》って前進《ぜんしん》するのでありますが、人間の進化に於《お》いては「個《こ》」としての生命が様々《さまざま》に変化《へんか》ある戦線を張って前進するのであります。その前進は一列《れつ》には並《なら》んでいないのであります。その前進は個人的業績《こじんてきぎょうせき》として蓄積《ちくせき》されてゆくのであって、工学上《こうがくじょう》の製品《せいひん》、芸術《げいじゅつ》、技術等《ぎじゅつとう》の文化的創造《ぶんかてきそうぞう》、教育上《きょういくじょう》の進歩《しんぽ》……等《とう》の如《ごと》く、その福《ふく》祉《し》(さいわい)は、全体に及《およ》ぶことは及ぶのであるが、魚族《ぎょぞく》、鳥族《ちょうぞく》、象族等《ぞうぞくとう》が「種《しゅ》」の進化の共通《きょうつう》のものを代々受《だいだいう》け継《つ》いで行くが如くには、人間は、種族全体が、個人の知的精神的発達《ちてきせいしんてきはったつ》を代々受け継いで行くことを証明《しょうめい》する何物《なにもの》もないのであって、人間は、個々《ここ》の霊魂《れいこん》が一人ひとり進化するのであります。

遺伝《いでん》は肉体的特徴《にくたいてきとくちょう》だけは受《う》け継《つ》いで行くのであって、一定《いってい》の型《かた》の器官《きかん》を有《ゆう》する身体《からだ》は人類《じんるい》の共通の継承物《けいしょうぶつ》であります。知性《ちせい》はその力を比較《ひかく》して計《はか》るとき、下《しも》は愚鈍《ぐどん》の零《ゼロ》から、上は天《てん》才《さい》と呼《よ》ばれる最高《さいこう》のものに至《いた》るまで、実《じつ》に無数《むすう》の段階《だんかい》があるのであります。

低い段階の親が、高い段階の子を持ち、高い段階の親が低い段階の子を持ったり、大都市《だいとし》の貧民窟《ひんみんくつ》に生《うま》れた子供《こども》が非常《ひじょう》に大きな権力《けんりょく》のある地位《ちい》を得《え》たり、王侯富貴《おうこうふうき》に生れた子が堕落《だらく》して能力《のうりょく》なく、非生産的寄生生活《ひせいさんてききせいせいかつ》をしたりすることがあります。斯様《かよう》な変化は本能《ほんのう》のみで生活する低いレヴェルの生物《せいぶつ》には全然起《ぜんぜんおこ》らぬか、少なくとも極《きわ》めて稀《まれ》であって、それらの生物同士《どうし》を比較《ひかく》してみても、その能力の差《さ》を見ることはほとんど出来ない程《ほど》であります。先《ま》ず、人間以《い》外《がい》の生物は、その与《あた》えられている能力が種族別《しゅぞくべつ》に平均《へいきん》していると言えるのであります。

人間には平等《びょうどう》はない

ところが人間は平等《びょうどう》には生み出されていない。一人一人が、著《いちじる》しい特色《とくしょく》、傾向《けいこう》、個性的性《こせいてきせい》格等《かくとう》を持って生《うま》れるのであります。犯罪的《はんざいてき》傾向、残忍《ざんにん》な性格《せいかく》、反社会的衝動《はんしゃかいてきしょうどう》（内部からはげしく出てくる生命のうごき）等《とう》を天賦的《てんぷてき》に持っているのもあれば、又通常《またつうじょう》の人もいます。通常とは種族民族《しゅぞくみんぞく》又は国民《こくみん》の作っている共通《きょうつう》の標準《ひょうじゅん》に精神的《せいしんてき》に又道徳的《どうとくてき》に合致《がっち》していると云う意味であります。更《さら》に或《あ》る者は生れながらにして特《とく》に優《すぐ》れた力と天賦《てんぷ》とを持っています。動物《どうぶつ》や昆虫《こんちゅう》は平等に生れると言い得《う》るであろうが、人間は平等の素質《そしつ》（もとからの性質）をもって生れるとは言えないのが事実《じじつ》であります。

差別《さべつ》の原理《げんり》

身体《しんたい》の生理作用《せいりさよう》は自然《しぜん》の法則《ほうそく》に随《したが》って行われますが、魂《たましい》の発達《はったつ》は霊《れい》の法則に従《したが》って行われます。前者《ぜんしゃ》は肉体《にくたい》に関連《かんれん》し、後者《こうしゃ》は霊体《れいたい》（たましいの体）に関連します。前者は一時的《いちじてき》であり、後者は不滅《ふめつ》であります。そして霊体の発達が存続《そんぞく》して人間に差別《さべつ》を生《しょう》ずる原理《げんり》となるのであります。霊体を使用する魂《たましい》は如何《いか》なる「生《うま》れ更《かわ》り」の肉体に入《はい》るにしても、その肉体に入る前に「個《こ》」

として存在していたのであるからであります。人間の精神的道徳的身長《せいしんてきどうとくてきしんちょう》が千差万別《せんさばんべつ》である理由《りゆう》は他《ほか》に説明《せつめい》のしようがないのであります。これは人間進化《にんげんしんか》の理《り》に叶《かな》った説明だと言わなければならないのであります。

「償《つぐな》いの法則《ほうそく》」（与えただけの物が帰って来る法則―因果応報の法則）は全宇宙《ぜんうちゅう》に行われているけれども、本能水準《ほんのうすいじゅん》のものよりは人間の場合の方が、高度《こうど》に現《あらわ》れています。肉食獣《にくしょくじゅう》には道徳的感覚《かんかく》がなく、凶猛残忍《きょうもうざんにん》に対する精神的報《むく》いがないように見えます。然《しか》し人間の場合には精神的道徳的法則に背《そむ》く場合には、「償《つぐな》いの法則」が要求《ようきゅう》する代償《だいしょう》を支払《しはら》わなければならないようになっています。キリストはたとえをもって「最後《さいご》の一銭《いっせん》までも支払《しはら》わなければならない」と教えています。この刑罰《けいばつ》は、人格神《じんかくしん》が課《か》するのではないのであります。これは釈尊《しゃくそん》の教説《きょうせつ》である業報《ごうほう》の法則にも一致《いっち》するのであって、誤《あやま》ることなく、容赦《ようしゃ》する（かんべんする。ゆるす）ことのない法則によって償《つぐな》いが要求されるのであります。

この業報の必然的法則を根拠《こんきょ》として、代贖者《だいしょくしゃ》（みがわりになる人）による償い――何人《なんぴと》かが自《みずか》ら犠牲《ぎせい》となって他人の罪《つみ》や譴《とが》を償うと云う説――が誤りであり、欺瞞《ぎまん》（うそいつわり）であり、人間の精神的進化の障害《しょうがい》であるとハードマン博士《はくし》は考えるのであります。「若《も》しあなたが自分の借財《しゃくざい》を他の何人《なんぴと》かが既《すで》に支払ってくれたと聞いたり、或《あるい》は支払うはずであると聞いたりして、それを信《しん》ずる時は、恐《おそ》らくはあなたは自ら支払うための努力《どりよく》をしないで、従《したが》って貴方《あなた》の精神的な努力は停止《ていし》してしまうであろう。之《これ》は全《まつた》く宗教《しゆうきよう》家《か》の発明《はつめい》した謀略《ぼうりやく》（はかりごと。さくりやく）であると考えざるを得ない。之《これ》は人間の知るすべての心理的《しんりてき》道徳的法則に反《はん》するものである。僧侶《そうりよ》と云《い》う仲裁者《ちゆうさいしや》が間《あいだ》に立って、まちがいなく『天国《てんごく》』に行《ゆ》くために賽銭を支払って保釈金《ほしやくきん》とするような教義《きようぎ》が普及《ふきゆう》すれば偽善《ぎぜん》と自己欺瞞《じこぎまん》とを助長《じよちよう》するに違《ちが》いないのである。この代贖者《だいしよくしや》の神学説《しんがくせつ》は、或《あ》る教会《きようかい》に結《むす》びつかない時は永遠《えいえん》に救《すく》われない等《など》との迷信的恐怖《めいしんてききようふ》によって人の心を奴隷化《どれいか》する不徳《ふとく》の道具《どうぐ》となる。このような恐怖の宗教に関係《かんけい》せぬことが賢明《けんめい》である」とハードマン博士は強調《きようちよう》しているのであります。普遍的法則は少しも恐《おそ》れることはないのであります。法則を信頼《しんらい》することが出来ると云うことは公正《こうせい》と秩序《ちつじよ》とが保証《ほしよう》されると云うことであります。法則に服従《ふくじゆう》することを知るならば自由《じゆう》が得《え》られるのであります。法則を無視《むし》する時、法則はあなたを縛《しば》るのではないが、法則の性質《せいしつ》と力《ちから》とを知らぬと云う自己の無智《むち》によって、法則に触《ふ》れてみずから傷《きず》つくのであります。

業《ごう》の報償《ほうしよう》と刑罰《けいばつ》

業《ごう》は心霊界《しんれいかい》に於《お》ける原因結果《げんいんけつか》の法則《ほうそく》の働《はたら》きであります。物質界《ぶつしつかい》の因果《いんが》の法則は容易《ようい》に見ることが出来るのであります。急速《きゅうそく》に走る自動車《じどうしゃ》の通路《つうろ》に身を置《お》けば怪我《けが》をします。然《しか》し精神的《せいしんてき》法則に背《そむ》いて害《がい》を受けても物質的《ぶっしってき》には目に見えないこともあります。目に見えないために、ときとして人間はキリストの所謂《いわゆる》「悪《あ》しき宝《たから》」を貯《たくわ》えて、現在《げんざい》の「生《うま》れ更《かわ》り」中《ちゅう》には支払《しはら》わない負《ふ》債《さい》（しゃっきん。借金）を造《つく》るのであります。こうした負債はあやまれる生活態度《せいかつたいど》、思考上《しこうじょう》の習慣《しゅうかん》、間違《まちが》った交際《こうさい》の方法等《ほうほうとう》として生《しょう》ずるのであります。残忍《ざんにん》な人、貪欲《とんよく》な人、「寡婦《かふ》（おっとを失った女）と孤児《こじ》」から盗《ぬす》む者、罪《つみ》なく力なき者を虐《しいた》げる者は精神的負債を造っているのであって、いつかは、その負債を支払わなければならないのであります。

宗教家《しゅうきょうか》に金銭《きんせん》を支払《しはら》っても、「罪《つみ》」の告白《こくはく》をしても、或《あるい》は「小羊《こひつじ》の血にて潔《きよ》められる」と言って見ても、犯《おか》した罪《つみ》は元《もと》には還《かえ》らぬのであります。たとい、そうしたいと思っても、必《かなら》ずしも、盗《ぬす》んだ物を相手に返すことや、与《あた》えた傷《きず》を癒《いや》すことや、悪行《あくぎょう》の錆《さび》が汚《けが》した善《ぜん》を回復《かいふく》することが出来るとは限《かぎ》らぬのであります。然《しか》し高い世界の「償《つぐな》いの法則」は負債の支払《しはらい》を要求するのであります。負債は魂《たましい》の内《うち》にあるのであって、自分の魂がそれを支払わなければならないのであります。害を受けた個人に、代《かわ》りの品《しな》を支払っても負債の支払は出来ないのであります。それは体験《たいけん》によって魂が其《そ》の前非《ぜんぴ》（まえにおかしたまちがい）を悟《さと》ると云う形式《けいしき》で支払わなければならないのであります。人間の法則や自然《しぜん》の法則の前では、そうは考えられないかも知れませんが、犯罪者《はんざいしゃ》の習慣《しゅうかん》や行為《こうい》の性質《せいしつ》からして、如何《いか》なる形式によるとも負債《ふさい》を生《しょう》じた「生《うま》れ更《かわ》り」の世《せ》代中《だいちゅう》には到底完全《とうていかんぜん》には負債を支払うことは出来ないのであるから、不足《ふそく》の分《ぶん》は未来《みらい》の「生れ更り」の生涯《しょうがい》に於いて支払わなければならないのであります。この不足分の「支払」は自分勝手な宣告《せんこく》に従《したが》ってするのでもなければ、特殊《とくしゅ》な科料《かりょう》（つみに対してはらうお金）を支払うのでもない、それは自己の心と意識《いしき》とが他人の権利《けんり》に敏感《びんかん》になり、之《これ》を尊重《そんちょう》するようになり、その結果《けっか》己《おの》れの欲《ほっ》せざる所を他に施《ほどこ》さざる底《てい》の心境《しんきょう》に達《たつ》する如《ごと》き経験《けいけん》によって支払われるのであります。

第六章　因果応報《いんがおうほう》と生《うま》れ更《かわ》りの理《り》

因果応報《いんがおうほう》と魂《たましい》の教育《きょういく》

因果応報（原因結果の法則によって出て来るむくい）と云《い》っても、或《あ》る意味から云えば、魂《たましい》の教育《きょういく》と名附《なづ》けてもよいのであります。古い宗教《しゅうきょう》では、此《こ》の教育中の状態《じょうたい》を煉獄《れんごく》（魂をねり直すために苦しみできたえる地獄の一種）と称《しょう》し、未来《みらい》の如何《いか》なる時にも避《さ》けることが出来ないと説《と》いたのであります。「罪《つみ》」の価《あたい》いは永遠《えいえん》であると説くことは明《あき》らかに公正《こうせい》を欠《か》いています。何故《なぜ》なら、罪の価いが永遠であると云うことは、有限《ゆうげん》の知性《ちせい》しか持っていない人間が、有限の罪を犯《おか》したそのむくいとして無限《むげん》の罰《ばつ》を課《か》せられ、しかも無限の智慧《ちえ》と知識《ちしき》を有《ゆう》するものの権威《けんい》によってその宣告《せんこく》がなされると云うのは原因《げんいん》と結果《けっか》との割合《わりあい》が不均衡《ふきんこう》であるからであります。人間知《にんげんち》の裁判《さいばん》でも、こんな永遠の地獄《じごく》のような裁《さば》きよりは勝《まさ》って公正な判決《はんけつ》をします。何故《なぜ》なら、人間は犯罪《はんざい》の程度《ていど》に応《おう》じて刑罰《けいばつ》に色々《いろいろ》の差等《さとう》をつけるからであります。それなのにローマ・カトリック教会《きょうかい》は、その教義《きょうぎ》（宗教のおしえ。どうり）の関《かん》する限《かぎ》りに於《お》いて又全《またすべ》ての新教《しんきょう》の教会も、無限者《むげんしゃ》なる父は、その子たる人間の大多数を、教会の教義を信《しん》じないと云う理由《りゆう》で、或《あるい》は教会の布告《ふこく》した道徳律《どうとくりつ》（まもるべき正しいみち）に服従《ふくじゅう》する（したがう）ことを欲《ほっ》しなかったとか、服従し得なかったとか云う理由で、永遠の地獄に堕《おと》されるのだと言っているのであります。之等《これら》の教会でとく説《せつ》が正しいとすれば、その本尊《ほんぞん》たる人格神《じんかくしん》（人間のような心をもった神）は、通常《つうじょう》の人間のお父《とう》さんに比《くら》べて、公正を欠き、慈悲《じひ》少なく、智慧《ちえ》が劣《おと》っていると云うに等《ひと》しいのであって、明らかにそんな宗教のおしえは馬鹿《ばか》げているのであります。それにも拘《かかわ》らず何千万と云う多数の人々が幼少《ようしょう》の時代《じだい》に儀式《ぎしき》や呪文《じゅもん》や説教《せっきょう》と云う催眠術《さいみんじゅつ》によって、そのように暗示《あんじ》され信ぜしめられたために之《これ》を信じているのであります。「客観心《きゃっかんしん》」即《すなわ》ち個々《ここ》の人々の自覚意識《じかくいしき》（自分に自分の思いがわかる心）が、未《いま》だ充分《じゅうぶん》に発達《はったつ》せず、誤謬《ごびゅう》（まちがい）に抗議《こうぎ》するだけの理性《りせい》が出来ていない幼少時代に於いて、帰納論理法《きのうろんりほう》（色々の事実を集めて一つの結論にもって行く論法）によってこの誤《あやま》りを潜在意識内《せんざいいしきない》に注入《ちゅうにゅう》してあるために、人はその教《おしえ》が真《しん》であるか否《いな》かを疑《うたが》わないのであります。牧師《ぼくし》、教師《きょうし》、両親等《りょうしんとう》の権威《けんい》を以《もっ》てし、或《あるい》は毎日ディスカッション的問答《もんどう》を用《もち》いて誘導《ゆうどう》し、印象《いんしょう》の強い儀式や呪文の助けをかりて潜在意識に暗示を与える時、自覚意識の批判力《ひはんりょく》は麻痺《まひ》してしまい、子供《こども》は殆《ほとん》ど無意識層《むいしきそう》のみで暗示された通りに反応《はんのう》を表《あらわ》すのであります。

霊《れい》の法則《ほうそく》が回答《かいとう》を与《あた》える

わたくし達《たち》の如《ごと》く、科学的見地《かがくてきけんち》から精神的宗教的原理《せいしんてきしゅうきょうてきげんり》を引き出すことを目的《もくてき》とする場合には独断《どくだん》（ひとりぎめの結論）は許《ゆる》されないのであります。わたくしたちは、人間の「生《うま》れ更《かわ》り」説《せつ》が普遍的《ふへんてき》に万人《ばんにん》の認《みと》むる証拠《しょうこ》によって証明《しょうめい》し得《え》られるものであるとは言おうとするのではない、それは余《あま》りにも疑問《ぎもん》が多く、未知《みち》の要素《ようそ》が多いからであります。然《しか》しキリスト教会《きょうかい》の独断を信《しん》ずる者は天国《てんごく》に住居《じゅうきょ》が与《あた》えられ、信じない者は永遠《えいえん》の刑罰《けいばつ》が与えられると云うような「教会キリスト教《きょう》」の教《おしえ》に較《くら》べるならば、「生れ更り」説は、論理《ろんり》と常識《じょうしき》に合致《がっち》していると云うことが出来るのであります。

「生れ更り」行く場所を独断的にきめる必要《ひつよう》はないのであります。肉体《にくたい》の死後《しご》、魂《たましい》は地球《ちきゅう》以外《がい》の天体《てんたい》に生れるかも知れないのであります。又肉体《またにくたい》を有《ゆう》する人の精神力《せいしんりょく》について或《あ》る事実《じじつ》を検討《けんとう》した結果《けっか》、精神的波動《せいしんてきはどう》が到達《とうたつ》するためには空間《くうかん》は何等《なんら》の障礙《しょうがい》にもならぬのであります。千里眼的透視現象《せんりがんてきとうしげんしょう》は、科学的《かがくてき》に実証《じっしょう》された事実であるが、これは本人《ほんにん》の肉体から遠く離《はな》れた場所の物や出来事《できごと》を見ることができる現象でありますから、魂が時空《じくう》を超えて事件《じけん》の現場《げんば》に居《い》る力をもっていることを予定《よてい》します。これは、カレル博士《はくし》のよく言う通り『生命《せいめい》の知恵《ちえ》』*

（アレキシス・カレル博士著、日本教文社発行参照）の一資料《しりょう》であります。千里眼的透視現象は確証《かくしょう》された事実であって、偏見《へんけん》を持たぬ有能《ゆうのう》な観察者《かんさつしゃ》が実験《じっけん》の諸条件《しょじょうけん》を整《ととの》えた上で証明された現象であります。

東洋《とうよう》では人間の「生れ更り」の説は、何百万人の教育有《きょういくあ》る者及《およ》び教育無《な》き者によって認められている共通的《きょうつうてき》な信仰《しんこう》であります。然《しか》しそんなことは科学の世界で普遍的に認容《にんよう》し得られるための証拠にはならぬのであります。然《しか》しこの問題《もんだい》を注意深《ちゅういぶか》い有能な研究家《けんきゅうか》が、物質的見地からでなく精神的見地から検討した例《れい》もない訳《わけ》ではないのであります。

ハードマン博士の見解《けんかい》によれば、地球上或《あるい》は他の天体に再出生《さいしゅつしょう》すると云うことは、個々《ここ》の魂《たましい》の霊的発達《れいてきはったつ》及《およ》び精神的進化《せいしんてきしんか》の最《もっと》も合理的《ごうりてき》な説明《せつめい》であると云う結論《けつろん》に達《たっ》せざるを得ないと云うのであります。地球は他のどの場所にも劣《おと》らぬ適当《てきとう》な場所であると云うことは不合理《ふごうり》ではなさそうであります。この地上《ちじょう》に千回生《う》れ更《かわ》っても全《まった》く同じ体験《たいけん》、同じ条件《じょうけん》の生活が二度あることは決《けっ》してないのであります。一生涯或《いっしょうがいあるい》は何回もの「生れ更り」で最高度《さいこうど》の愛《あい》を見出《みいだ》すことがありましても、前世《ぜんせ》に於《お》いて知り合いになった同じ人に逢《あ》っても以前《いぜん》の交渉《こうしょう》については現在意識《げんざいいしき》は何一つ記憶《きおく》していないのが普通《ふつう》であります。潜在意識《せんざいいしき》のみが個々の人をそれとなく認識《にんしき》するに過《す》ぎないのであります。十箇《こ》のアラビヤ数字が無限の組合《くみあわ》せをつくるに足《た》る如《ごと》く、地球は進化の途上《とじょう》無限に変化《へんか》ある体験を経《ふ》るための無限の機会《きかい》を与《あた》えることが出来るのであります。
吾々《われわれ》は吾々のすぐ身の周《まわ》りで、人々があらゆる種類《しゅるい》の体験を積《つ》むのを目撃《もくげき》します。或《あ》る人は幼時《ようじ》より死に到《いた》るまで殆《ほと》んど常《つね》に試煉《しれん》（きたえるための訓練。くるしいテスト）と苦難《くなん》との連続《れんぞく》であります。恐《おそ》らく彼等《かれら》はそれによって、霊《れい》の進化のために必要な何物《なにもの》かを修得《しゅうとく》（おさめならって得る）しているのでありましょう。「生《うま》れ更《かわ》り」の説を信ずる人々の用語《ようご》で言うならば、それは過去世《かこせ》の業《ごう》の負債《ふさい》（借金。かりているもの）を支《し》払《はら》っていると云うことにもなるでしょう。或《あ》る時代《じだい》の「生れ更り」に野獣《やじゅう》の如《ごと》く残酷《ざんこく》で高圧的《こうあつてき》で不公正《ふこうせい》であった人は、自《みずか》ら、高圧的に残酷な目に遭《あ》って苦《くる》しめられてみることが「他を残酷に取扱《とりあつか》ってはならない」と云う高き智慧《ちえ》に到《いた》る道であると云うことは道理《どうり》に叶《かな》っているのであります。

霊の進化のための動かすべからざる法則は、面倒《めんどう》だと言って廃棄《はいき》（やめて、すてること）し去るわけには行かないのであります。仮《か》りに之《これ》を棄《す》てるために努力《どりょく》するとしても、苦しみを通して心が一転《いってん》して過去の考え方を棄《す》て、人間の魂が向上《こうじょう》しないかぎり、人間や動物の感情《かんじょう》や本能《ほんのう》の、成育《せいいく》し遅《おく》れた低級《ていきゅう》な諸性質《しょせいしつ》を後《のち》に遺《のこ》すことになるのであります。これが一代《だい》の「生れ更り」中に起《おこ》るにしても、或《あるい》は百代の「生れ更り」中に起るにしても、永遠と云う無限の高き目的に比《ひ》すれば、小さい事であります。

生長《せいちょう》のための無限《むげん》の機会《きかい》

次《つぎ》の一事《いちじ》だけは確《たし》かであると思われる。即《すなわ》ち永遠《えいえん》の生命《せいめい》と云《い》うことが、唯《ただ》「継続《けいぞく》する」（つづくあるままにつづく）が生《せい》長《ちょう》を意味するのでなかったならば、何の善《よ》き意味もないのであります。永遠の存続《そんぞく》と云うだけのことであるならば、キリスト教《きょう》の地獄《じごく》と同じく恐《おそ》ろしいものとなるでしょう。魂《たましい》が「生《うま》れ更《かわ》り」することなく一身体《しんたい》或《あるい》は一場所に幽閉《ゆうへい》（日の目をみない所にとじこめる）されることは、最悪《さいあく》の悲劇《ひげき》であります。無限智《むげんち》（神）は「死」と「生」と「再生《さいせい》」の制度《せいど》によりそれを不可能《ふかのう》にしているのであります。

各人《かくじん》は或《あ》る程度《ていど》の開発《かいはつ》された力と精神的能力《せいしんてきのうりょく》とを持って生れます。人間のこの諸《しょ》能力は、孵化《ふか》すると同時《どうじ》に泳《およ》ぐことの出来る魚《さかな》の本能的《ほんのうてき》（生理的にもって生れた性質の）能力とはその性質《せいしつ》を異《こと》にしています。地球上《ちきゅうじょう》に何人人間が居《い》ましても、その精神的な能力は一人一人皆違《みなちが》うのであります。この精神的な能力は体験《たいけん》（身をもってケイケンしたこと）の所産《しょさん》（うみ出した所のもの）であります。それは肉体的《にくたいてき》に遺伝《いでん》するとは限《かぎ》らず、又《また》肉体的遺伝でないことが屢々《しばしば》であるのであります。精神的霊的素質《せいしんてきれいてきそしつ》が如何《いか》なる因子《いんし》で生《しょう》ずるかは、物質的《ぶつしつてき》な遺伝因子《いでんいんし》（親から子につたわるための原因となる生理的な小さな物質）を研究《けんきゅう》する生物学《せいぶつがく》の法則《ほうそく》だけでは決定的《けっていてき》に解明《かいめい》することは出来ないのであります。

優生学《ゆうせいがく》（善き性質を親から子につたえることを研究する学）的生殖《てきせいしょく》によって、家畜《かちく》の品種《ひんしゅ》を改良《かいりょう》する如《ごと》く、或《あ》る人種《じんしゅ》の体位《たいい》を改良《かいりょう》し得《う》ることは恐《おそ》らくまちがいないところでありましょう。然《しか》し偉大《いだい》な民族《みんぞく》の繁栄《はんえい》が長く続《つづ》かず、やがて没落《ぼつらく》して行くことを吾々《われわれ》は見て知っているのであります。そこに霊《れい》の進化《しんか》の法則《そく》が見られるのであります。「変化《へんか》」こそ進化にとって必要欠《ひつようか》くべからざるものであります。人間の「生れ更り」は魂の進化の場と条件《じょうけん》との変化を意味します。度々《たびたび》生れ更ることは、度々異《こと》なる体験を積《つ》むことを意味するのであります。

再化身《さいけしん》の概要《がいよう》

肉体死後《にくたいしご》の人間の魂《たましい》の行《ゆ》くべき運命《うんめい》に就《つ》いて人間の持っている観念《かんねん》、思想《しそう》、及《およ》び宗教的信《しゅうきょうてきしん》仰《こう》は、最古《さいこ》の昔《むかし》から今日《こんにち》に到《いた》るまで合流《ごうりゅう》して流れる滔々《とうとう》たる河《かわ》を成《な》していると云《い》えます。従《したが》って、仏教《ぶっきょう》にも、ユダヤ教にも、キリスト教にも、ヒンズー教にも、ギリシャ人にも、エジプト人にも、野蛮人《やばんじん》にも、その普遍的《ふへんてき》な霊的意義《れいてきいぎ》を有《ゆう》する観念はすべての人類《じんるい》に共通《きょうつう》であります。

総《すべ》ての大宗教の神髄《しんずい》（中心的な大切なもの。真髄とも心髄とも書く）は「不滅《ふめつ》」に関《かん》する教義《きょうぎ》——墓《はか》の彼方《かなた》にまで到る永遠《えいえん》の生命《せいめい》についての教義であります。人類全体の魂が未《いま》だ意識的《いしきてき》に不滅を自覚《じかく》していないことは明《あき》らかであります。私達《わたしたち》は前世《ぜんせ》を意識的には記憶《きおく》しないから、現象的《げんしょうてき》には「生」は意識の機関《きかん》の出発点《しゅっぱってん》、「死」はその終点《しゅうてん》のように思えるのであります。未《いま》だ肉体生活をしている人々が、墓の彼方《かなた》の目に見ることの出来ない住人《じゅうにん》と交渉《こうしょう》を持つと云うことは、実際《じっさい》あるにしても、それは偶発的《ぐうはってき》（たまたま起るところの）事項《じこう》であり、一般《いっぱん》に不満足《ふまんぞく》な交渉であって、その証拠《しょうこ》なるものは、まだ人類全般《ぜんぱん》の承認《しょうにん》する所とはなっていません。しかも、私達は私達の希望《きぼう》が確証《かくしょう》されて、その結果《けっ》何人《なんぴと》も疑《うたが》うことが出来なくなることを希《ねが》い、その日の来るのを長い間熱心《ねっしん》に待《ま》っているのであります。併《しか》し未《いま》だその日は到来《とうらい》していないのであります。その日はやがて来るであろう。既《すで》にそれは一部の人にとっては個人的経験《こじんてきけいけん》、個人的知識《ちしき》として、到来しているのであります。然《しか》し相手が受け容《い》れる態勢《たいせい》（ようす。ありさま）になっていないのに、その相手に之《これ》を知らせることは出来ない。その理由《りゆう》で、この事は人類全体がそうした体験《たいけん》をすることにはなっていない。生《うま》れながらの盲人《もうじん》は色についての真《しん》の認識《にんしき》を持つことが出来ない。それと同じく精神的盲目《せいしんてきもうもく》は盲人自身を存在《そんざい》の一部から閉《し》め出してしまいます。然《しか》しこの種《しゅ》の盲目は精神的な死を意味するのではない。それは「意識」がまだ目覚《めざ》めていない、「生命」が幼《おさな》いと云うことを意味するに過《す》ぎません。

次《つぎ》に以上《いじょう》述《の》べたるところの要点《ようてん》（かんじんのところ）を不完全《ふかんぜん》ながら概括《がいかつ》（あらましを引っくくって言う）して見たいと思う。

これはあなたがたに人生を如何《いか》に生きるかについての全般的計画《ぜんぱんてきけいかく》をするための資料《しりょう》を与《あた》え、信《しん》ずる者には天国《てんごく》、信ぜざる者には地獄《じごく》と云うような偏《かたよ》った迷信的観念《めいしんてきかんねん》に比《ひ》し、あなたがたに展《てん》開《かい》(内にあるものがひろがって出てくる)し行《ゆ》く霊的運命《れいてきうんめい》に対する一層合理的《いっそうごうりてき》な信仰《しんこう》を与える目的《もくてき》であって、決《けっ》して最後《さいご》の啓示《けいじ》を書いて封《ふう》じ込《こ》まれていた巻物《まきもの》ではない。だから、新しい知識《ちしき》や新しい発見《はっけん》が世にあらわれた時には、何時《いっ》でも追加《ついか》の出来る仮綴《かりつづり》のようなものだと見て貰《もら》えば好《よ》い。ただ私たちが今まで得《え》たところの心霊学《しんれいがく》や精神科学《せいしんかがく》に基《もとづ》いて、生と死と輪廻《りんね》の過程《かてい》による進化《しんか》、個々《ここ》の魂《たましい》の宇宙《うちゅう》についての一層高く一層広い意識《いしき》への涯《かぎ》りなき前進《ぜんしん》の過程及《およ》び個々の存在《そんざい》と云う意味での進化の意義《いぎ》について全般的《ぜんぱんてき》に合理的《ごうりてき》な説明《せつめい》を施《ほどこ》そうとしたのであるから、読者はその点に注意《ちゅうい》を集中されたいと思うのであります。

一、「生」と「死」とは自然《しぜん》であり且《か》つ生物学的事実《せいぶつがくてきじじつ》である。

イ、「生」は「意識《いしき》の機関《きかん》」を発足《ほっそく》せしめ、「死」は之《これ》を停止《ていし》せしむるように見える。

二、死は一定不変《いっていふへん》の自然の法則《ほうそく》の働《はたら》きである。例外《れいがい》はない。現象界《げんしょうかい》に生《うま》れたるものは総《すべ》て現象的には死することになっている。

三、自然の生命《せいめい》の法則は変化《へんか》、運動《うんどう》、遷《うつ》り易《かわ》りを手段《しゅだん》として進化《しんか》するのである。変化無《な》き所に進歩《しんぽ》はない。

イ、「生」は不知（無意識〈むいしき〉しられないこと）の「前世《ぜんせ》」の状態《じょうたい》から新しい知（しられること。自覚いしき）の状態への変化である。

ロ、「死」は知の状態の客観的形態《きゃっかんてきけいたい》（形として第三者から見える存在）から不知の見えざる主観的状態《しゅかんてきじょうたい》（第三者からは見えない「心」としての存在）への変化である。

四、「生」を離《はな》れて「死」はない。両者《りょうしゃ》を離れて一方《いっぽう》のみでは、理智的概念《りちてきがいねん》を形成《けいせい》することは出来ない。「生」と「死」とは一つの事実《じじつ》の両端《りょうたん》である。

イ、肉体《にくたい》の死後《しご》、〝生きているもの〟があるとするならば、肉体の出生前《しゅっしょうぜん》に、〝それ〟は生きていたのである。それは日出《にっしゅつ》と日没《にちぼつ》とに似《に》ている。彼方《かなた》での日没は此方《こなた》での日の出を意味する。此方《こなた》での日没は彼方《かなた》での日の出を意味する。

五、人間の進化は之《これ》を全般的進化の原理《げんり》と結《むす》びつけるのでなければ正しくは理解《りかい》することが出来ない。

イ、本能は動物その他のものの進化の生理的過程《せいりてきかてい》が産《う》み出した所のものである。博物学《はくぶつがく》を研究《けんきゅう》すればこの事実がよくわかるのである。

ロ、直観力は人間霊魂《れいこん》が進化の結果自己開発《じこかいはつ》したところのものであって、すべての人類に同等《どうとう》にある生理的本能《ほんのう》のようには普遍的《ふへんてき》なものではない。親子でも異《ことな》るのである。或《あ》る者は高度《こうど》の直観力《ちょっかんりょく》を備《そな》え、或る者は持っていない。内部《ないぶ》に潜在《せんざい》するにしても少なくともそれは実現《じつげん》していない。

ハ、右によって之《これ》を見る時、人間の精神力《せいしんりょく》又《また》は心霊力《しんれいりょく》は肉体の人間なる種族《しゅぞく》が代々《だいだい》遺伝的《いでんてき》に承《う》け継《つ》ぐのではなく、いくたびも生《うま》れ更《かわ》りつつ発達《はったつ》する「個人の霊魂」の特殊《とくしゅ》の進化による所産《しょさん》であることが判《わか》るのである。

ニ、人間の直観せる真理《しんり》の内《うち》で最大《さいだい》にして最《もっと》も意味深いものは、霊《れい》の不滅《ふめつ》と云うこと、即《すなわ》ち肉体の死後も生命は生存《せいぞん》すると云う真理である。

六、個人の現在意識《げんざいいしき》は、前世《ぜんせ》（この世に生れるさきの世）については自覚的《じかくてき》な（ハッキリと心に思いうかべられる）記憶《きおく》又は客観的《きゃっかんてき》な記憶がない。しかも人間は、生理的本能を超《こ》えた精神的霊的機能《きのう》を持っているのである。生理的本能以上《いじょう》の霊能《れいのう》は肉体の生れてから後《のち》に獲得《かくとく》又は開発《かいはつ》したものではあり得ない。その証拠《しょうこ》は、ときどき子供《こども》の天才《てんさい》、或《あるい》は音楽《おんがく》、或は数学《すうがく》の天才児等《てんさいじとう》に於《お》いて見られる。

イ、吾々《われわれ》は一生命周期《せいめいしゅうき》（現世《げんせ》）中《ちゅう》に蓄積《ちくせき》した価値《かち》を、潜在意識《せんざいいしき》で次の生命周期（来世《らいせ》）に持って行く。特殊《とくしゅ》の「才能《さいのう》」や「天禀《てんぴん》」は幾《いく》つかの前世から持って来た蓄積した価値である。

ロ、深い催眠状態《さいみんじょうたい》にある人間の心の実験《じっけん》は、その人が潜在意識的に勝《すぐ》れた精神的な力、心霊的能力、超自然的感覚《ちょうしぜんてきかんかく》、その他前世《ぜんせ》の経験《けいけん》によって初《はじ》めて開発《かいはつ》し得たに違《ちが》いない（現世《げんせ》では獲得《かくとく》し得《え》ない）埋蔵《まいぞう》された能力を持っていることを証明《しょうめい》する。その経験《けいけん》は現生命期《げんせいめいき》（現世）だけの勉強《べんきょう》や鍛錬《たんれん》で遭遇《そうぐう》した経験ではないのである。

七、真理《しんり》は特定《とくてい》の宗教《しゅうきょう》のみに限《かぎ》られたものではない。人類の潜在意識に埋蔵《まいぞう》されている智慧《ちえ》が或《あ》る人の魂《たましい》の進化によって開発され、有機的《ゆうきてき》に表現《ひょうげん》されたものである。即《すなわ》ち直観智《ちょっかんち》又は魂の内的啓示《ないてきけいじ》の表現である。既成《きせい》宗教の多くは大量救済《たいりょうきゅうさい》のために、この智慧《ちえ》を歪《ゆが》めて人工的《じんこうてき》に特殊《とくしゅ》な教理教義《きょうりきょうぎ》に変形《へんけい》しているのである

イ、個々《ここ》の人間の不滅性《ふめつせい》は宗教上の信仰《しんこう》によって決定《けってい》するのではない。これは宇宙《うちゅう》の法則《ほうそく》の活動《かつどう》によって決定するのであって、人間の意見や一宗教の教理によって之《これ》を変更《へんこう》することは出来ない。

ロ、人間の理性《りせい》（理によって正しく物を考える精神的能力）の力が拡大《かくだい》して科学工学等《かがくこうがくとう》の自然《しぜん》の法則を分化《ぶんか》したのと同じように、人間不滅の直観智《ちょっかんち》は徐々《じょじょ》に拡大して、個々の魂《たましい》は相継《あいつ》ぐ生命周期を通《つう》じて、それが死を超《こ》えて持続《じぞく》すると言う証拠《しょうこ》を重《かさ》ねて一層科学的な合理的《ごうりてき》な体系《たいけい》をつくりつつあるのである。

八、心霊現象及《しんれいげんしょうおよ》び特《とく》に現象的な霊媒《れいばい》現象は個々の魂が肉体の死後も意識《いしき》を持つ実体《じったい》（実在する体。実物あるからだ）として存続《そんぞく》することを証明《しょうめい》している。

イ、或《あ》る種《しゅ》の心霊学者《しんれいがくしゃ》は魂が肉体を離《はな》れると漸時霊界《ぜんじれいかい》に於《お》いて高い世界に昇《のぼ》るのであって、必《かなら》ずしも相続《あいつづ》く「生《うま》れ更《かわ》り」によって進化《しんか》するのではないと主張《しゅちょう》する。然《しか》しこの学説《がくせつ》には、吾々《われわれ》が個々の人間に表《あらわ》れている知性《ちせい》と能力《のうりょく》との段階《だんかい》が生れつき相異《そうい》していることによって、幾回《いくかい》も「生れ更る」ことによってその相異を得たと云う根拠《こんきょ》に比《ひ》すべきほどの根拠は何もない。

ロ、「生れ更り」に関《かん》する限《かぎ》りに於《お》いて困難《こんなん》な問題《もんだい》は、異《こと》なる肉体に生れ更った魂は前世《ぜんせ》は勿《もち》論《ろん》、前世と今世《こんぜ》との中間時《ちゅうかんじ》に於ける環境《かんきょう》や遭遇《そうぐう》した経験《けいけん》についても少しも意識的《いしきてき》な記憶《きおく》がないと云う事だが、これは目が覚《さ》めたとき、睡眠中《すいみんちゅう》に見た夢《ゆめ》が直《す》ぐ意識から消える事《じ》実《じつ》によって、「生活の圏《けん》」が変《かわ》ると意識から記憶が消え去る事実によって、前世の記憶がないからと云って、前世の生活がないと云う証拠にならない。

九、或《あ》る先哲《せんてつ》(前に生れた大思想家)は或る大目的《だいもくてき》のために化身《けしん》してこの世に遣《つか》わされたのであると自《みずか》ら称《しょう》している。その釈尊《しゃくそん》やキリストは生《うま》れる前の生活を或《あ》る程度《ていど》意識的に記憶していたことを仄《ほの》めかしている。

イ、イエスは「自己《じこ》の生命《せいめい》を内《うち》に宿《やど》る父であると知ることが永遠《えいえん》の生命に到《いた》る道である」と云う意味を教えたのである。何人《なんぴと》にせよ、この真理を知る者は「死」を超《こ》えて、「永遠の今」の実在《じつざい》としての不滅《ふめつ》の智《ち》に入るのである。感覚的意識《かんかくてきいしき》の見る現象《げんしょう》は幻影《げんえい》の如《ごと》きものであって、「不滅の実在」としての「魂《たましい》及《およ》び霊体《れいたい》」こそ自己の本体《ほんたい》であると云う直観智の前に消散《しょうさん》するのである。

十、自己意識《じこいしき》（我《われ》は実在すると云う自覚《じかく》）は、個《こ》の不滅《ふめつ》の徽章《きしょう》であるとも云える。この事実には本質的《ほんしつてき》に差《さ》はない。すべての人が之《これ》を多少とも持っている。魂《たましい》の進化には差があり、不滅の意識的自覚は、個人個人が霊の法則を知り、意識的にその法則を利用《りよう》することによって得られるのである。「不滅」を悟《さと》った者には「死」はないのである。唯変化《ただへんか》、過《か》程《てい》、転生《てんしょう》があらわれるだけである。私たちが永遠の生命を有《ゆう》することは不朽《ふきゅう》の遺産《いさん》をうけついだのであり、私達が自己の不滅性と云う真理を、漸時《ぜんじ》高くなりつつ廻《まわ》り行《ゆ》く螺旋《らせん》階《かい》（ゼンマイ形にぐるぐるまわりながらのぼって行く階段）を登《のぼ》って行くようなものである。

第七章　生命《せいめい》の神秘《しんぴ》に就《つ》いて

霊的進化《れいてきしんか》の促進《そくしん》

宇宙《うちゅう》（すべての星や天体をみなよせて此の世にあるもの全部をいう）の本源《ほんげん》たる「一つの心」の宇宙設計《せっけい》（どう云うようにつくろうかと心にかんがえること）中《ちゅう》に於《お》けるあなたの地位《ちい》は、或《あ》る程度《ていど》まで、生物学的法則《せいぶつがくてきほうそく》と、人種《じんしゅ》と、その他の自然界《しぜんかい》の法則とによって決定《けってい》されています。あなたは自己《じこ》の人種、出生地《しゅっしょうち》、及《およ》びあなたの生《う》まれた社会の性格《せいかく》や文化《ぶんか》を変更《へんこう》することは出来ないのです。然《しか》し一個人《こじん》としては自己の個体《こたい》の運命《うんめい》を担当《たんとう》しているのであって、あらゆる面《めん》で自己の幸福増進《こうふくぞうしん》のために心の法則を利用《りよう》することが出来るのであります。然《しか》し宇宙設計中のあなたの地位は長期《ちょうき》に亙《わた》る命題《めいだい》であって、あなたはその本体《ほんたい》は「肉体《にくたい》」ではなく「霊《れい》」でありますから、自己の運命と云《い》っても、五十年や七十年の限《かぎ》られた一生だけの問題《もんだい》ではないのであります。従《したが》ってあなたは目先《めさき》の幸《こう》、不幸《ふこう》にとらわれず、自己の個人的進化《しんか》のために必要《ひつよう》な真理《しんり》を求《もと》めてそれを身につけることがあなたの務《つと》めであります。

肉体的な人間の進化の舞台《ぶたい》に比《ひ》し、遙《はる》かに高い世界があって、そこでこそ本当の自由《じゆう》と力と独立《どくりつ》が得《え》られるとすれば、あなたは人生の如何《いか》なる事業《じぎょう》に従事《じゅうじ》するよりもその世界の発見《はっけん》に従事することに最大《さいだい》の興味《きょうみ》を感ずる筈《はず》であります。吾々《われわれ》はその遙かなる高い世界に達《たっ》するために、今まで多くの宗教人《しゅうきょうじん》が選《えら》んで来たところの苦行《くぎょう》と云う古い道にくらべて、一層確《いっそうたし》かな容易《ようい》な旅《たび》する道を探《さが》し出して、その海図《かいず》と、羅針盤《らしんばん》とを得《え》たのであって、それをあなたに紹介《しょうかい》したいと思うのです。キリストはこの自由と力と独立が得られる高き世界を「天国《てんごく》」又は「神の国」と呼《よ》ばれました。次《つぎ》に引用《いんよう》するコリント前書《ぜんしょ》にあるように、パウロは実相《じっそう》の人間を自然人《しぜんじん》と区別《くべつ》してこれを「霊《れい》なる人」と呼んでいます。例《たと》えば、

「始めの人アダムは活《い》ける者となれりとあるが如《ごと》し。而《しか》して終《おわ》りのアダムは生命《いのち》を与《あた》うる霊《れい》となれり。霊なる者は前《さき》にあらず、反《かえ》って血気《けっき》のもの前《さき》にありて、霊のもの後《のち》にあり。第一の人は地より出《い》でて土に属《ぞく》し、第二の人は天より出《い》でたる者なり。この土に属する者に、すべて土に属する者は似《に》、この天に属する者に、すべて天に属する者は似るなり。」（コリント前書第十五章四十五節《せつ》――四十八節）

パウロは又《また》コリント前書第十五章で「兄弟よ吾汝等《われなんじら》に告《つ》げん。肉と血は神の国を嗣《つ》ぐこと能《あた》

わず。又朽《く》つべきものは、朽ちざるものを嗣《つ》ぐこと能《あた》わず」とつづけて言っているのであります。之《これ》は死すべき肉体《にくたい》は一時的《いちじてき》のものであり、実相《じっそう》の霊体《れいたい》は永遠不滅《えいえんふめつ》であると云う意味であります。

この真理《しんり》を悟《さと》る者は死に支配《しはい》されることなく、死の恐怖《きょうふ》を失《うしな》うのであります。不滅《ふめつ》と云うことは、土にて造《つく》られ土に復《かえ》るべき肉体によって不滅を得《う》るのではなく、土にて造られず土に復《かえ》ることなき実相の霊体によって不滅を得るのであります。個人がいと高き神の国に至《いた》るために登《のぼ》る梯子《はしご》の第一段は、魂《たましい》は地上《ちじょう》に於《お》いても生活を営《いとな》むが、同時《どうじ》に不滅の霊体を持っていることを認識《にんしき》しなければならない。この不滅の「霊体」こそ、神の国に至る「乗物《のりもの》」なのであります。神の国に至ると云うことは、肉体が向上進歩《こうじょうしんぽ》すると云うことではなく、霊《れい》の悟《さと》りが向上進歩することであります。之《これ》は霊的悟りであって、その悟りは霊体又は幽体《ゆうたい》の「主人公《しゅじんこう》」たる不滅の「実相《じっそう》の自己《じこ》」に目覚《めざ》める時に得られるのであります。

この悟《さと》りを得た人は霊的進化《れいてきしんか》の次の段階《だんかい》に入《はい》るのであります。然《しか》し吾々《われわれ》はその霊的進化の段階の資源《しげん》や力を直《ただ》ちに充分《じゅうぶん》に利用《りよう》出来ると云うわけには行かないのであります。それは巻《ま》いた糸を解《と》くように、徐々《じょじょ》にしか展叙《てんじょ》(のべひろげられる)してゆかないのです。音楽《おんがく》、機械学《きかいがく》、自然科学《しぜんかがく》、工《こう》学等《がくとう》に於《お》いて、技倆《ぎりょう》や専門技術《せんもんぎじゅつ》は徐々にしか上達《じょうたつ》しないのと同じように、宗教的悟《しゅうきょうてきさと》りも、精《せい》神科学《しんかがく》の知識《ちしき》も、謂《い》わば徐々に滲《にじ》むように現実界《げんじつかい》の生活方法を通して染《し》み込《こ》んで来るのであります。

異《こと》なる存在《そんざい》の五つの「界《かい》」について

先《ま》ず吾々《われわれ》は何人《なんぴと》も知って居《お》り、又《また》自然科学《しぜんかがく》も認《みと》めている存在《そんざい》の世界が四つあることを認めます。之《これ》を創造《そうぞう》の意義《いぎ》の重要性《じゅうようせい》によって低いものから順次配列《じゅんじはいれつ》すれば次《つぎ》のようになります。

1　鉱《こう》物《ぶつ》界《かい》
2　植《しょく》物《ぶつ》界《かい》
3　動《どう》物《ぶつ》界《かい》
4　人《にん》間《げん》界《かい》

「界」と云う言葉を使用したのは一定《いってい》の現象《げんしょう》の世界を表《あらわ》すのに便利《べんり》がよいからであります。各界《かくかい》の特徴《とくちょう》は、極《きわ》めて顕著《けんちょ》であるから、これを精確《せいかく》に区別《くべつ》するのは容易《ようい》であります。鉱物界を第一に挙《あ》げたのは、鉱物は他の三者《さんしゃ》に先行《せんこう》するからであります。「鉱物」とは金属《きんぞく》、岩石《がんせき》、土《つち》(土とは岩石の破砕《はさい》したものと、動物植物の死体《したい》が腐敗《ふはい》して生《しょう》ずる有機《ゆうき》・無機《むき》の諸物質《しょぶっしつ》が鉱物と混《こん》じたものである)、瓦斯体等《ガスたいとう》総《す》べての無機物を意味するのであります。

各「界」の背後《はいご》にあるものは何であるか。それは心的《しんてき》な創造原理《そうぞうげんり》であります。この原理は、各「界」に明瞭《めいりょう》に表れており、又宇宙全体《またうちゅうぜんたい》の統一《とういつ》もこの原理に因《よ》るのであります。各「界」に行われている法則は異《ことな》っていますけれども、各々相異《おのおのそうい》する法則《ほうそく》は互《たがい》に関連《かんれん》し助け合うのであります。

鉱《こう》物《ぶつ》界《かい》

鉱物界《こうぶつかい》を理解《りかい》するためには天体《てんたい》の世界を見なければなりません。地球《ちきゅう》も小さい物体《ぶったい》の一点としてその中に加《くわ》わっているのであります。天文学的《てんもんがくてき》に言うならば、地球が見えなくなるまで地球の外《そと》へ出て行くのは大《たい》して遠い距離《きょり》ではないのであります。地球の単位《たんい》の五、六百万哩《マイル》（編註・約九百万キロ）も行けば地球は見えなくなるのであります。何十億《おく》と云う数《すう》の恒星《こうせい》（その大部分は吾々《われわれ》の太陽《たいよう》よりも大きい）が無限大《むげんだい》の空間《くうかん》を恐《おそ》ろしい速度《そくど》で走っています。而《しか》も完全《かんぜん》に運動《うんどう》の法則《ほうそく》に従《したが》って秩序整然《ちつじょせいぜん》と走っているのであります。然《しか》し無限大の空間の中ではあるけれども、宇宙創造《うちゅうそうぞう》の途中《とちゅう》に於《お》いては、その創造の必要過程《ひつようかてい》として時折衝突《ときおりしょうとつ》が起《おこ》ったのであります。このような衝突があった時、小児《しょうに》が小石《こいし》でも投げるように、太陽から小石のように飛沫《ひまつ》が回転《かいてん》しながら空間に飛《と》び出して行ったのだと科学者《かがくしゃ》は説明《せつめい》していますが、それには肯定《こうてい》し得《う》るような科学的説明が附《つ》けられています。この飛び出した小片《しょうへん》は引力《いんりょく》によって軌道《きどう》に固定《こてい》し、古い神話《しんわ》の地獄《じごく》にも劣《おと》らぬと云うよりは一層熱《いっそうあつ》い白熱《はくねつ》の気体《きたい》となって軌道を運行《うんこう》し続《つづ》けたと言われています。地球はその小片中の一つであったと云われています。

白熱の気体が凝結《ぎょうけつ》し、元素《げんそ》が結合《けつごう》して鉱物を形成《けいせい》したことに関《かん》しては爰《ここ》には書かないことにします。

岩石《がんせき》と鉱物の世界は常《つね》に活動《かつどう》して居《お》り、そこには生長《せいちょう》の法則《ほうそく》があります。その生長は遅々《ちち》として殆《ほとん》ど認《みと》められない程《ほど》でありますが、しかも物によって遅速《ちそく》があるのです。強力《きょうりょく》な拡大《かくだい》鏡《きょう》を通して見るとき、水晶《すいしょう》は驚《おどろ》く程の美麗荘厳《びれいそうごん》な様相《ようそう》を示《しめ》しています。鉱物界のすべてのものは秩序《ちつじょ》と設計《せっけい》とを表《あらわ》して居《お》り、背後《はいご》に創造技術《そうぞうぎじゅつ》の根本構図《こんぽんこうず》が存在することを証拠立《しょうこだ》てています。(谷口雅春著『生命の謎《なぞ》』日本教文社発行参照)

この美麗と設計の展開《てんかい》する中で最《もっと》も驚《おどろ》くべきことは鉱物の形は未《いま》だ創造されない植物界《しょくぶつかい》の色々《いろいろ》な物の形を予示《よじ》していると云うことであります。植物及《およ》びその他の生命体《せいめいたい》が出現《しゅつげん》する以前《いぜん》の鉱物の結晶構造《けっしょうこうぞう》の中に、植物界の未《いま》だ生《しょう》じていない草木《そうもく》、羊歯《しだ》、苔《こけ》、その他の物の形が結晶しているのが見られるのです。すべての物が、心の設計した痕跡《こんせき》を持って居《お》り、そして若《も》しあなたが其《そ》の設計者《せっけいしゃ》の署名《しょめい》を求《もと》めるならば、あなたは岩石の中にも、その他の生物《せいぶつ》の中にも、

「神」の文字を見出《みいだ》すことが出来るのであります。

若《も》し勝《すぐ》れた叡智《えいち》があれば、動植物《どうしょくぶつ》の発生以前《はっせいいぜん》に「生命」が無《な》いと思われている物質《ぶっしつ》の世界に、無限智《むげんち》の芸術家《げいじゅつか》（神）が微妙《びみょう》にして完全《かんぜん》な設計と創作力《そうさくりょく》とを以《もっ》て創造した色々の物を観察《かんさつ》して、その一々の形が鉱物界の牢獄《ろうごく》から抜《ぬ》け出して、やがては一層《いっそう》高い生物界《せいぶつかい》にまで生長《せいちょう》し出《い》でることを精確《せいかく》に予言《よげん》することが出来たであろうと思われます。無機物《むきぶつ》の中《なか》には半ば現《あらわ》れた生物界の可能性《かのうせい》が隠《かく》されているのであります。

植物界《しょくぶつかい》

地質学上《ちしつがくじょう》の初期《しょき》の時代《じだい》に大海《たいかい》の湯の中に生《せい》を受けた生物《せいぶつ》が植物《しょくぶつ》に先行《せんこう》して存在《そんざい》したと云《い》うことは疑《うたが》う余地《よち》がないのであります。同時《どうじ》に又《また》、その生命体《せいめいたい》は単細胞《たんさいほう》の有機体《ゆうきたい》であり、従《したが》って今日《こんにち》の動物《どうぶつ》と称《しょう》せられる生物のような複雑《ふくざつ》な構造《こうぞう》は有《ゆう》しなかったのであり、植物の世界は動物の世界に先行したのであります。

現代《げんだい》の科学《かがく》はまだ「生命」の正体《しょうたい》を説明《せつめい》することが出来ない。科学者は、無機《むき》の物質《ぶっしつ》については明確《めいかく》な知識《ちしき》を持っています。物質は重量《じゅうりょう》を計《はか》り、分析《ぶんせき》し、解剖《かいぼう》し、元素原子《げんそげんし》に還元《かんげん》することが出来るからであります。然《しか》るに、「生命」が物質に入《はい》って来る時、彼は不思議《ふしぎ》な来訪者《らいほうしゃ》であって、その智慧《ちえ》と力とを発揮《はっき》して自己が欲《ほっ》する形を造《つく》り、しかも自《みずか》らは不可視《ふかし》の存在であるからであります。

「生命」は鉱物界《こうぶつかい》の意識的選択的《いしきてきせんたくてき》な自働力《じどうりょく》なき材料《ざいりょう》を捉《とら》えて眼《め》に視《み》える形の衣《ころも》を創《つく》ります。すると今まで活動《かつどう》する智慧も力もなかった物が、その中に宿《やど》る生きてうごく生命の支配《しはい》を受けて「生物」となり、新たな活動を始めるのであります。この場合、霊《れい》が物質的な体《たい》――草花《くさばな》とか木《き》の体《たい》――の中に入ったのだと称《しょう》するならば、吾々《われわれ》は未《いま》だ想像《そうぞう》の限界内《げんかいない》にあるのであって、決《けっ》して科学的に事実《じじつ》を表現《ひょうげん》しているとは言い難《がた》いのであります。然《しか》し「生命」は不可視であるが故《ゆえ》にではなく、無機物の成《な》し得《え》ないことを成し得《う》るが故に、霊的存在であると言って間違《まちが》いないのであります。この説明には科学者の解剖刀《かいぼうとう》も分析方法《ぶんせきほうほう》も手をつけることが出来ないのであります。

　植物の種子《たね》や球根《きゅうこん》はその中に「生命力」を持っています。この「生命力」はいくら探《さが》して見ても、又如何《いか》に強力《きょうりょく》な顕微鏡《けんびきょう》を使用しても見ることが出来ません。「生命」は「動」であるから、その活動を見ることは出来るが、活動者を見ることは出来ないのです。彼は種子《たね》又は球《きゅう》根《こん》と云う物質で出来た媒介《ばいかい》を用《もち》いて神（その中枢表現《ちゅうすうひょうげん》は太陽《たいよう》と大地《だいち》とである）と交通《こうつう》すると云う働《はたらき》をするのであります。成熟《せいじゅく》すれば一定《いってい》の形態《けいたい》（かたち、ありさま）にまで伸《の》びます。その形態は初めから種子の霊体内にあるのであります。（此《こ》の霊体内《れいたいない》にある形態を「理念《りねん》」と称《い》います）現象《げんしょう》界《かい》の成熟《せいじゅく》した形態は物質面《ぶっしつめん》に映《うつ》された写象《しゃしょう》（すがたを写したかたち）にすぎないのであります。生命は「霊」であって物質ではないから、自己を再現《さいげん》する力を持っているのであります。一個《こ》の種子《たね》は原《げん》理《り》、無限《むげん》、宇宙秩序《うちゅうちつじょ》の殆《ほとん》ど完全《かんぜん》な象徴《しょうちょう》（かたどったシルシ）であります。種子《たね》は完全に法則に従《したが》って活動します。然《しか》し進化《しんか》のための変化《へんか》を行う力を持って居《お》り、無限に生殖《せいしょく》して拡《ひろ》がる力を持っています。一個の種子《たね》から無限億個《むげんおくこ》の同じ種子《たね》を作る可能性《かのうせい》を持っているのであります。

展開《てんかい》する舞台《ぶたい》

人生が発展《はってん》し行《ゆ》く舞台面《ぶたいめん》を見るためには色々《いろいろ》の場面《ばめん》があって、それが統一《とういつ》されて最高《さいこう》の目《もく》標《ひょう》即《すなわ》ち理想《りそう》に向《むか》って進んでいるのだと云うことを先《ま》ず知らなければなりません。鉱物界《こうぶつかい》に岩《がん》石《せき》が生《うま》れてやがて其《そ》の岩石が砕《くだ》けて土となったのは破壊《はかい》であるかと云うと、そうではなくて、植物《しょくぶつ》と云う地上生命出現《ちじょうせいめいしゅつげん》のための準備《じゅんび》をしたのであって、常《つね》に、より高きものへと前進《ぜんしん》しているのだと云うことであります。やがて植物は壊《くだ》けたる岩石の集合体《しゅうごうたい》なる土壌《どじょう》から発生《はっせい》し、それには種子《たね》を生《しょう》じ、種子《たね》は植物となり、植物は次代《じだい》の種子《たね》を造《つく》ります。そして之《これ》が無限《むげん》に繰《く》り返《かえ》されます。それは無限に増殖《ぞうしょく》する生産能力《せいさんのうりょく》を有《ゆう》する生きた有機体《ゆうきたい》であります。それは霊《れい》の表現《ひょうげん》であるからです。又《また》この故《ゆえ》に、植物は生産機械以上《きかいいじょう》のものであります。機械は終《しまい》には磨滅《まめつ》して、役《やく》に立たぬ部品《ぶひん》となってしまうけれども、植物は自己《じこ》を修理《しゅうり》し、自己の傷《きず》を癒《いや》し、自己と同じ美《うつく》しさの植物を又別《べつ》に創《つく》ることが出来るのであります。然《しか》し個々《ここ》の植物はその存在《そんざい》の周期《しゅうき》を終《おわ》る時その活動《かつどう》を停止《ていし》し、之《これ》を再《ふたた》び活動せしむることは出来ません。その復活《ふっかつ》は新しい体《たい》の中に行われます。即《すなわ》ち成熟《せいじゅく》した種子《たね》の中に再生《さいせい》するのであります。

　植物及《しょくぶつおよ》びすべての生物《せいぶつ》はこの周期的再生《しゅうきてきさいせい》によって進化《しんか》が可能《かのう》なのであります。全《すべ》ての生命《せいめい》の根元《こんげん》である「霊《れい》」は常《つね》に一層高度《いっそうこうど》の表現《ひょうげん》に向《む》って進んでいるのであります。鉱物界《こうぶつかい》に於《お》いて、「植物」にまで発展《はってん》すると云う声なき預言《よげん》が、無生物《むせいぶつ》の形の中に既《すで》に予示《よじ》されているのと同じように、植物界《しょくぶつかい》には、更《さら》にそれがなお一層複雑《ふくざつ》な有機体《ゆうきたい》に発展することが予示されているのであります。植物の中には匐《は》うもの、歩《ある》くもの、走《はし》るもの、登《のぼ》るもの、飛《と》ぶものがあるのであります。動物《どうぶつ》の如《ごと》く食物《しょくもつ》を消化《しょうか》する植物もある。極《きわ》めて巧妙《こうみょう》な工夫《くふう》と罠《わな》とを用《もち》いて獲物《えもの》を捕《とら》える植物もあります。一寸触《ちょっとふ》れるだけの刺戟《しげき》を与《あた》えるだけで、反応《はんのう》を表《あらわ》す神経組織《しんけいそしき》を持っている植物もあります。或《あるい》は見たり、聞いたり、その他自己《じこ》の生存《せいぞん》する環境《かんきょう》に適応《てきおう》する不思議《ふしぎ》な力を持っているものもあります。一つの植物がすべての感覚《かんかく》を持っているものはないが、種々《しゅじゅ》の種類《しゅるい》の植物の中にあらゆる感覚が表現されているのであります。この無言《むごん》の預言の中に、別の形の生命即《すなわ》ち動物界《どうぶつかい》が予見《よけん》されないでありましょうか。観察眼《かんさつがん》のある注意深《ちゅういぶか》い研究家《けんきゅうか》なら、原始時代《げんしじだい》の植物界の高級《こうきゅう》な「種《しゅ》」の生命と知性《ちせい》とは、更《さら》に高級な生命体《せいめいたい》（動物）の出現《しゅつげん》を予示していたのだと云うこと、即《すなわ》ち植物の有《ゆう》する未完成《みかんせい》感覚は、動物の視覚《しかく》、聴覚《ちょうかく》、味覚《みかく》、嗅覚《きゅうかく》、触覚《しょっかく》となって表れる時代へと進んで行く過程中《かていちゅう》の胎児期《たいじき》であったと云うことに気がつくはずであります。

ここに注意《ちゅうい》を要《よう》する点は、生命が一段高い標準《ひょうじゅん》の生命に高昇《こうしょう》する時、低い階級《かいきゅう》の生命的存在《そんざい》を常《つね》に支配《しはい》すると云うことであります。この点は植物王国《おうこく》が感覚のない鉱物界より優位《ゆうい》にあることは見れば明瞭《めいりょう》であります。植物界に於いて生命は、自働力《じどうりょく》のない物質を捉《とら》え、持ち上げ、活動のための体《たい》として使用し、それによって霊《れい》と智慧《ちえ》とを発揮《はっき》するからであります。私はこの興味《きょうみ》深い植物の内《うち》に既《すで》に潜在的《せんざいてき》に存在する動物的性格《せいかく》に興味を深く感ずるのであります。

第八章　〝新たに生《うま》れる〟と云《い》うこと

見よ、われ既に天地を新たならしめたのである。人々よ、眼の蔽《おお》いをとれ、われは新しき智慧である。新しき生命である。新しき宇宙である。新しき光明である。（「新天新地の神示」より）

縦《たて》と横《よこ》との真理《しんり》

本章以下《ほんしょういか》「新たに生《うま》れる」と云《い》う真理《しんり》を一層《いっそう》わかり易《やす》く話したいと思います。生長《せいちょう》の家《いえ》は二つの真理を説《と》いております。二つの真理と云うのは、その一つは「縦《たて》の真理」で、もう一つは「横の真理」であります。「縦の真理」と云うのは、織物《おりもの》の経糸《たていと》のように終始一貫《しゅうしいっかん》して変《かわ》らざる真理であります。併《しか》し経糸《たていと》だけでは織物は織《お》れないのでありまして、それに緯糸《よこいと》が交叉《こうさ》してはじめて織物が出来るのであります。それで現象界《げんしょうかい》と云う織物が出来上《あが》るには「緯《よこ》の真理」が「経《たて》の真理」に縦横交叉《じゅうおうこうさ》して色々《いろいろ》の織模様《おりもよう》をあらわすのであります。経《たて》の真理と云うのは終始一貫変らないと申《もう》しましたが、何が変らないかと云うと、人間は大生命《だいせいめい》から生《うま》れた、即《すなわ》ち「人間神の子」と云う真理であります。これは永遠《えいえん》にかわらない。即ち人間は神の子であり、円満完全《えんまんかんぜん》であって、決《けつ》して病気《びょうき》にもかからなければ、老衰《ろうすい》もしないし、死《し》にもしない。何処《どこ》にも欠陥《けっかん》のない万徳円満《ばんとくえんまん》のすばらしい神の命《いのち》が人間そのものであります。これが永遠かわらない「縦の真理」であります。経糸《たていと》の喩《たと》えをもって説く場合には「経《たて》の真理」と書きますが、そう云う喩えをはなれて説く場合には「縦《たて》の真理」と書きます。どちらでも結構《けっこう》です。

処《ところ》が「横の真理」と云うのは、終始一貫して変らない経糸《たていと》の表面《ひょうめん》に横に色々と糸を組み合わせて模様を着けて織ってゆく。それによって終始一貫かわらない縦糸は其《そ》のままでありながら現象的《げんしょうてき》には色々の模様が出来てゆくのであります。夫《それ》を「横の真理」即《すなわ》ち「心の法則《ほうそく》」と言っているのであります。私たちは神の完全《かんぜん》な生命《せいめい》を頂《いただ》いていると云うことには変りはないのに、心の法則に従《したが》って此《こ》の現象界にいろいろの人生の有様《ありさま》を展開《てんかい》してゆくのであります。尤《もっと》も「縦」も「横」も一つの「設計者《せっけいしゃ》」と言おうか「デザイナー」と言おうか、兎《と》も角《かく》も織元《おりもと》の技《ぎ》師《し》が計画《けいかく》をして拵《こしら》えているのでありまして、此《こ》の織元の技師は神様でありますから、縦の真理、横の真理と二つあるようでも神一元《かみいちげん》で、もとは一つであります。縦の真理は、神様がつくりたまうたままに終始変《しゅうしかわ》らざる処《ところ》の完全《かんぜん》な実際《じっさい》の相《すがた》、これを「実相《じっそう》」と言うのであります。横の真理は、実際の相《すがた》でなくて、現《あらわ》れている象《かたち》すなわち「現象《げんしょう》」を取扱《とりあつか》うのでありまして、その現象がどう云うようにして変るかの法則であります。現象と云うものは実在《じつざい》の相《すがた》でないから色々に変るのです。

それを仏教的《ぶっきょうてき》に言いますと「諸行無常《しょぎょうむじょう》（あらゆる事物は変化しないものはないこと）の鐘《かね》の声《こえ》」なんて言いまして、いろいろに変る無常の世界が現象であります。人間は生《うま》れて、生長《せいちょう》して、そして老《お》い、病気《びょうき》に罹《かか》って死ぬのであります。是《こ》の変化《へんか》の法則が「横の真理」であります。これは単《たん》に人間だけじゃない、ありと凡《あら》ゆるところの生《しょう》じたものは、皆《み》な変化し滅《めつ》しなければならぬ、是《これ》が「横の真理」なのです。

諸行無常《しょぎょうむじょう》すなわち現象無常《げんしょうむじょう》

釈迦牟尼如来《しゃかむににょらい》が最初《さいしょ》に瞑想《めいそう》（目をつぶって、ひたすら真理をおもうこと）中《ちゅう》に発見《はっけん》された一大真理《いちだいしんり》は、このすべてのものは生《しょう》じ、変化《へんか》し滅《めつ》すると云《い》う「横《よこ》の真理」であったのであります。凡《すべ》て現象界《げんしょうかい》のものは皆《みな》、無常のものであって、移《うつ》り変《かわ》るものであります。だからこの現象ばかりを本当の存在《そんざい》だとおもって見ておりましたら、人間と云うものは実《じつ》に儚《はかな》いものであって、まことに取《と》るに足《た》らないつまらないものなのであります。また人間とは、地球《ちきゅう》の上に生《は》えた黴《かび》の様《よう》なものであって、実につまらないものであります。併《しか》し乍《なが》ら、その儚《はかな》い無常なるものは現象の姿《すがた》に過《す》ぎません。現象とは「あらわれて見えている」ところの相《すがた》の事であります。処《ところ》がこの現象が常《つね》に変化すると云う事は一体《いったい》何《ど》ういう事であるか、「無常」と云う事は変化する事であります。例《たと》えば、小さい卵《らん》細胞《さいほう》が分裂《ぶんれつ》し数《かず》が増《ふ》え、だんだん大きくなる、そして、それが赤《あか》ん坊《ぼう》になる、それが生長《せいちょう》して青年《せいねん》になって、大人《おとな》になって、そして又老衰《またろうすい》してまた多少、小さくなる。いろいろ病気《びょうき》になっていびつの姿になると云う様に変化《へんか》するのでありますが、併《しか》し小さな卵細胞が大きくなって赤ん坊になると云う風《ふう》に、此《こ》の小さなものが大きくなるところの「生長」とは一体如何《いか》なるものかと云いますと、もとの卵細胞が消えて他の新しき細胞《さいほう》(肉体をつくっている一つの生きた小さなかたまり)となり、その新しき細胞も消えて、更《さら》に他の新しき細胞となるのです。……それは連続《れんぞく》せる変化であります。赤ん坊が青年になるってことは、この小さい赤ん坊が消えて青年となるのであって、元《もと》の赤ん坊は無《な》くなるのであります。

「変化《へんか》する」と云《い》うことの正体《しょうたい》

これは生理学《せいりがく》から言いましても細胞《さいほう》が分裂《ぶんれつ》して殖《ふ》えてゆくと云《い》えば、元《もと》の細胞がいつまでも残《のこ》っていて、それに他の細胞が追加《ついか》されて行《ゆ》く様《よう》ですけれども、細胞は分裂と同時《どうじ》にもうそれは元の細胞ではない、新しい細胞であって、元の細胞は消えたのであります。すべて、変化《へんか》すると云う事は、前のものが消えて別《べつ》のものが出て来ると云う事であります。又《また》、古い細胞は死《し》滅《めっ》して常《つね》に搬《はこ》び出されております。

だから人間の体《からだ》は生《うま》れてから始終交代《しじゅうこうたい》しておって、組織《そしき》の柔《やわらか》い部分はもう三、四年もすると全部交代してしまう。硬《かた》い組織、骨《ほね》とか歯《は》とか云う様な組織でさえも十五年もすると、もう全部変《かわ》ってしまう。そうすると〝オギャー〟と生れた時の自分の肉体《にくたい》と云うものは、もう十五歳以上《いじょう》にもなると全然《ぜんぜん》変ってしまっていて、もう完全《かんぜん》に別人《べつじん》であるのであります。又十五歳の人が三十歳になれば完全に別人だと云う事になっている。だから十五年前に借金《しゃっきん》をしていても、十五年後のわしが借金したんじゃないと云うので時効《じこう》にかかって払《はら》わないでもよい——法《ほう》律《りつ》の方《ほう》はどうか知らんですけれども、肉体の同自性《どうじせい》と云う上から言うと、兎《と》も角《かく》もそうなる。だけども十五年前に借金しておいて十五年経《た》ってから、もう時効にかかっていると言っても、法律上ではのがれられるかも知れんけれども、人間として責任《せきにん》がないとは言えない。人間としては実際《じっさい》責任がある。

「人間」とは如何《いか》なるものか

全体「肉体《にくたい》」が別《べつ》のものになっているのに、その責任《せきにん》があると云《い》う「人間」とは如何《いか》なるものか。肉体が人間であったら、その人間が罪《つみ》を冒《おか》し借金《しゃっきん》をしましても、十五年前の、「現在《げんざい》とは全然《ぜんぜん》異《こと》なる肉体」が借金をしてその金《かね》で御馳走《ごちそう》を喰《く》って女と遊んでも、その肉体は今は無《な》くなって「別の肉体」が此処《ここ》に生きているのだったら〝俺《わし》は責任はないぞ〟と言い得《う》る訳《わけ》ですけれども、そう云う訳《わけ》にはゆかんのは、「人間」そのものは「肉体」ではないからであります。

「人間」そのものが肉体だったら、新陳代謝《しんちんたいしゃ》によって全然別物《べつもの》の肉体になってしまっていたら、責任がないわけだけれどもそう云う訳にゆかぬところに、人間の本体《ほんたい》が何者《なにもの》であるかを示《し》唆《さ》する（それとなく知らせる）ものがある。

「お父《とう》さんお母《かあ》さんに産《う》んで貰《もら》った時の赤《あか》ん坊《ぼう》の肉体はもうないんだから、わしは親とは赤の他人《たにん》だ、親に生《う》んで貰った時の肉体とは別物の肉体なんだ、それどころか、わしの此《こ》の現在《げんざい》の肉体は飯《めし》を喰《く》って牛肉《ぎゅうにく》を喰って魚《さかな》を喰って出来た肉体だから、むしろ牛や魚の方が親かも知れん」と言う人があるかも知れません。肉体の方から見ると正《まさ》にそうなるのですけれども、実《じっ》相《そう》の方から見ると、そうじゃなくって矢張《やは》り十五年前に産んで貰っても、十五年前に借金しても、十五年後の「人間」として自分に責任がある——人間として責任があるとすると、その「人間」と云うものは肉体でないのであります。

現象《げんしょう》の奥《おく》にある〝不滅《ふめつ》のもの〟

それでAがBに変化《へんか》すると言う場合のこの「変る」と云《い》うことは何でありましょうか。Aが消えてそれから単《たん》にBが出て来たのだったら、是《これ》はAがBに変《かわ》ったのではないのであって、単にAが消えてBと云う別物《べつもの》が出て来たと云うことになる。それで、AがBに変ると云う為《ため》には、Aが消えてBになるけれども、実《じつ》は、AとBとの現《あらわ》れているその奥《おく》に、「変らないもの」があって、そのAとBとをつないでいなければならない。〝変らないもの〟が其《そ》の奥に継続《けいぞく》(つづいている)していて、その「同じもの」がAとあらわれBとあらわれるから〝AがBに変った〟と斯《こ》う云う言葉が使える訳《わけ》であります。単にAが消えてBが出て来たんだったら別の物が出て来たので、AがBに変化したとは言いませぬ。たとえば、僕《ぼく》がすっと舞台《ぶたい》の外《そと》へ出て往《い》って、山《やま》口君《ぐちくん》が代《かわ》りに出て来たんだったら、谷口《たにぐち》が山口に変化したと云う訳にはゆかないのです。それだけなら、谷口と山口とが交代《こうたい》して出て来たと云うのであります。ところが僕が着物《きもの》を着替《きか》えて女の鬘《かつら》をかぶり、女の服装《ふくそう》でもして舞台に出て来て芝居《しばい》をやるとすると、服装は違《ちが》うけれど、その服装の奥には、変らない「人間」があると云うので、「谷口が女の姿《すがた》に変化した」と斯《こ》う云う訳でしょう。だから「変化する」と云う事は、形に見えている現象《げんしょう》の奥に、変らない処《ところ》の永続《えいぞく》しているものがなければ「変化する」と云う言葉は使えない訳であります。人間が幼《おさな》い時から生長《せいちょう》して姿が変っても矢張《やは》り「同じ人間」であると云うことは、現象はどう変化しても、その奥に「変らない処《ところ》の人間」が此処《ここ》にあるんだと云うことをあらわしております。その変らない人間が「本当の人間」なのであります。だから「肉体」と云うものは只単《ただたん》に衣裳《いしょう》を変えて出て来ている様《よう》なものに過《す》ぎないのであります。その奥にある処《ところ》の「自分」と云う「変らないもの」がある。「変らないもの」とは如何《いか》なるものか、是《これ》が「実在《じつざい》」であります。「実在」とは、「本当に在《あ》るもの」その「本当にあるもの」の相《すがた》が「実相《じっそう》」でありまして、現《あらわ》れている方の姿を現象と言うのであります。

普通《ふつう》の人は現象を見て「ある」と言うのですけれども、「本当にある」ものではないのであります。現象と云うものは、単に現れて見えているだけで「本当にある」のでありませんから、「諸行無常《しょぎょうむじょう》の鐘《かね》の声《こえ》」の文句《もんく》の通り変るのであります。「変る」と云うことは、「AがBに変る」――と言えば、「Aが消えてBになる」ことであります。何故《なぜ》、「Aが消える」かと云うと、消えると云うことは、実在しないで現れているだけだから消えるのであります。喩《たと》えば、あのスクリーンにあらわれている映画《えいが》みたいなものであります。映画は、実際《じっさい》あるかの如《ごと》く見えますし、シネラマなんかは本当に立体的《りったいてき》に映《うつ》ってまるで実物《じつぶつ》のように見えるけれども、併《しか》しそれは現れているだけであって、実在するものではない。どんなに悲劇《ひげき》がスクリーンの上で行われておっても、それは本当に在るのではないのであって、現れているだけなんだから消えるのです。これは、映画の話ですけれども、「映画」は、単に喩《たと》えに持って来て話しているのであって、此処《ここ》に居《い》るところの「肉体人間」も、映画と同じく現象であって、現れているだけなのですから、何時《いつ》かは消えるわけであります。

実相《じっそう》の人間は何故《なぜ》完全《かんぜん》であるか

そうすると、人間不滅《ふめつ》と云《い》うのは、この現象《げんしょう》の肉体《にくたい》人間の奥《おく》にあるところの実在《じつざい》である「実相《じっそう》人間」（ほんとうの人間）は消えないと云うことであると云うことがわかる訳《わけ》であります。此《こ》の「永遠《えいえん》に滅《ほろ》びない人間」が「本当の人間」であり、「実相の人間」であり、それが自分自身だと悟《さと》ることが「新たに生《うま》れる」であります。

これが生長《せいちょう》の家《いえ》で説《と》いている教《おしえ》の中心《ちゅうしん》になっているわけであります。簡単《かんたん》に云えばこれだけで好《よ》いわけで、これが根本原理《こんぽんげんり》なのですけれど、その根本原理を悟らせると共《とも》に、これを日常《にちじょう》生活《せいかつ》に応用《おうよう》すると云う段《だん》になって参《まい》りますと、中々《なかなか》むつかしいのであります。如何《いか》にして「実在《じつざい》」は永遠に存在《そんざい》するか、何故《なぜ》「実在」は永遠に不滅であるかと問《と》われることが随分《ずいぶん》あるのですけれども、それは完全《かんぜん》であるから、永遠に存在するのであります。家でも建《た》っておって、この家が壊《くだ》けないのは完全であるから壊《くだ》けないのであります。処《ところ》が最初《さいしょ》完全な家もだんだん不完全《ふかんぜん》になって来る、柱《はしら》が腐《くさ》って来たり或《あるい》は颱風《たいふう》で瓦《かわら》が飛《と》んで雨が漏《も》ったり、何処《どこ》かが腐蝕《ふしょく》して其処《そこ》が弱くなり、だんだん不完全になって来るから、其《そ》の家は壊《くだ》けるのであります。このように壊《くだ》けて無《な》くなると云う原因《げんいん》は不完全だと云うことであります。

永遠に完全なものは欠陥《けっかん》がないから壊《くだ》けないのであります。実在は完全円満《えんまん》であるから壊《くだ》けないのであります。それで永遠に壊《くだ》けない実在というものは完全であるほかはない。それで実在する人間の実相——ほんとの人間——は完全であるから壊《くだ》けないのであります。これを悟《さと》ることが「新たに生れる」ことであります。「肉体の人間」から「実相の人間」に生れ更《かわ》るのであります。

人間は何処《どこ》から生《うま》れるか

此《こ》の完全《かんぜん》なる人間は何処《どこ》から産《うま》れて来るのか、と云《い》うと、完全なるものは不完全《ふかんぜん》なるものからは出て来ないのであって、完全なるものは完全なるものからのみ出て来るのであります。そこで、吾々《われわれ》「実相《じっそう》の人間」の生命《せいめい》が若《も》し何処《どこ》からか出て来たとしたならば是《これ》は「完全なるもの」から出て来たものだと云うほかはありません。その「完全なるもの」が即《すなわ》ち「神」であります。無論《むろん》「神」とは私たちがつけた符牒《ふちょう》の語《ことば》であって、「神」と云う名前を附《つ》けても附けなくてもいいのですけれども、「最高完全《さいこうかんぜん》なるもの」があって、そこから吾々——壊《くだ》けない「実《じつ》在《ざい》としての人間」が生《うま》れて来たのであります。この「最高完全なるもの」を「神」と私たちは名づけているのであります。現象的《げんしょうてき》な相《すがた》が幾《いく》らAからBに遷《うつ》り変《かわ》り、幼《おさな》い時から老衰《ろうすい》し死ぬと云う様《よう》に変化《へんか》しましても、終始一貫《しゅうしいっかん》して変らない完全なる「実在としての人間」がその奥《おく》にある、そしてその完全なる「実在の人間」は何処《どこ》から来たかと云うと完全なる神——神と云う名前はつけてもつけなくてもいいが、兎《と》も角《かく》「完全なる本体《ほんたい》」から吾々《われわれ》は出て来たものである。その「完全なる本体」に神と云う名をつければ、吾々は「神の子」であるのであります。

何故《なぜ》、現象界《げんしょうかい》に不完全《ふかんぜん》があらわれるか

さてその様《よう》に人間は完全《かんぜん》であるのに、吾々《われわれ》は、現象界《げんしょうかい》にいろいろさまざまの不完全を現《あらわ》しています。病気《びょうき》が出て来たり、闘《たたか》いや争《あらそ》いが出て来たり、貧乏《びんぼう》が出て来たり、色々《いろいろ》つまらん問《もん》題《だい》が出て来るのはどういう訳《わけ》でありましょうか。それは此《こ》の現象界は映画《えいが》の様なものであって、実相《じっそう》の「完全なるもの」が映《うつ》って来る筈《はず》だけれども、その映る過程《かてい》に於《お》いて、間違《まちが》いが生《しょう》じて来るからであります。喩《たと》えば此処《ここ》に映画のフィルムがある。これは現象の銀幕《ぎんまく》にあらわれて来る以前《いぜん》のもので、神様が拵《こしら》えた撮影済《さつえいずみ》のフィルムで、「実相」であります。この「実相」

ころには見えるところには肉眼《にくがん》で見える世界にはないのは、恰度《ちょうど》、映画館《えいがかん》（現象世界）の観客《かんきゃく》（人間）に見えるところにはフィルムがないようなものであります。肉眼に見えるためには縦《たて》・横《よこ》・厚《あつ》みの空間的《くうかんてき》ヒロガリの枠《わく》の中に、時間的《じかんてき》ながれにおいて、現象というスクリーンに映し出されて出て来るのです。時間と空間という枠（映画ではフィルムの時間的につづく巻《ま》きほどきと、スクリーンに当《あた》るもの）が無《な》い世界に於《お》いては、いくら「実相の世界」に「完全な形が描《えが》かれたフィルム」があっても見えないのです。それは譬《たと》えば、映画館へ行って御覧《ごらん》になるとスクリーン（銀幕）があるでしょう、その銀幕がなかったら幾《いく》ら映写室《えいしゃしつ》から映写しても映らないのであります。「銀幕」が無くっても白い「壁《かべ》」があれば映るのですけれども、素通《すどお》しの透明《とうめい》のところだったら映らない。「壁」でも、縦横のひろがりが空間的にあるから映るのであります。いくらフィルムがあっても壁にせよ、板戸《いたど》にせよ、何か斯《こ》う広がりのあるところでなければ、現象的には顕《あらわ》れて来ないと云う事になるのであります。それと同じで、「実相」としてある完全の相《すがた》は、まだ時間空間以前の存在《そんざい》であるから、私たちの肉眼には見えないのであります。スクリーンに映《うつ》らなくとも、既《すで》にロケーションをして印画《いんが》したフィルムの中にはちゃんと立派《りっぱ》な姿《すがた》がある、つまりプロデューサーが拵《こしら》えたとおりに既にフィルムの世界には出来ているのです。「神」と云うプロデューサーが製作《せいさく》したフィルムの世界にある「完全《かんぜん》なる相《すがた》」が「実相《じっそう》」であります。そのど、一《いっ》ぺんに現象界に全部が出て来るかと云うと一ぺんには出て来ないのです。映写機《えいしゃき》の回転《かいてん》に従って少しずつ出て来るのです。一齣《ひとこま》一齣ずつ出て来る。それが「心のレンズ」を透《とお》して空間と云うスクリーンに映るんだと云う事になるのであります。併《しか》し一ぺんにフィルムにある光《こう》景《けい》が全部出て来たら二重写《にじゅううつ》し、五重写し、百重写しどころではなく、幾《いく》万重写しになってスクリーンには何が映っているのか判《わか》らん事になります。だから此《こ》の現象世界と云うものは一齣《ひとこま》一齣ずつ徐々《じょじょ》に(おもむろに。しだいしだい)展開《てんかい》して来ることになっているのです。即《すなわ》ちフィルムに収《おさ》められた既《き》成《せい》の相《すがた》は「実相」であり、スクリーンは現象界の空間であり、時間という要素《ようそ》をとおして映し出されるという事になる。だからフィルムに収められてある相《すがた》(実相)は既《すで》に「完全なもの」であるけれど、時間的流れに引伸《ひきのば》しますと不完全《ふかんぜん》な様《よう》に出て来るのです。始めから「実相の人間」は完成《かんせい》しておるけれども、赤《あか》ん坊《ぼう》の状態《じょうたい》の良《よ》く動けない、良く喋《しゃべ》れないような状態から、だんだんヨチヨチと歩いて、だんだん上手《じょうず》に喋り出して、それから、だんだん大人《おとな》になってという工合《ぐあい》に、「現象の人間」は「時間の流れ」を通して出て来て、生長《せいちょう》し向上《こうじょう》すると云うことになるのであります。それで現象界は「無限《むげん》生長」だと云うことが生長の家の教《おしえ》で説《と》かれているのはそのためであります。人間の世界は、無限に生長し発展《はってん》する。私たちは其《そ》の途上《とじょう》にあるのです。それで、現在の現象世界には、その生長過程《かてい》の一部分だけが現《あらわ》れている訳《わけ》であります。だけども赤ん坊だって不完全と云う事はない。病気《びょうき》の赤ん坊は不完全かも知れんけれども、健康《けんこう》な幼児《ようじ》なら足は旨《うま》く歩けないかも知れん、言葉は喋《しゃべ》れないかも知れんけれども、それは幼《おさな》いと云う丈《だけ》であって赤ん坊は不完全であると云う様なことはないのです。併《しか》し尚一層徐々《なおいっそうじょじょ》に完成して来ることは事実《じじつ》であります。だから幼いから悪《わる》いとか不完全だと云う事はないから、現象世界だって必《かなら》ずしも不完全であるとはきまっていない。併《しか》し、その赤ん坊が病気にあらわれるとか、大人が病人《びょうにん》となって出て来るとか云うことになると之《これ》は不完全である。それはどうして出て来るかと言うと、此《こ》の世界と云うのは「横《よこ》の真理《しんり》」即《すなわ》ち「心の法則《ほうそく》」で説明《せつめい》し得《う》るところの「唯心所現《ゆいしんしょげん》」（ただ心のあらわすこと）の世界であるからです。此の現象の世界は「心」の現《あらわ》す所なのです。それで、映写機のレンズに相当《そうとう》するところの「心」をよく整《ととの》え、よく研《みが》かねばなりません。実相の世界のものを、現象界に映す道具《どうぐ》が「心」ですから、「心」のことを「心のレンズ」と比喩的《ひゆてき》（たとえ）に言うのです。「心のレンズ」を通して「実相の完全な姿《すがた》」が銀幕上《ぎんまくじょう》に――現象世界に現れて来るということになるのです。

映画《えいが》の如《ごと》き現象《げんしょう》世界

此《こ》のように現象《げんしょう》世界は唯心所現《ゆいしんしょげん》の世界でありますから、実相《じっそう》がいくら完全《かんぜん》でありましても、それをあらわす「心」が歪《ゆが》んでおりましたら不完全《ふかんぜん》な世界があなたの身辺《しんぺん》に展開《てんかい》（のべひろげられること）してくるのです。映画《えいが》の場合と同じことであります。譬《たと》えば、映写機《えいしゃき》のレンズが完全に磨《みが》かれていないで、凸凹《でこぼこ》のいびつのレンズであるとすると、折角実相界《せっかくじっそうかい》のフィルムに立派《りっぱ》な姿《すがた》が制作《せいさく》されておりましても、このレンズが歪《ゆが》んでいるためにスクリーン（銀幕《ぎんまく》・映写幕《えいしゃまく》）に映《うつ》る姿《すがた》が不完全に現《あらわ》れて来ると云う事になるわけです。又《また》映写機のレンズが何かの調子《ちょうし》で黴《かび》が生《は》えたり、或《あるい》は霧《きり》の中で映写したりして、レンズが曇《くも》ったりしましたら、スクリーンに映って来る姿《すがた》は曇って不完全に映って来るということにもなるのであります。それで此《こ》の「心のレンズ」をいびつにならん様《よう》に心を正しくして、心が曇らぬ様に、明《あか》るくして、更《さら》に焦点《しょうてん》（レンズを透して光が集まるところ）をピッタリと「実相のフィルム」に対して整《ととの》えておかんといかんのであります。心のレンズの焦点距離《きょり》をつねに「実相のフィルム」に対してきちんと整えて映したならば現象世界も「実相のフィルム」そのままに、素晴《すば》らしく美《うつく》しい天国的《てんごくてき》な姿で映って来ると云うことになるのであります。

心のレンズの歪《ゆが》みや曇《くも》りを無《な》くするには

それでは、その「心のレンズ」は、如何《いか》にしたならばレンズの歪《ゆが》みとか、レンズの曇《くも》りとか云《い》うものをなくすることが出来るのでしょうか。これは物質《ぶっしつ》のレンズではなく、「心」のレンズでありますから、その性質《せいしつ》をよく知って研《みが》かねばなりません。「心」と云うものは動いているものを見たら動くのです。悲《かな》しい出来事《できごと》や、悲惨《ひさん》な光景《こうけい》を見ると心が悲しみいたむのです。眼《め》の前で殺人《さつじん》が行われたり、暴行《ぼうこう》が行われたりすると心がドキドキすると云うことになるでしょう。ですから、現象界《げんしょうかい》のそういう悪《あ》しき姿《すがた》を始終《しじゅう》見ている限《かぎ》りに於《お》いては、「心のレンズ」を穏《おだ》やかに静《しず》かにゆがみが無《な》く、実相《じっそう》に焦点《しょうてん》を合わすと云うわけにはゆかないのです。いろいろの悲しみがあれば心が曇るのです。ですからその悲しみを見ている限りに於いては「心のレンズ」を曇りのない清浄《せいじょう》な姿に置《お》いておくことは出来ないのです。

そこで、私たちが現象界に「実相」そのままの善《よ》き姿を映し出そうと思ったならば、現象界に見えている争《あらそ》いの姿、戦争《せんそう》の姿、悲しみの姿と云うものを見ない様にして、「実相」の方の完全な姿のみを見ることにしたならば心が落着《おちつ》いて、湛然《たんぜん》と澄《す》み切る水のように平静《へいせい》になり、「心の平和《へいわ》」がそこに完全に保《たも》たれると云うことになるのであります。即《すなわ》ち、心のレンズの〝歪《ゆが》み〟や〝曇《くも》り〟が除《と》れることになるのであります。

現実逃避《げんじつとうひ》の修行者《しゅぎょうしゃ》について

それですから、釈尊《しゃくそん》は「禅定《ぜんじょう》」と云《い》う精神統一法《せいしんとういつほう》を教えて、現象界《げんしょうかい》の色々《いろいろ》の動揺《どうよう》する（うごき、ゆれる）つまらない姿《すがた》を見ない様にして、じっと坐禅《ざぜん》をして心を静《しず》め、実相完全《じっそうかんぜん》の風光《ふうこう》（この世のありさま）を瞑《めい》想《そう》するように教えられた訳《わけ》であります。修行《しゅぎょう》の足《た》りない人たちが、此《こ》の生馬《いきうま》の眼《め》を抜《ぬ》くほどに凄《すさ》まじい都会《とかい》の街中《まちなか》へ出て来て、「どうしたら安く買って、高く売りつけて儲《もう》ける事が出来るか」などと云うことばかり考えている人たちの中に混《まじ》って、自分も鵜《う》の目《め》鷹《たか》の目《め》で、自分の利益《りえき》や、損失《そんしつ》ばかり考えていると、心がむしゃくしゃして来ますから、そんな世界に棲《す》むことはやめにして、〝山へ籠《こも》りましょう〟と云う訳で、山に籠って大自然《だいしぜん》の青空《あおぞら》を仰《あお》ぎ、雲海《うんかい》を瞰《み》下《おろ》して浄《きよ》らかな空気を吸《す》って生活しておれば心が澄《す》み切るであろうと云うので、深山《しんざん》に登《のぼ》り幽《ゆう》谷《こく》（山おくの深い谷）にこもって修行すると云う人もあれば、或《あるい》は滝《たき》に打たれて心を浄《きよ》める修行をするような殊勝《しゅしょう》（とくにすぐれて感心なこと）な人も宗教人《しゅうきょうじん》の中にはあったわけであります。尤《もっと》も、そう云う人は此《こ》の現象界に物質的《ぶっしつてき》に幸福《こうふく》な快適《かいてき》な生活を実現《じつげん》しようと思ったのではなくて、この現象界は影《かげ》の影なるものであるから、唯《ただ》、ひたすら、実在《じつざい》の「実相《じっそう》」のみをもとめ、それを自覚《じかく》することのみが幸福だと感じて深山《しんざん》にこもって、現象界の雑念《ざつねん》（心が統一しないで色々のことが思いうかぶこと）妄想《もうぞう》を避《さ》けたのでありました。彼らの願《ねが》いはただ魂《たましい》の歓《よろこ》びを純粋《じゅんすい》にもとめたのでありまして、「心のレンズ」を整《ととの》えたら現象界で病気《びょうき》が癒《なお》るぞ、経済状態《けいざいじょうたい》がよくなって、大《おお》いに儲《もう》かるぞなんて言って心を整えたんじゃなかったのであります。

功利的《こうりてき》な近代人《きんだいじん》を救《すく》うには

ところが、近代人《きんだいじん》は概《おおむ》ね功利的《こうりてき》な（功名と利益をもとめる）人が多くて、〝何の為《ため》に心を整《ととの》えるか〟と言うと〝儲《もう》ける為に〟とか、〝自分が幸福《こうふく》になる為に〟とか、〝病気《びょうき》が癒《なお》る為に〟などと考え出したのであります。そして純粋《じゅんすい》に「魂《たましい》の歓《よろこ》び」などを求《もと》める人が少《すくな》いのでありますから、そこでそう云う功利的な人をも救《すく》うために、私たちは先《ま》ず三界唯心《さんがいゆいしん》の原理《げんり》（心に原因《げんいん》あれば、結果《けっか》は形にあらわれる原理）を説《と》きまして、心を整えたら現象界《げんしょうかい》に、その理想《りそう》とする姿《すがた》が現《あらわ》れ、日常《にちじょう》生活《せいかつ》も良《よ》くなると云う事を説き且《か》つ実証《じっしょう》する様《よう》にしているのです。山へ籠《こも》っている仙人《せんにん》が心が整っても富豪《ふごう》にならないのは、清貧礼讃《せいひんらいさん》の心が形に現れているのであります。

　さて心を整えるために「精神統一《せいしんとういつ》」をするときに、現象界の色々《いろいろ》の面白《おもしろ》くない出来事《できごと》を心に想《おも》ったり肉眼《にくがん》で見たりいたしますと、心が整いませんから、肉の眼《め》を瞑《つむ》って、現象界を見ないで、心の世界に「神の無限《むげん》の智慧《ちえ》」「神の無限の愛《あい》」「神の無限の生命《せいめい》」「神の無限の供給《きょうきゅう》」「神の無限の歓《よろこ》び」「神の無限の調和《ちょうわ》」というものが、見渡《みわた》すかぎり、いっぱいに、光《ひか》り輝《かがや》く光景《こうけい》で充《み》ち満《み》ちている相《すがた》をじーっと観《かん》ずるわけであります。そうすると、現象界の方の、色々の憎《にく》み争《あらそ》い悲《かな》しみ歎《なげ》きと云うようなものが心に入《はい》らないから、心が整って落着《おちつ》いて来ると云うことになるのであります。この観行《かんぎょう》が神想観《しんそうかん》（谷口雅春著『詳説神想観』日本教文社発行参照）であります。

『生命《せいめい》の實相《じっそう》』を読むと病気《びょうき》が治《なお》る理由《りゆう》

さて『生命の實相』（編註・生長の家の基本聖典。谷口雅春著、日本教文社発行。頭注版全四十巻、愛蔵版全二十巻）を読んだら病気《びょうき》が治《なお》ると言う。これは私が言い出したのではない。読んだ人が実際《じっさい》治ったので、治った人自身が言い出したのであり、それをきいて更《さら》に読んで治った人が続々《ぞくぞく》出て来た。胃癌《いがん》の様《よう》な病気で、〝もうとても駄目《だめ》だ〟と言われた様な人でも治っている人もあるけれども、中には治らん人もある。私は正直《しょうじき》に言うのです。併《しか》し治る人も随分《ずいぶん》ある。それでは、治った人は何故《なぜ》『生命の實相』を読んで病気が治ったのでしょうか。それは其《そ》の人の心が『生命の實相』を読んでいるうちに、澄《す》み切った「実相」の方へ心がクラリと振向《ふりむ》いたからであります。そうして「心のレンズ」が澄み切った状態《じょうたい》になる人は治ったし、それが澄み切った状態にならん人は治らんので、何も別《べつ》に不思議《ふしぎ》な事は無《な》いのです。私が治すんじゃないので、その人自身の心が治す。ただ『生命の實相』を読んで、それに書いてある真理《しんり》が契機《けいき》（事の起るはずみ）になって心が一変《いっぺん》するのであります。すべて本人《ほんにん》自身の「心のレンズ」がどうなるかの問題《もんだい》なのであります。すべての人間の実相《じっそう》は「神の子」であって、既《すで》に完全《かんぜん》であるのですから、健康《けんこう》なのは当《あた》り前であります。ただそれを現象界《げんしょうかい》にあらわすためには、自分の心から「人間は病《や》むべきもの」とか、「人間は死《し》すべきもの」とか云う雑念妄想《ざつねんもうぞう》をとり去り、心が澄み切る状態になればよいのであります。

今迄《いままで》の宗教《しゅうきょう》は何故《なぜ》人類《じんるい》に平和《へいわ》を持ち来《きた》さなかったか

大体《だいたい》、生長《せいちょう》の家《いえ》の教《おしえ》が今迄《いままで》の宗教《しゅうきょう》と違《ちが》う点は、今迄の宗教というものは、心を直すにしても、〝罪《つみ》〟を認《みと》め、〝悪《あく》〟を認めて、そして〝お前は斯《こ》う云《い》う有様《ありさま》に現《あらわ》れているが、斯《こ》ういう有様でいてはいかんじゃないか〟と云うふうに、その現れている悪《わる》い姿《すがた》を見詰《みつ》めさせて、〝よくよく此処《ここ》を直すようにしなければお前はいかんぞ〟とか、〝此処がお前は悪いんだ。こんな罪を犯《おか》していたぞ〟と言って責《せ》めて反省《はんせい》させますので、その人は〝自分は「罪の塊《かたまり》」じゃ〟と斯《こ》う云う観念《かんねん》が潜在意識《せんざいいしき》に植《う》えつけられて、その結果《けっか》、自分は悪人《あくにん》だ、罪人《ざいにん》だと云う観念が自《じ》働《どう》して、それが具象化《ぐしょうか》して「悪」があらわれ、「罪《つみ》」があらわれて来て、人類《じんるい》を救《すく》おうと念願《ねんがん》すれども愈々益々《いよいよますます》「悪」があらわれ、「罪」があらわれて来る結果となったのです。

教祖《きょうそ》に背《そむ》いたことを自覚《じかく》せぬ弟子《でし》たち

だから釈迦牟尼世尊《しゃかむにせそん》、イエス・キリストをはじめとしてその他無数《むすう》の偉大《いだい》なすぐれた宗教《しゅうきょう》教祖《きょうそ》が出て来ましてもそれで人類《じんるい》が道徳的《どうとくてき》に善《よ》くなったかと言うと決《けっ》して善くなっておりません。それは何故《なぜ》かと言うと、釈迦牟尼如来《しゃかむににょらい》やイエス・キリストは真理《しんり》を正しく教えたけれども、その教《おしえ》を祖述《そじゅつ》する（宗祖の教をもととして述べ説く）弟子《でし》が、その教祖《きょうそ》先生たる釈迦牟尼世尊や、イエス・キリストの教えられた真理を伝《つた》えるときに、それを歪《ゆが》めて伝えたからであります。すなわち人間の「実相《じっそう》」の完全《かんぜん》さを観《み》る様《よう》に教えることをわすれて、あべこべに現象《げんしょう》の「悪《あく》」を見て、その「悪」を直せと教える様になったので、「悪」を見詰《みつ》めれば、「悪」があらわれると云う心の法《ほう》則《そく》によって「悪」が消えないことになっているのであります。キリストでも「我《わ》れ神の子なり」と説《と》き、「我《わ》れ往《ゆ》きて汝《なんじ》らに来《きた》るなり」と説いて、すべての人間に「神の子」が宿《やど》っていて完全であると云う事を説いたのだけれども、その弟子なる牧師《ぼくし》たちは「汝《なんじ》ら神の子よ」と説かないで、「汝等罪人《なんじらつみびと》よ悔《く》い改《あらた》めよ」と言った。だから、キリスト教《きょう》の牧師はキリストの教《おしえ》とはあべこべのことを言ったのであります。

釈迦牟尼如来《しゃかむににょらい》も、「天上天下唯我独尊《てんじょうてんがゆいがどくそん》」と言って、自分は如来《にょらい》である、天上天下《てんじょうてんが》どこへ往《い》っても自分と云うものはすばらしい存在《そんざい》であると云う事を宣言《せんげん》されたのでありましたが、『法華経《ほけきょう》』には、「我本誓願《われもとせいがん》（ちかいを立ててねがう）を立てて一切《いっさい》の衆《しゅ》をして、我《わ》が如《ごと》く等《ひと》しくして異《こと》なること無《な》からしめんと欲《ほっ》せり。我《わ》が昔願《むかしねが》う所の如《ごと》き、今已《すで》に満足《まんぞく》せり」と云う事が書かれています。お釈迦《しゃか》さんが被仰《おっしゃ》った其《そ》の意味は、「私は昔から願《がん》をかけて、お前たち一切《いっさい》の衆生《しゅじょう》が、私が仏《ほとけ》であるとおりに、お前達《まえたち》衆生も、我《わ》が如《ごと》く等しく仏にしてやろうと思っていた、其《そ》の願いは成就《じょうじゅ》したぞ」と斯《こ》う仰《おお》せられたのであります。換言《かんげん》すれば、「釈迦牟尼如来《しゃかむににょらい》は初《はじ》めから完全円満《かんぜんえんまん》な仏陀《ぶっだ》であるが、その如《ごと》くすべての人類《じんるい》も已《すで》に完全円満であるぞ」と斯《こ》う言われて、「現象《げんしょう》の不《ふ》完全《かんぜん》な姿を見よ」とは仰《おお》せられなかったのです。処《ところ》が釈尊《しゃくそん》を祖述《そじゅつ》するところの色々《いろいろ》の宗派《しゅうは》では、人間は「罪悪深重《ざいあくじんじゅう》の凡夫《ぼんぷ》」であると教える。その最《もっと》も甚《はなは》だしいのは真宗《しんしゅう》の教義《きょうぎ》でありまして、人間の現象悪《げんしょうあく》を著《いちじる》しく強調《きょうちょう》するのであります。大体《だいたい》、真宗の信者数《しんじゃすう》が日本では一番多いのですけれど、彼らは人間をすべて凡夫《ぼんぷ》であると言って「神の子」だとは言わない。「仏の子」だとも言わない。凡夫であって、愚《おろ》か者であって、小慈小悲《しょうじしょうひ》（小さな、なさけ心）もなく、心は蛇蝎《だかつ》（へびや、さそり）の如《ごと》くであって、救《すく》われる事のない始末《しまつ》に了《お》えない代物《しろもの》だと云う事を始終《しじゅう》言っているから、その言葉の力によって本当に始末におえぬ愚か者になってしまう。人間の悪を強調したら救われるかと思って却《かえ》って救わないことになる。それは宗教家《しゅうきょうか》が精神科学《せいしんかがく》の原理《げんり》を知らんからそう云う事になるのです。「人間・神の子、神の子、神の子」と始終言っておれば完全円満になって来るのでありますけれども、常《つね》に言葉の力で、「私は罪悪深重《ざいあくじんじゅう》の凡夫《ぼんぷ》でありまして、どんな善《よ》い事をしようと思っても、少しも善い事の出来ない私でございます」と言っているならば、その人はちっとも善い事が出来なくなるのであります。

催眠術《さいみんじゅつ》や精神科学《せいしんかがく》の原理《げんり》を知らぬ宗教家《しゅうきょうか》

それは催眠術の原理でもちょっと習ったら判《わか》る事なのであります。或《あ》る人に催眠術をかけておいて、硝子《ガラス》の軽いコップを示《しめ》し、「これは四十貫匁《かんめ》(編註・約一五〇キロ)の大きな庭石《にわいし》であるから、之《これ》を持ち上げてみなさい。さ、持ち上げてみなさい。四十貫もあるから中々《なかなか》持ち上《あが》らんぞ。さ、持ち上げなさい、とても持ち上がらんぞ」と暗示的《あんじてき》に言うと、どんなに持ち上げようとしても、持ち上らんのであります。持ち上げようという意志《いし》(なりたいという心)はあっても、とても上らんぞと云う観念《かんねん》(「こうある」という思い)があると中々持ち上らんのであります。この実例《じつれい》でも分《わか》ります通り、善人《ぜんにん》になろうと思っても「自分は善人になれない凡夫《ぼんぷ》である」と云う観念がありますと決《けっ》して善人になれない、凡夫や悪人《あくにん》にしかなれないと云う事になるのであります。

二千六百年前の釈迦牟尼世尊《しゃかむにせそん》の出興《しゅっこう》以来《いらい》、また二千年前のイエス・キリストの降誕《こうたん》以来、それから各宗各派《かくしゅうかくは》のすばらしい教祖方《きょうそがた》が出て来られて正しい真理《しんり》を教えられたけれども人類《じんるい》はちっとも良《よ》くならないのは、原水爆《げんすいばく》の製造競争《せいぞうきょうそう》や、英仏《えいふつ》のスエズ爆撃《ばくげき》やソ連《れん》の戦車《せんしゃ》のハンガリヤ侵入《しんにゅう》を見ても判《わか》るでしょう。人類の道徳生活《どうとくせいかつ》はちっとも釈迦《しゃか》や耶蘇《やそ》の時代《じだい》とくらべて良くならんですね。まあ現状《げんじょう》を見れば、そういうことになっておるのであります。

潜在意識層《せんざいいしきそう》の浄化《じょうか》について

そう云《い》う風《ふう》にちっとも善《よ》くならないのは、〝自分は罪人《つみびと》である、凡夫《ぼんぷ》である〟と云う観念《かんねん》が、人類《じんるい》の潜在意識《せんざいいしき》の底《そこ》にあって、その観念の強制力《きょうせいりょく》によって罪人《つみびと》の状態《じょうたい》が具象化《ぐしょうか》（象〈カタチ〉を具〈ソナ〉えてあらわれる）しているからであります。そこで人類の心――潜在意識の底にある観念を変えなければならない。すなわち心のレンズが「現象《げんしょう》の悪《あく》」の方へ向いていたのを、クラリと向きを変えて、「実相《じっそう》の善《ぜん》」の方へ振向《ふりむ》かせることが必要《ひつよう》なのであります。「実相の善」の方へ心を振向かせると云っても、「実相」なんて、あるのか無《な》いのか知らぬ人がある。そこで『生命《せいめい》の實相《じっそう》』を読ませて「実相」を知らせねばならぬ。『生命の實相』を読んだら「人間はその儘如来《ままにょらい》である」と書いてあるでしょう。また「人間は神の子である」と書いてあるでしょう。そして「道を歩き乍《なが》らでも〝常《つね》に自分は神の子である、神の子である〟と思え」と書いてある。それを読んで、「人間本来仏《ほんらいほとけ》であり、神の子である」と云う観念が潜在意識に入《はい》るたびごとに、「罪悪《ざいあく》深重《じんじゅう》の凡夫《ぼんぷ》である」と云う劣等感《れっとうかん》(自分は人よりおとっていてダメだという感じ)が消えてゆくのであります。こうして劣等感が消えますと、人間の中にある本物《ほんもの》が、実相《じっそう》が、実在《じつざい》が、「本当にあるもの」があらわれて来るのです。

「本当にある人間」は完全円満《かんぜんえんまん》で、永遠《えいえん》に滅《ほろ》びないのであります。だから表面《ひょうめん》の姿《すがた》である「罪人《つみびと》」だとか「罪悪深重《ざいあくじんじゅう》の凡夫《ぼんぷ》」とか云う様なニセモノは、その観念が消えるに随《したが》って、現象的にも姿を消し、「自分は此《こ》の儘如来《ままにょらい》である」という自覚《じかく》が潜在意識にも生《うま》れて来ますと、内在《ないざい》の実相の完全なすがたが顕《あらわ》れて来るという事になるのであります。

何故《なぜ》『生命《せいめい》の實相《じっそう》』を読めば潜在意識層《せんざいいしきそう》が浄《きよ》まるか

それで『生命の實相』を読むと、そういう事が書いてある。『生命の實相』の第一巻は、「總《そう》説篇《せつへん》」と「實相篇《じっそうへん》」(頭注版では第1、2巻)であります。「總説篇」は総括《そうかつ》した真理《しんり》が書かれているのであり、「實相篇」は、唯今申《ただいまもう》しました「人間」の実相は如何《いか》なるものかと云《い》うことが説《と》かれているのでありまして、これは一番中心になっておる真理が書かれているのです。その次《つぎ》の第二巻には「光明篇《こうみょうへん》」（頭注版では第3巻）があります。実相の完全《かんぜん》な事を知って、それを生活に応用《おうよう》する方法《ほうほう》を示《しめ》すのが、「光明篇」で、病気《びょうき》の非存在《ひそんざい》の事を読み、潜在意識《せんざいいしき》の底《そこ》の底の阿頼耶識《あらやしき》（仏教で説く八識の一つ。一旦印象した一切の念を内に蔵していて現象を生み出す宇宙の潜在意識ともいうべき心）までその真理を知りますと、現象《げんしょう》の心で病気があると思っておっても、その病気がすうっと消えてしまうのであります。『生命の實相』の文章は随分苦心《ずいぶんくしん》して書かれているのです。「病気はない」と云う事が、言葉の力を尽《つく》して書いてある。「病気はない」と圏点《けんてん》を打って書いたり、文体《ぶんたい》のアクセントに色々《いろいろ》の工夫《くふう》がしてあって、それを何べんも読んでゆくたびに「病気は無い、ない、ない」と云う観念《かんねん》が潜在意識に強く印象《いんしょう》される様《よう》にしてあるのです。だからあの『生命の實相』の本は繰返《くりかえ》し繰返し読む事が必要《ひつよう》なのです。或《あ》る人は「私は二十年も二十五年も前から生長《せいちょう》の家の誌友《しゆう》で、『生命の實相』の何処《どこ》に何が書いてあると云う事まで知っている」と言う人があるけれども、知っておるだけでは駄目《だめ》なのです。頭脳的知識《ずのうてきちしき》が知っているだけじゃ駄目でありまして、言葉の力によってその真理が潜在意識の底の底まで入《はい》らんといかんのです。

催眠術《さいみんじゅつ》をかけるにしましても、一《いっ》ぺん催眠術をかけたら、何べんもかけないでも永久《えいきゅう》に催眠術にかかっておるかと云うと、そう云う訳《わけ》ではない。言葉の暗示《あんじ》の効果《こうか》と云うものは暫《しばら》くしか続《つづ》かぬのであります。また、この次に眠《ねむ》らしてやろうと思うと又催眠暗示《またさいみんあんじ》を〝言葉の力〟によって再《ふたた》び与《あた》えなければならんのであります。またどう云う言葉で暗示を与えるかと云うことを知っているだけでは催眠するものではない。常《つね》に新しき言葉の力で暗示を与えなければなりません。「病気無《びょうきな》し」と云う言葉の暗示でも、あれは「病気無し」と云う暗示が書いてあるんだ、もう「病気なし」と云う暗示を知っておるんだからそれでいいのだと言っておったとて、ただ知るだけでは潜在意識に深く印象されないから、その暗示が活動《かつどう》しないのです。だから一ぺんきり『生命の實相』の本を読んで、覚《おぼ》えて置《お》けばいいのだ、と云うわけにはゆかない。始終《しじゅう》繰返し繰返し読む事が必要であります。それで最近携帯版《さいきんけいたいばん》の『生命の實相』*の出版《しゅっぱん》が計画《けいかく》されて私の別《べつ》の本『私はこうして祈《いの》る』位《くらい》のポケットへ入れられる新書判《しんしょばん》の大きさのものが出ることになったのであります。在来《ざいらい》の四六判《しろくばん》の大きさの本ではポケットへ入らないし、携帯用《けいたいよう》には大きくて邪魔《じゃま》になるから、男の方《かた》は洋服《ようふく》のポケットへ入れられるし、女の方はハンドバッグへ入れられる位《くらい》の大きさにした。そして、電車《でんしゃ》でも待《ま》っている間《あいだ》の零砕《れいさい》（ごくわずかなこと）な時間《じかん》でも、それを利用《りよう》して披《ひら》いて読む、一頁《ページ》でも二頁でも読んで、そこに書いてある「人間神の子、本来悪《ほんらいあく》はない、罪《つみ》はない」という真理を潜在意識の底まで印象することにするのです。そうすることによって、私たちは魂《たましい》の中に「人間は罪の子ではない、肉体《にくたい》ではない、霊的実在《れいてきじつざい》であり、このまま如来《にょらい》である。だから悪はない、病気《びょうき》はない、無限《むげん》に完全《かんぜん》なる神の子である」

と云う真理が信念《しんねん》として潜在意識の中へ跳《と》び込《こ》む様《よう》に工夫《くふう》したのであります。すなわち、これを常に読むことによって、「肉なる人間」から「霊《れい》なる人間」へ、「病《や》むべき人間」から「病まざる人間」へ、「罪悪深重《ざいあくじんじゅう》の人間」から「本来清浄《ほんらいしょうじょう》の人間」へ、新たに生《うま》れることができるのであります。

兎《と》も角《かく》、普通《ふつう》の人間に於《お》いては、「心のレンズ」を始終不完全《しじゅうふかんぜん》な現象界《げんしょうかい》の有様《ありさま》に向けて、争《あらそ》いの世界を見《み》、病気の人間を見、悲劇充《ひげきみ》ち満《み》ちた人生を見、憂怖充満《うふじゅうまん》せる人生を見て、そう云《い》う悪い状態《じょうたい》が実存《じつぞん》すると吾々《われわれ》が眼《め》が覚《さ》めている間の十何時間と云う長い間、毎日見ているのですから、それらが皆暗示《みなあんじ》になって、「此《こ》の世に悪いものはある、人間は病むべきものだ」と云う印象《いんしょう》を与《あた》えるのです。病気がないと云っても、実際《じっさい》に、目の前に「病気」の相《すがた》を見ておったら、病気があるような暗示を与えられ、そのような印象が潜在意識《せんざいいしき》に植《う》えつけられますから、其《そ》の印象を消すために、目が覚《さ》めている間のうちの、二十分間や三十分間位《ぐらい》は何とかして実相《じっそう》の方へ心を振向《ふりむ》けて、その病的印象《びょうてきいんしょう》を打消《うちけ》す暗示を入れなければならない訳《わけ》であります。ですから何時《いつ》でも一寸《ちょっと》した暇《ひま》があれば実相の完全なすがたを心に印象するために、『生命の實相』を読みなさいと言うのです。一ぺんや二へん読んで、唯頭脳知識《ただずのうちしき》で知っているだけではいけないのです。こうして、あなたの心が、完全円満《かんぜんえんまん》な「実相」の方へ振向きますと、胃《い》癌《がん》も治《なお》るし、胃潰瘍《いかいよう》も治るし、その他色々《いろいろ》の難症《なんしょう》も治るのであります。実際そう云う事実《じじつ》が沢山《たくさん》ありますが、そうすると「生長の家は病気治しだ」と世間《せけん》から言われるが、生長の家が「病気治し」ではない。あなた自身の生命が、其《そ》の実相の完全な状態をあらわして病気が治るのです。「生長の家」が治すのではないのであって、読者が自己《じこ》の本来《ほんらい》の生命の完全な実 相《じつのすがた》をさとるから病気が自然《しぜん》と治る、本当は本来無いから消えるのであります。

第九章　生物《せいぶつ》たがいに平和《へいわ》の世界

心とはどんなものか

皆《みな》さんは心をお持ちでしょう。心が有《あ》ると云《い》うことは皆さん自分で御存知《ごぞんじ》でありますが、それでは心は幾《いく》つお持ちですか。私の心は一つだと思っていられる方《かた》も居《お》られるでしょうけれども、然《しか》し考えてみて下さい。私は煙草《たばこ》をやめたいと思う心が一方《いっぽう》にあると、他方《たほう》にどうしても喫《の》みたいという心がある。そう云《い》う様《よう》に心は一つではないのであります。吾々《われわれ》の心が幾《いく》つあるかという事が本当に分《わか》らなかったら、心の使い様も分らないということになります。皆さんの蝦蟇口《がまぐち》の中に千円札《さつ》が何枚《まい》ありますか。その千円札が何枚あると云うことが分らないと、百貨店《ひゃっかてん》に行ってもその千円札が何枚あると云うことが分らない為《ため》に、何を買ったらよいかその千円札の使い方が分らない。あすこに三千円で私の好《す》きな柄《がら》の縮《ちぢ》み浴衣《ゆかた》があるのだけれども、蝦蟇《がま》口《ぐち》の中に千円札が何枚あるか知らない人は、手が出せないでしょう。「あの着物《きもの》一枚欲《ほ》しいんですが」と言ってさて蝦蟇口《がまぐち》をひらいたら千円しかなかったと云ったら恥《はじ》をかきますからね。そう云うわけで、お金一つ使うにしても自分の中に幾《いく》らあると云うことが分らないと使う力が出てこないのであります。それじゃ皆さんの心は幾つあるかと云うことが問題《もんだい》になって来るのであります。又《また》心とはどういうものであるかと云う性質《せいしつ》を知らないと又使い方がわからない。心は馬《うま》の様《よう》なものか、猿《さる》の様なものか。昔《むかし》は心は猿や馬の様なものであると思われて、「意馬《いば》心猿《しんえん》」と云うような熟語《じゅくご》ができたのです。意馬《いば》と云うと〝ココロのウマ〟と書いてあります。心猿《しんえん》は〝ココロのマシラ〟です。とにかく心と云うものは馬や猿の様に扱《あつか》いにくいものである。その性質をよく知って、捉《とら》えるところをしっかりと捉えると自由《じゆう》にそれを使うことが出来るのです。猫《ねこ》なんかでも何処《どこ》を捉えたらよいか、そのちゃんと首筋《くびすじ》のところさえ捉えれば、自由に暴《あば》れさせないで捕《とら》えることが出来るでしょう。吾々《われわれ》の心でも急所《きゅうしょ》がある。その性質を知ってその急所を捉えて、そして心を自由自在に使う様になると吾々は人生の達人《たつじん》になれる。柳生《やぎゅう》流《りゅう》の極意《ごくい》の歌には「心こそ心迷《まよ》わす心なれ、心こころに、心許《ゆる》すな」という歌があります通り、吾々には随分沢山《ずいぶんたくさん》心がある。その心をいいかげんに許していると、大変《たいへん》な間違《まちが》いが起《おこ》って来るのであります。どれが〝本当の心〟か、どれが〝贋物《にせもの》の心〟かということをよくよく判断《はんだん》して、〝贋物《にせもの》の心〟に従《したが》わない様にしなければならないのであります。

大体《だいたい》、皆《みな》さん、心と云うものは動力《どうりょく》であると云うことを御存知《ごぞんじ》ですか。心と云うものは無《む》形《けい》の動力――即《すなわ》ち眼《め》に見えない動かす力であります。皆さんの十何貫《がん》の体《からだ》を此《こ》の講演会場《こうえんかいじょう》に運《はこ》んで来たのは何が運んで来たかと云うと、心が運んで来たのであります。心がこの講習会《こうしゅう》場に行こうと思ったら足を動かして、十何貫の体を此処《ここ》に運んで来たのだ。中には自動車《じどうしゃ》で来た人もあるけれども、それでも矢《や》っ張《ば》り自動車から降《お》りて歩かねばならん。その歩く足を動かしたのは心が動かしたのであるから、心と云うものは動力である――動かす力であるとお分《わか》りになるでしょう。唯《ただ》、単《たん》に動かす力でなくて、自分の目的《もくてき》ある方向《ほうこう》に物を動かし、それを欲《ほっ》するところに位置《いち》せしめる力である。言いかえると「心とは志向性《しこうせい》(欲するところへ向う性質)のある動力」であります。自分が心に志《こころざ》す通りに物を動かし得《う》るところの力があるのが心であります。

心の状態《じょうたい》が肉体《にくたい》にあらわれる

例《たと》えば吾々《われわれ》が不平《ふへい》の心を起《おこ》す、不平の心はブツブツと泡《あわ》をふくような心ですね、脹《ふく》れる心です。そういう脹《ふく》れる心を起しますと、皆《みな》さんの顔が脹れる。脹《ふく》れ面《つら》になるまいと思っても心に不平を起しているとすぐ分《わか》る。プッと脹れてくる。然《しか》し吾々《われわれ》の「ほっぺた」というものはある程度《ていど》以上《いじょう》は脹れないのです。然《しか》し心は毎日腹《はら》が立ったりすると、幾《いく》らでも脹れるのです。そこで現実《げんじつ》の「ほっぺた」が脹れる分量《ぶんりょう》と、内部《ないぶ》の吾々の心が脹れる分量とはそこに差《さ》が出来てくる。その差引《さしひ》き余りのエネルギーが何処《どこ》かに残《のこ》っていると云うことになる。毎日毎日、夫婦《ふうふ》が喧嘩《けんか》をしたり、嫁姑《よめしゅうとめ》が仲《なか》が悪《わる》くて、互《たが》いに不平の心を起して顔は脹《ふく》れさせていても或程《あるてい》度しか脹れないのです。そうすると脹れるエネルギーの行き場がないので、何処《どこ》か他《ほか》の所を脹らさねばならぬと云うことになるのです。そこで何処《どこ》か他の肉体《にくたい》のところを脹らせるために、それが「おでき」になったり、小さいのではニキビになったり、或《ある》いは子宮癌《しきゅうがん》、子宮筋腫《しきゅうきんしゅ》、胃《い》癌《がん》なんて脹れるものになって、心のふくれる力が姿《すがた》をあらわして消えるのであります。

心はそういうように動力《どうりょく》ですから、それを悪《わる》い方向《ほうこう》にむかう動力に使うと、吾々《われわれ》は病気《びょうき》を起《おこ》したり色々《いろいろ》と不幸《ふこう》、災難《さいなん》に遭《あ》うと云うことになるのであります。

脹《ふく》れる心と云う力が、生きものの体《からだ》を動かしていると云うことは、人間だけではないのです。魚《さかな》でもそうです。皆《みな》さんはフグを釣《つ》ったことがありますか。私は子供《こども》のとき、フグを釣ったことがありますが、フグと云う魚は、あれを釣るとフグは怒《おこ》って腹《はら》が脹れてくる。腹がぷうとふくれて、銀光《ぎんぴか》りになるほどになる。フグだけではないのです。皆怒《おこ》らすと脹れる。私が尾道《おのみち》の講習会《こうしゅうかい》に行った時、丁度《ちょうど》その時は五月の鯛網《たいあみ》の〝魚《うお》じまい〟と云う時期《じき》で沢山鯛《たくさんたい》の獲《と》れる時です。先生に一つ鯛網の現場《げんば》をお見せしたいとこう言われまして、船を雇《やと》って、漁師《りょうし》を連《つ》れてズッと瀬戸内海《せとないかい》の沖《おき》の方《ほう》に行ってそして網《あみ》を打って見せてくれた。僕《ぼく》が行くと余《あま》り獲《と》れないのです。何故《なぜ》かと云うと僕は慈悲深《じひぶか》いから、あんまり獲れたらかわいそうであると、そう思うからですね。これも私の心の力の反映《はんえい》（反射してうつること）であります。

鳥射《とりう》ちの名人《めいじん》が鳥と和解《わかい》す

生長《せいちょう》の家《いえ》は、天地一切《てんちいっさい》のものと和解《わかい》せよと云《い》う教《おしえ》であって、自分の得《とく》になるために殺生《せっしょう》をするなどと云うことは余《あま》り賛成《さんせい》できんのであります。だから、生長の家に来てから今迄鳥射《いままでとりう》ちに行っていた人で、鉄砲《てっぽう》が鳥にあたらなくなったと云う人があります。浜松《はままつ》で何とか云う名で鳥射ちの名人《めいじん》が居《お》りました。その人は飛《と》んでいる鳥でも自由《じゆう》に射《う》ち落《おと》す手腕《しゅわん》があるのでしたけれども、生長の家に入信《にゅうしん》して『生命《せいめい》の實相《じっそう》』を読んで、人間は皆《みな》神の子である。人間だけではない、総《すべ》ての生き物はみな神の生命《いのち》が寄《やど》っているのだから、みんな兄弟だと云うことが分《わか》ったのです。そして心が一切の生物《せいぶつ》と調和《ちょうわ》して来たわけであります。そうすると、その年猟《りょう》の解《かい》禁《きん》（禁止がとける。とめられていたのが許される）の時が来て、猟をしてもよいということになりましたので、習慣的《しゅうかんてき》に鉄砲を担《かつ》いで犬を連《つ》れて出かけて行ったのです。そして鳥を射《う》つけれども、ちっともあたらん。どうして中《あた》らんのかと気が附《つ》いてみたら、天地一切のものと和解して仲良《なかよ》しになっているから、だから中《あた》らんのだと云うことが分ったのであります。又次《またつぎ》のような人もあります。

『生命《せいめい》の實相《じっそう》』を読んで自殺《じさつ》を思いとどまる

ある兵庫県《ひょうごけん》の青年《せいねん》で、その人は〝人生は何《な》んの為《ため》にあるか〟と云《い》うことに思い悩《なや》んで、そして〝人生の意義《いぎ》が分《わか》らんから自殺《じさつ》しよう〟と決心《けっしん》した。然《しか》し、自殺をするんだから、死《し》に際《ぎわ》のみやげに、死ぬまでに一遍宝塚《いっぺんたからづか》の少女歌劇《しょうじょかげき》を見ておきましょうと思いまして、それから宝塚に行ったのです。そして少女歌劇を見おわって宝塚劇場《げきじょう》から出てきた。と見ると、宝塚公園《こうえん》には屋台店《やたいみせ》が出ていて、其処《そこ》にバナナを売っていた。「ああ、死ぬ前にバナナを一房《ひとふさ》食べといてから死にましょう」と彼は思って、屋台店でバナナを買ったのです。バナナ売りの店の人が新聞紙《しんぶんし》にバナナをつつんでくれたので、それを持って少し歩いて行って公園のベンチに腰《こし》かけて、新聞紙をひらいてバナナの皮《かわ》をむいて、齧《かじ》りながら新聞を見たのです。そしたら其処《そこ》に、『生命《せいめい》の實相《じっそう》』の本の広告《こうこく》が大きく出ておった。これは戦争前《せんそうまえ》のことで、昭和《しょうわ》十一年か十二年のことです。その時代《じだい》は随分《ずいぶん》大きな広告をしたのです。新聞全頁《ぜんページ》に『生命の實相』の広告が出て、その売捌所《うりさばきしょ》が光明思想普及会支部《こうみょうしそうふきゅうかいしぶ》と云う名で、その支部の住所姓名又《じゅうしょせいめいまた》は店名《てんめい》がズーッと書いてあったのです。その新聞広告をその青年は見た。自分は死のうと決心しているものだから、生命と云う文字を見ると急に引きつけられた。人間は死んだらどうなるのか、こう思ったのです。『生命の實相』――生命の実《じつ》の相《すがた》とは一体《いったい》どんなものか、一遍《いっぺん》それを知ってから死なぬと都合《つごう》が悪い。彼はこう思って、一体その本は何処《どこ》で売っているのだろうかと思って見ると、一番その辺《へん》で近い支部は神戸市《こうべし》の大丸百貨店前《だいまるひゃっかてんまえ》の三沢商店《みさわしょうてん》と云う婦人装身具《ふじんそうしんぐ》――婦人服《ふじんふく》のアクセサリーを売っているところがみつかりました。「ハハァここに売っているな。では、神戸へは暫《しばら》く行《ゆ》かんが、死ぬ前に一遍神戸の海岸通《かいがんどお》りを散歩《さんぽ》して、大丸百貨店をのぞいてから大丸前で『生命の實相』を買って、それを読んで、それから死んでも遅《おそ》くはあるまい」と彼は思いました。それからその青年は神戸へ出かけていって『生命の實相』を買って読んだのです。さあ、それを読んだら、人間の生命の本当の相《すがた》と云うものが分《わか》ったのです。今迄《いままで》人生は何《な》んの為《ため》に有《あ》るかと云うことが分らなかったので、生《い》き甲斐《がい》を失《うしな》って死のうと決意《けつい》していたのですが、人生の意義《いぎ》と云うものがハッキリと分ったらもう死ぬことがいやになった。そして生きる喜《よろこ》びと云うものが湧《わ》いて来たのであります。

蛙《かえる》と和解《わかい》して傷《きず》つけ合わない

かれは農家《のうか》の青年《せいねん》でありましたが、自殺《じさつ》を思いとどまりまして郷里《きょうり》の兵庫県《ひょうごけん》へ帰りまして、百姓《ひゃくしょう》の生活を喜《よろこ》びをもって始めたのです。まいねん四月頃《ごろ》には田植《たうえ》の準備《じゅんび》に田圃《たんぼ》を鍬《くわ》を持って深《ふか》く耕《たがや》す。鍬を打ち込んで土をクルッとひっくり返すのですが、そうすると今迄寒《いままでさむ》いので土の中にもぐり込んで冬眠《とうみん》していた蛙《かえる》が鍬《くわ》で掘《ほ》り返されて出て来るのです。去年《きょねん》までは田圃《たんぼ》を耕しますと、蛙《かえる》の頭が鍬で真二《まっぷた》つになって、蛙が血みどろになって出てきたり、脚《あし》を一本チョン切られて出て来たりするのが随分沢山《ずいぶんたくさん》あったのであります。ところが『生命《せいめい》の實相《じっそう》』を読んで、人間は神の子である、蛙も神の子である、みんな神の子で、一切《いっさい》の生物《せいぶつ》は悉《ことごと》く調和《ちょうわ》した姿《すがた》であるのが本当の姿、即《すなわ》ち実相《じっそう》であると云《い》うことが分《わか》った。この世界はすべて自分の心の展《てん》開《かい》する所、即ち自分の心の相《すがた》が展《ひろ》がって映画《えいが》の様《よう》に写《うつ》って見えるところだとわかったのであります。これをお釈迦様《しゃかさま》は「唯心所現《ゆいしんしょげん》」と言われたのであります。この青年はいままでこの世界は唯心所現の心が現《あらわ》すところの世界であるということがわかって、今迄《いままで》、「この世界は争《あらそ》いの世界である。殺《ころ》し合いの世界である。弱肉強食《じゃくにくきょうしょく》の世界である」と云う人生観《じんせいかん》を持っておって、こんな人生に生きて居《お》ってもつまらないと思って、自殺しようかと思って居たのですけれども、そういう弱肉強食の悲惨《ひさん》みちみちた世界は、ただ私たち自身の争う心のあらわれに過《す》ぎないので、本当は無《な》いのだ、「生命の実相《ほんとうのすがた》」なる世界は皆《み》んな調和した世界なんだと云う真《しん》理《り》をさとってからのちに、鍬《くわ》で土を掘り返しましても、蛙《かえる》がチッとも頭から真二《まっぷた》つに割《わ》られたり、手をチョン切られたり、足をチョン切られたりして出て来るのが一匹《いっぴき》もないのです。丁度《ちょうど》春になって暖《あたた》かくなったから、蛙たちは土を掘って外へ出たいと思って居《い》る所へ、丁度その側《そば》の土を掘って外に出してくれる。そうすると蛙自身が深い穴《あな》を穿《うが》って外に出るのはなかなか大《たい》変《へん》だったのが、ちょうど人に掘り出して貰《もら》って、実《じっ》に楽《らく》に出られる。蛙も喜《よろこ》んでいる！　人間もあやまって殺生《せっしょう》しないで済《す》んだと云うことになったのであります。そう云う風《ふう》に、吾々は「一切の生物処《ところ》を得《え》て、争うものなく相食《あいは》むものなき世界」が、「生命の実相《ほんとうのすがた》」なる世界であるということが分りますと、その人の行く所殺生《せっしょう》が起《おこ》らなくなるのであります。その人の行く処《ところ》殺生が起らなかったら戦争《せんそう》もないのであります。だから生長の家の人の中には随分《ずいぶん》、戦争に行っても戦争をせなんだ人がある。服部仁郎《はっとりにろう》氏《し》の弟さんで、戦前神戸《せんぜんこうべ》の水上警察《すいじょうけいさつ》に勤《つと》めて居《お》られた人が、支那事変《しなじへん》の時に召集《しょうしゅう》されて行って、五年も戦地《せんち》におったのに一遍《いっぺん》も戦争をしなかったと云うことです。戦争に行っても戦争をせんとすむのです。しかしそれは逃《に》げまわっているのではないのです。他の部隊《ぶたい》が戦争して、それで戦争の終《おわ》った其《そ》の後《あと》へ後へと行くことになっていた。大変都合《たいへんつごう》がいい、自分の心が平和《へいわ》であったら自然《しぜん》と自分のゆくところすでに平和が出て来ていると云うことになるのです。今やソ連やアメリカや英国《えいこく》が水爆《すいばく》の競争《きょうそう》をしている。何時《いつ》あれは火花を散《ち》らすか分らんですが、そう云う時にあの危害《きがい》を避《さ》けるには、どうしたらよいかと云っても逃げ廻《まわ》って避けられるわけではない。丁度《ちょうど》その人の行く所が平和になっておったら、水素爆弾《すいそばくだん》でも原子《げんし》爆弾でもその被害《ひがい》を受けぬ所へチャンと行くことになり、決《けっ》して傷《きず》つかないと云うことになるのであります。

原爆病《げんばくびょう》でも心が調和《ちょうわ》すればこのように治《なお》る

この間《あいだ》、長崎《ながさき》の白鳩会《しろはとかい》の代表《だいひょう》の山田博子《やまだひろこ》さんと云《い》う方《かた》が、東京《とうきょう》の本部《ほんぶ》の白鳩大会に長崎代表の一人としてやって来て、原爆《げんばく》の患者《かんじゃ》で病院《びょういん》に入院《にゅういん》しているのを訪問《ほうもん》して生長《せいちょう》の家《いえ》の教《おしえ》の、「天地一切《てんちいっさい》のものと和解《わかい》せよ」と云う話を教えてあげましたら、その結果《けっか》、四人も原爆患者が全治退院《ぜんちたいいん》されたと云う事実《じじつ》を報告《ほうこく》されましたが、その他《ほか》に一人こんなのがあった。これは母親《ははおや》が原爆を受けた、その時妊娠《にんしん》しておって、子供《こども》が生《う》まれたら、その子供が生れつきの原子《げんし》病《びょう》になっていて、ひどい症状《しょうじょう》になって、医者《いしゃ》から駄目《だめ》であると言われていたのですけれども、その母親が生長の家の話を聞いて、そして今までの思いが変《かわ》った。今迄《いままで》は、「アメリカがこんな原爆を落《お》としやがった。天皇陛下《てんのうへいか》が戦争《せんそう》をしやがるからこんな姿《すがた》になったんだ。誰々《だれだれ》が、こうするからこんな具合《ぐあい》になったんだ」と、被害《ひがい》の原因《げんいん》を他《た》に帰《き》して、憎《にく》む心、恨《うら》む心をズーッと起《おこ》していたのを、「そうじゃないのだ、そういうものを受けるのは自分の心の中に、そういう争《あらそ》う心、憎む心みたいな攻撃精神《こうげきせいしん》が何処《どこ》かにたまっているものだから、類《るい》をもって集《あつま》ると云う心の法則《ほうそく》によって、矢張《やは》り自分を攻撃し傷《きず》つけるものがやって来たのである」と云う事を教えて頂《いただ》いて、ああ云う原爆の被害をうけたればこそ、生長の家の白鳩会の人々からお見《み》舞《まい》をうけて、こちらから行って教えて頂かないでも、向《むこ》うからわざわざやって来て、真理《しんり》の話をして下さって私はこの真理によって救《すく》われる。魂《たましい》までも救われることになる——これは有《あり》難《がた》いことでございますと、拝《おが》めるような、そう云う心境《しんきょう》に母親がなったのです。そうしたら、子供に遺伝《いでん》した先天原子病《せんてんげんしびょう》が治《なお》ってしまったと云う話をしておられました。原爆・水爆《すいばく》もおそろしいですけれども、自分の心を如何《いか》に持つかと云うことの方が一層《いっそう》おそろしいのであります。

第十章　感情《かんじょう》の興奮《こうふん》と健康《けんこう》との関係《かんけい》

天動説《てんどうせつ》が地動説《ちどうせつ》にかわる

そう云《い》うように人間の幸不幸《こうふこう》や健不健《けんふけん》の問題《もんだい》は自分の心が関係《かんけい》してくるのであります。生長《せいちょう》の家《いえ》が、「病気《びょうき》は心で起《おこ》り、心で治《なお》る」と云うことを発表《はっぴょう》しましたのはもう今から三十年も前になるのでありますが、その頃《ころ》には、病気は、肉体《にくたい》と云う物質《ぶっしつ》が、何か栄養《えいよう》とかバイキンとか兎《と》も角《かく》、物質に関係して、病気になるのだとばかり考えられていたので、心で病気が治ると云う生長の家はインチキだ、インチキ宗教《しゅうきょう》だと云うことを新聞雑誌《しんぶんざっし》が書き立てたものであります。なんでも新しいものが出現《しゅつげん》しますと、今までの物の考え方と異《こと》なるものですから心の旧《ふる》いひとたちが、こぞって反対《はんたい》するのも無理《むり》がないのであります。ガリレオやコペルニカスがあらわれて、地球《ちきゅう》が動いているのであって、天が動いているのでないと言いだしたときに、今まで信《しん》じられていた天動説《てんどうせつ》がくつがえってしまうと云うので、大騒《おおさわ》ぎをしてガリレオやコペルニカスを迫害《はくがい》（くるしめなやますこと）したものでした。しかしいくら肉眼《にくがん》で見て、地球が動かないように見え、太陽《たいよう》や星《ほし》のある天が動いているように見えましても、本当は地球が動いていると云うガリレオやコペルニカスの地動説《ちどうせつ》の方が正しかったように、病気はいくら「物質から起る」ように見えていましても、それはそう見えるだけで、心が物質を支配《しはい》して、心の働《はたら》きによって健康《けんこう》ともなり、病気ともなるのであります。

その生長の家の説《と》くところが、説きはじめてから二十九年間もして、今頃やっと新聞雑誌が、その同じ学説《がくせつ》を「精神身体医学《せいしんしんたいいがく》」として、それを正しい進歩《しんぽ》した学説として書くようになって来ましたので、これでは現代《げんだい》の医学は生長の家におくれること二十九年間と言われても仕方《しかた》がないわけであります。しかも其《そ》の「病気は心から」と云うのが、海外から逆輸入《ぎゃくゆにゅう》されて来て外国の博士《はくし》はこう言っていると云うより道がないのは、まことに残念《ざんねん》なことだと云わなければならないのであります。

病人《びょうにん》の74％が感情《かんじょう》から

『サンデー毎日』昭和《しょうわ》三十一年一月十五日号第10頁《ページ》に「病人《びょうにん》の74％が感情《かんじょう》から」と題《だい》して次《つぎ》

のような記事《きじ》が書かれています。その一部分だけを孫引《まごびき》（引用文から更に引用すること）いたします。

「数年前《すうねんぜん》、アメリカのニューオーリーンズのオヒスナー病院《びょういん》が発表《はっぴょう》した報告《ほうこく》によると、同病院の胃腸病科《いちょうびょうか》に入院《にゅういん》した五〇〇人の患者《かんじゃ》のうち、七四パーセントが感情から来ているそうで、また一九五一年にエール大学医学部《だいがくいがくぶ》の外来《がいらい》病院の発表では、そこの診療室《しんりょうしつ》にきた患者のうち七六パーセントは感情が原因《げんいん》だと指摘《してき》している。更《さら》に……シンドラー博士《はくし》は、われわれの日常《にちじょう》生活《せいかつ》に起《お》こりやすい症状《しょうじょう》の原因の何割《なんわり》を感情が占《し》めているか、表《ひょう》を作っているが、それによると、

▽首筋《くびすじ》の後《うしろ》の痛《いた》み七五パーセント
▽咽喉《のど》の腫瘍《はれもの》九〇パーセント
▽潰瘍的《かいようてき》痛み五〇パーセント
▽胆嚢《たんのう》、膀胱《ぼうこう》の痛み五〇パーセント
▽ガスの発生《はっせい》九九パーセント
▽めまい八〇パーセント
▽頭痛《ずつう》　八〇パーセント
▽便秘《べんぴ》　七〇パーセント

▽疲労《ひろう》　九〇パーセント

こうみてくると、心労《しんろう》の多い〝働《はたら》きざかり〟の年配《ねんぱい》の人が病気《びょうき》にならないのは、おかしなくらいで、バタバタと死んでも別《べつ》におかしくない。というと、まるっきり〝働きざかり〟の人々には救《すく》いがないようだが、実《じつ》はうまくできているもので心の修養《しゅうよう》をすれば、ちゃんと、こういうホルモンにせめ殺《ころ》されないようにできているのである。

それは、われわれの感情――快《かい》、不快《ふかい》――は、大脳《だいのう》のすぐ下にあるドングリ大《だい》の〝間脳《かんのう》〟というところの働きでおこされている。

恐怖《きょうふ》や驚《おどろ》きによって〝間脳〟が興奮《こうふん》すると、一方《いっぽう》では神経《しんけい》を介《かい》して脊髄《せきずい》の中を下《くだ》って副腎《ふくじん》に働きかけ前にのべたような〝格闘態勢《かくとうたいせい》〟――心臓《しんぞう》は早くうち、腸《ちょう》の運動《うんどう》はとまり、全身の筋肉《きんにく》は緊張《きんちょう》したり、血が凝固《ぎょうこ》しやすくなったりして、刻々《こくこく》と肉体《にくたい》が、臨機応変《りんきおうへん》の反応《はんのう》をおこす――をととのえる。また他方《たほう》では脳下垂体前葉《のうかすいたいぜんよう》に作用《さよう》して〝防衛態勢《ぼうえいたいせい》〟――体《からだ》がつかれれば休みたくなり、休むと体が回復《かいふく》するしくみ――となってあらわれる。間脳こそは、実はホルモンの主人《しゅじん》であり、このホルモンと神経を使って感情を肉体的な働きに切り替《か》えると同時《どうじ》に、肉体的な変化《へんか》をデリケートにうけとって感情を動かしていることがしだいにはっきりわかってきた……」

果《はた》して感情《かんじよう》は間脳《かんのう》からおこるか

引用文《いんようぶん》はこれ位《くらい》にして置《お》こう。シンドラー博士《はくし》は「間脳《かんのう》こそは、実《じつ》はホルモンの主人《しゆじん》である」と云《い》っているが、それでは、「間脳」の主人公《しゆじんこう》は一体《いったい》なんでしょうか、これが重大《じゆうだい》な問題《もんだい》であります。

上記《じようき》のようにシンドラー博士は「われわれの感情《かんじよう》は〝間脳〟というところの働《はたら》きでおこされていると云っているが、これでは、吾々《われわれ》の感情（心のはたらき）は〝間脳〟と云う物質《ぶっしつ》の産《さん》物《ぶつ》であると云うことになります。これでは〝人間の心とは間脳の作用《さよう》なり〟と云うことになり、他の肉体《にくたい》の諸《しよ》部分は、〝間脳〟が主人としてホルモンと云う鞭《むち》によって駆使《くし》されている道《どう》具《ぐ》だと云う事になりそうです。

どうです。皆《みな》さんの心の本体《ほんたい》は、〝間脳〟の作用ですか。それとも〝霊的存在《れいてきそんざい》〟ですか。

間脳《かんのう》は〝心の波動《はどう》〟を受信《じゆしん》するアンテナである

ところが前《さき》にかかげた引用文《いんようぶん》では「感情《かんじよう》は大脳《だいのう》のすぐ下にあるドングリ大《だい》の〝間脳〟というところの働《はたら》きでおこされている」と書きながら、直《す》ぐ次《つぎ》のところには、

「恐怖《きょうふ》や驚《おどろ》きによって間脳が興奮《こうふん》すると……」と書かれているところに注意《ちゅうい》して下さい。恐怖や驚きは感情であります。その「感情によって間脳が興奮する」と云うことは、〝感情〟の働《はたら》きによって刺戟《しげき》されて〝間脳〟が興奮することです。すなわち、〝間脳〟は感情（心）の道具《どうぐ》であって、それを刺戟し、鞭《むち》うって興奮させる主人公《しゅじんこう》は、却《かえ》って〝心〟であることがわかるのです。〝心〟は眼《め》に見えないが、われわれ人間の主人公でありまして、〝感情〟が〝間脳〟から生《しょう》ずるのではないのであります。すなわち〝心〟は〝間脳〟の産物《さんぶつ》ではないのであります。〝間脳〟は自律神経《じりつしんけい》（自動的に全身の生理作用を調律する神経）系統《けいとう》に対してのアンテナの中枢《ちゅうすう》を成《な》しています。このアンテナに対して、例《たと》えば〝魂《たましい》〟が怒《いか》りの〝心〟と云う〝波動《はどう》〟を放送《ほうそう》して、はたらきかけるのであります。すると、それを受信《じゅしん》したアンテナが〝怒りの精神《せいしん》波動〟を一種《いっしゅ》の神経電磁波的《しんけいでんじはてき》な波動に変化《へんか》してその波動を物質化《ぶっしつか》して間脳→脳下垂体《のうかすいたい》→副腎《ふくじん》とつたわらせて副腎皮質《ひしつ》を刺戟《しげき》して副腎皮質からコーチゾンと云うホルモンを分泌《ぶんぴ》させる。このコーチゾンが適量《てきりょう》に分泌されて血《けつ》液《えき》に混《まじ》って循環《じゅんかん》していると健康状態《けんこうじょうたい》が素晴《すば》しくよいのですが、このコーチゾンが「怒りの精神波動」に刺戟されて適量よりも少し多量《たりょう》に分泌されて血液の中を循環しますと、一時的に表《ひょう》面《めん》は健康らしく血色《けっしょく》もよく、気分《きぶん》も壮快《そうかい》になりますけれども、却《かえ》ってバイキンに対する抵抗《ていこう》力《りょく》が衰《おとろ》えてしまって、バイキンに侵《おか》され易《やす》くなり、病菌《びょうきん》が深《ふか》く侵入《しんにゅう》して、健康な人でも結核《けっかく》に感染発病《かんせんはつびよう》しやすくなり、病気《びようき》の人ならその病気が重くなって死んでしまうことになるのであります。上記《じようき》の『サンデー毎日』には、この問題に関《かん》して次のように書いています。

「……ウンウンいって寝《ね》ている肺炎患者《はいえんかんじや》にACTH（脳下垂体からでる副腎皮質ホルモン）を注射《ちゆうしや》してコーチゾンを出させると、わずか二、三時間のうちに、体温《たいおん》は平温《へいおん》、呼吸《こきゆう》も楽《らく》、くちびるも紅色《べにいろ》、食欲《しよくよく》は大《おお》いにすすみ、決《けつ》して病人《びようにん》とは見えない。……しかし病原菌《びようげんきん》は依然《いぜん》としてそのままどころか、ますます繁殖《はんしよく》して、もしもACTHをもっと注射すると、どんどん悪化《あつか》して必《かなら》ず死んでしまう。」

このように薬《くすり》の毒作用《どくさよう》と云うものは恐《おそ》ろしいものでありまして、薬の注射で熱《ねつ》がさがったり、一時《いちじ》、楽になったりしても、それはアテにならないで、却《かえ》って病気が悪化していることがあるのであります。

つまり人間は〝魂《たましい》〟が、今どんなバイキンが侵入《しんにゆう》して来たかと云うことを知っていまして、それに従《したが》って或《あ》る「心の波動」を出して〝間脳《かんのう》〟を刺戟《しげき》します。すると、その刺戟が脳下《のうか》垂体《すいたい》（大脳《だいのう》の下にある半《はん》グラムほどの小体《しようたい》）につたわると、バイキンの力を弱めるために熱《ねつ》を出したり、肉体《にくたい》を休養《きゆうよう》さして他のところにエネルギーをつかわないで唯《ただ》バイキンとの戦《たたか》いに力を集中させるために、疲《つか》れた感じがして体を休みたくならせたりする働《はたら》きのSTHと云うホルモンを分泌《ぶんぴ》させるのでありますが、其《そ》の同じ脳下垂体に「怒《いか》りの心」の産物《さんぶつ》であるホルモンが作用《はたら》きますと、ＡＣＴＨと云うホルモンが出て、それが副腎《ふくじん》につたわって行くとコーチゾンと云うホルモンが副腎皮質《ひしつ》から必要以上《ひつよういじょう》に出て、コーチゾンを注射《ちゅうしゃ》したと同じ結果《けつか》になり、怒《おこ》っている最中《さいちゅう》は興奮《こうふん》して元気なようであっても病気《びょうき》がズンズン悪化《あっか》したり、健康《けんこう》な人でも病菌《びょうきん》におかされて発病《はつびょう》しやすくなります。大《おお》いに腹《はら》が立ったり、何か問題《もんだい》がおこって神経《しんけい》が興奮したりした翌日又《よくじつまた》は数日《すうじつ》してから風邪《かぜ》をひいたり、お腹をこわして下痢《げり》したり、或《あるい》は神経痛《しんけいつう》やリューマチスのような病気が起《おこ》ることは、一寸《ちょっと》、自分の経験《けいけん》を振返《ふりかえ》って御覧《ごらん》になればわかるのであります。

杉靖三郎博士《すぎやすさぶろうはくし》は斯《こ》う言う

コーチゾンに就《つ》いては、杉靖三郎博士《すぎやすさぶろうはくし》が『新生活に關《かん》する12の意見』*と云《い》う〝教文新書《きょうぶんしんしょ》〟の百頁《ページ》のところに次《つぎ》のように述《の》べておられます。

「……脳《のう》に〝間脳《かんのう》〟というところがありますが、大脳皮質《だいのうひしつ》（その働《はたら》きが精神作用《せいしんさよう》）からの刺戟《しげき》で、時々刻々《じじこくこく》〝間脳〟に働きかけるのです。この〝間脳〟からホルモンが出る（内分泌《ないぶんぴ》をやる）のですが、それが、漏斗《じょうご》みたいになって、その下にぶら下《さが》っている脳下垂体《のうかすいたい》にずっと滲《にじ》み出していって、脳下垂体前葉《ぜんよう》が刺戟をうけるのです。そしてACTHとかSTHとかいうホルモンがでるのです。（谷口註・この二つのホルモンは全然《ぜんぜん》反対《はんたい》の作用をするのでして、全然反対の成分《せいぶん》が、心の持ち方の相異《そうい》で同じ脳下垂体から出るところに注意《ちゅうい》して下さい。ここから健《けん》康《こう》と不健康《ふけんこう》、病菌《びょうきん》におかされると、おかされないと、たとい冒《おか》されていても病菌に抵抗《ていこう》して治《なお》ると治らないとの区別《くべつ》がでて来るのです）そのACTHが出るとそれが副腎皮質《ふくじんひしつ》に働く。そして副腎皮質が働くとそこから皮質ホルモン（ステロイド）が出て来るのです。この副腎皮質ホルモンとして普通《ふつう》の場合に出て来るのはコーチゾンとか云うようなものです。このコーチゾンは実際取出《じっさいとりだ》して純粋《じゅんすい》な薬《くすり》になっています。これを動物《どうぶつ》に注射《ちゅうしゃ》しますと、どうしても結核《けっかく》に罹《かか》りにくいような動物が、どんどん結核に罹《かか》るようになるのです。結核ばかりではなくて、小児麻《しょうにま》痺《ひ》のような病気には普通モルモットは絶対《ぜったい》に罹らぬのですが、コーチゾンを注射しておくと罹る。……」

杉靖三郎《すぎやすさぶろう》博士《はくし》は東京大学《とうきょうだいがく》の生理学《せいりがく》教室《きょうしつ》に実験室《じっけんしつ》をもっていて、実際《じっさい》に実験して見た結果《けっか》言っておられるのです。感情《かんじょう》が興奮《こうふん》するとコーチゾンの内分泌《ないぶんぴ》がふえ、コーチゾンの内分泌がふえると病菌《びょうきん》におかされやすくなり、結核等《けっかくとう》に罹《かか》りやすくなり、病気《びょうき》に抵抗《ていこう》がなくなる関係《かんけい》などを考えますと、吾々《われわれ》は健康《けんこう》でありたいため及《およ》び、病気を早く治《なお》したいためにはつとめて感情を興奮させず、怒《いか》り、憎《にく》みの感情を起《おこ》さないようにしなければならぬことが分《わか》るのでありま す。杉靖三郎博士は『新生活に關する12の意見』の本に、鼠《ねずみ》を二重《にじゆう》の金網《かなあみ》の中に入れて猫《ねこ》をけしかける。すると一週間もするとその鼠が病気にかかることを書いて、これは恐怖《きようふ》の感情でコーチゾンが多く分泌《ぶんぴ》されて病菌に対する抵抗力がなくなった結果だとしています。感情が興奮してコーチゾンの分泌が多くなると、一時結核の病巣《びようそう》の炎症《えんしよう》が消えるけれども、炎症は結核菌をひろがらせないための防壁《ぼうへき》になっているので、その炎症が消えると病菌が却《かえ》ってひろがるのであります。そのほか、精神的《せいしんてき》ショックによって婦人《ふじん》によくあるシモンズ氏病《しびよう》やバセドウ氏病などと云う病気が起ることは医学界《いがくかい》でもみとめているところであります。

第十一章　宗教《しゅうきょう》におこる奇蹟《きせき》

『生命《せいめい》の實相《じっそう》』を読むと病気《びょうき》が治《なお》ると云《い》うような事実《じじつ》が、その読者の中には随分沢山《ずいぶんたくさん》出て来るのであります。どうして治るかと云うと、色々《いろいろ》ある。先《ま》ず、人間の生命の実相《じっそう》と云うものが「神の生命」であって、不滅《ふめつ》のものであると云うことをおぼろげながらも悟《さと》って安心《あんしん》を得《う》る。安心を得る結果《けっか》コーチゾンの内分泌《ないぶんぴ》も平常《へいじょう》に復《ふく》すと云うことが考えられるのであります。中には人間の生命の本質《ほんしつ》の完全《かんぜん》さを本当に深《ふか》く自覚《じかく》した結果治る人もある。けれども、中々《なかなか》本当に悟《さと》りを開《ひら》いて、自分は久遠不滅《くおんふめつ》の、本当の、死なない、仏《ほとけ》のような、釈迦牟尼如来《しゃかむにによらい》のような、イエス・キリストのような存在《そんざい》であると云う自覚を完全に得《う》ることはむつかしいのでありますす。そこまで達《たつ》するのは『生命の實相』を度々《たびたび》読んで貰《もら》って悟りに悟りをかさねて、白隠禅《はくいんぜん》師《じ》のように大悟《だいご》十八回と云うところまで行《ゆ》かなくちゃいかんのであります。……しかし、そこまで行かなくても、生長《せいちょう》の家《いえ》に触《ふ》れるとひょっこり治る人があるのです。それはどうしてでありましょうか。例《たと》えば服部仁郎《はっとりにろう》さんは生長の家にふれて忽然《こつねん》病気が治った。そのころ携帯版《けいたいばん》『生命の實相』の丁度《ちょうど》第二巻の實相篇《じっそうへん》〈下〉（編註・頭注版第2巻に当る）の〝生長の家の超薬物《ちょうやくぶつ》学《がく》〟のところと、それから〝無礙自在《むげじざい》の『生命の本性《ほんせい》』を発揮《はっき》せよ〟と云うところだけを分冊《ぶんさつ》にして載《の》せた、たった六十四頁《ページ》の小さなパンフレットがあったのです。服部さんは此《こ》の『こころ吾《わ》れを生《い》かす』と云うのと『いのちのゆには』と云うパンフレットの二冊だけを最初《さいしょ》お読みになったのに過《す》ぎません。そういう種類《しゅるい》のパンフレットがそのころ『生長の家叢書《そうしょ》』と題《だい》して十冊ひと組《くみ》になっていたのです。その内の二冊をもって、片岡環《かたおかたまき》さんと云われる彫刻家《ちょうこくか》の友達《ともだち》が、服部さんが肋膜炎《ろくまくえん》にかかって肺炎《はいえん》を併発《へいはつ》し、その上喉《のど》が炎症《えんしょう》を起《おこ》して腫《は》れて死にそうになっていると云うことをきいて見舞《みまい》に来られたのです。そして片岡さんは生長の家の教《おしえ》話をして、〝こう云《い》う招神歌《かみよびうた》があります〟と云うので、あの四首《しゅ》の招神歌を紙に書いてあげられたのです。

　片岡環さんがお帰りになったあとで服部さんは、その貰《もら》った二冊のパンフレットをお読みになった。そして招神歌のうちの「吾《わ》が生《い》くるは吾が力ならず、天地《あめつち》を貫《つらぬ》きて生くる祖神《みおや》の生命《いのち》」という歌を読んで、その歌の意味をしみじみ考えているうちにハッと思った。その時に、所謂《いわゆる》頓得《とんとく》の悟《さと》り(にわかにパッと心に来たサトリ)を開いたと云おうか、或《あるい》は神様のおはからいで或《あ》る神秘現《しんぴげん》象《しょう》が起《おこ》ったのか、それは色々解釈《いろいろかいしゃく》出来るでありましょうけれども、兎《と》も角《かく》、服部さんは、此《こ》の自分の生きている力は「肉体《にくたい》の人間」の力ではない、神の大《おお》いなる力が私を生かしているのであると思うと同時《どうじ》に、忽然《こつねん》と病気が治ったのです。治ったと云うよりも消えたのです。そしてあの時分《じぶん》は今の日展《にってん》のことを日展と云わないで帝展《ていてん》と云ったのですが、服部さんは病気の前から帝展へ出品《しゅっぴん》するための彫刻《ちょうこく》の製作《せいさく》をはじめておられたが、病気の為《ため》に已《や》むを得ず中絶《ちゅうぜつ》しておられたのを、突然起《とつぜんお》き上《あが》ってそれを仕上《しあ》げられた。そして『心の影《かげ》』と題して出品なさったのであります。

　こうして、服部《はっとり》さんが癒《いや》された話を聞いた人々に、色々《いろいろ》な奇蹟《きせき》が現《あらわ》れたのでした。一例《いちれい》を言うと、近所《きんじょ》のリューマチスで手が動かなくなったお婆《ばあ》さんが、服部さんが重態《じゅうたい》であると云うことをきいてお見舞《みま》いに来ました。ところが、服部さんは「もう治《なお》ってしまった」といって、元気に起《お》き上《あが》って、仕事《しごと》をしているのです。「どうしてあんたそんなに早く治ったんですか」とお婆《ばあ》さんが言うと、実《じつ》はこうこういうわけで、生長の家のパンフレットを読んでこうこう悟《さと》った……という話をしているうちに、リューマチスで畸形《きけい》に歪《ゆが》んで動かないそのお婆さんの手が動き出して自由《じゆう》になったのです。

服部さんは別《べつ》にそのお婆さんを治そうと思ったわけではありませんでした。ただ服部さんは、お婆さんにこんな話をしたのです。

「人間というものは自分で生きているのではない、宇宙大生命《うちゅうだいせいめい》の偉《おお》いなる生命がここに生きているんだ。そのことを僕《ぼく》は、片岡環《かたおかたまき》さんが書いてくれた『吾《わ》が生《い》くるは吾が力ならず、天地《あめつち》を貫《つらぬ》きて生くる祖神《みおや》の生命《いのち》』と云う歌を見ながら、じっと、その意味を心で味《あじ》わいながら、『生命の實相《じっそう》』の一冊《いっさつ》のパンフレットを読みながら悟《さと》った。そうだ、人間は自分で生きているのではない。神によって生かされているんだ。生かされている、生かされていると云うことがわかると、もう寝《ね》ていられなくなって、起きると病気がもう消えていたんだ。」こう云う話をきくと、お婆さんも、「そうだ、人間は自分で生きているのではない、神に生かされているのだ」と思った。すると、お婆さんの今まで畸形《きけい》に攣縮《れんしゅく》（ひきつってちぢかまる）して動かなかった手が治って動き出したのです。お婆さんはおどろいて、「先生有難《ありがと》うございます」とヒョッコリお辞儀《じぎ》をしてお礼《れい》を言った……と云うような神秘《しんぴ》な事が起《おこ》ったのです。

宗教《しゅうきょう》は神秘的世界《しんぴてきせかい》からの人類救済運動《じんるいきゅうさいうんどう》である

本当の宗教《しゅうきょう》と云《い》うものは、人間がこしらえるものではなく、神様がおこすものでありますから、宗教の発生《はっせい》するときには、このような神秘現象《しんぴげんしょう》がよく起《おこ》るものなのです。それは服部《はっとり》さんが自分の病気《びょうき》が神秘的《しんぴてき》に治《なお》ったと云う体験《たいけん》をちょっとそれだけお話しになっただけですから、そのお婆《ばあ》さんが、それだけで完全《かんぜん》に悟《さと》りを開《ひら》いて、その結果肉体《けっかにくたい》が治ったのかというと、恐《おそ》らくそうでないと思う。悟りと云うものは、そんなに安っぽく得《え》られるものではない。そうなるとそこに働《はたら》いたのは『生命《せいめい》の實相《じっそう》』に書かれているところの〝真理《しんり》〟を完全には悟ったのではないけれども、多少それがわかって、神様に対する信仰《しんこう》の心が起った。その信仰の心が縁《えん》となって、『生命の實相』を書かしめたところの或《あ》る「神秘なるもの」の救《すく》いの力と波長《はちょう》が合ったので、其処《そこ》に救いが成就《じょうじゅ》して病気が治ったのだと解釈《かいしゃく》するのが本当だと思います。

人間は未《いま》だ嘗《かつ》て女の子宮《しきゅう》から生《うま》れたことはない

その『生命の實相』と云《い》う本は、その分冊《ぶんさつ》たるパンフレット唯《ただ》一冊でさえもこのような奇蹟《きせき》的《てき》なことが起《おこ》るのですけれども、では、その『生命の實相』は誰《たれ》が書いたのかと云うと、肉体《にくたい》では、僕《ぼく》がそれを書いたつもりだけれども、どうしても僕だけでは書けないようなことを書いてあるのです。たとえば、「人間は未《いま》だかつて女の子宮《しきゅう》から生《うま》れたのではないのである」なんて云う文章は、人間の母親から生れて来た「私」自身がなかなか書けることではない。私は自分が書きながら、「随分不可思議《ずいぶんふかしぎ》なことを書くな」と思ったのであります。その部分は丁度《ちょうど》服部《はっとり》さんがパンフレットでお読みになった『生命の實相』第一巻「實相篇」(編註・頭注版では第1、2巻)のところに収録《しゅうろく》されてあるのです。この「人間は未《いま》だ嘗《かつ》て女の子宮《しきゅう》から生れたことはない」と云う真理《しんり》を知ることが悟《さと》りの根本《こんぽん》になるのであります。現象《げんしょう》の肉体の人間を見たら、成《な》る程《ほど》女の子宮の中に懐妊《かいにん》をし、そこで生長《せいちょう》してオギャーと生《う》れ出て来たのですから、人間はどうしても現象的には、女の子宮から生れて来たということになるのですけれども、それは影《かげ》として映《うつ》っている銀幕上《ぎんまくじょう》の姿《すがた》であって、本当の人間の生命《いのち》というものは神様の生命《いのち》が今ここに生きているのであります。これを仏教《ぶっきょう》では、お釈迦《しゃか》さんは、麻耶夫人《マヤぶにん》の右の脇腹《わきばら》にやどったと云う神話《しんわ》であらわし、キリスト教《きょう》では、イエスは、処女《しょじょ》マリヤにやどったと云う神話であらわしているのであります。

こういう神秘《しんぴ》な真理は到底《とうてい》、肉体の谷口雅春《たにぐちまさはる》には書けるものではない、それを書かしめたところの或《あ》る「神秘なるもの」がある。その「神秘なるもの」が詰《つま》り「神」でありますが、「神」と云う名のきらいな人は、どんな名で呼《よ》んでもそれでいいが兎《と》も角《かく》、その神秘な「不可思議《ふかしぎ》なるもの」が、私を通して人類光明化運動《じんるいこうみょうかうんどう》を起《おこ》したのであります。そして其《そ》の「神秘なるもの」

が、私をラッパとし、万年《まんねん》ペンとして、私にその真理を語らしめ、また書かしめた、ということになっているのであります。其《そ》の神様の救済力《きゅうさいりょく》が『生命の實相』の本にはたらきかけているので、これを読んで病気が治ると云う場合には、単《たん》に悟《さと》りを開いたから治ったと云うのじゃなくて、霊界《れいかい》からの神秘な援助《えんじょ》と云うもの、光明思念《こうみょうしねん》の霊的波動《れいてきはどう》と云うものが来ているのです。こうして物質的力《ぶっしつてきちから》以外《いがい》の眼《め》に見えない力が加《くわ》わって病気が治されたと考える方が適当《てきとう》であります。

此《こ》の霊界《れいかい》からの人類光明化運動は単に肉体の谷口がはじめたのではないと云う証拠《しょうこ》は色々《いろいろ》ありますけれども、其《そ》の一例《いちれい》を挙《あ》げると、埼玉県《さいたまけん》の入間郡《いるまぐん》の小堤《こづつみ》と云う所に笠原政好《かさはらまさよし》という青年がありました。この青年はその時分《じぶん》、自健術《じけんじゅつ》と云う一種《いっしゅ》の本能体操《ほんのうたいそう》（本能的に肉体が自動して体操する）みたいな霊《れい》動《どう》を起す霊術《れいじゅつ》をならったのであります。その術を受けると自分で霊動を起すようになり、患《かん》部《ぶ》などを自働的《じどうてき》にマッサージしたり運動したりして病気が治るのでした。それを習って笠原政好君が教えられたとおりの形式《けいしき》で精神統一《せいしんとういつ》をしていると、色々のものが、透視《とうし》出来るようになりました。所謂《いわゆる》〝千里眼現象《せんりがんげんしょう》〟と云って遠くに隔《へだ》って在《あ》る物が見えるというような現象が起って来たのであります。

それから後《のち》、その青年が生長《せいちょう》の家《いえ》の誌友《しゆう》になって、神想観《しんそうかん》をしていますと、当時兵庫県住《とうじひょうごけんすみ》吉村《よしむら》にいた私の姿《すがた》が埼玉県の入間郡から笠原君の霊眼《れいがん》に千里眼的に視《み》えたのです。その姿と云うのは、私が机《つくえ》に向《むか》って原稿《げんこう》を書いておったというのです。ところが、谷口雅春が原稿を書いている姿が見えたかと思うと、それがスーッと消えて、白いひげを垂《た》らしたまことに神々《こうごう》しい白髪《はくはつ》の老翁《ろうおう》の姿に変《かわ》って、原稿を書いているのが見えたと言うのであります。このことは『生長の家と私』という題で『生命の實相』の第一巻に載《の》せておいたのであります。そういう現象が見えて、第三者《だいさんしゃ》から、生長の家の教《おしえ》の原稿は私が書いたんじゃなくて他の人が書いたんだと云うことになってしまったのです。（それではさっぱり私自身は値打《ねうち》がない、まあ僕自身は抜《ぬ》けがらみたいなもので、その抜《ぬ》け殻《がら》に他の人が這入《はい》って原稿を書いたのですね。）宗教《しゅうきょう》とは人《じん》造《ぞう》のものではないことが、これによって解《わか》るのであります。

それから後《のち》にも度々《たびたび》この白髪の老翁の姿は諸方《しょほう》の人々に現《あらわ》れた。その白髪の老翁の姿は、見る人もあれば見ない人もあります。それは――霊視現象《れいしげんしょう》と云うので視覚的霊能《しかくてきれいのう》――即《すなわ》ち霊視《れいし》力《りょく》をもっている人でないと見えないのです。しかしこれが見えるから、その人の霊魂《れいこん》が高い階級《かいきゅう》だと云う訳《わけ》ではありません。これは、半《なか》ば肉体的素質《にくたいてきそしつ》によるのであります。服部《はっとり》先生なんか随分《ずいぶん》人の病気をお治しになるけれども斯《こ》うした神様の姿を見たことはないようでありま す。人の病気などあまり治さないような人で、よく神姿《かみのすがた》を見る人があります。それからまたこんな人もあります。『生命の實相』を買って帰って、枕頭《まくらもと》に置《お》いといて、そのまま寝《ね》たら、そんな神様の姿などのこと全然《ぜんぜん》知らないでおって、同じ白髪老翁《はくはつろうおう》のお姿の神様を夢《ゆめ》に見たと云う人もあります。中には白髪の老翁の姿でなしに、たった五銭《せん》の（その当時《とうじ》は五銭でした）パンフレットを買って、それを読みながら寝たら、夢に私の姿が現れて〝病気はないよ〟と言った。そして朝起きて気がついたら病気が治っていたと云う話もあります。そして其《そ》の人自身は、その夢の中の姿が私の姿か誰《だれ》の姿か知らなかったのですけれども、それから後《のち》、生長の家本部へ来て、私が演壇《えんだん》で話す姿を見て、〝アッ、あの時見たのは此《こ》の先生だった〟というような人もある。この種《しゅ》の実例《じつれい》も沢山《たくさん》あるのであります。木原《きはら》しづゑさんなども、夢の中で先に私の姿を見ておいて、後《のち》に神戸北長狭通《こうべきたながさどおり》の小学校の講堂《こうどう》でひらかれた講演会場《こうえんかいじょう》へ来て私の姿を見て、「ああ、此間《このあいだ》の夢はこの先生だった」と気がついたのです。私は自分の家にちゃんと寝ているのです。決《けっ》して肉体は出かけていないのに、夜間《やかん》夢の中で私が来てくれて、お蔭《かげ》で病気が治ったとか言って礼状《れいじょう》が来たりするんです。そんな手紙を見ると家内《かない》が「あんたは身体《からだ》は此処《ここ》に寝とっても魂《たましい》はいつも他の人のところへ行ってしまっていて嫌《いや》だわ」と言って冗談《じょうだん》にヤキモチを焼《や》くのであります。そういう自分にも自覚《じかく》されない神秘《しんぴ》なことも随分《ずいぶん》あります。こう云う実例を沢山あげますと、成《な》る程《ほど》人間は肉体ではないと云うことがわかるのであります。

それと共《とも》に宗教と云うものは、人間の肉体が工夫《くふう》して造《つく》ったものではない、神が人間をつかって、人を救《すく》う方便《ほうべん》に神秘現象《しんぴげんしょう》を起《おこ》されるのだとわかるのであります。

悟《さと》りにも色々《いろいろ》の段階《だんかい》がある

白隠禅師《はくいんぜんじ》でさえも大悟《たいご》（大真理をさとること）十八回、小悟《しょうご》は数知れずと云《い》う位《くらい》ですから、普通《ふつう》の吾々《われわれ》は今日悟《きょうさと》ったと思っていても、その次《つぎ》にまた悟《さと》る。またその次にもう一つ悟ると云うように、悟りと云うものはまだまだ深《ふか》くなって来るのであって、悟りにも段階《だんかい》があると云うわけなのであります。そう云うわけですから、あまり安易《あんい》に病気《びょうき》が治《なお》って、それで「私は悟ったから治った」などと思い上《あが》ることは其人《そのひと》の悟りのためには良《よ》いことではない。これは経済問題《けいざいもんだい》でも、容易《ようい》にアブク銭《せん》が儲《もうか》るのが必《かなら》ずしもその人の魂《たましい》の発達《はったつ》のためにならないのと同じことであります。まだ心若《こころわか》くして無分別《むふんべつ》な時代《じだい》に、金《かね》が余《あま》り豊《ゆた》かにあったら、その人間の魂が却《かえ》って発達しないで堕落《だらく》する方向《ほうこう》へ向いて行くと云うようなこともよくあることであります。私は石原慎太《いしはらしんた》郎作《ろうさく》の『太陽《たいよう》の季節《きせつ》』の映画《えいが》化《か》や所謂《いわゆ》る太陽族《たいようぞく》映画をちょっと参考《さんこう》に見ましたけれども、私があれを観《み》た感想《かんそう》では、子供《こども》は余り見たらよくないけれども、「親が観《み》たらよい映画だ」と思ったのであります。あれは経済的背景《はいけい》が一つもない。ただ金持《かねもち》の息子《むすこ》で、金をふんだんに使って、したい三昧《ざんまい》出来るようになっている世界でのみあり得《う》る生活です。親が金持で子供をあまり自由《じゆう》に放任《ほうにん》して行くから青少年がしたい三昧の堕落《だらく》生活に陥《おちい》って行っている姿《すがた》が映画に出ているのを観《み》せられたのであります。あれが、親が本当に辛苦《しんく》して、少しの金でも誠心《まごころ》と本当の生命《いのち》が注《そそ》がれて出来たところの、そう云う誠心《まごころ》の結晶《けっしょう》としての金の出来方《できかた》を息子が見ておったら、あんな馬鹿《ばか》な生活は出来なくなって来るんですけれども親爺《おやじ》が電話《でんわ》一本で何百万円儲《もう》かると云うような、そんな生活をしとったら、その金と云うものは、その金の背後《はいご》に生命《いのち》が宿《やど》っておらぬ詰《つま》らんものですから、本当の内在《ないざい》の値打《ねうち》がないから、その金の使《つか》い様《よう》も値打のない使い様しかできないと云うことになるわけであります。これは因果《いんが》が相循環《あいじゅんかん》する原理《げんり》によるのであります。だから金と云うものが豊かにあると云うことが、その人の幸福《こうふく》かどうかと云うことはこれはまた別《べつ》の問題であります。

また魂《たましい》の発達の上から云いますと、却《かえ》ってもう少し貧乏《びんぼう》の方が余程《よほど》魂が発達するということになることもあると思われます。

病気《びょうき》の治《なお》るよりも魂《たましい》の向上《こうじょう》を神はねがっていられる

それと同じことで肉体《にくたい》の方《ほう》でもそうであります。一遍《いっぺん》生長《せいちょう》の家《いえ》へ来た切りで病気《びょうき》が治《なお》って達者《たつしゃ》になって、どんなに女遊《おんなあそ》びしたってちっともくたびれはしないし病気もうつらん、不死身《ふじみ》になったなんて、そういう具合《ぐあい》に若《も》しなったら大変放蕩者《たいへんほうとうもの》には都合《つごう》がよいかも知れませんが、それが却《かえ》ってその人の魂《たましい》の向上《こうじょう》のためにいけないということもあるのであります。そういうわけですから、病気が治ることがその人の為《ため》になることもあるけれども、為にならん場合もある。そういうように人それぞれの色々《いろいろ》の場合を広く観察《かんさつ》せられて、高級霊《こうきゅうれい》は適当《てきとう》な処置《しょち》を取っていられるものですから、「誰《たれ》が来ても、生長の家へ来れば全部治るぞ」なんて云うようなものではないのであります。治ることによって其人《そのひと》が人々に神の道を伝《つた》えるとか、魂が向上するとか、その影響《えいきょう》で、その人の周囲《しゅうい》の人々が救《すく》われるとかしなければならない。では、医《い》者《しゃ》では到底駄目《とうていだめ》なような病人《びょうにん》が、ひょっこりと即座《そくざ》に治るというような奇蹟《きせき》が起って来ると云うのもあるのは何故《なぜ》であるかと云うと、それはその人には丁度《ちょうど》そう云う機縁《きえん》（心にふれ合う因縁）が熟《じゅく》しており、その人が治ることによって、その人の魂も、或《あるい》はその人の周囲の人が神秘《しんぴ》におどろいて、「成《な》る程《ほど》神様というものはあるんだな」と云うことを感じて、その人の信仰心《しんこうしん》が深《ふか》まり、その結果《けっか》、その人も、その人の周囲の多勢《おおぜい》の人も共《とも》に救われる機縁を得《う》ると云うような時には、そう云う奇蹟的《きせきてき》な出来事《できごと》も起《おこ》って来るのであります。

大体《だいたい》そういう場合に、病気《びょうき》を治《なお》すのが上手《じょうず》な講師方《こうしがた》は、病気を治すのに興味《きょうみ》を有《も》っている高《こう》級霊《きゅうれい》がその人に配属《はいぞく》せしめられておって、それがその人を通して治すと云うことになるのであります。それですから、「自分が話している間《あいだ》に相手がひとりでに治った。こちらは治そうとも何とも思っておらんのに治っておった」と云うような、実《じつ》に不可思議《ふかしぎ》なことが起《おこ》って来るのであります。しかしそう云う場合には、やはり其《そ》の講師の肉体的及《にくたいてきおよ》び幽体的《ゆうたいてき》エネルギーをその「治す霊」が使うのです。高級霊が、肉眼《にくがん》では見えんけれども、自己《じこ》の霊的《れいてき》エネルギーに加《くわ》うるに其《そ》の講師の肉体的及び幽体的エネルギーを使って相手を修繕《しゅうぜん》すると云うことになるのであります。ですから其の時の講師のエネルギーが眼《め》には見えませんけれども、始終消耗《しじゅうしょうこう》しているのです。だからそれは補《おぎな》わなければならない。それを補い切らないうちに人を救うことに懸《けん》命《めい》になっていると、講師自身が病気にかかって自分の病弱状態《びょうじゃくじょうたい》が消えないことがあります。その霊的エネルギーの消耗を補うのはやっぱり神想観《しんそうかん》をしまして、宇宙神《うちゅうしん》の霊的エネルギーを思念《しねん》によって誘導《ゆうどう》して自己《じこ》に吸収《きゅうしゅう》するようにしなければなりません。

生《うま》れつきの睾丸《こうがん》の上部《じょうぶ》の塊《かたまり》が消える

此《こ》の治病《ちびょう》に堪能《たんのう》な守護神《しゅごじん》のついている講師《こうし》では、「ああ、あの人の病気《びょうき》を癒《なお》してあげたいな、ああ気の毒《どく》だな」などと思いますと、そうするだけで相手の病気が忽《たちま》ち癒《なお》ったりすることがあります。私が当時京都電燈《とうじきょうとでんとう》の社長だった石川芳次郎《いしかわよしじろう》さんの家に初《はじ》めて行った時に、其《そ》のお宅《たく》で誌友会《しゆうかい》があったのですが、そこの奥《おく》さんの貞子《ていこ》さんが先《ま》ず生長《せいちょう》の家《いえ》にお入《はい》りになった。ところがその芳夫《よしお》さんと云う四番目の息子《むすこ》さんが小学校の何年かのときでありました。その芳夫さんが生《うま》れて間《ま》もなく気がつくと睾丸《こうがん》の玉の上に、もう一つ何かおできだか、癌《がん》だか、肉腫《にくしゅ》だか何か知らんが、塊《かたまり》があって、医者《いしゃ》にそれを相談《そうだん》したのですが、すると、医者は「余《あま》りまだ幼《おさな》いから、まだ手術《しゅじゅつ》しない方がいいですよ。もう少し大きくなってから手術したらよろしい。切って見ないとよくは分《わか》らないが、これは何でもないですよ」……と云う話であった。別《べっ》に痛《いた》みもどうもしなかったんですけれども風呂《ふろ》へ入れて拭《ふ》いてやるときなど母親は気になっていたのです。その話を石川夫人《ふじん》が私にせられたのです。誌友会が終《おわ》って私は京都から住吉《すみよし》へ帰りました。で、私はただ聴《き》いていただけだったのです。「ああそうですか……」と云うわけそしたら翌日《よくじつ》、その芳夫さんを石川夫人がお風呂へ入れたのです。そうして気がつくと、芳夫さんの睾丸《こうがん》の上の其《そ》の塊《かたまり》が消えてしまっていたんです。それで石川夫人はびっくりせられたのです。私は治そうとも何とも思わなかったのですけれども、それは恐《おそ》らく私に配属《はいぞく》されておった高級霊《こうきゅうれい》が私のエネルギーを使って治したんだろうと思うんです。そう云うこともあります。その後、この石川夫人はこの奇蹟《きせき》を動機《どうき》として生長の家の一層深《いっそうふか》い信仰《しんこう》に入り多勢《おおぜい》の人を救《すく》われたのであります。

腋臭《わきが》が消える

こうして入信《にゅうしん》されてから、其《そ》の石川貞子《いしかわていこ》さんが、誰《たれ》か知人《ちじん》で腋臭《わきが》の娘《むすめ》さんがあったので、「ああこの娘さんは可哀想《かわいそう》だね、人から腋臭の為《ため》に嫌《きら》われて気の毒《どく》だな……」と思ったのです。すると、そう思っただけで、翌日《よくじつ》からその腋臭がスッカリ消えてしまったと云うようなことが起《おこ》りました。これは石川貞子さんに配属《はいぞく》されていた高級霊《こうきゅうれい》がその娘さんの腋臭を治《なお》したのであります。

「力《ちから》われより出《い》でて汝《なんじ》に入《い》れり」

聖書《せいしょ》に書いてあるでしょう。イエスが十何年とか二十年とかつづいていた痼疾《こしつ》の「血漏《ちろう》」を治《なお》された話ですね。血漏と云《い》うのは何か子宮癌《しきゅうがん》か何かで出血《しゅっけつ》している病気《びょうき》です。その患者《かんじゃ》がキリストの衣《ころも》の房《ふさ》にでも触《ふ》れたら治るであろうと思ってそーっと触れた。そしたらキリストが振《ふ》り向いて、「力吾《わ》れより出《い》でて汝《なんじ》に入《い》れり。汝《なんじ》は癒《い》やされたり。汝の信仰《しんこう》汝を癒やせり」と、そう云《い》う風《ふう》に言っていられるのです。

「力吾《わ》れより出《い》でて汝《なんじ》に入《い》れり」そう云う感じがイエス自身にはしたのですね。患者はイエスの衣に触れただけで、イエスは治そうとも何とも思わなかったらしいのです。「治そうと思った」とは書いてない。治してもらいたいと思って衣に触れただけで、キリスト自身は知らずに歩いとったんだけれども、自分自身の体《からだ》から或《あ》る力がシュッと出て行くことが分《わか》ったので「力吾れより出でて汝に入れり」と言われた。即《すなわ》ち高級霊《こうきゅうれい》がイエスの肉体的及《にくたいてきおよ》び幽体的《ゆうたいてき》エネルギーを使ったから、それが出て行くのを感じられたのです。イエスのエネルギーを高級霊が使って病患部《びょうかんぶ》へ注射《ちゅうしゃ》してやるわけであります。だから、治す方の人はちょっとエネルギーが減《へ》るわけであります。私が講習中《こうしゅうちゅう》クタクタに疲《つか》れることがあるのも其《そ》の為《ため》です。だからそれは始終補給《しじゅうほきゅう》しなくてはいかん。その補給する時間《じかん》に、原稿《げんこう》などに追《お》われていて補給できないと私は病気みたいな症状《しょうじょう》を呈《てい》することもある。併《しか》し、これは本当は病気ではない。エネルギーの消耗《しょうこう》であります。それでキリストも始終病気を治しておられたから、エネルギーを神の霊的本《れいてきほん》源《げん》から始終補給して貰《もら》っておられたらしいのです。聖書によると、イエスは弟子《でし》などの寝《ね》ている間《あいだ》にでも山に登《のぼ》って隠《かく》れた処《ところ》で祈《いの》ったと書いてある。始終《しじゅう》イエスは「神の生《い》かす力流れ入る流れ入る流れ入る……」と祈っておられて、その祈りによって、実相界《じっそうかい》の生命《せいめい》の本源からエネルギーを補給して頂《いただ》いておられたのであります。

もっとも霊的《れいてき》エネルギーや幽体的《ゆうたいてき》エネルギーと云《い》うものは、肉眼《にくがん》には見えません。吾々《われわれ》はエネルギーを補給《ほきゅう》すると云うと食物《しょくもつ》を食べるか、ビタミンや葡萄糖《ぶどうとう》を注射《ちゅうしゃ》するかしてエネルギーを補給する、それで全部みたいに思っているけれどもそうじゃないのです。まだまだ吾々の科《か》学《がく》は進歩《しんぽ》の途上《とじょう》にあるのであって、吾々の知らないところの生命《せいめい》を生《い》かす霊的エネルギーと云うものが加《くわ》わって初《はじ》めて食物から来るエネルギーが生命的エネルギーに変化《へんか》すると云うことになるのであります。ただ栄養物《えいようぶつ》や滋養物《じようぶつ》さえ食べれば、それで永生《ながい》きするかと云うと、そう云うものではないのであります。それですから、私たちは毎日、短時間ずつでも神想観《しんそうかん》をして静《しず》かに息《いき》を吸《す》いながら「神の生命《いのち》――神の生かす力――が流れ入って自分に充満《じゅうまん》する」と念《ねん》ずることが必要《ひつよう》で、こう念ずるに従《したが》って、虚空《こくう》に満《み》つる霊的エネルギーが自己に流れ入って来て、体的《たいてき》に充満して疲労《ひろう》を回復《かいふく》し、エネルギーが一応《いちおう》出て行っても、またそれを補給されるから、こちらは欠乏《けつぼう》しないで健康《けんこう》を保《たも》ち得《う》ることになるのです。然《しか》し余《あま》り忙《いそが》しいとその補給している暇《ひま》もなくなって、生長の家の講師《こうし》も、病気に罹《かか》ることがあります。他人の病気を治《なお》しながら自分は病気に罹る。他《ひと》を治すくらいなら自分の病気を治せばよさそうなものなのに……と思う人もあるのですけれども、これが「已《おの》れ未《いま》だ度《わた》らざる先《さき》に他《ひと》を度《わた》す」と云う菩薩行《ぼさつぎょう》であって、他人の病気は治しておって自分は病気に罹《かか》ると云うようなことも起って来るのであります。それは詰《つま》り自分に配属《はいぞく》されているところの高級霊が自分のエネルギーを使って、そして病気の人を治すために、相手の病的念波を消滅《しょうめつ》させるまでに、一時自分が其《そ》れを受取《うけと》って病気の症状《しょうじょう》をあらわし、余り忙しいからそれを浄化《じょうか》する暇《ひま》も、エネルギーを補《おぎな》う暇もなく、夜でも神想観しようかと思っても、くたくたにくたびれたようで、もう寝《ね》て了《しま》うと云うようなことになってしまう。すると、睡眠《すいみん》によって肉体の方は休《やす》まり、物質的《ぶっしってき》エネルギーは補給されるけれども、霊的エネルギーが足《た》らないようなことも起《おこ》って来るのであります。

「霊界《れいかい》の妻《つま》は語る」

私が飜訳《ほんやく》して出した本に『靈界《れいかい》の妻《つま》は語る』（R・M・レスター著、谷口雅春訳、日本教文社発行）と云《い》うのがあります。あの原《げん》書《しょ》を書いた人はレスターと云《い》う英国《えいこく》の有名《ゆうめい》な新聞記者《しんぶんきしゃ》ですが、奥《おく》さんが死んでから、奥さんの霊魂《れいこん》と交通《こうつう》したくなって、諸方《しょほう》の霊媒《れいばい》を訪《おとず》れ、それから色《いろ》んな神秘的現象《しんぴてきげんしょう》が起《おこ》って来るのです。それから、ついに霊界《れいかい》にいる奥さんの霊と仲良《なかよ》く色んな話をする。……そう云う出来事《できごと》に接《せっ》するのだが、それが真実《しんじつ》本当の奥さんかどうか、ニセモノかも知れぬ。霊媒の詐術《さじゅつ》にかかって、うそのことを聞かされているんじゃあるまいかと疑《うたが》いに疑いをかさねて、色々な実験場《じっけんじょう》へ行って研究《けんきゅう》を重《かさ》ねた結果《けっか》、どうしてもそれが自分の細君《さいくん》の霊魂だと信《しん》ずるに到《いた》る話でありますが、その間《かん》に、自分自身も他人の病気を治す霊能《れいのう》が出て来るのです。英国には「心霊治療《しんれいちりょう》協会本部《きょうかいほんぶ》」という、そう云う治療霊能者《ちりょうれいのうしゃ》の施療《せりょう》（治療をほどこす）倶楽部《くらぶ》がありまして、そこへ行って自分は心霊治療の術者《じゅっしゃ》として奉仕《ほうし》する。一週に三回自分の事務所《じむしょ》の仕事《しごと》を終《おわ》ってから、夕飯《ゆうはん》を食《く》ってから出かけて行き、毎回二十人ほどに霊的治療を施《ほどこ》すのであります。二十人も心霊治療をしていると、大抵《たいてい》はその日《ひ》の間《うち》には帰れない、翌日《よくじつ》になって帰る。というのはその日の第二十四時までには帰れないで、翌日の午前一時頃《ころ》にならんと帰れないからであります。そして、一所懸命《いっしょけんめい》に他人の病気を癒《なお》しているのです。病人が癒《なお》るのを見る、治《なお》った人々の喜《よろこ》びの姿《すがた》を見ると嬉《うれ》しくてたまらないものですから、一所懸命に霊的施療《れいてきせりょう》をやっていると、そのうちに妻の霊から、及《およ》びその他の「導《みちび》きの霊」から、「あなたは、もう少し休養《きゅうよう》しなければいかん、もう二ヵ月は休養しなかったらあなたの健康《けんこう》が危《あぶ》ない」と云う警告《けいこく》を受けるのであります。しかし、レスター氏は、「自分があずかっている患者《かんじゃ》を見殺《みごろ》しにするわけにはいかない。医者《いしゃ》は自分がくたびれたからと云って、患者を治さずに放《ほお》っておけるか」と言って、彼は非常《ひじょう》に高い道《どう》徳的精神《とくてきせいしん》を有《も》っている人なものですから、それでも続《つづ》けて、心霊治療をやっているうちに、一《いっ》ぺん事務所で卒倒《そっとう》してそれから起《お》き上《あが》れなくなったりします。

それから、これに連関《れんかん》して、もう一人の、ナン・マッケンジー夫人《ふじん》と云う霊媒《れいばい》があるのです。この人は「凡《およ》そ私心《ししん》のない、高徳《こうとく》な、誰《たれ》からの批難《ひなん》をも受けない人と云えば此《こ》の夫人であろう」と云う位《くらい》立派《りっぱ》な人でしたが中々《なかなか》高級霊《こうきゅうれい》が附《つ》いていて病気《びょうき》も治《なお》すのが上手《じょうず》ですけれども、病気治しだけじゃなくって、キリスト教《きょう》の伝道《でんどう》を行く先々《さきざき》でやるんですが、それが随分《ずいぶん》忙《いそが》しくって、私たちみたいに始終南船北馬《しじゅうなんせんほくば》（支那大陸では南支は河江が多いので船で旅し、北方は平原なので馬で旅することから、あちこち旅行することをいう）している。常《つね》にイングランド中を旅行《りょこう》して、それで方々《ほうぼう》へ呼《よ》ばれて行って治療と伝道とに忙《いそ》がしくて休養《きゅうよう》の暇《ひま》がないのです。すると、高級霊の方からは「休め！」と言う命令《めいれい》が来るのですけれども、「人を救《すく》うのに休むことは出来《でき》ん」と言って頑張《がんば》っているんです。そうしたら、この夫人は或《あ》る日、二階《かい》から降《お》りる時に、踏《ふ》みはずして墜落《ついらく》して、背骨《せぼね》と頭とを激《はげ》しく打って動けなくなった。そのとき、此《こ》の夫人の信者《しんじゃ》が、あんなに他人の為《ため》に尽《つく》して一所懸命《いっしょけんめい》にやっている人が、どうしてあんなに自分が怪我《けが》をして動けなくなるような不幸《ふこう》に会わなければならんのだろう？と疑問《ぎもん》を起《おこ》したと云うことが書いてあります。すると、高級霊は答えているのです。

「それは霊界《れいかい》からの摂理《せつり》（慈悲ぶかいお引きまわし）である。そう云《い》う非常手段《ひじょうしゅだん》でも行《おこな》って、この夫人の治病《ちびょう》行脚《あんぎゃ》をやめさせなかったら、余《あま》り他人を助ける為《ため》に霊的エネルギーを使い果《はた》してしまって、ふたたび回復《かいふく》の道がないようになってしまうから、その為《ため》に強制的《きょうせいてき》に休養をとらせたのだ。」

そう云うことが書かれているのであります。他《ひと》を救うのにあんなに熱心《ねっしん》な人が何故《なぜ》あんな災《さい》難《なん》を受けたり、病気になったりするんだろうなんて疑問《ぎもん》を起す人も時々《ときどき》ありますけれども、それにもやはり吾々《われわれ》の知ることの出来ない色々《いろいろ》な神秘《しんぴ》な原因《げんいん》があるのであります。肉体《にくたい》のエネルギーは栄養《えいよう》で補給《ほきゅう》されても或る時期《じき》まで休養して霊的エネルギーを補給しなかったならば、霊的に再《ふたた》び全然《ぜんぜん》起《た》てなくなったりします。すると、これこそ却《かえ》って人類《じんるい》にとって損失《そんしつ》になりますから、高級霊がそのようなことの起《おこ》らないように「足止《あしど》め」をされる為の病気もあるのであります。

第十二章　病気《びょうき》は心の想《おも》いが映写《えいしゃ》されたもの

心が転《てん》じない人は医師《いし》の手術《しゅじゅつ》もやむを得《え》ぬ

仏教《ぶっきょう》では「三界唯一心《さんがいゆいいっしん》」と申《もう》しまして、すべて一切《いっさい》自分の身辺《しんぺん》に、体《からだ》に、自分の周囲《しゅうい》にあらわれて来るものは、皆《みな》自分の心のあらわす所であります。その真理《しんり》を証明《しょうめい》するのに、こんな話があります。

私が尾道《おのみち》の講習会《こうしゅうかい》のとき、「先生に鯛網《たいあみ》をお見せしたい」と言って船で私を連《つ》れて行って下さった人がありました。私が行くと一向魚《いっこうさかな》が獲《と》れないのです。何故《なぜ》かと云うと、私は殺生《せっしょう》は大きらいであるからであります。然《しか》しあんまり獲《と》れなんだら話の種《たね》にならないからと思われたのでしょう、神様は適当《てきとう》に十尾位《じっぴきくらい》を獲って下さった。漁師《りょうし》はその船の底《そこ》に海水を入れて生簀《いけす》をこしらえて、其処《そこ》に生きた鯛《たい》を入れて泳《およ》がしておいてくれました。ところが、その漁師がどう考えたものか、その鯛を一尾一尾《び》順《じゅん》に捕《とら》えては竹のくしのとんがったもので、鯛のへソみたいな所をキューキューと突《つ》いて孔《あな》をあけているのです。

私は見ているとかわいそうになりました。それで私は漁師の所へ行って、「君《きみ》どうしてそんな残酷《ざんこく》なことをするんだ？　君だって自分のへソを突いてみたまえ。君だって痛《いた》ければ魚だって痛いよ。どうしてそんな残酷なことをするのか」と言いましたら、「イヤこれはこうして手術《しゅじゅつ》をしてやりませんと、余計《よけい》かわいそうになるんです」

「それはどう云《い》うわけでだ？」

「へエ、これはこうして鯛を獲《と》って、こう云う狭《せま》い所に入れると、鯛が腹《はら》をたてて不平《ふへい》の心を起《おこ》すのです。そうすると鯛のへソのあたりに浮《う》き袋《ぶくろ》というのがありましてね、腹をたてるとプーッとその袋にガスがたまる。腹をたてればたてる程《ほど》ガスがたまってその袋が脹《ふく》れる。脹れるとへソのあたりに風船玉《ふうせんだま》をつけた様《よう》な形になって、へソの辺《あた》りが軽くなるのです。そうなると軽い方が上に浮《う》くわけで、背中《せなか》が下になって、腹が上を向いて水中を泳ぐと云うことになります。そうすると何時《いつ》も見ている世界と違《ちが》うから、見当《けんとう》を間違《まちが》えて、鯛は舷《ふなばた》に鼻を打ちつけて間《ま》もなく死んでしまうのです。だから、このまま浮き袋をふくらませておいたら間もなく死んでしまうからこうして浮き袋に孔《あな》をあけて、ガスが逃《に》げる様に手術しておいてやったら、いつまでも腹が軽くならんから腹が上に浮かんからそれで助かるのです。だから、こう云う心に不平を起してどうしても心の直らぬ奴《やつ》はやっぱり手術する方がよろしいんです。」なかなか漁師は面白《おもしろ》いことを言うなぁと私は思いました。それで私は講習会《こうしゅうかい》で時々《ときどき》この話をするのであります。

切る心、攻撃精神《こうげきせいしん》で起《おこ》る病気《びょうき》

生長《せいちょう》の家《いえ》の誌友《しゆう》でもそうであります。生長の家に入会《にゅうかい》したから、盲腸炎《もうちょうえん》にかかったけれども、手術《しゅじゅつ》せいでもよいかと云《い》うと、必《かなら》ずしもそうじゃありません。盲腸炎を起《おこ》す様《よう》になる心の人は、みな「切りつける心」を起しているから、その心の影《かげ》として自分が「切られる」と云うことになるのです。そう云う「切りつける」ような尖《とん》がった心をやめたら、「切られる」ような病気《びょうき》にかからぬことになります。つねづね腹《はら》をたてて「彼奴《あいつ》やっつけてやろうか」などと云う心の起るような人は、自分の心の中に切る心があるから切られるようにもなり、衝突《しょうとつ》する心があるから、衝突するようにもなります。自分の心の通りのものが集《あつま》って来るのでありまます。盲腸炎だけではないのでありまして、何《な》んでも医者《いしゃ》にかかったら「切って治す」と云う種《しゅ》類《るい》の病気、そう云う病気に皆《みな》さんがかかる場合があったら、「自分は切る心があるんだな」と気がついて、人を切る心を止《や》めればよいのであります。「切る心」には色々《いろいろ》あります。皮肉《ひにく》を言って人をいじめる心、欠点《けってん》を探《さが》して人の心を解剖《かいぼう》する様な心もあるし、或《あるい》はあの人は表面《ひょうめん》はやさしい事を言っているけれども腹の中に入《はい》ってみたら、きたない根性《こんじょう》だよと云って人の腹を切り割《さ》いて、きたないものをえぐり出すような心もあります。このような心は切開《せっかい》を要《よう》する病気を引越《ひきおこ》し易《やす》い心であります。

それから、人に痛《いた》いことを言う人、キューと突《つ》く様な辛辣《しんらつ》なことを言うような心の傾向《けいこう》のある人は、キューと突かれる、即《すなわ》ち注射《ちゅうしゃ》をされたりしなければならぬ種類の病気にかかるわけであります。

だからそう云う病気にかかりたくなかったら、そういう心を捨《す》てる様にすればいいのでありますす。もう既《すで》に此《こ》のような病気にかかっている人は、よくよく反省《はんせい》して、私はそういう心がないだろうかとよく自分の心をテストしてみることが必要《ひつよう》であります。

先日《せんじつ》、神経痛《しんけいつう》が治《なお》りたいという人があって相談《そうだん》の手紙を頂《いただ》いたのですが、神経痛に関《かん》してはこう云う実話《じつわ》があります。

卵巣嚢腫《らんそうのうしゅ》の再発《さいはつ》が心の転回《てんかい》で消えた

東京《とうきょう》都《と》港区芝《みなとくしば》に青木《あおき》さんという奥《おく》さんがありまして、その奥さんは卵巣嚢腫《らんそうのうしゅ》と云《い》う病気《びょうき》にかかったのです。卵巣嚢腫と云《い》うと、卵巣といって女には卵《たまご》をこしらえる器官《きかん》が子宮《しきゅう》の上方《じょうほう》の左右《さゆう》にありますが、その卵巣に嚢《ふくろ》が出来て、其処《そこ》に水がたまって段々《だんだん》と脹《ふく》れて来て、終《しまい》には妊《にん》娠《しん》よりも大きくなり、お腹《なか》の皮膚《ひふ》がピカピカに銀《ぎん》ばって、もうこれ以上脹《いじょうふく》れたら腹の皮《かわ》が破裂《はれつ》すると云う位《くらい》になって、終《しまい》には死んでしまうのです。そう云う卵巣嚢腫と云う病気に青木さんの奥さんはかかったのです。此《こ》の人は前年、卵巣嚢腫を慶応病院《けいおうびょういん》に行って一度切ってもらったのです。切ってもらって一年程《ほど》は、それでよかったのだが、又脹《またふく》れてきたのです。その時に生長《せいちょう》の家《いえ》を知って私の所にやって来られ、

「先生、どういう心になったらよろしいか」と言われる。

「それはね、あんたに脹《ふく》れる心があるからだ」と私は答えました。これは青木さんと云う〝他の人〟の話で自分に関係《かんけい》がないと思って読めば、読者自身の魂《たましい》の進歩《しんぽ》はありません。これは自分の話だとして読んで下さるとき魂の進歩の糧《かて》となるのです。と言って、私は青木さんを例《れい》にあげていますが、それは「心の法則《ほうそく》」を実例《じつれい》で話しているのであります。つまり子宮だと

か、卵巣だとか、膣《ちつ》だとか……そう云う生殖器《せいしょくき》——言いかえると、夫婦《ふうふ》の交《まじわ》りをする器官に病気が起《おこ》って来るのはそれは夫婦の「心の交り」に於《お》いて、争《あらそ》いとか、憎《にく》しみとか、嫉妬《しっと》とか、腹立《はらだ》ちとか、ともかく夫婦の仲《なか》に生《しょう》じた心の「わだかまり」とか「むすぼれ」とか云うものが肉体《にくたい》の硬結《こうけつ》となって脹《ふく》れてくるのであります。

それから御婦人《ごふじん》によくあるコシケなどが過多《かた》に出るのは、不安《ふあん》とか、心配《しんぱい》とか、悲《かな》しみの念《ねん》が具象化《ぐしょうか》したのです。「悲しみは水に変《かわ》る」のであります。皆《みな》さんでも悲しければ、涙《なみだ》がジューッと出るでしょう。「心」と云うものと「物質《ぶっしつ》」と云うものとは別《べつ》のものであると考えている人が多いけれども、心が悲しいと思ったら、泪《なみだ》と云う水の「物質」がジューッと眼《め》から出ることは「心」と云うものはじきに「水」に変るという印《しるし》であります。子供《こども》なんかでも、あんまり親が叱《しか》って叱って、「勉強《べんきょう》せい、勉強せい。こんな成績《せいせき》じゃいかんじゃないか」と尻《しり》をひっぱたいたりすると、すぐその晩《ばん》から寝《ね》小便《しょうべん》を垂《た》れるような例《れい》もあります。それはあんまり親に叱《しか》られて悲しいものだから、心に鬱結《うっけつ》した悲しみが「水」に変ってそして普通《ふつう》小便するよりも、ずっと沢山《たくさん》、小便の分量《ぶんりょう》がふえて来るのであります。悲しい時に眼から出る涙と云う水にしておけば、別の形になって水が溜《たま》る病気や、寝小便などが起《おこ》らないですむのですが、どうしても、悲しみを押《お》し込《こ》んでおく傾向《けいこう》がありがちですから、このような病気がでて来るのであります。

特《とく》に、皆《みな》さんのように大人《おとな》になったら悲しくても人前《ひとまえ》で何時《いつ》もめそめそ泣《な》いているわけにゆきませんから、悲しみをギューッと押し込んで〝別に悲しいことない〟と云うような平気《へいき》な顔をしているのが普通です。するとその悲しみは形に変らないから消えないで、胸《むね》に水がたまる、即《すなわ》ち肋膜《ろくまく》に水がたまる病気になる。それからもう少し下に行くと、胃袋《いぶくろ》にも水がたまる。そして何時《いつ》も胃袋がジャブジャブとしてなかなか水を吸《きゅう》収《しゅう》して次《つぎ》へ行《ゆ》かん人がある。更《さら》にそれがもう少し下にゆくと、腹膜《ふくまく》に水がたまって腹膜炎《ふくまくえん》、腹水病《ふくすいびょう》などと云う病気になります。そして夫婦の心の争いで、夫婦の心の交流《こうりゅう》がうまく行かない場合、その悲しみが夫婦のまじわりを象《しょう》徴《ちょう》する場所にたまると、今言った様《よう》に御婦人のコシケと云っていやらしい液体《えきたい》が出るとか、卵巣《らんそう》に水がたまって卵巣嚢腫《のうしゅ》になるとか云うことになるのであります。ですから、そう云う病気になるまいと思ったら夫婦《ふうふ》が本当に仲良《なかよ》くすればよいのであります。

なかなか夫婦が仲良くすることはむつかしいと云う人がありますけれども、自分が仲良くするんですから、なんにもむつかしいことはないのです。それではどうするかと云うと、どちらでも夫婦のうちで気のついた方が、「夫婦仲好くいたしましょう」と決心《けっしん》したらよいのです。

では仲好くするにはどうしたらよいかと云うと、自分の考えを何処《どこ》までも突《つ》っぱっていたら仲良くはなれません。

夫婦と云うものは互《たが》いに愛《あい》し合っているからこそ結婚《けっこん》したのでしょう。それでは「愛する」と云うのはどう云う感情《かんじょう》かと云いますと、その愛している人の言うことなら、何《な》んでも諾《き》いてあげたい、こう思うのが〝愛する〟と云う感情《かんじょう》です。はずかしくてたまらない最初《さいしょ》の肉体《にくたい》のまじわりでも、愛する人の言うことならきいてやりたいと思って、体《からだ》まで任《まか》したのが夫婦でしょう。どうも、そうだろうと私は思いますが、そうすれば、夫婦は互いに何《な》んでも相手の言うことを諾《き》いてあげたいと思う筈《はず》のものなのに、さて結婚してみたら、あれも言うことを中々《なかなか》諾《き》かない、これも言うことをなかなか諾《き》かない、ただ夜の添寝《そいね》の時だけ言うことを諾《き》いて、他の時の言うことはなかなか諾《き》かんというのでは、夜だけ愛していて、昼は愛しておらんと云うことになってしまいます。だから、昼も、夫婦は互いに何《な》んでも素直《すなお》に言うことは勿論《もちろん》、その気持《きもち》を諾《き》いて叶《かな》えてあげたいと思うのが、これが本当に愛するということなのであります。自分がカラッポになって、相手の言う通りに「ハイ、従《したが》いましょう」と云う心になるともう争いがなくなってしまうのであります。

まあ、そう云《い》う様《よう》にすれば自分がカラッポになれば腹《はら》もたたんのです。自分がカラッポにならず自分の言うことが通らんと思うから腹が立つのだけれどもカラッポになれば腹が立たなくなるし、自分の思いが通らないで悲しいと思うこともなくなります。

こう云う話を青木さんにしましたら、青木さんもそう云う心におなりになった。そして手術《しゅじゅつ》の翌年《よくねん》、再手術《さいしゅじゅつ》をせんならんと云っておられたのが再手術をしないでも済《す》んだのであります。

全身の神経痛《しんけいつう》が一夜《いちや》で治《なお》る

その青木《あおき》さんが或《あ》る日のことやって来られて、

「先生、私の友だちで、鎌倉《かまくら》に住んでいる人なんですが、それが小学校の女の教師《きょうし》をしていますが、もう一年も全身の神経痛《しんけいつう》で、うずいて、うずいて、七顛八倒《しちてんばっとう》の苦《くる》しみでたまらない。毎日《まいにち》、毎時《まいじ》、毎刻《まいこく》、『イタ……イタ……イタ……』とさけび声をあげんならん位《くらい》で、痩《や》せ細《ほそ》って食欲《しょくよく》もなくなり、もう一年程《ほど》も休んでいるので、これ以上《いじょう》休んだら学校を馘《くび》になる、馘になったら月給《げっきゅう》が貰《もら》えないで生活に困《こま》ると云う切羽詰《せっぱつま》った状態《じょうたい》になっているのですが、何《な》んとか治《なお》してあげたいと思うのですけれども」とこう言われるのであります。

「それはきっと家庭《かてい》の中が面白《おもしろ》くないんだ。誰《たれ》かと争《あらそ》っているんでしょう。お嫁《よめ》さんなら姑《しゅうとめ》さんと仲悪《なかわる》いのと違《ちが》いますか」と私が言いますと、

「そうなんですよ。姑さんと非常《ひじょう》に仲が悪いんですよ。」

「それなんだ」と私は思わず叫《さけ》びました。「それなら、姑さんと仲好《なかよ》くなるように教えてあげたらいいんです。だけど〝仲悪い〟と云う思いが腹《はら》の中に溜《たま》っていたら、なかなか仲好くなれない。その〝仲悪い〟と云う思いを消さんならん。その消す方法《ほうほう》だが、心の想《おも》いというものは形にあらわしたら、その想いは消えるのです。懐中電灯《かいちゅうでんとう》の電池《でんち》ならスイッチを入れて〝光《ひかり》〟という形にあらわしたら、電池の中の電気になるエネルギーが消えてしまうでしょう。それと同じ様に、心の想《おも》いを形にあらわしたら、その病気としてあらわれるエネルギーも消えてしまうんです。姑《しゅうとめ》に対して腹が立って、姑をぶんなぐりたい心が起きても、そう実行《じっこう》するわけにはいかんから、『家の柱《はしら》』でもなんでもいいから、それを『姑』さんだと思って、『こん畜生《ちくしょう》！　姑の鬼婆《おにばば》！　糞婆《くそばば》！』と、思った通りを言葉に出しながら、その柱を一所懸命《いっしょけんめい》にぶんなぐるとよいんですよ。そうすると、心の想《おも》いが形にあらわれたら胸《むね》の中がスーッとする。それだけ病気になるべき憤激《ふんげき》のエネルギーが消えたのですよ。然《しか》しそれは広い家で、そう云って『柱』をぶんなぐっているのが聞《きこ》えない位《くらい》ならいいけれども、一寸狭《ちょっとせま》い家《うち》で、『姑の鬼婆、糞婆』と言って柱をなぐっていたら、隣《となり》で姑さんが聞いておって、余計《よけい》に姑との仲が悪くなることになるから、もっと人に知られないで心の想《おも》いを形に表《あらわ》すいい方法がある。それは文字に表すのです。文字に自分の言いたいことのありたけを書くんです。例《たと》えば、『何月何日。私はこう云う具合《ぐあい》にしたら好《よ》い積《つも》りでしてるのに、姑《はは》は意地悪《いじわる》くとって、私がわざと悪いことをしたかのようにこんなことを吐《ぬ》かして私をいじめた。あの時はほんとにくやしかった、あの時は私が正しかったのだ。姑《しゅうとめ》は何かにつけて、みな私が悪い悪いと云うことにして私をいじめるんだもの。私はくやしい！　あの鬼婆《おにばば》、糞婆《くそばば》め！　こん畜生《ちくしょう》、くたばりやがれ！』とそう実際《じっさい》思ったら、実際思った通りに『文字』と云う形に表したら、胸がスーッとするのです。それを書いたら、そのまま置《お》いといてはいかぬ。それをお仏壇《ぶつだん》にもって行って、仏様《ほとけさま》にそなえるのです。供《そな》えないと言葉に書いたのが言葉の力で倍加《ばいか》することもある。それを書きあらわして、神様又《また》は仏様は『お光《ひかり》』ですから、それを供《そな》えて光の前に出したら消えるのです。先《ま》ずお仏壇に行って、それを供えて『仏様、私の見苦《みぐる》しい心はこの通りでございます。どうぞお赦《ゆる》し下さいまして、このわたしの見にくい心をあなたのお光で清《きよ》めて下さいます様《よう》に』とこう一心《いっしん》にお願《ねが》いして、『もう私のこの心は形に出してしまったから消えたんだ。有難《ありがと》うございます。有難うございます』と心で感謝《かんしゃ》しながら、その感謝をとなえながら、その書いたものをおろして来て焼《や》いてしまうのです。それを供《そな》えたまま降《お》ろすのを忘《わす》れてはいけません。もう仏様に捧《ささ》げたから大丈夫《だいじょうぶ》だと思っていると、その後《あと》で、姑さんが詣《まい》りに来て見ると、仏様の前に何やら紙が供えてあると、手にとって見ると、『鬼婆、糞婆、くたばってしまえ』と書いてあると云うことになると、『家《うち》の嫁《よめ》は私を呪《のろ》い殺《ころ》そうとしている。仏様にまで、こんな私の悪口《わるくち》を書いて供えている。実《じつ》にひどい嫁じゃ』と云うことになると大変《たいへん》なことになりますから、それは必《かなら》ず降《おろ》して焼《や》き捨《す》てんといかんです。」

こうするように教えてあげなさいと、私は青木さんに教えたきり、その事件《じけん》を忘れてしまっていたのです。すると、それから一ヵ月程したころ、青木さんが私の宅《たく》へ来られて、

「先生、おかげさまで、鎌倉《かまくら》に居《い》る私の友達《ともだち》の神経痛《しんけいつう》が治《なお》りました。先生に教えられた通りに、詳《くわ》しく書いて送ってやりましたら、それを読んだ友達が、その通りにその日のうちに実行《じっこう》しましたら、さしも一年程もつづいていた重症《じゅうしょう》の神経痛がその日のうちに治ってしまって、今では学校へ出勤《しゅっきん》していると云ってお礼《れい》が来ました」といわれるのでありました。病気とはそう云うものであります。何か、心の中に憎《にく》みとか、恨《うら》みとか、悲《かな》しみとか、くやしさとか、残《ざん》念《ねん》さとかが溜《たま》っていて、捌《は》け口《ぐち》がないから肉体《にくたい》に姿《すがた》をあらわしているのであります。本人《ほんにん》は或《あるい》はそれを忘《わす》れているかも知れないが、忘れた時分《じぶん》にそれが具象化《ぐしょうか》(象〈かたち〉を具〈そな〉えてあらわれること)して病気となって出て来るのであります。現在意識《げんざいいしき》の表面《ひょうめん》だけで忘れただけでは、その思いは消えてはいないから、いつ「病気」の形をもって具象化するかもわからないのであります。

第十三章　病菌《びょうきん》も関節炎《かんせつえん》も心の影《かげ》

心の中の汚《よご》れ物《もの》を洗《あら》いましょう

心の中にある憎《にく》しみや憤《いきどお》りは、それを表面《ひょうめん》の心から忘《わす》れてしまっていてもただ忘れただけでは消えたのではありません。それは、襁褓《おむつ》みたいなものが、眼《め》の前にあると汚《きた》ないと思って、押入《おしいれ》の隅《すみ》に、押《お》し込《こ》んでしまったのと同じです。「もう見えないから」と思って忘れてしまって、それで洗濯屋《せんたくや》さんが来て「何か洗濯するものはありませんか」と言われて、それが思い出せんので、「何もないね」なんて言っても押入の隅に押込《おしこ》んでおいたよごれ物はきれいにならんでしょう。だから皆《みな》さんの「心」の中の憤《いきどお》り憎《にく》しみ等《とう》の「汚《よご》れ物《もの》」も、自分の「心」の奥底《おくそこ》に突込《つっこ》んでしまって、こんなもの思い出すのはいやだというので、突込んでしまって、気がつかないで忘れているだけでは、浄《きよ》まっていないのです。

そう云《い》う忘れられている心の痛《いた》みが後《のち》に肉体《にくたい》のいたみとなって出てくることがあります。神《しん》経痛《けいつう》なんかの痛みのある人は、「私は人と争《あらそ》ったことはなかろうか、非常《ひじょう》に憎《にく》んだことはなかろうか、くやしいと思ったことはなかろうか」と記憶《きおく》をたどって、それを思い出してみて、あらためて、憎んでいた人をゆるし、くやしいと思ったことを「感謝《かんしゃ》」に振替《ふりか》えるとよいのです。それは汚れ物を押入《おしいれ》の隅《すみ》からひきずり出して、浄《きよ》めることになります。心の押入から「心の汚れ物」を引きずり出して、これを実際《じっさい》に思い出して、それを浄めるのです。

心を浄《きよ》める念《ねん》じ方《かた》

それを浄《きよ》めるのは、『私はこうして祈《いの》る』（谷口雅春著、日本教文社発行）と云《い》う本があるでしょう。あの本を見ると、色々《いろいろ》の場合に、こうして祈ればよいと云うことが書いてあります。それを応用《おうよう》して祈るとよいのです。人を憎《にく》んだり、恨《うら》んだりしておったのを、和解《わかい》して仲良《なかよ》しになる祈り方も書いてあるのです。――

それはどうするかと云うと、先《ま》ず眼《め》をつむりまして、眼の裏《うら》に、その憎《にく》んでいる人、恨《うら》んでいる人の顔をジーッと思い浮《うか》べまして、名前を数回繰返《くりかえ》しとなえて呼《よ》び出す気持《きもち》になるのであります。

相手の人は地球《ちきゅう》の何処《どこ》にいてもかまわないのであります。そしてその人が何処《どこ》に今居《い》るかこちらは知らないでもよろしいのです。これは無線電信《むせんでんしん》で一定《いってい》の波長《はちょう》で呼び出せば、その波長の受信機《じゅしんき》でありさえすれば何処《どこ》にその受信機があっても感ずるのと同じであります。

だから、一心《いっしん》にその顔を思い浮べて、精神《せいしん》を集中して相手の名前を五、六回ジーッととなえると、ちゃんと感じて、その人の霊魂《れいこん》の分霊《わけみたま》が、一部分ここに来《き》ると云うことになるのであります。そして、もうそこに、その人が坐《すわ》っているつもりになって、その人に心の世界で一心に話しかける気持になって、「私は貴方《あなた》を赦《ゆる》しました。貴方も私を赦しました。貴方と私とは神に於《お》いて一体《いったい》でございます。私は貴方を愛《あい》しております。貴方も私を愛しております。貴方と私とは神に於いて一体であります。私は貴方に感謝《かんしゃ》しております。貴方も私に感謝しております。貴方と私とは神に於いて一体でございます。有難《ありがと》うございます。有難うございます」と唱《とな》えます。これで一回唱えたのですが、その一回がすめば、またもとにかえって、「私は貴方《あなた》を赦《ゆる》しました。貴方も私を赦しました。貴方と私は神に於《お》いて一体《いったい》でございます。私は貴方を愛《あい》しております。貴方も私を愛しております。貴方と私とは神に於いて一体でございます。私は貴方に感謝《かんしゃ》しております。貴方も私に感謝しております。あなたと私とは、神に於いて一体でございます。有難《ありがと》うございます。有難うございます」と念《ねん》じ、更《さら》に又《また》もとにか

えって、

「私は貴方を赦しました。……」と、二十分なり三十分なり引続《ひきつづ》いて、一心に念ずるのでありります。そうすると、心の世界にあった「憎《にく》しみ」と云《い》う汚《よご》れ物《もの》が、その赦《ゆる》しの思念《しねん》によって浄《きよ》められることになるのであります。

ともかくそれを毎日やる、毎日やるのですよ。一遍《いっぺん》では徹底《てってい》せんことがあります。毎日こうした行事《ぎょうじ》をつづけているうちに、その人を思い浮べても、チッとも不快《ふかい》ないやな感じのせぬ迄《まで》になれば、心の世界で調和《ちょうわ》をしてしまっているのであります。そうなるとそれが原因《げんいん》で起《おこ》っていた神経痛《しんけいつう》でも、関節炎《かんせつえん》でもなくなります。関節リューマチスでも神経痛でも同じようにして治《なお》るのです。

関節炎《かんせつえん》の精神分析《せいしんぶんせき》

関節と云《い》うところは、一つの体《からだ》の部分と、もう一つの体の部分とが組合《くみあ》って、仲良《なかよ》く運転《うんてん》するところであります。この組合《くみあわ》せは一方《いっぽう》は「或《あ》る人」であってもう一方は「自分」である。「或る人」と「自分」とがうまく組合って、滑《なめ》らかに運転すれば関節はよくなるのでありまず。この関節の接合点《せつごうてん》には漿液《しょうえき》があって、丁度機械《ちょうどきかい》に油《あぶら》をさしたようになっていまして、互《たが》いに骨《ほね》と骨とが衝突《しょうとつ》しない様《よう》になっています。お互いのうちに「愛《あい》」があると、「愛」と云うものが油の働《はたら》きをするので、其処《そこ》に適当《てきとう》に漿液《しょうえき》があって、摩擦《まさつ》のないようにうるおうのだけれども、心に「愛」がなくなると摩擦をとめる潤滑油《じゅんかつゆ》の働きがなくなり、互いの部分が正面衝突《しょうめんしょうとつ》するから、摩擦を起《おこ》して熱《ねつ》が出るということになるのであります。

関節《かんせつ》がはれるのは、脹《ふく》れる働きがおこっているので脹れる心のあらわれであります。熱を持つのは摩擦《まさつ》をすれば熱が出るのであります。誰《たれ》とでも、心の世界に摩擦があったらすみやかに和解《わかい》するのが好《よ》いのであります。「ああ私は心が脹《ふく》れて、心が摩擦して心がいたんでいるのだ」と気がついたら、その憎《にく》んでいる相手の人を心に思い出して、さっき申《もう》しました様《よう》に、仲《なか》好《よ》くなる神想観《しんそうかん》をして祈《いの》るのがよいのであります。そうすると、その心の脹《ふく》れる状態《じょうたい》が治《なお》るとともに病気《びょうき》も治ることになります。

重症《じゅうしょう》の結核性関節炎《けっかくせいかんせつえん》の治《なお》った実例《じつれい》

私が山口市《やまぐちし》に講習《こうしゅう》に行った時のことです。二十歳位《はたちぐらい》のお嬢《じょう》さんが、起《た》ちあがって体験談《たいけんだん》を言われました。そのお嬢さんは結核性関節炎《けっかくせいかんせつえん》という病気《びょうき》にかかって、右の脚《あし》のひざの関節が、深《ふか》く骨《ほね》までおかされて、骨の一部を切る手術《しゅじゅつ》をしたと云《い》うのです。結核菌《けっかくきん》という菌はカビみたいなものだから、あのお鏡餅《かがみもち》にカビがはえるみたいに、菌が骨にくい入《い》って行《ゆ》くのであります。お鏡餅にカビが来たらナイフでけずり取るでしょう。あれみたいに結核菌が骨にくい入っている所をけずり落《おと》す手術をしたのであります。だけど、一年程《ほど》したらまたそれが再発《さいはっ》して、今度は痛《いた》んで痛んで膝《ひざ》が「く」の字になって曲《まが》ってのびない。のびないだけならいいんだが、痛んで痛んでたまらない。結核性関節炎の痛みと云うものが、どんなにつらいものであるかと云うことは、実際罹《じっさいかか》ってみた人でないとわからぬそうです。医者《いしゃ》にみてもらうと、もう深く結核菌が骨の奥まで食《く》い入っているから、この前の手術のように一部だけ切るのでは駄目《だめ》で、膝関節《ひざかんせつ》の上部《じょうぶ》から大腿骨《だいたいこつ》を切り落さなければならぬと云うのです。お嬢さんは、

「切るのはかなわん。この前切った時には、電気鋸《でんきのこぎり》と云《い》うので切ったのだけれども、極《ごく》一部切除《せつじょ》したのだけれど、ゴリゴリゴリと切るときの気持《きもち》の悪《わる》さ。もっとも腰椎麻酔《ようついますい》をして切ったから痛《いた》くはなかったけれども、頭の方は眼《め》が覚《さ》めているから、このゴリゴリと鋸《のこぎり》でこする時の響《ひび》きと振動《しんどう》とが、ブルブルブルと頭に響《ひび》いて来て何《な》んとも言えんあの気持の悪さと言ったら。而《しか》もそれで治るのならいいがそれが又《また》再発したのだもの。今度は脚《あし》一本切って棄《す》てるのに、そんな気持の悪い目に遇《あ》って、脚一本無《な》くする位《くらい》なら、私は死んでも切らん。」

こう思っていましたら、誰《たれ》かが生長《せいちょう》の家《いえ》を教えてくれたのです。下関市《しものせきし》に合併《がっぺい》された町で

長府《ちょうふ》と云う町があります。その長府の町に松永角次郎《まつながかくじろう》さんと云う人が、生長の家の〝誌友相愛《しゆうそうあい》会《かい》〟を開《ひら》いています。「まあ其処《そこ》に行って相談《そうだん》してみなさい」と教えてくれたのです。それでそのお嬢《じょう》さんは其処に行ったのです。すると、松永先生が、

「あんたね、誰か女の人を憎《にく》んでいるでしょう」と言われた。それが、ぴたりと当《あた》ったのです。「右は女だから女の人を憎んでいるでしょう、女の人を。」

まったくそのお嬢さんは、自分の嫂《あによめ》を切り殺《ころ》したい位《くらい》憎んでいたそうであります。その心の思いの通りに、肉体《にくたい》があらわれる。右の脚《あし》に当《あた》る女の人、兄嫁《あによめ》と云う女を切り殺したい位憎んでおったから、そのお嬢さんは右の脚を切り除《と》って殺さなければならぬようになっていたのです。

そう云う心の法則《ほうそく》を、松永角次郎先生はおときになって、

「その憎しみを捨《す》てて、兄嫁さんと和解《わかい》しなければいかん。仲《なか》なおりするだけではいかん。更《さら》に感謝《かんしゃ》をせねばいかん。何故《なぜ》かと云うと、そう云う嫂《あによめ》があったればこそ、生長の家に導《みちび》かれて来て『生命《せいめい》の實相《じっそう》』の真理《しんり》をさとらして頂《いただ》くことが出来、魂《たましい》までも救《すく》われることになったのは、逆縁《ぎゃくえん》ながらその嫂があったればこそである。ああ有難《ありがと》うございます。有難うございますと嫂に感謝をする心を起すんですよ。」

こう松永先生から言われたわけであります。

それからお嬢さんは、さっき私が説明《せつめい》しましたあの「和解の神想観《しんそうかん》」をしたのです。そしたら脚《あし》を一本切らなければならんと云っておられたその結核性関節炎《けっかくせいかんせつえん》が治《なお》ってしまったのであります。

医学上《いがくじょう》から言ったら、また物理学《ぶつりがく》や生物学上《せいぶつがくじょう》から言ったら、この結核性関節炎と云うのは、結核菌《けっかくきん》と云うバクテリヤが、餅《もち》にカビがはえたように骨《ほね》の中に中にと、侵入《しんにゅう》して骨を腐蝕《ふしょく》(くさり、むしばむ)しているのです。それが単《たん》に心を変えるだけで治ると云うことは、実《じつ》に驚《おどろ》くべき発見《はっけん》であるのです。

黴菌《ばいきん》おそるるに足《た》らず

大体《だいたい》みなさんは黴菌《ばいきん》というものを皆恐《みなおそ》れておりますけれども、黴菌と云《い》うものは決《けっ》して恐ろしいものではないのです。黴菌も微生物《びせいぶつ》で、生きている限《かぎ》りそれには神の生命《せいめい》が宿《やど》っているから、神の子であります。

黴菌と云うと何か恐ろしいように思っているけれども、お酒《さけ》を作るのも黴菌です。酢《す》を作るのも黴菌、味噌《みそ》を作るのも黴菌、醤油《しょうゆ》を作るのも黴菌、ペニシリンも黴菌、オーレオマイシン、クロロマイセチンもみな黴菌の生産物《せいさんぶつ》であります。黴菌と云うものは、なにも恐ろしいにきまってはいないのです。みんな神から生《うま》れた生命の兄弟分《きようだいぶん》で、神様のいのちが宿っているのですけれども、吾々《われわれ》の心が人を憎《にく》んだり、恨《うら》んだり、攻撃《こうげき》したりする心になっていると、この体《からだ》の主人公《しゆじんこう》である人間様《にんげんさま》の「心」がそう云う害《がい》を与《あた》える心になっているから、その「心」の波長《はちよう》を受けて、そこに宿っているところの黴菌の生命の波動《はどう》が人に害を与えると云う波動にかわるわけで、それで、その黴菌が非常《ひじよう》に毒性《どくせい》のある菌《きん》になり、骨《ほね》の奥《おく》まで侵入《しんにゆう》して骨を腐蝕《ふしよく》させたりするように現《あらわ》れます。ところが自分の心に、人をやっつけるとか、憎むとか、恨むとかの念《ねん》がなくて、すべての人を愛《あい》する心になりますと、黴菌と云うものもそれに感化《かんか》（相手の精神に同化されること）せられて、吾々《われわれ》を害しなくなると云うのは、骨の中まで結核菌が侵入して重症《じゆうしよう》の関節炎《かんせつえん》を起していたのに、心を変えただけでそれが治《なお》ったと云う事実《じじつ》で証明《しようめい》されるわけであります。骨の中まで入《はい》っている黴菌でも害をしなくなるのですから、外《そと》に一寸《ちよつと》ついている黴菌位《くらい》なにが恐ろしいとも云えます。

骨の中まで入っている結核菌《けつかくきん》はもう薬《くすり》では治らんのであります。何故《なぜ》かと云うと、薬をのんだり注射《ちゆうしや》したりしますと、薬は吸収《きゆうしゆう》されて血液《けつえき》にまじって体《からだ》を循環《じゆんかん》して行って黴菌《ばいきん》を弱らしたり殺《ころ》してくれたりするのであります。ところが、骨の中には血管《けつかん》がないから、薬を幾《いく》ら注射したとて、骨の中には充分薬《じゅうぶん》が循環して行かんのですから、骨の結核、即《すなわ》ちカリエスと云うような病気は薬ではどうしても治らんのであります。ところが心では治るのです。心はラジオの波《なみ》のようにどんな固《かた》い骨の中でも金属《きんぞく》の中でも入って行くからであります。

宇治《うじ》の生長《せいちょう》の家《いえ》修練道場《しゅうれんどうじょう》に行ってごらんになりますと、脊椎《せきつい》カリエス即《すなわ》ち、脊椎骨《せきついこつ》の結核に侵《おか》されて、三年間もギプスのコルセットをはめていたお嬢《じょう》さんが、宇治の練成会《れんせいかい》に行って、土を掘《ほ》ったり、モッコを担《かつ》いだりしてそれで治《なお》ったと云うので、そのはめていたコルセットを記念物《きねんぶつ》に道場に置《お》いて往《い》った実物《じつぶつ》が保存《ほぞん》されています。

そのお嬢さんは脊椎骨が結核に侵《おか》されて、つまり椎骨《ついこつ》が餅《もち》にカビがはえたようになって、骨がボロボロになりつつあるから、ジーッと動かんように、缶詰《かんづめ》のように、石膏《せっこう》のコルセットでつめてあったのです。それは全《まった》く窮屈《きゅうくつ》なものであります。そう云う炎症《えんしょう》を起《おこ》しているところは動かしたら余計悪《よけいわる》くなると云うので、普通《ふつう》なら絶対安静《ぜったいあんせい》にしなければならんのに、土を掘《ほ》ったり、モッコを担《かつ》いだりして、それで治ってしまうのです。というのは畢竟《ひっきょう》(つまるところ。つまり)、心が変《かわ》ることによって、黴菌の性質《せいしつ》もかわるからであります。黴菌というものは必《かなら》ずしも恐《おそ》ろしいものにきまっておりません。私たちの為《ため》になるように変えることが出来るのであります。

黴菌《ばいきん》は培養《ばいよう》すると毒性《どくせい》が減《へ》る

結核《けっかく》の予防注射《よぼうちゅうしゃ》にBCGというのがあるでしょう。あのBCGと云《い》うのは、『生命《せいめい》の實相《じっそう》』携帯版《けいたいばん》第三巻の八十八頁《ページ》(編註・頭注版では第3巻一〇二頁)に書いてありますように、Bはバチルス、CとGとは仏人発明者《ふつじんはつめいしゃ》カルメットとゲランの頭文字《かしらもじ》だが、もともとは強毒《きょうどく》の牛の結核《けっかく》菌《きん》を十数年、二百三十代《だい》も培養《ばいよう》しているうちに、ほとんど毒力《どくりょく》のなくなった生きた結核菌であります。こうして牛に宿《やど》る結核菌を、十数年かかって、二百三十代も、その孫《まご》の孫の孫の又《また》その孫と、二百三十代も続《つづ》いて培養した。すると、毒性《どくせい》がなくなったのです。今では三百代以上も培養しているのですが、培養すると云うことは、どう云うことかと云うと、ちゃんと黴菌《ばいきん》の住《す》み易《やす》いように、培養基《ばいようき》と云う住居《すまい》をこしらえてやり、それに養分《ようぶん》を与《あた》えて、可愛《かわい》がってそだてやることなのです。そうすると、可愛がってそだててやったら黴菌でさえ毒性がなくなる。毒性がなくなるだけでなく、それを注射《ちゅうしゃ》したら他の毒性ある結核菌の入《はい》って来るのを防《ふせ》いでくれると云うように番犬《ばんけん》の役目《やくめ》までしてくれるような性格《せいかく》に変《かわ》ったのであります。

こう云うことは医者《いしゃ》の方《ほう》がよく知っておられます。黴菌と云うものは、培養すると段々《だんだん》毒性が弱くなるのは、山犬《やまいぬ》でも飼《か》っていると、おとなしくなって家畜《かちく》となるようなものです。こちらが憎《にく》むと、余計害《よけいがい》を与《あた》える。恐《おそ》れるとまた余計害を与える。犬なんかでも恐れるとかみつくのであります。恐れずに、まともに犬の目を見ておったら決《けっ》してかみつきません。恐ろしくなってあちらを向いて逃《に》げ出そうと思うとかみついたりします。

熊《くま》なんかでもそうであります。山の中で熊に遇《あ》いますと、こちらが恐れないで、ジーッと熊の顔を見ていると、熊は諦《あきら》めたような顔をしてあちらにのそのそと行ってしまう。「やあ、恐ろしい」と思って逃げたら、熊が跳《と》びかかって来ます。

私は猫《ねこ》に負《ま》けた

私が丸亀《まるがめ》の講習《こうしゅう》に行った時に、こう云《い》う体験談《たいけんだん》を話された人があります。その人は丸亀の町に出るのに三時間程《ほど》かかる所に住んでいる人で、嘉川《かがわ》さんと云う人であります。その人が丸亀の町に知人《ちじん》があって、或《あ》る日、その知人に用事《ようじ》があって会いに行きました。その知人の家の前まで来てガラガラと門《もん》の戸《と》をあけると、門から玄関《げんかん》まで、だいぶ広い、花の植《う》わったお庭《にわ》がずーっとつづいて約半町《やくはんちょう》程もあるのです。だから門をあけただけではすぐに玄関には行けない。すると、門をあけたところに、シェパードの犬が居《い》て「ワンワンワンワン」と吠《ほ》えつくのです。一寸《ちょっと》でも門を入《はい》ろうものなら今にでも跳《と》びかかるような気勢《けはい》です。「さあ大変《たいへん》だ。これはどうしようか」と思った。思い切って入ろうとするとまた「ワンワンワン」です。「さあ、困《こま》ったな。折角《せっかく》三時間もかかってやって来たけれども、用事をすまさんで帰らんならん」〃何々《なになに》さーん〃とその家の主人《しゅじん》を呼《よ》んでみたけれども、犬の方が声が高いから、玄関の方まで聞《きこ》えない。これは困ったなあと思っていると、其処《そこ》へ猫《ねこ》が一匹《いっぴき》出て来たのです。この猫は犬と同じようにこの家に飼《か》われている猫であって、犬と仲良《なかよ》しなのです。その猫がやって来て、その犬の吠《ほ》えている前に仰向《あおむ》けになって、ふざけ出した。すると、犬は吠えるのをやめて、上から前肢《まえあし》を上げてジャレる。猫は下から仰向けになったままジャレている。それを見た時に嘉川さんは、

「ああ、私は猫に負けた」と思った。「万物《ばんぶつ》の霊長《れいちょう》である人間がこのシェパードが吠《ほ》えるのでよう入《はい》らん。ところが猫は、犬が吠えている最中《さいちゅう》に、犬の前に出てきてワーワーッと遊《あそ》んでいるんだ。これは猫に負けた。いやしくも生長《せいちょう》の家《いえ》の誌友《しゆう》である人間がだ。猫に負けるとは恥《はず》かしい」と思いました。そこで嘉川さんは、「ひとつ猫の真似《まね》をしてやれ。猫は何故《なぜ》、犬に咬《か》みつかれないかと云うと、猫は犬を恐《おそ》れないからである。そしてニコニコと嬉《うれ》しそうに笑《わら》っている。猫は顔では笑わんけれど、シッポで笑っている。あんなに嬉しそうにしているから、犬が吠えつかぬのだ。恐ろしそうな顔をしないで、嬉しそうなニコニコとした顔をしてやれ」

と思いまして嘉川さんは出来るだけ嬉しそうなニコニコした顔をして門を入って行きました。するまと、犬はもう吠えないで「クスン、クスン」と匂《にお》いをかぎながら、後《あと》から従《つ》いて来たけれども、咬《か》みつきもしなかった。それでやっと玄関まで行って用事を済《すま》したと云う話をされましたが、犬でも恐れるとかみつきます。黴菌《ばいきん》もやっぱりそうで、恐れると害《がい》をはげしく与《あた》えると云うことになりますから、黴菌なんて骨《ほね》の奥《おく》まで侵入《しんにゅう》しておってさえも、心が変《かわ》ったら忽《たちま》ち善良《ぜんりょう》な黴菌に変ってしまうと云う事実《じじつ》を知って恐れぬがよいのであります。

第十四章　心に従《したが》って病菌《びょうきん》も益菌《えききん》に変化《へんか》する

特級酒《とっきゅうしゅ》が自然《しぜん》に出来た

黴菌《ばいきん》と云《い》うものが自分の心持《こころも》ちひとつで変化《へんか》するということは、酒造《さかづく》り屋《や》さんなら誰《たれ》でもよく知っていることであります。岡山《おかやま》に「花房《はなぶさ》」と云う屋号《やごう》で醸《つく》り酒屋《ざかや》さんがあるのです。その醸り酒屋さんは、何《な》んとかして特級酒《とっきゅうしゅ》の資格《しかく》のある美味《おい》しい酒を作りたいと思って、一所懸《いっしょけん》命《めい》、毎年毎年、人間的に努力《どりょく》しますけれどもどうしても自分の醸造酒《じょうぞうしゅ》が特級酒にならなかったのです。ところが、その人が生長《せいちょう》の家《いえ》の信仰《しんこう》に入《はい》ったのです。それでもうお酒を特級酒にしようと云うような人間的野心《やしん》をやめまして、生長の家の教《おしえ》は素晴《すば》しいからひとつ人を救《すく》うために出来るだけ生長の家を普及《ふきゅう》しよう、この真理《しんり》によって人を救おうと決心《けっしん》して、一所懸命〝生長の家〟を宣伝《せんでん》して、多くの人たちを真理に導《みちび》いて救いました。するとその年始めて花房吟《ぎん》醸《じょう》（特別に吟味〈ぎんみ〉して醸造したもの）の酒が特級酒になったのであります。特級酒になり得《え》たと云うのは、結局《けっきょく》このお酒の醸造元《じょうぞうもと》たる花房さんの心境《しんきょう》が「人を救いたい」愛念《あいねん》に満《み》たされて、快《こころよ》い心になった。その快い心がうつって、黴菌の性質《せいしつ》がかわったのです。お酒には、チョッと辛《から》いお酒、甘《あま》いお酒、コクのあるお酒、コクのないお酒と色々《いろいろ》風味《ふうみ》の異《こと》なるお酒がありますけれども、どうしてああ云う風味が出て来るかと云うことは、まだ科学《かがく》では分《わか》らんのであります。

私が西《にし》の宮市《みやし》の講習会《こうしゅうかい》がありました時に、「大関《おおぜき》」というお酒の醸造元である長部《おさべ》さんと云うお宅《たく》に泊《と》めて頂《いただ》いた。それは丁度《ちょうど》一月のことでしたが、翌朝《よくあさ》になると、「唯今《ただいま》、お酒を醸造している最中《さいちゅう》です。それを先生に参観《さんかん》して頂きたい、案内《あんない》いたしますから」と言って案内して頂いたのです。長部さんの酒造会社《しゅぞうがいしゃ》には酒を醸造する大きな広い倉《くら》が、三つも四つもある、そのうちの一つ、和光倉《わこうぐら》と云うのに、私は案内して頂いて、その倉の中をずうっと見て歩いたものです。すると、リンゴの様《よう》な良《よ》い匂《にお》いがしてお酒が醱酵《はっこう》（バクテリヤの出す酵素〈コウソ〉の作用で、おいしく熟して来ること）しておりました。ところが、その年、私の参観した和光倉で出来た「大関」と云う銘酒《めいしゅ》は、素晴しく美味《おい》しい特級酒が出来たのです。以前《いぜん》から品質《ひんしつ》のよい特級酒なんですけれども、其《そ》の年は特別《とくべつ》に美味しい酒が出来たのです。西の宮のあたりの酒を総括《そうかつ》して「灘《なだ》の酒」と云って美味しくて有名《ゆうめい》なんですけれども、あの辺《へん》でこれまで最《もっと》も一番いい酒が「何とか」と云うのでしたが、その年も、よい酒が出来たと云うので、その「何とか」の醸造元の御主人《ごしゅじん》が、「今年《ことし》はこう云うよい酒が出来た。君一遍《きみいっぺん》これを飲んでみて呉《く》れ給《たま》え」と言って「大関」の醸造元の長部《おさべ》さんのところへ試飲《しいん》して貰《もら》うべく持って来たと云うのです。

それで、長部さんは相手がもって来た酒を一《いっ》パイ口にふくんで、「ああ美味《おい》しい」と飲んだ。

そこで今度は、長部さんから、

「これは今年の和光倉で出来た酒なんですが、一パイ飲んでみて下さい」と差出《さしだ》した。相手はそれを口にふくんで味《あじ》わっていたが、

「これは負けた」と言った。

今年は、その「何とか」云《い》う酒も自慢《じまん》できるほどとてもよく出来たので持って来たのだったのに、「大関」の酒と飲みくらべてみたら、その年は、大関の方が美味しかった。そちらの酒はまあ関脇位《せきわけぐらい》のところだったのかも知れません。兎《と》も角《かく》、そう云う立派《りっぱ》な酒が私が参観した和光倉で其《そ》の年出来たのであります。

それで長部さんは、「先生に参観して頂いたお蔭《かげ》で、そんな美味しい酒ができたのですよ」と言って感謝《かんしゃ》されたのでありますが、それは何《ど》う云う意味かと云うと、私が酒造倉《しゅぞうぐら》の中に入《はい》っ

て行くと私の雰囲気《ふんいき》の影響《えいきょう》で酒をつくる微生物《びせいぶつ》の性質がかわって、美味しい分泌物《ぶんぴつぶつ》を出すようになったと云う意味らしいのです。

それは私の雰囲気の影響だかどうだかわからないが、これだけは確《たし》かである。其処《そこ》に酒造《しゅぞう》に従事《じゅうじ》している人たちが「谷口《たにぐち》先生が御参観になったから、きっと今年はよいお酒が出来る、よいお酒が出来る」と皆《みん》なが強く心の底《そこ》で思ったのであります。そうすると、酒造に従事している人がみんなそう云う「美味しい酒ができる」と云う心の波《なみ》を起《おこ》しましたから、その心の波にしたがって醸造菌《じょうぞうきん》の性質がかわって、おいしい酒の出来る黴菌《ばいきん》が発達《はったつ》したと云うことになるのであります。

月経中《げっけいちゅう》の婦人《ふじん》と梅干《うめぼし》

すべて微生物《びせいぶつ》は、周囲《しゅうい》に生活する人々の心を反映《はんえい》して変化《へんか》するものであります。昔《むかし》から月経《げっけい》中《ちゅう》の御婦人《ごふじん》が梅干《うめぼし》を跨《また》ぐと、梅干がくさると言われているのは何故《なぜ》であるかと云《い》うと、尤《もっと》も月経中でも生長《せいちょう》の家《いえ》の人は心がおだやかだから、皆《みな》さんの場合は大丈夫《だいじょうぶ》だけれども、そうでない御婦人は、月経中はとかくヒステリックになり勝《がち》で、イライラ、イライラしている。どうも心の波《なみ》がちょっと腐《くさ》ったようになっている。その腐ったような心の波によって梅干を醱酵《はっこう》さしている黴菌《ばいきん》が腐敗菌《ふはいきん》（ものをくさらすバクテリヤ）にかわることになる、そうすると梅干がくさるということになるのであります。黴菌と云うものはそう云《い》う風《ふう》に、その性質《せいしつ》が、そばに居《い》る人の心の波ですぐに変化するのであります。だから昔から下手《へた》な歌をうたうと「糠味噌《ぬかみそ》がくさる様《よう》な声を出す」と云う諺《ことわざ》がありますが、これは何故《なぜ》そんなことを言うかと云うと、下手な歌声から出る雰囲気が鼻もちならぬ雰囲気なので、その雰囲気の影響《えいきょう》を受けて糠味噌の醗酵菌《はっこうきん》が変化を起して腐敗菌に変ったと云うわけであります。

吾々《われわれ》の体《からだ》の中に宿《やど》っている黴菌でも、それらは必《かなら》ずしも病気《びょうき》を起《おこ》す黴菌ばかりではないのであって、良《よ》い黴菌もある。ヴィールス（十万倍以上にかくだいする電子顕微鏡でないと見えないような小さな病源微生物）やカビなどに対抗《たいこう》して健康《けんこう》を保持《ほじ》するのに重要《じゅうよう》な黴菌もある。またよくもない悪《わる》くもない不偏不党《ふへんふとう》の善悪《ぜんあく》どちらにも片寄《かたよ》らぬ黴菌も居《い》るのですが、それが、吾々が人を憎《にく》んだり、恨《うら》んだり、人と争《あらそ》ったりする心を起すと、其《そ》の憎んだり恨んだり、争ったりする心の波を、黴菌が感じて、その害悪《がいあく》の念を反映して、人間を害する毒素《どくそ》を出す黴菌にかわってしまう。それと反対《はんたい》に一切《いっさい》のものに感謝《かんしゃ》して、「有難《ありがと》うございます。有難うございます」と感謝の心を起して、出来るだけ人の為《ため》に尽《つく》してやりたいという心を起すと、その心の反映として出来るだけ人の為になる黴菌が発達《はったつ》するから、健康になるのであります。

次《つぎ》に掲《かか》げる体験談《たいけんだん》は心を転《てん》ずる事によって脊椎骨《せきついこつ》をおかしていた結核菌《けっかくきん》さえも無毒《むどく》に変《へん》じて、脊椎カリエスが治《なお》ってしまった因島市《いんのしまし》の木村英行《きむらひでつら》さんの事実談《じじつだん》であります。

「僕《ぼく》は六年間脊椎カリエスで寝《ね》ていました。昭和《しょうわ》二十九年五月、近所《きんじょ》の人から聞いて尾道《おのみち》の生長の家道場《どうじょう》に行ったら、病気がすぐ治《なお》ると母が勧《すす》めますが〝そんなもので治るものなら、偉《えら》い医者《いしゃ》が、研究《けんきゅう》に研究を重《かさ》ねる必要《ひつよう》はない〟と言いはりました。官立《かんりつ》の工業専門《こうぎょうせんもん》学校の金属《きんぞく》科《か》を勉強《べんきょう》した僕には、科学者《かがくしゃ》が如何《いか》に勉強に努力《どりょく》し研究し、又《また》科学が如何《いか》に深遠《しんえん》なるものかがよくわかっていましたから。しかし、たってのすすめで仕方《しかた》なく尾道の練成会《れんせいかい》に参加《さんか》しました。カリエスだから御話《おはなし》は寝て聞き、食事も牛乳《ぎゅうにゅう》をさげて行くつもりでした。前夜祭《ぜんやさい》は寝てききましたが、朝食時、慢性下痢《まんせいげり》で下痢続《つづ》きの僕は、御飯《ごはん》を一時間かかって一口百回以上《いじょう》かんでも、まだ下痢をしていました。

ところが、練成の講師松本道樹《こうしまつもとみちき》先生から『生長の家に病気はない。あたり前に食べなさい』と一《いっ》かつされ、『ひどい所へ来た』と思いながら食べました。こんなものを食べたら、十時頃《ごろ》になると腹《はら》がはりさけはしないかと思いましたが、一向《いっこう》に痛《いた》くありません。昼飯《ひるめし》の時、パンを頼《たの》んでいましたが、西条《さいじょう》の山辺《やまべ》先生から『腹が痛くなるなら、私が代《かわ》りに痛くなってやる』と言われ、パンを取り上げられ御飯を六年振《ぶ》りに普通《ふつう》の人と同じ様《よう》に食べました。然《しか》し三時、四時になってもちっとも痛くなりません。とうとう夕御飯《ゆうごはん》は普通の人と同じ様に食べました。それ以来健康《いらいけんこう》な人と同じ様に食べました。

講話《おはなし》はよいと思いましたが、『甘露《かんろ》の法雨《ほうう》』（編註・生長の家のお経《きょう》）を読んで、心臓《しんぞう》はない、胃袋《いぶくろ》はないとか、また書かれてある事が平易過《へいいす》ぎて、それ迄仏教《までぶっきょう》の経典《きょうてん》を読んで感激《かんげき》した僕には、ばからしく思われました。『生長の家』誌《し》を読んで肺病《はいびょう》が治ったとか、『生命《せいめい》の實相《じっそう》』の本にダニと調和《ちょうわ》してダニが居《い》なくなったとか、『こんなうそが、あるか』と思っていました。八月の練成にも行き、九月谷口先生の講演会《こうえんかい》にも行きました。『甘露の法雨』をあげると病気が治ると聞き、カリエスを治そうと思って一所懸命《いっしょけんめい》あげたが、その頃の心境《しんきょう》では一向ききませんでした。

『甘露の法雨』には父母《ふぼ》に感謝《かんしゃ》の心を起《おこ》せと書いてあるのに、父母に感謝の心が起らないのでした。所が十一月頃家の者に早く就職《しゅうしょく》就職とせめたてられます。『そんなら就職するから僕の願《ねが》いも聞いて呉《く》れ。飛田給《とびたきゅう》の練成に行って、お父様お母様に感謝できる人間になって来たい』と頼《たの》みました。お金は四苦八苦《しくはっく》して工面《くめん》し十二月練成に参加しました。前夜祭の夕食を食べる前、『妻《つま》よ、有難《ありがと》う御座居《ござい》ます』と合掌《がっしょう》すると、涙《なみだ》がはらはらと落ちます。出発《しゅっぱつ》の時、妻が手を振《ふ》って呉《く》れた姿《すがた》が、ありありと目に浮《うか》び、又費用《ひよう》を苦心《くしん》した事が思い出されて、有難くて有難くて泣《な》きました。次の日の朝も又涙が出ましたが、皆さんの前で泣くのは恥《はず》かしくて、食事の時の合掌は止《や》めました。然《しか》し夜半《よなか》に目が必《かなら》ずさめ、毎日一時間程『妻よ有難う、有難う』と泣きむせんでいました。

然《しか》し、兄に東京《とうきょう》に行ったら死ぬと止《と》められ、振切《ふりき》って来たのに又十日間練成で父母に感謝出来る人間になろうと決心《けっしん》して来たのに、ちっとも感謝する人間になれません。徳久《とくひさ》先生はお留守中《るすちゅう》で、菊地《きくち》先生の共産党《きょうさんとう》から転向《てんこう》した話や、輪読会《りんどくかい》、笑《わら》いの練習等《れんしゅうとう》が練成の日課《にっか》で、病気の治る話を聞きたいと期待《きたい》して来た私にはさっぱりでした。〝苦心して一万円出して来たのに〟と思いながら、部屋の人に今日《きょう》帰ろうか、もっとよい先生の所へ行って個人指導《こじんしどう》を受けようかなどと話して、不平満々《ふへいまんまん》でした。修行中《しゅぎょうちゅう》の同じ部屋の人から、『その、着ているコルセットを脱《ぬ》いだら、いいんだ』と言われましたが、コルセットをぬごうものなら、ものの十分もすれば背中《せなか》がずきんずきんと痛《いた》くなるにちがいがない。そんなことができるもんか。二日《ふつか》たち三日《みっか》たちました。その内に跳《と》ぶ体操《たいそう》がありました。カリエスだから跳んだら大事《おおごと》です。然《しか》し生長の家の先生の言われる事を、素直《すなお》に聞きなさいと言われます。『神様神様』ととなえながら跳びました。ちっとも痛くありません。今度は、人をおんぶする体操です。これも『神様神様』と唱《とな》えながらすれば痛くありませんでした。六日目《むいかめ》に感謝行《かんしゃぎょう》としての労働奉仕《ろうどうほうし》がありました。恥《はず》かしくてそんな事が出来るかと思いました。が、やれば出来ました。その時、『人間は出来ぬと思うから出来んのだ。やれば出来る』と思いました。やはり神は体験《たいけん》と時を待《ま》って居《お》られたのだと思いました。丁度《ちょうど》その日の晩《ばん》、京都《きょうと》から僕《ぼく》の更生《こうせい》の父吉田武利《よしだたけとし》先生がお出《い》でになり、宇治《うじ》練成で、十七歳《さい》のお嬢《じょう》さんが〝生長の家は、病《やまい》なし〟の一かつでコルセットを泣き泣き脱ぎ、直《すぐ》に脊椎《せきつい》カリエスがなおられた話をされました。跳べば跳べるし、出来ぬと思った感謝行もやれば出来るし、宇治で治るものなら僕も治るにちがいない。よし、明日《あす》から僕もコルセットを脱ごうと一大決心《いちだいけっしん》をしました。七日目《なのかめ》の朝、不安乍《ふあんなが》らコルセットを脱ぎましたが、心配《しんぱい》で心配でたまりません。吉田先生に個人指導を頼《たの》みました。

なぜ僕が、病気になったかを話しました。官立《かんりつ》の工専《こうせん》を出《で》、東京の都会《とかい》生活をしたものが、無理矢理《むりやり》に、因島《いんのしま》のような田舎《いなか》の養子《ようし》に来《こ》さされ、女専出《じょせんで》を嫁《よめ》にしようと思っていたのに、田舎の女学校《じょがっこう》だけ出た妻が、嫌《いや》で嫌でたまらなかった事、華《はな》やかな東京の生活が思い出され、毎日毎日暗《くら》い気持《きもち》、自暴自棄《じぼうじき》になって、でたらめなふしだらな生活をしている中《うち》に、遂《つい》にカリエスになった事、妻が次女《じじょ》を身ごもった時の妻の勇気《ゆうき》と母の愛情《あいじょう》を、泣き泣き打明《うちあ》けました。吉田先生は『それはすばらしい。君の為《ため》に祈《いの》ってやろう』と言われ、〝祈りの間《ま》〟に連《つ》れて行って下さいました。そして入《はい》る時、『この部屋は、霊験《れいけん》あらたかな部屋だ』と言われました。谷口先生と、輝子《てるこ》先生のあの美《うつく》しい写真《しゃしん》がありました。吉田先生は、『甘露の法雨』をあげて下さいました。そのうちに半《なか》ば頃《ごろ》から、自分で理由《りゆう》もわからないのに、ワアワアと又私は泣き出しました。その涙の中に父母が『よく帰ったなあ』と言う姿が、ありありと目に浮《うか》びました。その日に限《かぎ》って、献労作業《けんろうさぎょう》の煉瓦運《れんがはこ》びが一時間もありましたが『重たくて有難うございます』『しんどくて有難うございます』『くたびれて有難うございます』と、言いながらやりましたが、ちっとも背中が痛くありません。笑いの練習の後《のち》、岩橋《いわはし》先生が『赦《ゆる》しの神想観《しんそうかん》をしよう』と言われます。僕は今迄憎《いままでにく》んでいた仲人《なこうど》、僕が病気中に、さんざん悪口《わるぐち》を言った隣《となり》の人を『赦《ゆる》しています。赦されています』と心にとなえながら神想観をしていますと、初《はじ》めに黄色《きいろ》い光《ひかり》が輝《かがや》き出し、それが紫《むらさき》となり、最後《さいご》に赤茶色《あかちゃいろ》のこの世にない様《よう》な光が輝き出しました。僕自身がびっくりしました。『神が出たのだ、神があらわれたのだ、もう大丈夫《だいじょうぶ》だ』と、それから、廊下《ろうか》を走り、自信《じしん》と喜《よろこ》びに一杯《いっぱい》になり跳《と》び走りました。又その翌日《よくじつ》の神想観中に、妻の二人の兄の霊《れい》が、紫にひろがったり、又肺病《はいびょう》の兄、兄嫁《あによめ》の生きた人の霊も見ました。吉田先生の勧《すす》めで練成の体験談を泣きながら致《いた》しました。又関東少年院《かんとうしょうねんいん》で体験談を行い、鳩山総理大臣邸《はとやまそうりだいじんてい》の誌友会《しゆうかい》にも参加《さんか》させて戴《いただ》き、実《じつ》にすばらしいすばらしい練成会でした。帰郷後《ききょうご》朝五時半から、鍬《くわ》を持って畑《はたけ》に出《で》、二月後《ふたつきご》の二月十五日には、早くも中学の教師《きょうし》に就職《しゅうしょく》し、現在《げんざい》小学校五年生の神の子の教師として活躍《かつやく》しています。又因南青年会委員長《いんなんせいねんかいいいんちょう》となり、今では、若《も》し生長の家がなかったならば一日も生きて居《お》られない人間となっています。』（この体験の筆者住所は広島県因島土生町郷）

第十五章　私たちの運命《うんめい》を支配《しはい》するもの

誰《たれ》かを憎《にく》んで排斥《はいせき》の心を起《おこ》すと店《みせ》が繁昌《はんじょう》しなくなる

すべて〝失敗《しっぱい》する者〟は「失敗」を心に描《えが》いたものであります。しかもその描かれたる「失敗」は潜在意識《せんざいいしき》（心の奥にひそんでいる無意識の心）に描かれているので、多くの人はそれを自覚《じかく》しないで失敗が偶然《ぐうぜん》に来たかの如《ごと》く考えるのであります。誰《たれ》でも、みずから欲《ほっ》して失敗を心に描くものはないでしょうが、自己破壊《じこはかい》の心が誰にでも起《おこ》ることがあり、また他を破壊する攻撃精神《こうげきせいしん》が自分に反転《はんてん》（クラリと方向を逆にかえる）して来て自己破壊となり、失敗をさせることになります。

実例《じつれい》をあげますと、戦争《せんそう》が終《おわ》りまして間《ま》もなくの頃《ころ》でした。或《あ》る誌友《しゆう》が大通《おおどお》りに面《めん》したところで店《みせ》を開《ひら》いておったのであります。ところが、その店の前を、アメリカの兵隊《へいたい》さんの腕《うで》に、日本のパンパンさんがぶらさがって、だらしない恰好《かっこう》で、媚態《びたい》（なまめかしくこびるすがた。色っぽい表情でシナをつくる）を示《しめ》しながら歩くのです。一人や二人でなく、ぞくぞくとその人の店の前を歩くのです。そうすると、その人は日本主義《にっぽんしゅぎ》のカチカチの人だったものですから、その光景《こうけい》を見ると虫唾《むしず》が走る様《よう》に思えて腹立《はらだ》たしくて仕方《しかた》がないのです。

〝明治《めいじ》の初《はじ》めの頃《ころ》には、「降《ふ》るアメリカに袖《そで》を濡《ぬ》らすな」と云《い》う歌があった位《くらい》で、アメリカさんなどと結婚《けっこん》した者はラシャメン（洋妾《ようしょう》）と云って非常《ひじょう》に軽蔑《けいべつ》したものだったのに、それが堂々《どうどう》と日本国の往来《おうらい》を昼日中《ひるひなか》イチャツイテ歩いているとは怪《け》しからん。実《じつ》に怪しからん、あんな奴《やつ》、消えてしまえ！〟と思って憎《にく》み排斥《はいせき》する心を起《おこ》したのであります。そうすると、その店が繁昌《はんじょう》しなくなり、お客が殆《ほとん》ど来なくなったのであります。

此《こ》の人は生長《せいちょう》の家《いえ》の家族《かぞく》でありましたから、何故《なぜ》自分の店が繁昌しなくなったかを反省《はんせい》してみたのでした。

その店に客が来なくなったのは何故かと云うと、その店主《てんしゅ》たる此《こ》の人が「アメリカさんもパンパンさんも消えてしまえ」と云う人間を排斥《はいせき》するところの心の波《なみ》を自分から起したからであります。

それは媚態《びたい》をきわめたアメリカの兵隊さんとパンパンとに対する排斥の念波《ねんぱ》でありましたけれども、その念波は絶《た》えずその店の前から放射《ほうしゃ》されているわけであります。だからその店の前まで行くとその排斥の放射にふれて何となしにその店へ入《はい》りたくなくなるのであります。それでその店が繁昌しなくなったと云うわけであります。その人は誌友であったから、「私の店はどうして繁昌しなくなったか」を考えて反省して、「ああなるほど私は人を憎んでおった。アメリカさんを憎んでおった。たとい相手が悪《わる》くとも憎んではならなかった」と気がついて〝赦《ゆる》しの神想観《しんそうかん》〟をして、全《すべ》ての人間をゆるして祝福《しゅくふく》する心を起したのであります。すると、その店が、だんだん繁昌するようになったのであります。

富《とみ》を得《え》んとすれば富想《ふうそう》を心に起《おこ》しなさい

「自己《じこ》を貧《まず》しいと考える限《かぎ》り、その人は貧しいのである。自己を不運《ふうん》と考える限りその人は不運なのである。貧しさを心に描《えが》きながら富《と》むことは出来ないのである。不運を心に描きながら幸運《こううん》であると云《い》うことは出来ないのである」と『健全《けんぜん》の真理《しんり》』生活応用篇《せいかつおうようへん》*(谷口雅春著、日本教文社発行)二〇九頁《ページ》には書いてあります。

「自分は貧しい」と思っているものは、何時《いつ》までたっても貧しいと云うことになるのであります。これが心の法則《ほうそく》です。富もうと思ったならば、まず心の中に富想《ふうそう》――すなわち「富の想《おも》い」――を描かなくてはならないのです。「私は貧乏《びんぼう》だ、貧乏だ」と思って、石川啄木《いしかわたくぼく》みたいに、「働《はたら》けど働けどなお我《わ》が暮《くら》し楽《らく》にならざり、じっと手を見る」などと云《い》う歌を詠《よ》んで「私の手相《てそう》はだいぶん貧乏相《びんぼうそう》をしている。こんなことでは金持《かねもち》になれんのだ。ああ悲《かな》しいかな」なんて考えて自分の手相を見つめているようなことでは、決《けっ》して金持になれないのであります。

心が変《かわ》れば手相《てそう》も変る

手相《てそう》などと云《い》うものは、始終変《しじゅうかわ》るものであります。だから現在《げんざい》の手相がどんな形をしておろうと、そんなことはどうでもよいのです。それは今までの自分の「心の想《おも》い」が、形にあらわれているのですから、これから「心の想い」が変れば、また手相も変ってくるのです。私も、青年時代早稲田《わせだ》の英文科《えいぶんか》を跳出《とびだ》して居《い》どころも定《さだ》まらず、フラフラと放浪《ほうろう》生活を送っておった時分《じぶん》には、手のひらに縦《たて》の筋《すじ》なんか一本もなかったのであります。皆横《みなよこ》の筋ばかりでした。その横の筋もまっすぐに〝枡掛《ますかけ》〟の様《よう》にズウーッと一直線《いっちょくせん》に入《はい》っておれば、まだ手相が良《よ》いのですけれども、小波《さざなみ》みたいになっていたのであります。その手相を自分で観《み》て、「ああ私は生《うま》れつき貧乏《びんぼう》なんだ、不幸《ふこう》なんだ、流浪人《るろうにん》（さすらい人《びと》）の手相をしているから駄《だ》目《め》なんだ」と思って、石川啄木《いしかわたくぼく》と同じように歎《なげ》いておったのであります。その期間《きかん》は常《つね》に私は貧乏で不運《ふうん》つづきでありました。

ところが生長《せいちょう》の家《いえ》の真理《しんり》を発見《はっけん》して以来《いらい》、私の手相が変ったのです。今では私の掌《てのひら》には四本も五本も掌を貫《つらぬ》く縦の筋がならんでいるのであります。まことに手相見《てそうみ》にみせると、〃めずらしい手相〃だと言うのでありますが、手相なんて変化するものであります。先《ま》ず、『生命《せいめい》の實相《じっそう》』を読んで真理を知り明《あか》るい心に、心を持ちかえて御覧《ごらん》なさい。『悪《わる》い手相』の生れつきなどと云う事は絶対無《ぜったいな》いのであります。

あなたの運命《うんめい》は心の掌 中《しょうちゅう》にある

何故《なぜ》、手相《てそう》が変《かわ》るかと云《い》うと、「形あるものはみな心の影《かげ》である」からであります。だから、心が変化《へんか》すれば、あなたの手相が変る。手相が変るとすれば、手相に今まであらわれていたあなたの運命《うんめい》が変るのです。だから、先《ま》ず「心」を良《よ》くすることを考えなくちゃいけないのです。心を良くするにはどうしたらいいかと云うと、神想観《しんそうかん》を毎日実修《じっしゅう》することでありますす。神想観を毎日実修すると、神を心が観《かん》ずるから、心が上へ上へと向くでしょう。神は高《たか》きにましますから、どうしても、そう云う「心の想《おも》い」になります。そうすると「心の想い」が下から上に向《むか》うから、その心を象《かたち》に写《うつ》して、手の筋《すじ》が上へ上へと上《あが》って行くのであります。

それに反《はん》して私たちが常《つね》に恐怖心《きょうふしん》を起《おこ》していますと、「手に汗《あせ》を握《にぎ》る」と云う表現《ことば》がありますとおり、いつも、こう手を握っている、手を握ると、掌《てのひら》に筋《すじ》が横《よこ》に出来る習慣《しゅうかん》になります。また、常に腹《はら》を立てて、「あいつ、ぶんなぐってやろうか」なんて考えていると、いつでも拳固《げんこ》を握っているから、掌《てのひら》は握れば横にばかり横の皺《しわ》が出来ます。その皺が習慣的に掌《てのひら》にきざまれて、〝手の筋〟に横線ができるのであります。だから「ぶんなぐってやろうか」などという心を起してはなりません。また、戦々兢々《せんせんきょうきょう》（心がふるえ、おそれるさま）として〝手に汗を握る〟ような心を起してもなりません。こんな「心の想《おも》い」は〝手の筋〟を悪《わる》くし、運命を悪くするものであります。これに反して、神想観をして自分の心を神の方へ常に向けるようにすれば、運命も手相も好《よ》い方に変るのであります。

心は人相《にんそう》にも手相《てそう》にも運命《うんめい》にもあらわれる

手相《てそう》がよくなったら運命《うんめい》がよくなるのではありません。形あるものは皆《みな》心の影《かげ》だから、心で運命が変《かわ》り、その心が手相にもあらわれてくるし、人相《にんそう》にも現《あらわ》れて来るのであります。名前も形あるものですから、其《そ》の名前にも自然《しぜん》に運命が現れます。併《しか》し心が変化《へんか》しないのに、名前だけ附《つ》け替《か》えたら運命がよくなるかと云うと、そう云う訳《わけ》には行きません。それは心を変えないでいて、特《とく》に運命線《うんめいせん》を刺青《いれずみ》するようなものです。私の名前は生《う》まれた時につけて貰《もら》った名前と変っているものだから、谷口雅春《たにぐちまさはる》の名前はあたかも、わしが改名《かいめい》してやったと言わんばかりに、五聖閣《ごせいかく》の熊崎健翁《くまざきけんおう》が、その宣伝印刷物《せんでんいんさつぶつ》に、「谷口雅春と云う名前は、とてもいい名前で、あれは名前がいいからあんなに出世《しゅっせ》をしたのである。あの人は元《もと》は名前が悪《わる》かったけれども改名したから運命が好《よ》くなったのである」と書いて宣伝していましたが、私の名前は熊崎健翁に選名《せんめい》して貰《もら》ったのではありません。心が変ると共《とも》に、人相も手相も変り、姓名《せいめい》も自然《しぜん》に変って良くなったのであります。自然に変った手相なら本当にその人の運命をよくしますけれども、運《うん》の好《よ》い「手の筋《すじ》」を刺青《いれずみ》したのでは本物《ほんもの》でないから効果《こうか》はありません。名前も心が変った結《けっ》果《か》、自然に変るように境遇《きょうぐう》が向いてくるのなら宜《よろ》しいが、掌《てのひら》に「刺青《いれずみ》の手筋《てのすじ》」をつくると同じように、不自然《ふしぜん》に名前だけを無理《むり》に更《か》えて、心をやっぱり昔《むかし》のままの、人を憎《にく》み、腹立《はらだ》て、悲《かな》しむような想《おも》いに占領《せんりょう》させているようでは何の効果もありません。しかし名前を更《か》えたのを動機《どうき》に「ひとつ生れ更《かわ》ろう」と決心《けっしん》し、明《あか》るい感謝《かんしゃ》に満《み》ちた心になって、過去《かこ》の暗《くら》い、人を憎み恨《うら》み腹立てる心を捨《す》て得《う》れば、名前をかえるのも一つの新生《しんせい》の試《こころ》みとなりましょう。

私は何故《なぜ》、名前が変《かわ》ったか

私が生《うま》れた時と名前が変《かわ》っている訳《わけ》を申《もう》しましょう。それは私がまだ兵庫県《ひょうごけん》の御影《みかげ》に居《お》りました時のことです。御影師範《しはん》学校の丁度向《ちょうどむか》いに谷口正治《たにぐちまさはる》と云《い》う文具店《ぶんぐてん》を開《ひら》いている人がありました。この谷口正治と云う名前は、其《そ》の頃《ころ》の私の名前と同じなのでした。それは私が生れた時に植木源蔵《うえきげんぞう》と云う伯父《おじ》さんが、多少学者《がくしゃ》でつけてくれた名前で親が附《つ》けたんじゃなかったのです。私はこの谷口正治と云う名が、字画数《じかくすう》が少《すく》いので寂《さび》しい感じがするのがきらいで、文章を書くときには谷口雅春《まさはる》と云う筆名《ひつめい》を使うことにしていました。御影師範の正門前《せいもんまえ》の文房具店《ぶんぼうぐてん》の谷口正治さんは、私と同姓同名《どうせいどうめい》であったが御影師範に入《はい》るところの教科書《きようかしよ》を全部そこで扱《あつか》っていましたものですから相当《そうとう》大きな商 売《しょうばい》をして、その頃の私よりも余程金持《よほどかねもち》だったのでありました。名前は同じでも、その頃の私は頗《すこぶ》る貧乏《びんぼう》でありました。私は贅沢品《ぜいたくひん》などは買わないで書籍《しょせき》だけを書店《しょてん》で買います。ところが其《そ》の文房具店では学校用の書物《しょもつ》や、教科書なんか売っているのですから、私が書店へ書物を註 文《ちゅうもん》しておくと、その文房具店の註文だと思って其《そ》の店へ本屋《ほんや》が私の本を配達《はいたつ》してしまうのです。それで「大丸《だいまる》」なんかへ、その金持の文房具店が立派《りっぱ》な衣裳《いしょう》やら、蒲団《ふとん》なんかを註文しておくと、私のところへ配達して来るのです。二百メートルくらいしか離《はな》れていない所に、同じ名前の谷口正治が二軒《けん》あるので、このように常《つね》に註文品《ちゅうもんひん》や郵《ゆう》便物《びんぶつ》が誤《あやま》って配達されるのです。それで甚《はなは》だ面倒《めんどう》ですから、その時分《じぶん》に私が筆名にして使っていた「雅春」と云う名を本名《ほんみよう》にしてしまったら配達品の誤達《ごたつ》もなくなると云うので自然《しぜん》に

「雅春」と云うのに本名まで変ったのであります。「一丁《いっちょう》以内《いない》の距離《きょり》に同姓同名の人が居って郵便等の誤達等の不便《ふべん》がある場合には、戸籍《こせき》の上からも名前を変える事が出来る」と云う法律《ほうりつ》がありますので、改名《かいめい》の届《とどけ》をして、本名そのものも戸籍上に改《あらた》まってしまったのであります。雅春《がしゅん》と云う筆名が、そのまま「まさはる」と読めるから、呼《よ》び名はかわらないで、漢字《かんじ》だけが自然に変ったのであります。

これは大変《たいへん》いい姓名《せいめい》だそうでありまして、字画数の上からほめる人もあるが、字画ではなしに、下関《しものせき》にいる人で、文字の意味から姓名で運名《うんめい》を非常《ひじょう》によく判断《はんだん》する人がありまして、「谷口雅春」と云う名はすばらしい名前で、めったに人間の考えではこんな良《よ》い名は附《つ》けることの出来ない名であると云って、その理由《りゆう》を解説《かいせつ》して私に送ってくれまして、「あなたは、九十六歳《さい》までは生きる」と言って来ました。それはどうかしらんけれども、斯《こ》う云う良い名を得《う》るのも、掌《てのひら》に刺青《いれずみ》をして作った手相《てそう》のように、人工的《じんこうてき》に改名したのではなく、自然に此《こ》の手相が変っているのと同じように、心の変化とともに、名前も自然に変って行ったのであります。

心境《しんきょう》が変らないでおって、名前だけ人工的に変えて良くなると云うのなら、丁度隆鼻術《ちょうどりゅうびじゅつ》をやって鼻を高くするように、寿命《じゅみょう》をあらわす「法令《ほうれい》」（小鼻《こばな》から口唇《こうしん》の両側《りょうがわ》に出来る八字形《じけい》の皺《しわ》）の線があまり深くないから、そこを手術して皺をつくるとか、入墨《いれずみ》をしてみるのと同じことでありまして、こんなことで人間の運命が変ると考えるのは、「心」よりも「物質的形態《ぶっしつてきけいたい》」を先にする迷信《めいしん》であります。

「心は工《たく》みなる画師《えし》の如《ごと》く種々《しゅじゅ》の五陰《ごおん》を画《えが》き」と華厳経《けごんぎょう》の唯心偈《ゆいしんげ》に書いてある通りであって、「心」が手相も描《えが》くが、運命も描く、また、姓名をも描くのであります。これに反《はん》して、姓名と云う「形」が「心」を変化すると考えるのは、むしろ物質的なもの、形あるものを「心」に優先《ゆうせん》すると考える唯物論《ゆいぶつろん》であります。だからそれは生長の家の教《おしえ》に反する迷《まよ》いなのであります。

第十六章　原爆《げんばく》・水爆《すいばく》をのがれるには

自動車《じどうしゃ》は何故《なぜ》衝突《しょうとつ》しますか

私たちの運命《うんめい》を支配《しはい》するものが私たち自身の心であることがわかりますと原爆水爆《げんばくすいばく》の危機《きき》からのがれるのも私たち自身の心であると云《い》うことが分《わか》る筈《はず》であります。

原爆・水爆が問題《もんだい》になっておりますが、今まで原爆・水爆で死んだり傷《きず》ついた人の数よりも自動車事故《じどうしゃじこ》で死傷《ししょう》した人の数の方が余程《よほど》多いのであります。原爆・水爆は、戦争《せんそう》が起《おこ》らなかったら滅多《めった》に（水爆実験《じっけん》による被害《ひがい》は別《べつ》として）私たちを害《がい》しないのでありますけれども、自動車事故と云うものは戦争がおこらなくても常《つね》に起りつつあるのであります。しかしその自動車事故に引っかかって傷つく人と傷つかない人とがある。どんなに弾丸《だんがん》が雨霰《あめあられ》と降《ふ》ってくる戦《せん》場《じょう》にいてさえもその弾丸で傷つく人と、弾丸が身体《からだ》スレスレのところを通っても少しも傷つかない幸運《こううん》の人とがあるのは何故《なぜ》でしょうか。この問題を解決《かいけつ》すれば、人間が幸福《こうふく》にもなり、不幸《ふこう》にもなる原理《げんり》がわかることになるのであります。

〝親和《しんわ》の法則《ほうそく》〟とはこんなものです

この世界には〝親和《しんわ》の法則《ほうそく》〟と云《い》うのがあるのです。わかりやすく言えば、〝似《に》た者夫婦《ものふうふ》〟と云い、〝瓜《うり》の蔓《つる》には茄子《なす》は生《な》らぬ〟と云い、〝類《るい》をもって集《あつま》る〟とか〝類《るい》は朋《とも》を招《よ》ぶ〟とか、〝笑《わら》う門《かど》に福《ふく》きたる〟などの諺《ことわざ》によってあらわされているように、自分に似たものが自分のところに集ってくるのであります。若《も》しあなたが自動車《じどうしゃ》や汽車《きしゃ》の衝突事故《しょうとつじこ》で傷《きず》つくまいと思ったならば、自分が他の人たちと衝突する心や、人を傷つける心をなくすることが必要《ひつよう》なのであります。

信念《しんねん》の魔術《まじゅつ》はどれほどきくか

「信念《しんねん》の魔術《まじゅつ》」だなどと云《い》いますけれども、「自分は決《けっ》して病気《びょうき》にならぬ」と堅《かた》いかたい信念をもっておりましても、病気になる人があります。そして或《あ》る人は「生長《せいちょう》の家《いえ》では、〝心で思うとおりのものがあらわれる、自分の心と類似《るいじ》のものが出てくる〟と云うが、私は病気など一度も思ったことがないのに病気になったから思うとおりにあらわれるのはウソだ」と言う人もありますけれども、その人に「でも、あなたは人を攻撃《こうげき》して刺《さ》すような心をもっているではありませんか、常《つね》に皮肉《ひにく》を言い、アラをさがして攻撃《こうげき》してくる――そう云うように、人を刺し、切り審《さば》く心をもっているから、注射針《ちゅうしゃばり》で刺されメスで切られるような病気にかかるのですよ」とその人の性格《せいかく》を言いあててあげると、「成《な》る程《ほど》、これは私の心の通りのものが引寄《ひきよ》せられたのですね」とわかって下さるのであります。

心の無線電信《むせんでんしん》を使いましょう

外《そと》の世界から起《おこ》ってくるように見える事柄《ことがら》でも、ラジオの波《なみ》が眼《め》に見えなくとも地球上《ちきゅうじょう》全体にひろがっていますように、各人《かくじん》の心の世界は波動《はどう》となって全体につながっているのでありますから、自分が或《あ》る種《しゅ》の心の波を起《おこ》しますと、心の波のとどく限《かぎ》り、無線電信《むせんでんしん》の発信信号《はっしんしんごう》のように、世界のどこへでもその波動がとどきまして、波長《はちょう》の合うものに受信《じゅしん》され、波長の合うものが近づいて来るのであります。だから一つ悲《かな》しい念《こころ》を起しますと、その一つの念《こころ》に対して「一つだけの不幸《ふこう》」が近づいてくるかと云《い》うと、決《けっ》してそうではないのであって、無数《むすう》の「不幸」が近づいてくるのであります。これを世間《せけん》では、「人は落《お》ち目《め》になると、悪《わる》い事が重《かさ》なる」と云うのであります。類《るい》をもって集まって来るのですから、この反対《はんたい》も真実《しんじつ》でありまして、「人は運《うん》が向いてくると、何をやってもトントン拍子《びょうし》に成功《せいこう》する」と云うことにもなります。だから何か一つ悲しい事が起って来ました場合に、その悲しむ暗《くら》い思いを持ちつづけていては、類をもって「悲しい事件《じけん》」があつまって来ますから、何か悲しい事が起って来たときには、「ああ、ありがたい。これで過去《かこ》の業《ごう》が消えた!!」と暗い心をその瞬間《しゅんかん》に捨《す》て去って、「ありがたい」と云う明《あか》るい感謝《かんしゃ》の心になることが必要《ひつよう》であります。

心が温和《おんわ》であれば、危害《きがい》は近寄《ちかよ》って来ません

東京都《とうきょうと》の生長《せいちょう》の家誌友相愛会連合会会長《いえしゆうそうあいかいれんごうかいかいちょう》をしていられた山上新太郎《やまがみしんたろう》さんは心が明《あか》るく、いつもニコニコ豊《ゆた》かな心をもっておられますから、類《るい》をもって集まると云《い》う法則《ほうそく》にしたがっていつも経済的《けいざいてき》にも豊かであり、いつだったか大阪《おおさか》へ商用《しょうよう》で行《ゆ》くときにも飛行機《ひこうき》で行くことになっていまして、木星号《もくせいごう》の切符《きっぷ》を買いましたが、それでも自然《しぜん》にその木星号には波長《はちょう》が合わなくて乗れなくなりまして、その木星号は、三原山《みはらやま》に激突《げきとつ》(激しく衝突する)して飛行機の乗客《じょうきゃく》は全部惨死《ざんし》しましたが、山上さんは救《たす》かったのであります。これは山上さんのその時の心境《しんきょう》が、人と決《けっ》して衝突しない温和《おんわ》な心境で、木星号の激突とは波長が合わなかったからであります。青函連絡船《せいかんれんらくせん》

の洞爺丸《とうやまる》の沈《しず》んだときにも、函館《はこだて》の小西興太郎《こにしこうたろう》さんの報告《ほうこく》によりますと、生長の家の誌友の乗《の》組員《くみいん》で、その日に限《かぎ》って、公休《こうきゅう》をもらって乗込《のりこ》んでいなかったためにたすかった人もあり、一旦乗船《いったんじょうせん》していたが、風が烈《はげ》しいので危険《きけん》をかんじて、船員《せんいん》におろしてくれと云うと、「もうタラップを上げたから、おろす訳《わけ》には行かぬ」と云うので、止《や》むを得《え》ず、荷物《にもつ》の揚卸《あげおろ》しの出口を見つけて、そこから下船《げせん》して救《たす》かった生長の家の誌友もありました。こう云う人は心の波長が穏《おだや》かであって、烈《はげ》しく逆巻《さかま》く怒濤《どとう》とは波長が合わなかったのであります。

不幸《ふこう》のときほど明《あか》るい心になりましょう

ところで、私たちが常《つね》に明《あか》るい豊《ゆた》かな穏《おだや》かな心の波《なみ》をつづけていようと思いましたら、人生の現象的《げんしょうてき》な荒波《あらなみ》や、色々《いろいろ》の不幸《ふこう》や、悲惨《ひさん》を、アルと思って常に心を恐怖《きょうふ》で波立《なみだ》てていてはならないのであります。不幸が出たとき、病気《びょうき》が出たとき、それから心を一転《いってん》して心を明るくする工夫《くふう》が肝腎《かんじん》であります。それには、〝この世界は神様が拵《こしら》えた世界であるから、悪《わる》いものは一つもないのである〟と云う根本信念《こんぽんしんねん》を持つことが第一であります。

神想観《しんそうかん》をして〝実相《じっそう》の世界〟を見つめましょう

現象《げんしょう》世界がどんなに見えておろうとも、目をつむってそれを見ないようにして、そして「実相《じっそう》の世界」即《すなわ》ち神様のおつくりになったホントにある世界の完全《かんぜん》な有様《ありさま》をじっと見つめるのです。これを神想観《しんそうかん》とも実相観《じっそうかん》とも云《い》うのです。そして「この世界は神様がこしらえた世界であるから、悪《わる》いものは一つもないのである」と、「悪いもの」の存在《そんざい》を心の中で打ち消して、「善《よ》きもの」ばかりが満《み》ち満《み》ちている世界を心に描《えが》いてじっと心で見詰《みつ》める修行《しゅぎょう》をするのです。この修行を毎日つづけておると、原子爆弾《げんしばくだん》を落《おと》されても、そんな不幸《ふこう》には波長《はちょう》が合わぬから、ちゃんと当《あた》らなくなる。だから安全《あんぜん》で仕方《しかた》がないのであります。実例《じつれい》があるのだから仕方がないのです。

自然《しぜん》に危険《きけん》から遠ざかる（実例《じつれい》その一）

長崎医科大学《ながさきいかだいがく》の精神科《せいしんか》教授《きょうじゅ》で、後《のち》に学長《がくちょう》になられた高瀬《たかせ》清博士《きよしはくし》の奥《おく》さんは、あの長崎の原爆《げんばく》の当時《とうじ》、長崎白鳩会《しろはとかい》の会長《かいちょう》をしておられて、博士はその頃《ころ》は精神科の科長《かちょう》をしておられました。戦争《せんそう》がたけなわになると、高瀬博士一家《いっか》は長崎から十里程《りほど》はなれた湯江《ゆえ》と云《い》う所へ疎《そ》開《かい》（密集の反対。空襲をさけるために家の密集していない所へ行って住む）されたけれども、博士は大学の教授であるから毎日長崎へ出勤《しゅっきん》して教えなければならないのです。ところがあの原爆の年の八月の一日から一週間、歯科医《しかい》を集めて、大学で毎日連続《れんぞく》して精神講座《せいしんこうざ》を開《ひら》いて講義《こうぎ》せられたので、その翌日《よくじつ》から三日間、八日、九日、十日と公休《こうきゅう》をお貰《もら》いになって、大学へお出《い》でにならなかった。そしたらその休暇《きゅうか》の二日目の九日にあの原子爆弾《げんしばくだん》が長崎大学の真上《まうえ》を爆心《ばくしん》として爆発《ばくはつ》したのであります。そのとき長崎大学の臨床《りんしょう》の方の教授は全部全滅《ぜんめつ》してしまい、学科《がっか》の方の教授は、数人を残《のこ》して気の毒《どく》にも全滅しました。当時の学長は文部省《もんぶしょう》に用事《ようじ》があってその前日まで大学に出なかったが、原爆当日出席《しゅっせき》して惨死《ざんし》せられた。高瀬博士自身は公休で出勤《しゅっきん》しなかったから救《たす》かったのでありました。そんな具合《ぐあい》に心の波長《はちょう》が穏《おだ》やかでありますと、自然《しぜん》に、そう云う荒《あ》らす物とは波長が合わず近寄《ちかよ》らぬことになるのであります。常《つね》に神想観《しんそうかん》を修《しゅう》して〝不幸《ふこう》の存在《そんざい》しない〟ところの実相《じっそう》の世界を心で見つめるようにしておりますと、心のフィルムにあるものが現《あらわ》れるのが現象《げんしょう》世界でありますから、心のフィルムに常に焼《や》き附《つ》けているところの実相世界の完全な世界の有様《ありさま》が現象世界にあらわれて来まして、そのフィルムが映《うつ》って出る現象世界は不幸《ふこう》や災難《さいなん》のない世界になって来るのであります。

自然《しぜん》に危険《きけん》から遠ざかる（実例《じつれい》その二）

ただ一つの実例《じつれい》では「偶然《ぐうぜん》だ」と批評《ひひょう》する人もありましょうが、ほかにもある。例《たと》えば与田《よだ》伊左夫《いさお》さんのお嬢《じょう》さんでありますが、長崎市《ながさきし》の活水高等女学校《かっすいこうとうじょがっこう》へ通《かよ》っておられてその頃《ころ》三年生であった。このお嬢さんの一家《いっか》も長崎から五里《り》ほどはなれた諫早《いさはや》と云《い》うところに疎開《そかい》しておられたけれども、お父《とう》さんは三菱電機株式会社《みつびしでんきかぶしきがいしゃ》におられて、或《あ》る部課《ぶか》の課長《かちょう》をしておられた。長崎への空襲《くうしゅう》が頻繁《ひんぱん》になって来ますと、すべて課長はその部課の防空班長《ぼうくうはんちょう》になって長崎市内にいて警衛《けいえい》しなければならぬことになったので、もう絶体絶命《ぜったいぜつめい》です。原子爆弾《げんしばくだん》が来《こ》ようと来《こ》まいと、もう長崎市に踏《ふ》みとどまらねばならぬことになったのです。従《したが》って長崎市に原爆が落ちたら、もうそれを避《さ》ける道はない筈《はず》でありました。併《しか》し波長《はちょう》の合わぬものは自然《しぜん》に離《はな》れるのであります。恰度《ちょうど》、あの日に、与田伊左夫さんが会社へ行きますと、其《そ》の部の部長《ぶちょう》さんが、「余《あま》り空襲がはげしいから、事務所《じむしょ》を疎開したいと思うので、疎開する先になる地所《じしょ》を見に行こうじゃないか。午前八時に長崎を汽車《きしゃ》が出るから、あれに乗らないと帰りがおそくなるから君《きみ》、あれで行こう」……ということになりまして、与田伊左夫さんは午前八時には長崎駅《ながさきえき》を出発《しゅっぱつ》して、もう長崎市にいなかった。その二、三時間後に原子爆弾が落《おと》されたのであります。ところが一方《いっぽう》、そのお嬢さんは、毎日毎日長崎の女学校へ通うのです。このお嬢さんは、身体《からだ》は丈夫《じょうぶ》だし、勉強《べんきょう》は熱心《ねっしん》だし、小学校から、高等女学校三年生になるまで一日も学校を休んだことがない、常《つね》に皆勤賞《かいきんしょう》を貰《もら》っているんです。こんな精勤《せいきん》な勉強好きの嬢《ひと》はちょっと位《くらい》頭が痛《いた》くとも、せっかく小学校から高等女学校三年生まで九年間も一日も休まないでいて、たった一日だけを今更《いまさら》休むというのは惜《お》しい気がするから、何が何でも学校へゆきたがる筈《はず》なのであります。其《そ》の日も実際《じっさい》、通学《つうがく》のために汽車に乗っていたのであります。身体《からだ》の調子《ちょうし》は、どこも悪《わる》くなかった。それが長崎の爆心地《ばくしんち》の「浦上《うらかみ》」と云う駅の、一つだけ手前の「道尾《みちのお》」という駅まで列車《れっしゃ》が行ったときに、どうしても今日《きょう》は長崎市内に入《はい》る気がしなくなったのです。どうしてそんな気になるのか理窟《りくつ》はわからぬけれども、どうしても行きたくない気がするので、折角《せっかく》乗って来た汽車を其処《そこ》で降《お》りてしまったのです。すぐ逆《ぎゃく》に諫早へ帰る汽車は無《な》いので、長崎市とは反対《はんたい》の方向へ歩いて自分の家へ帰りつつあった。その途中《とちゅう》で原子爆弾が爆発したのです。距離《きょり》が遠かったから何等《なんら》被害《ひがい》はなかったのであります。こういう風《ふう》に心が常に実相《じっそう》の明《あか》るい世界に向いておりますと、不幸《ふこう》が近づいて来ても波長《はちょう》があわぬから、不幸の方から遠ざかって行くのです。

心は宇宙《うちゅう》に満《み》ちていて互《たがい》に一体《いったい》です

まことに自分の身辺《みのまわり》で肉眼《にくがん》で見える世界は自分の心の姿《すがた》の映《うつ》る世界なのですから、つねに、つとめて神想観《しんそうかん》をし、心の世界に、「一切《いっさい》の不幸《ふこう》も病気《びょうき》も災難《さいなん》も無《な》い世界」を既《すで》に描《えが》いておりますと、その姿が地上に映って出て来るのです。そうしたら原子爆弾《げんしばくだん》はありと雖《いえど》も、それと自分とは波長《はちょう》がちがうから、自分に関係《かんけい》はない、もう決《けっ》して傷《きず》つかないと云《い》うことになるのであります。一人や二人の実例《じつれい》では足《た》りぬと云われれば、まだほかにも原爆に曝《さら》されて傷つかなかったところの天辰静雄《あまたつしずお》さんや甲斐信佳君《かいのぶよしくん》などの実例があります。原爆で傷つくと傷つかないとは各々《おのおの》自分の心の問題《もんだい》であります。もし世界中のみんなの人の心境《しんきょう》がそういう心境になったらどうでしょうか。原子爆弾が来ても水素《すいそ》爆弾が来ても、ちょうど其《そ》の破壊力《はかいりょく》の及《およ》ばないところに、自然《しぜん》にすりぬけることになるのであります。あまり原水爆恐怖症《げんすいばくきょうふしょう》になって、映画《えいが》『生きものの記録《きろく》』の主人公《しゅじんこう》のように、気が狂《くる》ってしまうのはおろかなことです。「恐《おそ》れる」とその「恐れる心」の波長によって不幸を引寄《ひきよ》せることになります。ですから、「神様の造《つく》り給《たま》うたこの世界には、一切の悪《あく》も不幸も災難も貧乏《びんぼう》もないのである」と念じて、実在《じつざい》の世界の完《かん》全《ぜん》な相《すがた》を、神想観《しんそうかん》をして必《かなら》ず朝一回夕方一回は観《かん》ずるようにして頂《いただ》きたいものであります。するとあなたの潜在意識《せんざいいしき》に映画のフィルムみたいに「心のフィルム」が出来上《あが》るのであります。すると、このフィルムが「現象界《げんしょうかい》」というスクリーンに映ってあらわれて来るのです。そうすると、悪《わる》いものは一つも現象界に現《あらわ》れないということになるのであります。これがわたしたちが、この世の中に、幸福《こうふく》なる、平和《へいわ》なる、善《よ》き世界を実現するための根本原理《こんぽんげんり》であります。この根本原理を生長《せいちょう》の家《いえ》では「心の法則《ほうそく》」又は「横《よこ》の真理《しんり》」というのであります。マーフィー博士《はくし》の『信仰《しんこう》の魔術《まじゅつ》』＊（J・マーフィー著、中嶋逸平訳、日本教文社発行）と云う本には、此《こ》の「横の真理」で思う通りに何でもこの世に現れる真理が実《じつ》にたくみに講義《こうぎ》してあるので、心の法則を知りたい人は参考《さんこう》にせられるとよいと思います。吾々《われわれ》の心というものは幾重《いくじゅう》にも、複雑《ふくざつ》にかさなっております。吾々の心を大別《たいべつ》すると、現在《げんざい》意識と潜在意識とになり、其《そ》の潜在意識の底《そこ》に宇宙意識《コスミック・コンシャスネス》とか人類意識《レース・コンシャスネス》とか、それから超越意識《スーパー・コンシャスネス》などと幾重にも重《かさ》なっておるのであります。この事は『健全《けんぜん》の真理』＊（新選谷口雅春法話集第四巻、日本教文社発行）と云う本に詳《くわ》しく書いておきましたので、今は云いませぬが、心は複雑ですから、ただ心の上《うわ》っ面《つら》だけで、〝不幸なんて、災難なんてあるものか〟と心の表面で思っていて、しかもその心の底で今朝《けさ》夫婦喧嘩《ふうふげんか》をして心が衝突《しょうとつ》した心でいるならば、あなたの自動車は衝突するかも知れないのです。だから幸福になるためには、あなたの潜在意識を浄《きよ》めるために、神想観が大切なのであります。神想観をして心の底深《そこふか》く、更《さら》に心の底深く、本当に自分の全意識の底の底まで、〝この世界は神様が拵《こしら》えた実相《じっそう》世界であって、悪いものは一つもないのである〟という「徹底的《てっていてき》（心の底まで貫《きとおした》）信念《しんねん》」を植《う》えつけるようにしなければなりません。そうすると心のフィルムに、立派《りっぱ》な撮影《さつえい》が出来るのです。そしてそれが時期《じき》が来ますと、地上の現象世界に映し出されて、ただ善《ぜん》のみ幸福《こうふく》のみあって、不幸、災難など一切ない世界が出て来るということになるのであります。

心の力による筋肉《きんにく》の発達《はったつ》

最近《さいきん》、ボディ・ビルと云《い》って重器具《じゅうきぐ》を振《ふ》って体操《たいそう》することによって肉体《にくたい》を発達《はったつ》させることが流行《はや》っています。心の力にこれを応用《おうよう》すると効果《こうか》が一層《いっそう》多いのであります。ボディ・ビルの元祖《がんそ》はサンドウと云う人で、この人は鉄亜鈴《てつあれい》をにぎって体操するときに筋肉《きんにく》が運動《うんどう》するにしたがって力コブが出来て隆起《りゅうき》するのを鏡《かがみ》に映《うつ》しながら〝私の肉体はこんなに筋肉がたくましい〟と念《ねん》じ、且《か》つその形を目で見て心に印象《いんしょう》しながら体操したら世界一の筋肉美《きんにくび》の肉体になったと云うのです。これも心に描《えが》き心に強く思ったものが実現《じつげん》したのであります。この同じ原理《げんり》を応用して肺臓《はいぞう》をレントゲンに映して見て、「ここに空洞《くうどう》がある。ここは真黒《まっくろ》になって結核菌《けっかくきん》に犯《おか》されている」と念《ねん》ずるようにすると、益々《ますます》その精神的《せいしんてき》ショックによって病気《びょうき》が悪《わる》くなるのであります。この精神原理を知らぬ医者《いしゃ》が多いのは誠《まこと》に残念《ざんねん》なことであります。

レントゲンに何が映ろうとも、そんなものは現象《げんしょう》であって、現象は心の影《かげ》なのだ。何の影かと云うと、それは色々《いろいろ》あるが、今まで親不孝《おやふこう》の心を起《おこ》したとか、夫婦喧嘩《ふうふげんか》の心を起したとか、腹立《はらだ》って固《かた》まる心を起したとか、或《ある》いは陰気《いんき》くさい暗《くら》い心を起したとか、人を非難《ひなん》し攻撃《こうげき》する心を起したとか、まあ、兎《と》も角《かく》も面白《おもしろ》からぬ感情《かんじょう》を起したことが、肉体にあらわれて、今影になって映っているのであります。

ホルモン医学《いがく》の発達《はったつ》と精神身体医学《せいしんしんたいいがく》の樹立《じゅりつ》

この事は最近《さいきん》、脳下垂体《のうかすいたい》ホルモンＡＣＴＨや副腎皮質《ふくじんひしつ》ホルモン・コーチゾン等《とう》の研究《けんきゅう》によって、吾々《われわれ》の感情《かんじょう》が鋭敏《えいびん》に、間脳《かんのう》→脳下垂体→副腎と云《い》う一系列《いちけいれつ》のホルモン腺《せん》に反応《はんのう》してホルモンの分泌量《ぶんぴつりょう》やその種類《しゅるい》に変化《へんか》がおこって、そのホルモンの力によって炎症《えんしょう》を起《おこ》すことによってバイキンの侵入《しんにゅう》をふせいだり、炎症を治《なお》すことによって却《かえ》って病菌《びょうきん》が内部《ないぶ》に侵入したり敗血症《はいけつしょう》を起させたりすることがわかりまして、心を正しく支配《しはい》することによってのみ肉《にく》体《たい》の健康《けんこう》を維持《いじ》し恢復《かいふく》する事ができることが判《わか》って来たのであります。この事は杉靖三郎《すぎやすさぶろう》博士《はくし》等監修《とうかんしゅう》の『精神身体医学講座《せいしんしんたいいがくこうざ》』*をお読みになれば一層《いっそう》よく分《わか》ります。ところが肉体の病状《びょうじょう》を一々検温器《けんおんき》ではかり、レントゲンで見て一喜一憂《いっきいちゆう》しているようなことでは、感情の平和《へいわ》を保《たも》つことができません。したがって、此《これ》らホルモンを正しく支配することができないで、薬《くすり》で病気《びょうき》をおさえながらも、心でホルモンの異状《いじょう》をおこして病気を増悪《ぞうあく》していることになります。それで、感情を最《もっと》も正しく平静《へいせい》にする道は、神想観《しんそうかん》をして、心の眼《め》をもって、自分の体《からだ》がバイキンに蝕《むしば》まれるような物体《ぶったい》ではなく、「霊々妙々皎々《れいれいみょうみょうこうこう》として光《ひかり》を放《はな》っているところの霊体《れいたい》である。自分の全身が神の生命《せいめい》そのものである」と云う実相《じっそう》を一心《いっしん》に念《ねん》ずるのがよいのであります。大体《だいたい》、病気の身体《からだ》が此処《ここ》にあるのである、それを「こう念じて治すのだ」というような、そういう病気をみとめる考えがあって神想観をしたのでは、「病気の身体《からだ》があるのである」という念が先立《さきだ》ちますから、本当の心の平和が保たれないのです。だから、そういう病気の思いを起すことをやめて、ただ一途《いちず》に、わが身が霊身《れいしん》であってバイキンも病気も冒《おか》すことのできない存在《そんざい》だと云うことを観《かん》ずるがよいのです。「肉体は無《な》い」「現象《げんしょう》は無い」というこの大否定《だいひてい》の一喝《いっかつ》があるのはこの為《ため》であります。病気の有様《ありさま》がどんなに肉体に現《あらわ》れておってもそれは影《かげ》である、影は実在《じつざい》ではない。だから影は無いのだ。無いものは無いのだ！　病気はないのだ。だから恐れることは無いとハッキリと否定し切って、其処《そこ》に自分の霊身が金剛不壊《こんごうふえ》で光明遍照《こうみょうへんじょう》で照《て》り輝《かがや》いている姿《すがた》を瞑目《めいもく》した自分の心の眼に描いて見るとよいのであります。病気の人はこの行事《ぎょうじ》を、朝夕二十分ずつ毎日一ヵ月間続《つづ》けてやってみて下さい。そして結果《けっか》があったら報告《ほうこく》して下さい。

第十七章　苦難《くなん》と恐怖《きょうふ》の克服《こくふく》

「悪《あく》」を心でつかんではならない

病気《びょうき》を癒《いや》すために、「この病気を」「この病気を」と病気のことを心に思いつめてはなりません。「悪《あく》」を征服《せいふく》するのに「悪」をもってしてはなりません。悪を心でつかんで一つの「悪」を克服《こくふく》したと思ったら其《そ》の反動《はんどう》で、また更《さら》に他の「悪」がでて来るばかりでなく、克服したつもりの前《さき》の「悪」も、こちらが「心」でみとめるから、再《ふたた》び力を得《え》て却《かえ》ってその存在《そんざい》がハッキリして来るのであります。『健全《けんぜん》の真理《しんり》』生活応用篇《せいかつおうようへん》二一二頁《ページ》にはこう書いてあります。

「『悪《あく》に抗《こう》すること勿《なか》れ』と言うことは、悪を見ないと言うことである。形の奥《おく》に実相《じっそう》の善《ぜん》にして愛《あい》なるところのおはからいを見て、そのまま素直《すなお》に従《したが》うと言うことである。其処《そこ》からして無限《むげん》の善が発現《はつげん》して来るのである。これはやはり原因結果《げんいんけっか》の法則《ほうそく》である。『悪はあらず』と見ることによって悪なるものが崩壊《ほうかい》して無限の善が出て来るのである。」

「悪《あく》に抗《こう》すること勿《なか》れ、汝《なんじ》の右の頬《ほお》を打つものあらば左の頬をもめぐらして打たせよ」と云《い》うのはキリストの「山上《さんじょう》の垂訓《すいくん》」にある語《ことば》であります。「抗すると云」うのは抵抗《ていこう》することであって、悪と正面衝突《しょうめんしょうとつ》して悪と戦《たたか》うことです。ところが、「悪に抗する」と云うのは、「悪」があると云う観念《かんねん》があるからこそ抗するのであります。「あいつは悪《わる》い、俺《おれ》の国を侵略《しんりゃく》してくるかも知れぬから」と云うので防御態勢《ぼうぎょたいせい》を築《きず》く。防禦のつもりで軍備《ぐんび》をそなえるから、そして「攻撃《こうげき》は時には最善《さいぜん》の防備《ぼうび》なり」と云う語《ことば》もあるから、防衛《ぼうえい》軍備が強 力《きょうりょく》に出来ると、相手国は逆《ぎゃく》にいつ攻撃《こうげき》されるかも知れないと一層《いっそう》多く軍備を整備《せいび》すると云う事になる。米ソが互《たが》いに水《すい》素爆弾《そばくだん》や原子《げんし》爆弾を貯蔵《ちょぞう》するのも、やっぱり「悪に抗する心」があるからです。相手国が水素爆弾という強力な破壊武器《はかいぶき》を持っているから、何時《いつ》あの相手国が攻撃しかけて来るかも判《わか》らんから、こっちも破壊するものを造《つく》らなくちゃならんと云うようにして原水爆競争《げんすいばくきょうそう》をやる。こうして「悪に抗する心」で善《ぜん》を行おうとしても却《かえ》って「悪」をつくっているのが今の世界の現状《げんじょう》なのであります。

あれでは、どうしても世界は良《よ》くならない。アメリカが「ソ連《れん》は侵略国《しんりゃくこく》である」と云うと、ソ連は今度はアメリカに対して、「アメリカは侵略国である、帝国主義《ていこくしゅぎ》である、帝国主義的陰謀《いんぼう》を以《も》って某々地《ぼうぼうち》の平和攪乱政策《へいわかくらんせいさく》を行おうとしているのである」と云う。そして両方《りょうほう》からムキになって悪口《わるぐち》を言って、互いに「悪」とみとめて、「悪」を攻撃すべく防禦態勢をつくっているのです。これでは何時《いつ》まで経《た》っても本当の平和と云うものはやって来ないのでありまず。

真《しん》に平和《へいわ》を持ち来《きた》すには

だから、此《こ》の世界に真《しん》の平和を持ちきたすためには、生長《せいちょう》の家《いえ》の思想《しそう》をひろめて、アメリカのアイゼンハウアーにも、ソ連《れん》のフルシチョフにも、その他凡《すべ》ての国々の有力《ゆうりょく》な人達《ひとたち》に、「悪《あく》に抗《こう》すること勿《なか》れ、悪と云《い》うものは本来無《ほんらいな》いのである。相手の国の善《ぜん》のみを見よ」と云うイエスの教《おしえ》の本当の意味を知らさなければならない。これが本当の平和運動《うんどう》であるのでありまず。そのために『英文《えいぶん》生長の家』も出ているのであります。根本的《こんぽんてき》平和運動と云うものは、善を見ることなんです。相手の悪を見て、それに抵抗《ていこう》することではなく、相手の実相《じっそう》の善を見ることなのであります。すべての人間は全部その実相に於《お》いては、善なんですけれども、その

「善」を見ないから「善」が出て来ないのであります。善を見れば、もう必《かなら》ずや既《すで》に天になれる所の「善」が地(現象界《げんしょうかい》)に出て来るんだけれども、それを見ないで、心の波《なみ》を途中《とちゅう》で迷《まよ》いの波長《はちょう》に合わしているから、「天」にある完全《かんぜん》さが「地上」に現《あらわ》れて来るのが途中でふっ飛《と》んでしまって、現れて来なくなるのであります。そこで地上に永久《えいきゅう》平和の天国浄土《てんごくじょうど》を実現《じつげん》するには、「悪」の存在を否定《ひてい》しなければなりません。「悪」の存在の否定については『健全《けんぜん》の真理《しんり》』の本に次《つぎ》のように書かれています。

「実相《じっそう》」を念《ねん》ずるのは単《たん》なる技術《ぎじゅつ》ではない

「あらゆる『悪《あく》』の観念《かんねん》を捨《す》て去《さ》れ。『悪』は非存在《ひそんざい》なりと観《み》ることによって、真《しん》に悪は非存在に入《い》るのである。『悪は非存在なり』と宣言《せんげん》することは、単《たん》なる自己暗示《じこあんじ》ではないのであって、それは自己及《およ》び宇宙《うちゅう》に内在《ないざい》する真理《しんり》の端的《たんてき》なる宣言であり、真理の霊《れい》の自発的《じはってき》なる宣言である。」(『健全の真理』生活応用篇二一二頁)

『悪』が存在すると云《い》う観念《かんねん》を捨て去って、「只善《ただぜん》のみ実在《じつざい》する」、と念《ねん》ぜよと云うことが書かれているのであります。此《こ》れは現象界《げんしょうかい》にあらわれる御利益《ごりやく》として「善を現《あらわ》す一種《いっしゅ》の技術《ぎじゅつ》」

として念ずるかのように見えましても、決《けっ》してそうじゃない、もっと深《ふか》いものがあるのであります。それは何故《なぜ》であるかと云うと、宇宙《うちゅう》のありとあらゆるものの「実相《じっそう》」と云うものは「善」そのものなのでありますから、私たちが「善」を念ずる時には、その背後《はいご》に宇宙的な力がバックしているのであります。その宇宙的な実相の「善」が実相界《じっそうかい》から押《お》し出しているのは恰度《ちょうど》、放送局《ほうそうきょく》から放送の波《なみ》を押し出しているようなものでありまして、そこへもっていって、私たちが善を念ずるならば、「善」の放送のある所へ「善」の波長《はちょう》にあうように、こちらのラジオ・セットの波長を、合わすべくダイヤルを調整《ちょうせい》するようなものであります。ダイヤルを廻《まわ》すのに、ほんの一寸《ちょっと》の力ですみます。それと同じく、ちょっと「善」を念ずるだけで、実相界から放送される出力《しゅつりょく》の強さで、善がそのまま現象界に実現《じつげん》して来るのであります。

実相界《じっそうかい》の実在《じつざい》の延長《えんちょう》としての善《ぜん》

だから「悪《あく》」を念《ねん》じて「悪」が現象界《げんしょうかい》に出て来るのと、「善《ぜん》」を念じて「善」が現象界にでてくるのとは機構《きこう》が根本的《こんぽんてき》にちがうのであります。「悪」は、吾々《われわれ》の「心の迷《まよ》い」から放送《ほうそう》されてでているのですけれども、「善」なる事実《じじつ》は「心の迷い」から出て来ているのじゃないのであって、実相《じっそう》の善がそのまま現象界に延長《えんちょう》して来ているのであります。だから諸法《しょほう》そのままに実相です。「諸法」すなわち、「もろもろの現象」はそのままに実相の延長だと云《い》うことになるのであります。キリストの祈《いの》りの語《ことば》をかりて言えば、「み心《こころ》の〝天〟になるが如《ごと》く〝地〟にもなっている」と云《い》う状態《じょうたい》であります。〝天〟とは〝実相界《じっそうかい》〟であり、〝地〟とは〝現象界〟であります。現象界の「善」といえども、それが「善」であるのは、実相世界の延長として其処《そこ》に現《あらわ》れているのであって、決《けっ》して単《たん》なる心の迷妄《まよい》の描《えが》くところではないのであります。この事は真理《しんり》を理解《りかい》する上に、非常《ひじょう》に大切なところであります。悪が単なる〝心の影《かげ》〟であったら、善も単なる〝心の影〟じゃないか、一切はすべて心のあらわすところであるからだと考える人もありますが、「善」は「神の心」が動き出してあらわれた霊的波動《れいてきはどう》を現象界と謂《い》うテレビ装《そう》置《ち》でキャッチしたのでありますが、「悪」は単なる心の影であって、「妄想《もうぞう》」の心の影であるのであります。すなわち「善」は、実相世界の波長《はちょう》、即《すなわ》ち実在《じつざい》の波長が延長して出て来ているのです。之《これ》に反《はん》して「悪」は只単《ただたん》に私たちが途中《とちゅう》で描いた妄想の心の影がそこへ現れているのであるから、同じく心の所現《しょげん》であっても、その実質《じっしつ》が根本的に異《こと》なるのであります。

ただ「善《ぜん》」のみ実在《じつざい》である、念《ねん》ずれば現《あらわ》れるのは法則《ほうそく》による

『健全《けんぜん》の真理《しんり》』の本にはつぎのように書かれています。

『真理の霊《れい》』の自発的発言《じはってきはつげん》であるところの『善《ぜん》のみ実在《じつざい》である』という宣言《せんげん》が、真《しん》に信念《しんねん》をもって思念《しねん》し、語られたときには、それは法則《ほうそく》として、自働的《じどうてき》に具象化《ぐしょうか》しはじめるのである。調和《ちょうわ》のみあると念《ねん》ぜよ。調和が実現《じつげん》しはじめるのである。健康《けんこう》のみ実在すると念ぜよ、健康が実現しはじめるのである。『不幸《ふこう》はない』と念ぜよ、不幸は消滅《しょうめつ》しはじめるのである。繁昌《はんじょう》のみ実在であると念ぜよ。繁昌が実現しはじめるのである。」（生活応用篇二一二頁）

「真理《しんり》の霊《れい》」と云《い》うのは「実相界《じっそうかい》の波動《はどう》」であります。その自発的発言《じはってきはつげん》とは実相界からの自発的放送《ほうそう》であります。その放送には善《ぜん》のみがある。それに対して「善」を思念《しねん》すると自働的《じどうてき》にその「善」が受信《じゅしん》されて現象《げんしょう》世界にあらわれて来るのであります。それは実現《じつげん》であります。「実現」と云う字は「実相が現《あらわ》れる」と書いてあります。妄想《もうぞう》が現れるのじゃないのであって、実際《じっさい》に実相の世界に善《よ》きものが充満《じゅうまん》しているのが、私たちが心に念《ねん》ずるのが契機《けいき》となって、それと波長《はちょう》が合うことになって、実在《じつざい》の放送が、現象世界に実現するのであります。その実現するのは法則《ほうそく》によって実現するのであって、只《ただ》ネジを廻《まわ》すごとく我々《われわれ》の心で念じ、言葉で唱《とな》えるだけで好《よ》いのであって、それがもし、現れないとするならば、「こんなことくらいで現れるものか」と思う反対観念《はんたいかんねん》が、あたかも吹《ふ》きすさぶ颱風《たいふう》のようにその実現の途中《とちゅう》でやって来て、せっかく現れてこようとしている電波《でんぱ》が、途中で消えてしまうのであります。ちょうど短《たん》波《ば》ラジオの放送が電離層《でんりそう》にデリンジャー現象と云う電波の攪乱《こうらん》（本来の運動をかきみだすこと）現象が起ると、短波の放送が受信《じゅしん》出来なくなるようなものであります。

全身ただ真理《しんり》の言葉をもって浸潤《しんじゅん》せよ

だから、そう云《い》う妨礙《ぼうがい》の精神的電波《せいしんてきでんぱ》の起《おこ》らないように私たちは、常《つね》に、真理《しんり》の言葉のみを念《ねん》じなければならないのです。『健全《けんぜん》の真理』には次《つぎ》の如《ごと》く教えられているのであります。

「真理《しんり》の言葉のみをもって自己《じこ》の全心身《ぜんしんしん》を浸潤《しんじゅん》せよ。『この言葉をもって自分は過去《かこ》に於《お》いて過《あやま》ちて抱《いだ》きたりし、一切《いっさい》の欠乏《けつぼう》、不完全《ふかんぜん》、病気《びょうき》、欠陥《けっかん》、失敗《しっぱい》、不幸《ふこう》、災難《さいなん》などの観念《かんねん》を払《ふっ》拭《しき》するのだ』と念《ねん》ぜよ。『悪《あく》はない、悪の人もない、悪の事件《じけん》もない。悪と見えるのは五官《ごかん》の感覚《かんかく》の迷妄《めいもう》である』」（生活応用篇二一三頁）

「悪《あ》しきものはない」と云《い》いますと、それでは黴菌《ばいきん》もないのかと云う人がありますが、それについては次の如《ごと》く示《しめ》されています。

「善《よ》き微生物《びせいぶつ》は在《あ》るが、人間を冒《おか》す黴菌《ばいきん》なんて存在《そんざい》しないのである。それは唯《ただ》、心の影《かげ》に過《す》ぎない。不幸《ふこう》も災難《さいなん》も存在しないのである。存在するものは唯完全《ただかんぜん》のみである。調和《ちょうわ》のみである。」（生活応用篇二一三〜二一四頁）

ある時、ある奥様《おくさま》が「良《よ》き微生物《びせいぶつ》はあるが、人間を冒《おか》す黴菌《ばいきん》なんて存在《そんざい》しないのである」と、言われたことがあります。その方には科学者《かがくしゃ》でインテリの息子《むすこ》がありました。その息子に「神のつくり給《たま》うた此《こ》の世界には、黴菌なんて、いないんですよ」と言ったものですから、その息子が「黴菌なんか居《い》ないと云うことがあるもんか、顕微鏡《けんびきょう》で見たら、ちゃんとある」と反《はん》駁《ばく》されました。そして「黴菌も生きているから、やっぱりあれも神の子だよ」と言ったのです。息子にそう言われてみると、どうもそうらしいし、それでも黴菌がおるとすると、果《はた》して神様が人間を冒す黴菌なんてこしらえたのだろうかと云う疑問《ぎもん》がわいて来て、僕《ぼく》に質問《しつもん》されたことがあるのであります。黴菌というのは、微生物であります。その科学者の息子さんの言われるとおり、生きているんです。生きているんだから神の生命《せいめい》が宿《やど》っているんです。味噌《みそ》でも、醤油《しょうゆ》でも、お酒《さけ》でも、酢《す》でも、その他いろいろ醗酵《はっこう》さしてこしらえるよきものは、みな此《こ》の微生物によって出来ている。人間に宿るものにも大腸菌《だいちょうきん》なんていう良き微生物もある。最《さい》近飲料水《きんいんりょうすい》に大腸菌が入《はい》っとったとか、飲食店《いんしょくてん》の食器《しょっき》に大腸菌がついておったとか云って恐《おそ》れている人もありますけれども、大腸菌なんていうものは何も恐《おそ》ろしいことはない。皆《みな》さんの腸の中にいるのです。いるからこそそれがまた外《そと》へもでて来るのです。もし大腸菌が大腸の中におらなんだら都合《つごう》が悪《わる》いのです。何故《なぜ》かと云うと、あれは吾々《われわれ》の腸の中で醗酵作用《はっこうさよう》を営《いとな》んで、必要なビタミンB群《ぐん》を作ってくれる微生物であるからです。だからあれは良き黴菌なのであります。だけどもあれが飲料水や食器に居《お》るっていうことは、大便《だいべん》をした時の処置法《しょちほう》が不完全《ふかんぜん》であったと云うことを表《あらわ》しているから、不潔《ふけつ》であるし、その中には或《あるい》は、大便をした人の中に赤《せき》痢《り》や腸チフスにかかっていた人がまじっているかも知れんから、大腸菌がついているということは、大腸菌以外《いがい》の他の病菌が附着《ふちゃく》している惧《おそ》れがあるんですけれども、どんな黴菌も神の生命の顕現《けんげん》ですからすべて良き黴菌であります。なぜかと云うと腸チフス菌も本来《ほんらい》は無害有用《むがいゆうよう》の菌が人間の心の反映《はんえい》として有毒菌《ゆうどくきん》に変化《へんか》したのであるからです。

菌《きん》の性質《せいしつ》は精神波動《せいしんはどう》で変形《へんけい》する

私は『神癒《しんゆ》への道《みち》』（新選谷口雅春選集第三巻、日本教文社発行）と云《い》う本中《ほんちゅう》にこう書いておきました。チフス菌《きん》と云うのは、大腸菌《だいちょうきん》が変化《へんか》したものである、菌と云うものは小さい生きものであって、生きものは生きておって精神波動《せいしんはどう》を持っている。ところが人間は万物《ばんぶつ》の霊長《れいちょう》で強力《きょうりょく》な精神波動を持っているから、その宿主《やどぬし》である人間の精神波動が、人を憎《にく》んだり恨《うら》んだり、「あいつをやっつけてやろう」と云うような害心《がいしん》を起《おこ》すと、〝害を与《あた》えよう〟と云う念波《ねんぱ》が作用《さよう》して、本来善良《ほんらいぜんりょう》なる黴《ばい》菌《きん》が〝害を与えるもの〟に変化するのであります。そのため、大腸菌が腸チフス菌に変《かわ》ったり、疫痢菌《えきりきん》に変ったりするのであります。こう云う意味の事をその本に私は書いておいたのであります。ところが、それからしばらくして朝日新聞《あさひしんぶん》の岩手県版《いわてけんばん》でありますが、それにこう云う記事《きじ》がのっていたと云って切抜《きりぬき》を送ってくれた人がありました。それによると、盛岡病院《もりおかびょういん》の院長《いんちょう》の敷波義雄博士《しきなみよしおはくし》と云う方がその臨床上《りんしょうじょう》の実験《じっけん》によって、大腸菌が、腸チフス菌と全《まった》く同じ毒性《どくせい》を発《はっ》するところの菌に変化すると云うことが実証《じっしょう》された、ということを日本の医《い》学《がく》の雑誌《ざっし》に発表《はっぴょう》したら、その雑誌がフランスのパスツール研究所《けんきゅうじょ》へ行って、其《そ》の研究所から、「パスツール研究所でも、そういう実験が行われているのであるが、日本にそういう実験があるなら、その詳《くわ》しいデータ（研究の成果の細目）を知らしてくれ」と云って照会《しょうかい》して来たと云う事が書かれていたのであります。そういうように、このすべての黴菌はこの大腸菌の如《ごと》く皆良《みなよ》きものなんですけれども、人間の精神波動の影響《えいきょう》を反映《はんえい》して病菌《びょうきん》にあらわれるのであります。

結核菌《けっかくきん》なども、本来《ほんらい》、吾々《われわれ》と共存《きょうぞん》する有益《ゆうえき》な菌なのであります。皆必要《ひつよう》があって他のヴィールスやカビなどと平衡《へいこう》(つりあい)を保《たも》って吾々の健康《けんこう》を維持《いじ》してくれているのです。こうして私たちの健康を維持する必要があって肺蔵《はいぞう》にお住《す》まいあそばされている間《あいだ》は、それを称《しょう》して結核菌とは言わないのであります。何故《なぜ》かと云《い》うとそれは結核を起さない善良《ぜんりょう》な菌なのですから。顕《けん》微鏡《びきょう》でみると、大阪《おおさか》の結核専門《せんもん》の病院長をしておられる住吉弥太郎博士《すみよしやたろうはくし》の説《せつ》によると、結核菌も三十種類《しゅるい》のちがった形が見出《みいだ》されるので、獰猛《どうもう》な(猛獣のように恐ろしくたけだけしい)菌相《きんそう》をしているのもあれば、柔和《にゅうわ》な菌相をしているのもあるとのことで、それはいずれも人間の精神波動の影響を受けて、いろいろに変化したのであります。

神のつくり給《たま》うた微生物《びせいぶつ》には、悪《わる》いものは本来《ほんらい》ないのでありますが、人間が人を憎《にく》んだり、恨《うら》んだり、神経質《しんけいしつ》になったり、恩《おん》を仇《あだ》でむくいる親不孝《おやふこう》をしたり、愛《あい》を与《あた》えてくれる者にかえって毒《どく》を以《もっ》て報《むく》いるというような精神《せいしん》になりますと、その精神波動《はどう》の影響《えいきょう》を反映《はんえい》して、それが変化《へんか》をして、人間に害《がい》する毒素《どくそ》を分泌《ぶんぴつ》するようになるのであります。若《も》し黴菌《ばいきん》の毒性《どくせい》が人間の精神波動によって変化し得《え》ないのであったら、もう結核《けっかく》三期にでもなって、菌が組織《そしき》の中まで浸潤《しんじゅん》(にじむようにしてひろがる)して往《い》っている人が生長《せいちょう》の家《いえ》に入《はい》って心境《しんきょう》が一変《いっぺん》した結果《けっか》治《なお》るという事《じ》実《じつ》の説明《せつめい》がつかない訳《わけ》であります。それなのに、多くの治るという事実があがっていると云うのは人間の心の波《なみ》と云うものが、黴菌の毒性を変化して毒性をあらわさぬようにすると云う事を現《あらわ》しているのであります。「本来病菌《びょうきん》なし」でありまして、病菌としてあらわれているのは仮《か》りのすがたでありますから、永久《えいきゅう》にその「病菌」と云う〝病気《びょうき》を起《おこ》すバクテリア〟であると云うものは無《な》いのであります。だから吾々《われわれ》が心の波を変化して実相《じっそう》の波長《はちょう》に合うようにしたならば、それは善良《ぜんりょう》な有用《ゆうよう》なる菌に変化するのであります。だから皆《みな》さんは決《けっ》して病菌を恐怖《きょうふ》してはなりません。

神想観《しんそうかん》のすすめ

では、実相《じっそう》の波長《はちょう》に、吾々《われわれ》の心の波長を合わすには、どうしたらよいのでしょうか。それには神想観《しんそうかん》をして、天地一切《てんちいっさい》のものと和解《わかい》するがよいのであります。『詳説《しょうせつ》・神想観』の本にいろいろの神想観の仕方《しかた》が説明《せつめい》してありますから、あの本によるか、生長《せいちょう》の家《いえ》の各地《かくち》の教化部《きょうかぶ》または道場《どうじょう》で直接指導《ちょくせつしどう》をお受けになると宜《よろ》しい。神想観をして、神と一体感《いったいかん》を深《ふか》め、実相の円満完全《えんまんかんぜん》な波長が全身に行きわたりますと、その精神波動《せいしんはどう》がカリエスをわずらっている骨《ほね》の中に喰《く》い込《こ》んでいる黴菌《ばいきん》にも到達《とうたつ》して、病菌《びょうきん》を善良《ぜんりょう》な菌に変化《へんか》せしめてしまいます。いくらストレプトマイシンでも、パスでも、だいたい薬《くすり》というものは、血液循環《けつえきじゅんかん》で患部《かんぶ》へ送られて行って菌を抑制《よくせい》するのですが、骨の中には血管《けっかん》がないものですから、なかなか薬剤《やくざい》の力がその奥《おく》まで到達しにくいのであります。だからこの脊椎《せきつい》カリエスみたいな骨の結核《けっかく》と云《い》うものは、薬剤では治らないと医者《いしゃ》自身が断念《だんねん》しているのですけれども、心を変化すれば、心の波《なみ》というものは、どんな骨の中でも、ラジオの波がゴムの絶縁体《ぜつえんたい》で被覆《ひふく》してあるアンテナの中にでも入って行くように、心の波が骨の中までも入って行って病菌に影響《えいきょう》を与《あた》えることができるのです。ですから、私たちの心の波が「実相の波長」を起《おこ》しますと、菌はそれを受信《じゅしん》して、実相の完全円満な姿《すがた》に化《か》せられ、決《けっ》して吾々の肉体《にくたい》に害《がい》をしない微生物《びせいぶつ》に変化してしまうのであります。

第十八章　死《し》と病《やまい》を超《こ》えるには

何故《なぜ》臨終《りんじゅう》に苦《くる》しみが来るのか

人間は物質的存在《ぶっしつてきそんざい》ではない、霊《れい》であって、霊は死なないものだと判《わか》ったら、死を超《こ》えることが出来るのであります。人間をおそうところの生老病死《しょうろうびょうし》の四つの苦《くる》しみのうち、死の苦しみというものがなくなるわけであります。もっとも死ぬ時には、〝断末魔《だんまつま》の苦しみ〟と云《い》って、七顚八倒《しちてんばっとう》して苦しむ人もありますけれども、あれはまだ寿命《じゅみょう》が来ないうちに、魂《たましい》がまだ当《あた》り前ならこの肉体《にくたい》を使わなければならぬ期間《きかん》なのに、心の間違《まちがい》や肉体の誤用《ごよう》などで、何か肉体に故障《こしょう》を起《おこ》して、その肉体を魂がつかうにはあまり故障が多すぎる。それで肉体から魂が脱《ぬ》け出そうとしているのですけれども、時期来《じきき た》らざるに、ただ肉体の故障のために魂が其処《そこ》から出ようとしている状態《じょうたい》の時なのですから、未熟《みじゅく》の果物《くだもの》をちぎるように、肉体と魂とが、楽《らく》にスウッと離《はな》れないのであります。その離れないのを無理《むり》に引きはなそうとするから、スラスラと魂が脱け出せないので、苦しむということになるのであります。

だから本当に自然死《しぜんし》――自然に時が来て死ぬと云うときには、老衰《ろうすい》と言いますか、本来《ほんらい》「生《せい》命《めい》」それ自体には老衰もないのですけれども、或《あ》る期間を限《かぎ》ってこの肉体を魂が借《か》りて地上生活を営《いとな》むという一定《いってい》の時期、謂《い》わば借屋《しゃくや》の明《あ》け渡《わた》し期間というものがあるのでありますから、そう云う明け渡し期間が来たら、楽にスラスラと霊魂《れいこん》が肉体から抜《ぬ》け出してしまうことになる――従《したが》って臨終《りんじゅう》は非常《ひじょう》に楽なのですけれども、まだ明け渡しの期日《きじつ》が来ない為《ため》に、魂が移転《いてん》の準備《じゅんび》をしておらんことがあるのです。だから、その肉体がこわれかかったからとて、急に立ちのいてくれと言われても、色々《いろいろ》の荷物《にもつ》がまだ沢山《たくさん》あるのですから、それを担《かつ》ぎ出したりするのに暇取《ひまど》るものですから、一遍《いっぺん》にそれらの屋財家財《やざいかざい》を担ぎ出さんならんもんですから、非常に苦しむという状態が出て来て、断末魔《だんまつま》の苦しみというのが出て来るのであります。「色々の荷物」とか「屋財家財」とか言ったのは、霊魂の背負《せお》っている色々の「習慣性《しゅうかんせい》」又《また》は「業《ごう》」と云うようなものであります。「業《ごう》」が多ければそれを運《はこ》び出すのに手間《てま》どるので、断末魔の苦しみも多いのであります。ですから吾々《われわれ》は、断末魔の苦しみというものを味《あじ》わわないように、「業《ごう》」を少《すくな》くし、生きている間は病気《びょうき》なしに、そして愈々《いよいよ》明け渡しの時が来ればチャンと魂の準備がととのうていて、綺麗《きれい》に借家なる肉体を掃除《そうじ》してあけ渡すと云うように致《いた》しますと、自然死という、非常に安楽《あんらく》な死が出来ることになるのであります。

何故《なぜ》寿命《じゅみょう》が来ないのに死ぬのか

ところで、その寿命《じゅみょう》が来ないのに死ぬのには何か訳《わけ》がなければならぬ。如何《いか》なる理由《りゆう》で寿命が来ないのに死に見舞《みま》われて来るのであるかというと、肉体《にくたい》の取扱《とりあつか》いの不始末《ふしまつ》、自然法則《しぜんほうそく》への違反《いはん》と云《い》うこともありますが、そう云う間違《まちがい》を犯《おか》すのも、心が整《ととの》っていないからでありますから、不自然《ふしぜん》の災難死《さいなんし》及《およ》び病気《びょうき》はすべて心の間違から起《おこ》って来るということになっているのであります。ここに、大阪《おおさか》の都島区《みやこじまく》東四十三番地ノ十一、矢野桃江《やのももえ》さんと云う人の礼状《れいじょう》がありますが、心で如何《いか》に病気《びょうき》が起り、心で如何に病気が治《なお》るかを此《こ》の実例《じつれい》によって知って頂《いただ》きたいのであります。この人は長いあいだ中耳炎《ちゅうじえん》にかかっていたのです。そして医者《いしゃ》が二度も手術《じゅつ》したが治らなかったのでありますが、「生長《せいちょう》の家《いえ》」にふれると、忽《たちま》ち治ってしまったと云う話であります。もっとも唯《ただ》教《おしえ》にふれるだけでは駄目《だめ》であります。教《おしえ》にふれて心が善《よ》い方に変《かわ》らなければなりません。この手紙の前書《まえがき》にはお礼《れい》の言葉が書いてあるので、そこは省略《しょうりゃく》しまして、途中《とちゅう》から引用《いんよう》することにいたします。

「……十歳《さい》の時、猩紅熱《しょうこうねつ》の為《ため》に慢性中耳炎《まんせいちゅうじえん》になってしまいました。頭が何時《いつ》も重く、耳が痛《いた》み、痛みがとまると臭《くさ》い膿《のう》が首の辺《へん》まで流れて来まして、針《はり》で突《つ》くやら、掃除《そうじ》やら、毎日学校を休んでも医者《いしゃ》に通《かよ》ったものです。十六歳のときに会社にお勤《つと》めするようになりましたが、悪《わる》くなる一方《いっぽう》でした。仕事《しごと》も手につかなくなることが度々《たびたび》でした。医者通いは会社にいても続《つづ》けました。中耳炎になって八年目に医者より毎日、同じことをしておっても変りがないから、手術をしろとすすめられました。手術をして良《よ》くなるものならやって頂《いただ》こうと決心《けっしん》しました。耳の後《うしろ》の骨《ほね》を切る手術です。二ヵ月後退院《たいいん》を致《いた》しまして、一年通院《つういん》しましたが同じことで良くなりません。又《また》手術をしろと言われて私は其処《そこ》にくたばりそうになって、どうして家に帰ったか判《わか》りませんでした。……」

一度の手術で治らず、手術後一年間も通院しても治らず、二度目の手術を言われて恐《おそろ》しくなって、くたばってしまいそうになって、そして無我夢中《むがむちゅう》で家に帰って、どうして家に帰ったのか判らなかったと云うのであります。その次《つぎ》つづけて、こう書いておられます。

「家中《いえじゅう》で相談《そうだん》の結果《けっか》、阪大《はんだい》（註・大阪医大のこと）でどうだろうと云うことになり阪大でのみたいても手術《しゅじゅつ》より無《な》いとのことで、時間《じかん》のゆとりがないから今入院《にゅういん》してすぐ手術をしましょうとのことでした。二ヵ月して退院をして、相変《あいかわ》らず会社に気兼《きがね》をしながら病院《びょういん》に通院しておりましたが、工場長《こうじょうちょう》に嫌《いや》がらせを言われたりしまして、居《い》づらくなりまして、入社後五年目に止《や》めて了《しま》いました。今思いますと、お役《やく》にもたたないのに五年もよく勤《つと》めさせて下さったものと思われます……」矢野桃江《やのももえ》さんはこうして「生長の家」にふれてから物の考え方が変《かわ》って来たのです。今までは工場長が、嫌がらせを言いやがると思って、そんな嫌がらせを「きくものか」と耳をふさぐ心でありましたから耳の故障《こしょう》が治《なお》らなかったのであります。ところが、「こんなに耳が痛《いた》かったり、聞《きこ》え難《に》くかったりして、まことに使いにくい私でございますのに五年間もよくお使い下さいました。有難《ありがと》う御座《ござ》います」と、そういう感謝《かんしゃ》出来る気持《きもち》になったときに、その耳の病気《びょうき》が忽然《こつねん》治ることになったのであります。然《しか》しそれは後《あと》の話で、工場長を恨《うら》んでその会社を止《や》め、自宅《じたく》で家事手伝《かじてつだ》いをするようになってからも、まだ心が一転《いってん》していませんからその耳の病気は中々《なかなか》しつこく桃江さんにつきまとうて離《はな》れませんでした。桃江さんはこう書いておられます。

「……家事の手伝いをするようになりましてからも通院《つういん》をしておりました。余《あま》り治らないので先生も匙《さじ》を投げられました。私は焼糞《やけくそ》になって親に口答《くちごた》えをしながら、家でブラブラしておりました。ふとしたことから御近所《ごきんじょ》の小山《こやま》さんとお近附《ちかづ》きになることが出来まして、『生長の家』を知らして頂《いただ》きました。御本《ごほん》も沢山《たくさん》お貸《か》し下さいましたが、見向《みむ》きもしませんでしたけれども、どう云う風の吹《ふ》き廻《まわ》し か神様がそうさせて下さったのでしょうか、読んでみる気にな り、知らぬ間《ま》に二冊《さつ》も三冊も眼《め》をとおしておりました。私の心に突《つ》き刺《さ》さることばかり書いて ありますが、その中に今迄《いままで》にないことが、今迄にない喜《よろこ》びを味《あじ》わうことが出来ました。私は今 迄皆《みん》な行《おこな》いがなっていないことに気附《きづ》かせて頂きました。去年の四月に入信《にゅうしん》させて頂きまし て、仕事《しごと》は楽《たの》しくなって来まして、見るもの聞くものが楽しく変って了《しま》いました。朗《ほが》かになっ たと言われますし、もう嬉しくて嬉《うれ》しくて仕方《しかた》がありません。入信より二ヵ月目に、『余り耳 の事を言わないので母《かあ》ちゃんは不思議《ふしぎ》だよ、一度阪大《はんだい》で、掃除《そうじ》して貰《もら》わねばいかんだろう』と 申《もう》しますので、ひさびさに阪大に行ってみました。すると何《な》んと吃驚《びっくり》してしまいました。 『貴方《あなた》は長いこと来ないのに美《うつく》しく治ってしまいましたよ。もう来なくてもよろしい』と言わ れた。もう嬉しいやら胸《むね》が一《いっ》パイになって、天にも昇《のぼ》る喜びでした。有難《ありがと》うございました。こ の喜びを皆《みな》に分《わ》けて上げました。自分一人では、重い位《くらい》に嬉しいのですもの。十六年間の病気 が無《な》くなってしまって、父母《ふぼ》、又兄弟達《またきょうだいたち》の喜びは格別《かくべつ》です。有難うございます。今迄私は何 も出来ないと定《さだ》めておりましたが、入信させて頂きましてからは、表具屋《ひょうぐや》もどうやら一人前《いちにんまえ》に 出来るようになりました。兄弟勤《つと》めているので、表具屋は父だけに終《おわ》って了《しま》うだろうと思って いたそうです。父は寝《ね》て居《お》りますが、安心《あんしん》して下さいました。父母を安心《あんしん》させ得た喜びは忘《わす》れかせて頂きます。」

ることが出来ません。まだまだ書きたいこと、山々《やまやま》ですが、夜《よ》も更《ふ》けて参《まい》りましたので筆《ふで》をお

親孝行《おやこうこう》の心が病気《びょうき》を治《なお》します

桃江《ももえ》さんは、こうして「父母《ふぼ》を安心《あんしん》させ得《え》た喜《よろこ》びは忘《わす》れることができません」と書いておられます。こう云《い》うように、十六年間の中耳炎《ちゅうじえん》で、手術《しゅじゅつ》を二回しても治《なお》らないでおった重症《じゅうしょう》の耳でしたが、このような親孝行《おやこうこう》の心に変《かわ》れば、たちまち治って了《しま》うわけであります。本来《ほんらい》、人間の実相《じっそう》は「神の子」であり病気《びょうき》がないのが当《あた》り前《まえ》なのです。それなのに病気が起《おこ》ったり、肉《にく》体《たい》に故障《こしょう》が起ったりするのは、自分の心、相応《そうおう》のことが肉体にあらわれて来るのであります。要《よう》するに耳の病気は、耳というものは聞きたいという心が具象化《ぐしょうか》しまして、皮膚《ひふ》の一部分が変《へん》化《か》して〝聴覚器官《ちょうかくきかん》〟と云う聞く装置《そうち》になったのでありますから、「聞きたい」と云う心がなくなり、強情《ごうじょう》に、目上《めうえ》の人の言うことを「聴《き》きたくない」と云う心になりますと、折角《せっかく》聴くために拵《こしら》えておった「装置」である耳を自分自身で壊《こわ》してしまうと云うことになるのであります。別《べつ》に、神様が罰《ばつ》を与《あた》えられたと云う訳《わけ》ではありません。

ともかく工場長《こうじょうちょう》が何を言おうと、家族《かぞく》が何を言おうと、それに対して腹《はら》がたったり、悔《くや》し

かったり反抗心《はんこうしん》を起したりして、聞くまいと云う心を起しておったのは、「今迄《いままで》私の行いがなっていなかった、すまなかった、すまなかった」と、この桃江さんのように気がつき、「ああすまなかった」と云う懺悔《ざんげ》と謙《へりくだ》りの心になった時に、耳の病気も治るのであります。耳の病気ばかりではなく、その他の病気でも此《こ》の矢野桃江《やのももえ》さんのように、お父《とう》さんお母《かあ》さんに対して安心させたいと云う親孝行の心が起って来たら大抵《たいてい》の病気なら皆《みな》治ってしまうのであります。ただ一週間だけでも父母や先生や上役《うわやく》の人に、「ハイ」と素直《すなお》に何でもきいて、その人のためになるよう一心《いっしん》につとめることを実行《じっこう》して御覧《ごらん》なさい。気持《きもち》がよくなるし、気持がよくなれば、たとい病気があっても、速《すみや》かに治るのであります。

肉体《にくたい》は心で思うとおりになる

「きくものか」と耳をふさぐ心が耳の故障《こしょう》をひきおこすと云《い》う話で思い出しましたのは難聴《なんちょう》で耳鳴《みみなり》がして仕方《しかた》がないと云う婦人《ふじん》の話です。この人は生長《せいちょう》の家《いえ》へ相談《そうだん》に来て、耳と云うものは生命《せいめい》が「聞きたい」と云う要求《ようきゅう》でつくったものだから、聞きたくないと云う心になったら、耳がきこえなくなったり、ウルサイと云う気になったら耳鳴《みみなり》をおこして人の言うことをききにくくするから、素直《すなお》に良人《おっと》の言うことをきくと決心《けっしん》しなさいと教えられたのでした。彼女はその決心をしましたら耳鳴がきえ、難聴がなくなったのです。ところが、その婦人が或《あ》る日、『生長の家』誌《し》を見ますと自分の病気《びょうき》と同じような耳鳴の治った体験談《たいけんだん》が住所《じゅうしょ》氏名《しめい》を書いて発表《はっぴょう》されていたのであります。すると、この次《つぎ》には私の体験が雑誌《ざっし》に公表《こうひょう》されて出るかも知れないと思ったのです。彼女は自分の心境《しんきょう》の告白《こくはく》や、自分の家庭《かてい》の事情《じじょう》などが其《そ》の体験談によって、明《あか》るみに出されたらたまらない。それ位《くらい》なら耳鳴がしている方がいいと思ったのでありますす。すると折角《せっかく》治っていた耳鳴がまた始《はじま》って中々《なかなか》なおらなくなりました。このことは其《その》人《ひと》が後《のち》に告白されたのでありますが、これは耳鳴を自分の心で拵《こしら》えたことになるのであります。こういう風《ふう》に自分が病気になる方が都合《つごう》がよければ、自分の心で或《あるい》は耳鳴でも、或は近眼《きんがん》でも、或は斜視《しゃし》でも、何でもつくることが出来るのであります。何でも自分の心で拵《こしら》える通りに肉体《にくたい》は現《あらわ》れて来るのでありますから、皆《みな》さんも自分で病気を拵《こしら》えないようになさるのがよろしいのであります。

環境悪《かんきょうあく》から起《おこ》る病気《びょうき》

併《しか》し、自分の心で病気《びょうき》をつくるまいと思っていても環境《かんきょう》の影響《えいきょう》ということがあります。環境をこちらが積極的《せっきょくてき》に支配《しはい》し得《う》る人になればよいのですけれども、環境というものに対抗《たいこう》するために病気を起《おこ》すことがある。唯今《ただいま》の話の耳鳴《みみなり》の病気でも、家族《かぞく》のウルサさに対抗《たいこう》するために起した難聴《なんちょう》であります。第一次《だいいちじ》欧洲大戦《おうしゅうたいせん》のときに、戦場《せんじょう》へ行《ゆ》くことを潜在意識《せんざいいしき》が欲《ほっ》しないために手脚《てあし》が動けないようになっていたのが、戦争《せんそう》が済《す》んだら早速《さっそく》その病気が治《なお》ったような報告《ほうこく》もあります。戦争も一つの環境です。支那事変《しなじへん》中《ちゅう》に私が中支北支《ちゅうしほくし》へ行くと、内地《ないち》の人より余程立派《よほどりっぱ》な食事をとりながら、兵隊《へいたい》さんが栄養失調《えいようしっちょう》（何らかの栄養分の不足から生理作用がくるっている病気）になっていて、どんな食事をとっても少しも吸収《きゅうしゅう》しないで、食べた時の形で下痢《げり》してしまう。どんな下痢止《ど》めの薬《くすり》もきかない。一番きくのが酒《さけ》を飲ますことであった。そうして死んだ患者《かんじゃ》を解剖《かいぼう》して見ると、腸《ちょう》の筋肉《きんにく》が痩《や》せて紙のようになっている。下痢止めにつかったカーボンの分子《ぶんし》がその腸の粘膜《ねんまく》に密着《みっちゃく》していたそうであります。酒が一番よくきいたと云《い》うのは心を麻酔《ますい》さすから戦争恐怖《きょうふ》を去るからであります。ほかの薬はきかない。心がハッキリしていると、「もうこんな悲《ひ》惨《さん》な戦場へは出たくない、戦争に行く位《くらい》なら餓死《がし》した方がましだ」と云う心で、どんな栄養《えいよう》も受けつけず、下痢して流し出すことにして死んでしまったのであります。

夫婦《ふうふ》の不調和《ふちょうわ》から起《おこ》る病気《びょうき》

家庭《かてい》に於《お》いても家族《かぞく》が不調和《ふちょうわ》で、「もうこんな家庭生活を営《いとな》むくらいならば死んでしまった方がましだ」と考えるような状態《じょうたい》で生活しますと、医療《いりょう》ではどうしても治《なお》らない病気《びょうき》に罹《かか》って、だんだん衰弱《すいじゃく》して行《ゆ》くことがあるものです。これなどは環境《かんきょう》によって人間の心が変化《へんか》し、その心の変化によって健康《けんこう》が変化する実例《じつれい》であります。心を変化すれば、その心の反映《はんえい》として環境も変化しますけれども、環境を変化すれば心も変化するのであります。環境と人間自身とは互《たが》いに相向《あいむか》い合った鏡《かがみ》のような状態で、互いに影響《えいきょう》し合うものであります。ですから奥《おく》さんが何時《いつ》もキーキー声《ごえ》してヒステリックな表情《ひょうじょう》をして、夫《おっと》の神経《しんけい》を苦《くる》しめるような家庭に於いては、夫が始終慢性病《しじゅうまんせいびょう》にかかっているというようなことがあり勝《がち》であります。ところが、そういう奥さんが生長《せいちょう》の家《いえ》に入信《にゅうしん》せられますと、「病気は心の影《かげ》だ」とおしえられまして、自分のヒステリックな心境《しんきょう》にくるしめられた結果《けっか》、病気になっている夫にむかって、「あなたの病気はあなたの心の影ですから、あなたの心が悪《わる》いのですよ」と言って、夫をとっちめることが往々《おうおう》あるのですけれども、夫に現《あらわ》れている病気は、却《かえ》って奥さんのヒステリーが反映して現れていることもあることに注意《ちゅうい》しなければなりません。詰《つま》り奥さんに感情的《かんじょうてき》に余《あま》り苛《いじ》められるものですから、夫も興奮《こうふん》して腹《はら》が立っているのだけれども、奥さんに少しでも自分の言いたいことを言ったら、益々半狂乱《ますますはんきょうらん》見たいな恰好《かっこう》になったり、胃痙攣《いけいれん》を起《おこ》して倒《たお》れてしまったりすると堪《たま》らないものですから、夫も言いたいことを我慢《がまん》して耐《こら》えています。つまり感情を抑圧《よくあつ》させているのです。すると胃袋《いぶくろ》に溜飲《りゅういん》というような、ものが溜《たま》った感じがしてどうも消化《しょうか》が悪いというようなことが起って来るのであります。これは奥さんの心の反映として夫に起るのですから、奥さんの心の影だと見ることが出来るのです。

尤《もっと》も奥さんがヒステリック見たいな恰好《かっこう》になっていても、それに引っかからないで、却《かえ》って妻《つま》の「実相《じっそう》」の完全《かんぜん》さを引出《ひきだ》すことが出来るような、素晴《すば》しい夫でもあれば、そういうものを超越《ちょうえつ》して奥さんを感化《かんか》して、逆《ぎゃく》に奥さんのヒステリーを一緒《いっしょ》に治してしまうことが出来るのでありますが、兎《と》も角《かく》、夫婦《ふうふ》と云《い》うものはその感情が互いに相影《あい》響しているのであって、どちらか一方《いっぽう》だけが悪いというわけには行かないのであります。併《しか》しどちらにせよ、夫婦のうちの一方が本当に立派《りっぱ》な人になれば、相手の心境をも明るくし、相手の病気を治してゆくことも出来るのであります。

達人《たつじん》は心によって環境《かんきょう》を支配《しはい》することができますけれども、まだ心が幼《おさな》い時には環境に支配されることが非常《ひじょう》に多いのであります。植物《しょくぶつ》でも、生《は》えかけの時、まだ深《ふか》く根《ね》を張《は》っていない時には、暴風《ぼうふう》などやって来ると直《す》ぐ倒《たお》れて、枯《か》れてしまうのであります。このように植物でも幼い時程《ほど》環境に支配されることが多いのです。ところがそれが生長《せいちょう》してしっかり根を張って、空に聳《そび》えるような大きな樹木《じゅもく》になりますと、ちょっと位《くらい》大きな雨が降《ふ》ろうが風が吹《ふ》こうが少しも傷《きず》つけられないで、自分の個性《こせい》を発揮《はっき》した姿《すがた》を現して聳《そび》えていることが出来るのでありまず。だけど樹木《じゅもく》が幼い時にはそう云う風《ふう》に行かない。芽生《めば》えの双葉《ふたば》位《くらい》の時に余り暴風雨《ぼうふうう》が来ると、流れてしまったり、吹き飛《と》ばされたりしてしまって枯れてしまうのであります。ですから、幼い時には殊更《ことさら》環境をよくして、生長の家で説《と》く、人間神の子の思想《しそう》を植附《うえつ》けて置くということが必要《ひつよう》であります。そのため生長の家の青年会《せいねんかい》では奉仕的《ほうしてき》に児童《じどう》たちを集めて、神童《しんどう》会《かい》を各所《かくしょ》に催《もよお》し、人間が此《こ》の世に生《うま》れた意義《いぎ》を知らせ、父母《ふぼ》に感謝《かんしゃ》し、礼拝《らいはい》する習慣《しゅうかん》をつけさせて、学業成績《がくぎょうせいせき》の向上《こうじょう》を得《え》てよろこばれているのであります。

第十九章　真理《しんり》の普及《ふきゅう》こそ本当の平和運動《へいわうんどう》である

愛念《あいねん》は相互《そうご》に感応《かんのう》する

「われ愛《あい》を全人類《ぜんじんるい》に放送《ほうそう》するが故《ゆえ》に、全人類はわれを知りわれを愛するのである。われには憎《にく》むすべてのものがないのである。全世界に対して自分が放送するところの愛は、わが我執《がしゅう》（自分の欲念から「ほしい」と思ってからみつく心）の愛ではなくして神の大愛《たいあい》である。わが放送する大愛に対してすべての物は必《かなら》ず反応《はんのう》し来たるのである。愛は生かす心であるが故《ゆえ》に、すべてのものはわれを生かすのである。」

これは『健全《けんぜん》の真理《しんり》』生活応用篇《せいかつおうようへん》二〇六頁《ページ》に載《の》せられている「愛《あい》」の念波《ねんぱ》を放送《ほうそう》する時に心で黙念《もくねん》する言葉であります。

「与《あた》えたものが投げ返される」と云《い》うのが「平衡《へいこう》の法則《ほうそく》」（つり合いの法則）でありますから、「愛念《あいねん》」を送れば自分が其《そ》の「愛」を投げかえされて来ることになるのであります。だから右に掲《かか》げたような「愛念」を送る思念《しねん》を吾々《われわれ》は毎日やると好《よ》いのであります。全人類《ぜんじんるい》は一体《いったい》でありまして、個々《ここ》別々《べつべつ》の存在《そんざい》じゃないのであります。「愛する」とはその「一体の自覚《じかく》」であります。各人《かくじん》が個々別々の存在でなかったら、個人個人は互《たが》いにどこが異《ちが》うかといいますと、それは「表現《ひょうげん》の中心」が異《ちが》うのみであります。各人は大生命《だいせいめい》の「表現の異《ことな》るところの中心」なのであります。喩《たと》えばひとつの水源池《すいげんち》から沢山《たくさん》のパイプがでて来ていて、それが諸方《しょほう》の水道《すいどう》の蛇口《じゃぐち》となってわかれ、そこから水が出て来ます。その水の出口《でぐち》はみな異《ことな》っているけれども、みんな同じ水源池の水がそこに流れているのと同じであります。

　これをラジオの電波《でんぱ》に喩《たと》えれば、電波は、すべての電波が全部エーテル波動《はどう》で繋《つなが》っている訳《わけ》であります。ところが、各々《おのおの》の放送局《ほうそうきょく》はそれぞれ特殊《とくしゅ》の波動をもって、謂《い》わば別々の個性《こせい》あるところの波長《はちょう》をもってその表現をするのであります。別々の個性ある番組《ばんぐみ》を別々の波長をもって放送いたしますが、全体はひとつに繋っておりますから、ラジオ・セットが何処《どこ》にありましても、放送と同じ波長を起《おこ》したところへはすぐそれが感ずるということになるのであります。ですから、私たちが、愛の心の波を起して、

「われ愛を全人類に放送するが故《ゆえ》に、全人類はわれを知りわれを愛するのである。われには憎《にく》むすべてのものがないのである。全世界に対して自分が放送するところの愛は、わが我執《がしゅう》の愛ではなくして神の大愛《たいあい》である。」

と念《ねん》じて愛念を全人類に放送すると、それが感応《かんのう》するのであります。そういう風《ふう》に、暇《ひま》ある毎《ごと》に「吾《われ》は全人類に愛を放送するのである」と念《ねん》じてつねに愛を放送しておりますと、ラジオ・セットが放送番組の通りの音を立てるように全人類がその愛の波を感受《かんじゅ》して、平和《へいわ》と愛の音を立てる。そして、すべての人類が争《あらそ》いを止《や》め、平和と愛との精神波動《せいしんはどう》を起し、自然《しぜん》に平和になる訳《わけ》であります。

与《あた》えたものが与え返される

これはまことに重大《じゅうだい》な問題《もんだい》なのであります。生長《せいちょう》の家《いえ》へ、ただ単《たん》に病気《びょうき》を治《なお》したい、金《かね》を儲《もう》けたい、息子《むすこ》の学校の成績《せいせき》がよくなりたい、なんとか家が見つかりたいとか、自分の利益《りえき》のことばかりを考えて来る人がありますけれども、自分自身も幸福《こうふく》になることは必要《ひつよう》でありますから、それもいいのですけれども、それが利己的目的《りこてきもくてき》ばかりに流れては、却《かえ》って神様からの祝福《しゅくふく》の流れのパイプを閉《と》じてしまうことになるのであります。神は求《もと》むるに先立《さきだ》ちて、必要なすべてのものを与《あた》え給《たま》うているんですから、それを素直《すなお》に受ける心境《しんきょう》になったら、その必要なものが、自然《しぜん》に出て来るのに定《きま》っているのであります。素直に受けるということは、心が素通《すどお》しになることであります。

神は実相《じっそう》においてはすでに与えておられる。「人間・神の子」として無限《むげん》のよきものを既《すで》に与えておられるんですから、心が素直になって、自分勝手な、違《ちが》った波動《はどう》を起さなかったら、その善《よ》きものは必《かなら》ずやってくるのであります。必ず其《そ》の善きものが実現《じつげん》してくるのでありますから、私たちは、自分の利益などを考えずに、ただ与える、愛を与え、奉仕《ほうし》を与えることにすれば、個人的《こじんてき》な幸福というものも別《べつ》にそれを求めなくとも自然に実現してくるのであります。

生長《せいちょう》の家《いえ》の精神的平和武器《せいしんてきへいわぶき》

生長《せいちょう》の家《いえ》の出現《しゅつげん》は、個人《こじん》個人をも救《すく》うのでありますけれども、もっと偉大《いだい》な使命《しめい》がある訳《わけ》なのであります。それは全人類《ぜんじんるい》を本当に平和《へいわ》に導《みちび》くところの精神的武器《せいしんてきぶき》をもっている訳でありま す。この精神的武器は原爆《げんばく》・水爆《すいばく》よりも偉大なる力をもっているのであります。原爆・水爆といえども、この愛《あい》の念波《ねんぱ》を感受《かんじゅ》したならば、それは爆発《ばくはつ》しなくなる。と云《い》っても、これは奇蹟《きせき》でも何でもありません。原爆・水爆をつかって他国を破壊《はかい》すると云う心がなくなるものですから、原爆・水爆も人を傷《きず》つけることは出来ないことになるのであります。しかし、実際《じっさい》、原爆・水爆を投げかけられても、破壊《はかい》の波長《はちょう》を心にもっていない者はそれによって傷つけられるということもないのであります。それは放送《ほうそう》があっても波長がちがえばラジオ・セットにかかって来ないのと同じ理《ことわり》であります。

広島《ひろしま》へ原爆《げんばく》が投下《とうか》された時の実例《じつれい》

広島《ひろしま》の原爆《げんばく》がありました時に、諫見《いさみ》功《いさお》さんは生長《せいちょう》の家《いえ》の広島教化部《きょうかぶ》の教化主任《しゅにん》をしておられた。この方《かた》はもとは、物理《ぶつり》学校の教授《きょうじゅ》をしておられたのでありますが、眼《め》が悪《わる》くなってから、生長の家に触《ふ》れられたのです。失明《しつめい》しておられるけれども真理《しんり》に通達《つうたつ》して、眼の見える人以上《いじょう》になかなか個人指導《こじんしどう》が上手《じょうず》なのであります。諫見さんに導《みちび》かれて真理を知り救《すく》われた人が随分《ずいぶん》多いのであります。殊《こと》に女の誌友達《しゆうたち》に崇拝者《すうはいしゃ》が多いのであります。女の人は真理そのもの、教《おしえ》そのものよりも、教《おしえ》を取次《とりつ》いでくれる個人を崇拝しますが、あれは余《あま》り良《よ》い傾向《けいこう》ではありません。

個人を崇拝していますと、その個人が失脚《しっきゃく》すると、教《おしえ》を一緒《いっしょ》に止《や》めてしまう。そして教《おしえ》から蹈《ふ》みはずして、魂《たましい》の浮浪者《ふろうしゃ》になったりします。それの反対《はんたい》に、教えをきいてお蔭《かげ》を受けると、その教《おしえ》に導いてくれたその個人がお蔭《かげ》を呉《く》れたんだと思って、その個人に特《とく》に執着《しゅうじゃく》してしまうことがあるのです。これは、大変《たいへん》な間違《まちが》いのもとであります。私をも含《ふく》めて、生長の家の講師《こうし》というものは、郵便配達《ゆうびんはいたつ》みたいなもんです。だから私自身〝ラッパ〟だと言っているのです。真理を配達してゆく役目《やくめ》であって、自分自身が必《かなら》ずしも真理に通達しているわけではない。郵便配達屋《ゆうびんはいたつや》たるものは真理を知っておろうと知っておるまいと、真理そのものが効果《こうか》をあらわすのであります。それなのに、配達してくれた郵便屋《ゆうびんや》さんに、それに一所懸命感謝《いっしょけんめいかんしゃ》している。尤《もっと》も、感謝することは悪いことではないのですけれども、教《おしえ》そのものの元《もと》に感謝することを忘《わす》れることは大変な間違いを犯《おか》すことになります。

それはそれとして、その諫見《いさみ》さんという人は、個人《こじん》に対する指導力《しどうりょく》は大変優秀《たいへんゆうしゅう》でありましたが、何分《なにぶん》その頃《ころ》は戦争中《せんそうちゅう》でありましたから、それも戦争の末期《まっき》で、もう日本が大分旗色《だいぶはたいろ》が悪《わる》くなって、いよいよ一億一心《いちおくいっしん》に総立《そうだ》ちになって、蹶起《けっき》しなければならない。そうでなければ日本は決定的《けっていてき》に敗《ま》けるに相違《そうい》ないと感じられるという時になっていましたので、広島《ひろしま》の熱心《ねっしん》な誌友《しゆう》たちが「あんな眼《め》の悪《わる》い諫見さんが講師《こうし》をやっておったら、個人的《こじんてき》な病気治《びょうきなお》しは上手《じょうず》であっても、国を救《すく》うことはできない。僅《わず》かに一日に十人か二十人やって来る病人《びょうにん》を治してみたところが日本が敗戦《はいせん》してしまったら仕方《しかた》がない。日本の国家《こっか》を救わなくちゃならない。その為《ため》には、日本の戦力《せんりょく》を増強《ぞうきょう》しなければならない。だから生長の家広島教化部《きょうかぶ》をあずかる講師たるものは軍需工場《ぐんじゅこうじょう》（軍用品をつくる工場）へでもみずから出向《でむ》いて行って、軍需工場の生産能率《せいさんのうりつ》を上げるような団体《だんたい》教化をやらなくてはいかん。ところが諫見さんのように眼が悪いと人から手を引いてもらって軍需工場へ行って、談判《だんぱん》して、人を集めて演説《えんぜつ》をすると云うような積極的《せっきょくてき》な行動《こうどう》がとれない。だからもっと目の良い強力な働きを活潑《かっぱつ》にできる人に広島教化部の教化主任《しゅにん》に来て貰《もら》いたい」という訳《わけ》でありました。それで当時岩国《とうじいわくに》に住んでいらっしゃった山田祐義《やまだすけよし》という先生が当時広島県までも教化成績《せいせき》がよいと云う名声《めいせい》がつたえられていましたので、あの山田祐義先生に来て貰う事にして、あの諫見先生を罷《や》めさせて貰いたい、ということを幹部諸氏《かんぶしょし》が異口《いく》同音《どうおん》に申出《もうしで》られたのであります。

それで、諫見さんは個人指導では非常《ひじょう》に成績を上げていらっしゃる惜《お》しい先生でありましたけれども、恰度《ちょうど》広島に講習会《こうしゅうかい》があった時に、私は諫見さんを呼《よ》んで因縁《いんねん》を言い含《ふく》めて、教化部から退陣《たいじん》して自宅《じたく》に帰ってもらうことにしたのであります。そして一方では、山田祐義先生に、あなたは広島教化部詰《づめ》ということになって、こういう任務《にんむ》について貰《もら》いたいという指令《しれい》を発《だ》したのでした。ところがその山田先生は、

「どうしても広島詰《づめ》になるのは厭《いや》だ。嫌《いや》でも応《おう》でも広島へ駐在《ちゅうざい》せんならんのでしたら、生長の

家は止《や》めさせて頂《いただ》きます」と言って、どういうものですか、広島駐在を厭《いや》がって絶対《ぜったい》に広島へ行かないのでした。それで広島教化部は後任者《こうにんしゃ》が来ないので一時《いちじ》空屋《あきや》になってしまったのです。

諫見《いさみ》先生は辞《や》めさしてしまったし、山田祐義《やまだすけよし》先生は来てくれないし、それでは仕方《しかた》がないから、今度は松本道樹《まつもとみちき》先生に白羽《しらは》の矢《や》を立てたのです。この先生はこのあいだまで、尾道《おのみち》にある生長の家の花嫁《はなよめ》学校「生長の家文化女学院《ぶんかじょがくいん》」（編註・現在は山梨県河口湖町《やまなしけんかわぐちこまち》に専門《せんもん》学校「生長の家養心女子学園《ようしんじょしがくえん》」がある）の校長をしておられた人であります。この松本道樹先生に、それじゃひとつ広島駐在教化主任の本部講師《ほんぶこうし》ということにして辞令《じれい》を出したのであります。

ところが辞令を送ったけれども、戦争末期《せんそうまっき》のことで列車《れっしゃ》のダイヤ（発着時刻）の混乱《こんらん》や人員《じんいん》の不足《ふそく》で郵便物《ゆうびんぶつ》の不着《ふちゃく》が随分《ずいぶん》あったが、その辞令が途中《とちゅう》で紛失《ふんしつ》してついに松本先生に到着《とうちゃく》しなかった。それで松本道樹先生も広島教化部へ予定《よてい》の日時《にちじ》に駐在しなかったのであります。それが実《じつ》に、神の慈悲《じひ》の導《みちび》きであったのでした。暫《しばら》くすると、あの広島に原爆《げんばく》が落とされたのです。そしてその原爆の爆心《ばくしん》の中心地に広島教化部は存在《そんざい》していたのでした。もしそこへ誰《たれ》かが赴任《ふにん》しておったならば、骨灰微塵《こっぱみじん》にやられて死んでしまっていたにちがいないのですが、まことに生長の家の人は有難《ありがた》いのであります。破壊《はかい》の波長《はちょう》と同調《どうちょう》しないところの「和解《わかい》の波長」を起していますから、如何《いか》に人間界《にんげんかい》で辞令が出ていても、そこが危険区域《きけんくいき》であれば、自然《しぜん》にそこへ行かないようになっているのであります。いかに原爆・水爆でも害《がい》することは出来ないというのは自然《しぜん》に、その害を蒙《こうむ》らないところへ身を躱《かわ》すようになるのであります。また若《も》し、原爆・水爆を造《つく》ろうと云《い》っているような政治家《せいじか》が、もしこの生長の家に入《はい》るならば、もうそんな人類《じんるい》に危害《きがい》を与《あた》えるようなものは断然《だんぜん》使わなくなるし、また使おうと云うような考えで実験《じっけん》しなくなるのであります。ここに本当の平和運動《へいわうんどう》があるのであります。

新版　真　理　別冊〈生死を超える道〉完

総目次

（新版 真理 全十一巻）

第一巻　入門篇

第一章　宗教とは何であるか

霊感と宗教について
宗教はこうして出来る
生長の家の宗教は？
神はいつ天地をつくったか
時間のない時からこうして時間が出来た
空間とは何であるか

第二章　内に宿る力

達者で長生するには
神から賞められる人
悲しみに打克つ道
手仕事や労働は国の宝
米国初代大統領の話
羅馬帝国は何故滅んだか
遠くを見たい者は高く上らねばならぬ
掘れば掘るほど出る力
貴方は神様のもの
幸福は何処から来る
「中の力」を外へ出せ
暑さ寒さに打克つには

第三章　心の舵・心の鑿

慣れる尊さ恐ろしさ
船でも会社でも舵を取って呉れる人に感謝せよ
自分の中に力の泉がある
心の力は誰でも自身で実験して知っている
傍見しながら絵を描く人はない
人生の彫刻はもっと注意が要る
自分の心で自分の運を傷つけるな
サンドウの実話
アンダースン教授の実話
慣れた運動は心を労さぬだけ効果は少い
難かしい仕事ほど吾々を発達さす

第四章　働き上手と健康

どんな働きでも、よき働きは自分を高める
故障及び負傷と心との関係

第五章　経済生活の智慧

物を造り、物を買え
買うものは成るべく日本品を
高い安いが問題ではない、外国へ金が出るのが問題だ
化繊交織の洋服

第六章　廃物を宝にする

塵の中にある宝
科学の勝利は心の勝利
一人の心の力は百万人の能力にまさる
心は使えば使うほど殖える
物は神のいのち、どんな物でも大切に
人間は思った通りのものに成れる
偉大になるには
人造藍の発明
素直になるには

第七章　心は何処にあるか

誰がこの難かしい問題を解くか
唯物論と唯心論
日本民族は寄せ集めではない
スフィンクスの謎
日本国家の実相
日本建国の理想

第八章　健康の生かし方

心で身体はどうにもなる
犬の胃袋の実験
御飯の時に腹を立てるな
腹立てると出来る毒
取越苦労をなくするには
平和楼での話
生長の家を創めた頃
『生の会』の話
他の宗教の人が『生長の家』に入っても好いか
笑って死んだ青年
蒔いた種は生える、急ぐな
人間は神の子、始めから病気はない
隣のお爺さんを救う

心が治れば病気が治る
医者の不用意な言葉
医者の首の傾きにはこんな力がある
人間は病気には生命を取られぬ
希望の力と信念の力
フレッチャーリズムの話
肥えていること必ずしも健康ではない
結核は医薬では治らぬ
どんな食物がよく消化するか
第九章　人の値打の生かし方
墜落は機会である
墜落した其処に足場を作れ
其のまま其処が進撃の姿勢
汝の不幸を呟くな
常に「光」を見よ
なおなお多くを自分に求めよ
毎秒、毎分、毎時、毎日
今はどんなに小さくとも
諸君は瓦であるか、珠であるか
全ての人間には天才と力がある
自分自身を発掘せよ
困難ほど楽しいのだ
精神力で近眼も治る
生長の家は一宗一派ではない
病気の起る原因
病気の治る原因
良い本と悪い本の鑑別け方
人間になるなら一月や二月で飽かれるな
値打のある人間になれ
世間にザラにある人間になるな
光明寮生からの礼状の一例
縁談の遅い早いも心から
何よりも先ず自分の値打
「心」は形の世界にはない
心を良くする法
先ず働きをよくせよ
イライラするのを治す法
第十章　大自然の力
神のすべてのものを与えられる
神様の与えられたものを選り分けるのは人間の役目です
神様の力とは何ですか
あなたの中にも神様がいられます
心に蒔いた「想い」の種の通りのものが出来ます
心やコトバで善い種を蒔くのには
神様は人間を「人形」のようにはお造りにならない
自分が善くても腹を立てるのは悪い
朝起きたとき「善い事」を想いなさい
第十一章　ふりそそぐ愛の光
愛は与えればかえって来る
悪い人間はひとりもない
貧乏もなく病気もない
神様は与え切りです
互に他の為をはかれ
明るい快い心持におなりなさい
明るい心で恩返しに何かさせて頂きましょう
明るい心が幸福のもと
第十二章　実相と現象
人間の本当のすがた
心の中の石を除けば「実相」の完全さがあらわれる
花王石鹸の山崎高晴氏のこと
何故、大抵の医者は生長の家に反対するか
第十三章　心と肉体と形の世界
人間の本当の心とは
肉体は人間のカラです
形あるものは皆元素の集りです
「生きている」とはどんなことですか
心の形とはどう云うことですか
「本当の心」は汚れない
「生命の実相」とはどんなことですか
肉体の事を思わず、金を思わず働けば金持になる
第十四章　人生調和の原理
自分を、有限な肉体だと思ってはならぬ

恐れる心は血液に毒素をつくる
目付が悪いと運が悪い
嫁に往ったら家庭に一つに融け込まねばならぬ
本当に仲よくなるには
神に救われるにも「犠牲を払う」と云う心はいらぬ

第十五章　心で外界が支配できる

人間の霊魂は心臓でも外界のものでも動かす
自分自身が運命の主人公です
民主主義の基礎
奪うものは奪われる
コトバに出す事は祈りである
富とは如何なるものか
戦争の勝利を祈ってはならない
富の本質は人の為になる智慧
祈りが叶えられないでも神様がないのではない
完全なる祈りとは
試験場にのぞんでの祈り

第十六章　心は病気を癒し得るか

病気は心から起る
銅像は物質で心がないから病気に罹らぬ
或る戦傷軍人
傷口を癒すのは中からの力です
本来健康な生命は自分の中にある
健康の道をふさいでいるのは何ですか
どんな心が幸福の道をふさぐか
人間の本当の幸福とは何ですか
何故愛していながら仲が悪くなるのですか
人の欠点をとがめてはならない
あまり自分中心になってはならない
何故人は成功しないのですか

第十七章　人間の運命について

無価の宝珠は既に自分の腕にある
今持てる貴いものを捨ててはならない
福田のない人は富が手にあっても発掘出来ぬ
魂の高級な人は野心を出しても却って旨くゆかぬ

第十八章　心を分析すれば

現在意識と潜在意識
記憶は潜在意識の中にたくわえられる
潜在意識の奥には神の智慧がある
人間が神の子である理由
「神の智慧」も気がつかなかったら掘り出せない

第十九章　人生調和の秘訣

疲れないで働くには
明るい信仰を持ちましょう
幸福になるための心構え
祈りがきかれるための秘訣
心を柔かくして笑いましょう
もっと度々感謝しましょう
愛は人間の本性である

第二十章　健康への新生活

あなたのお心次第
心に何を思うかで肉体の性質が変ります
「心」が形を造る「心」は何処にあるか
「想う」ことは、見える形にあらわれる第一歩
あなたの心の中に病的想念を忍び込ませてはならない
心の使い方のヒントを教えましょう
現在の肉体の状態は、過去の心の影
あなたの心に希望と光明とを満たしなさい
心で健康になった実例

第二十一章　実相と現象との関係

眼に見えないでも「ある」ものはある
生命は眼に見えないでも「ある」
吾々の生命は常に身体を新しく造っている
何故人間は老い且つ病むか
人間は神様の最高の自己実現
神様のおつくりになった完全な世界を

現す現像液は想念と言葉である
自分のコトバで世界は善くも悪くもあらわれる
コトバを善くすれば運がよくなる
世の中に本当の失敗は決してない
過去の失敗を心に握るな
「苦しみ」や「失敗」を明日まで持ち越すな
他を「悪い奴」だと思ってはならぬ
「腹立ち」は心の火事
愛は心の中の火事を消す
失敗と云うものは本当にはない
余った富は天の倉に貯えよ
第二十二章　祈りの成就する原理
人の心は「宇宙の心」の一部分である
神はどこにも存在する
神は愛憎によって動かされない
イエスは魔術師ではない、精神科学者であった
第二十三章　幸福と想念の力
想念の目方を測る話
胃腸をよくする思念法
ブラブラ散歩よりも目的ある運動がよい
心の働きで血液が指先に集注する
腹を立てた人の息から毒素が出る
胃袋に孔のあいた人の実験
心を楽しくすれば血沈が少くなる
あなたの幸福を先ず心に想いなさい
顔を明るく、ゆったり、眉をのばしなさい
今与えられているものに感謝しなさい
報恩の心を起して、善き事を必ずしようと発願なさい
発願の次には修行です
「今」を大切に全力を尽していれば天分があらわれる
着実に一歩一歩を心の光で照らして歩め
人類のために尽す目標で進みなさい
自分の雰囲気をよくするには高き理想が必要です
人の美点を見て讃めましょう
第二十四章　楽しい心・悲しい心
心はこんなに肉体に影響する
病気は自分が心で作る
人間決して心配や恐怖してはならぬ
悦びと感謝は人を健康にする
病気している暇がない
急に働かねばならぬ用事が出来たら病気が治る
微笑の功徳
自分の顔を研究して
幸福になるには先ず微笑みなさい
第二十五章　病気不幸は斯うして消える
天地は一つであった
利己主義は自分を狭く見ている
人間を肉体だと考えるな
神経衰弱はこうして治る
病気は内部の生命力が治す
宇宙に満ちている無限の癒やす力を信ぜよ
各種の治療法に就いて
治病方法には大別して二種ある
祈りの最初の最大条件
祈りの実現を妨げる心境と実現を助ける心境
自己反省して「暗黒」の心を捨てよ
病気を口実にしたり、自己弁解の道具にしてはならない
自己憐愍の心も捨てなければならぬ
目的とする現象のみに心を集注してはならない
嫉妬の心を捨てなさい
常に間断なく祈って御覧なさい
神の国と、神そのものの完全さを心に描きなさい
人の欠点を心に描かぬようになさい
人を憎んでいたら懺悔しなさい
一切皆善の神の創造世界を心に描きなさい

祈りは何時、何処でも出来るが、一定時の祈りは大切
神想観又は祈りは、単なる要求や懇願の時間ではなく神様と父子対面、愛情交換の時間です
「物質」にのみ執着している者は放蕩息子
病気を治そうと祈るよりも、心が神に一致するように祈りなさい
自己内在の神性を喚び出しなさい
第二十六章　願望を成就するには
神様は人間に完全な自由を与えた
与えれば与えられる心の法則
今与えられているどんな小事にも感謝せよ
愛は円環である、次に廻せ
相手の心は此方の心の反映
言葉に出せば現れる
夫婦ひとつになれ
素直に神に呼びかけよ
危急の場合に神を呼ぶのは既に自己の内に神があるから
幸福の時にも神を呼びなさい

第二巻　基礎篇

第一章　新生活への出発
先ず心の観点を新たにして
先ず心の平和を求めよ
問題解決の中枢はあなたの心にある
自分の生活に「神」をして全領せしめよ
魂の全域を神の光で照しましょう
常に善き事を思念しましょう
あなたの肉体を祝福なさいませ
あなたの家族を祝福なさい
建設的な精神内容のみ発展します
運命の船を操縦するには
人生の目的を知りましょう
「失敗」を予想せざる者は遂に勝つ
自信・勇気・果断・智慧
幸福の国を実現するには
幸福の国に第一歩を印して
幸福の国を作るには
人生は払っただけの値段のものを受取ります
神の国を地上に実現するには
先ず自分の「心」を整えることです
世界は自分の心の鏡です
幸福の国に入るには
人生に失敗する原因は
自分の心の調子を整えましょう
吾れ動けば天地応う
想念は形を変える力があります
精神は肉体を支配する
「神の子」の自覚を以て悠々闊歩せよ
神と倶に生活して下さい
全自我を神に与えよ
自分の運命を自分で変化しましょう
そのままに純に生きよ
第二章　祈りと想念と人生
精神統一の時を善き方に利用せよ
貨幣は幸福と不幸との乗物である
貨幣は幸福にも属せず、不幸にも属せず
霊力を増大するには
神の結晶体としての人間
供給の本源と交渉しなさい
神と協力する者は栄える
祈りと神想観が神の宝庫をひらく鍵である
神は既にあなたに与え給うていられる
価値を知る者のみ、それを所有する
真に価値ある夢の創造
新しき境遇を迎えるために
新しき職業を迎えるための魂の準備
卵殻は自然に時期が来れば剝落する
失業しても悲しんではならない
妄想を去って実相を見よ
善悪の混った世界はない。ただ善のみの世界がある
ひたすら善を見る眼を養いましょう

祈りは「神」を変化せず「自分自身」を変化する
神の波長に合わす方法
神のお蔭は映画の画面のようなものです
魂の底の深き願いはきかれる
一向専心と云うこと
「本源」と「門」と取りちがえてはならぬ
あなたの祈りを行動にまで高め上げよ
吾等の救いの本源者は唯一つです
解決しない問題は一つもない
現世は魂の進歩のための脚本製作時代である

第三章　人間解放の真理

人間を罪人だと考えてはならない
すべての人の罪はゆるされている
「永遠の今」を生きる者に急ぐことはない
常に心を明朗にすること
人を審き且つ詛ってはならない
小言や不平を止めましょう
「ローマは一日にして成らず」
人生は料理屋の如きものである
幸福を得るには
人間の救われる原理は唯一つ
人間は始めから救われている
人間は肉体ではない、肉体は道具です
心で註文する言葉を変えよ
希望をもって前進せよ
本当の人間は肉体ではない
宗教の価値をはかる標準は
人間の実相は完全である
「有る」と「あらわれている」とを混同してはならぬ
病気や不幸を実在と見てはならない
本当の神以外のものに跪いてはならない
肉体は生命の表現の座
心は原因であるから、原因を修正せねばならぬ
何人も「神の時間」を持つこと
先ず「真にあるもの」から出発せよ
ものを反対に考えてはなりません
未来はあなたの思うまま
結果を正すよりも先ず原因を
先ず如何に思うべきか
計画があと一厘で好く行かぬ場合
自分の仕事を神の仕事に連関させよ
神に先ず精神統一せよ
自分の言葉で、運命の切符を買う
センチメンタリズムを撃退せよ
自己憐愍してはならぬ
人生の行路について
毎日新しき心持で仕事をなせ
何故あなたの祈りはきかれないか
人間は神の自己完成である
罪は贖わねばならぬ借財ではない
神を神罰の本体と思ってはならぬ
常に若くあるには
与える健康法
周囲を照す光となれ
永遠に若き自己の生命を自覚せよ
自己を新しき光に照して
あなたを輝かす砥石に感謝なさい
今与えられている一切に感謝せよ
全能の神の愛の庇護の下に
自分で自分自身を解放せよ
本当の真理は普遍的である
神想観を厳修しましょう
本当の魂の進歩
常に光明面を見よ
人を外見で批判してはならない
祈りは念ずる通りに現れる
キリストは霊を以て洗礼し給う
イエスの生活の如く生活せよ
世界と人とに和解すれば神経衰弱は治る
世界は互に一体である
紙幣の価値は物質的価値ではありません

体験の世界は結果である
立ち向う人々は自分の心の影です
心の持方を変化しなければ病気は消えない
古き信仰を持続する限り苦しまねばならぬ
普遍的生命と個生命

第四章　光明生活に到る道

健康に必要な想念
あなたの想念感情を高邁ならしめよ
人を勇気づけてあげることは素晴しい美徳である
陽気とユーモアとは人生に油を差す
心を明るくすること
あまり四角四面になるな
重荷は背負うよりも処分せよ
「明るい心」の億万長者となれ
鏡に対して微笑せよ、鏡も亦汝に微笑せん
仕事が耐えがたく苛辣なときには
必ず成功する秘訣
癇癪と小言とを節約なさい
自己に打克つ者が最大の強者である
与えれば増加し、貪れば失う
楽天的な者は到る処に天国を見出す
腹立ちを抑えるには
嫉妬心は自己劣等感の移入である
ニセモノの自分を克服する者のみ一流の人物となり得る
小さな事にクヨクヨするな
自己の貴き部分を未発達にしてはならない
「神の子」たる権利を自覚し主張せよ
精神の摂生は肉体の衛生よりも大切である
万教帰一は綜合による新価値の創造である
仏耶の教えを完成する生長の家
祈りによって繁栄するには
事業が順調に行かぬ場合には
先ず正しく考える事から出発せよ
健康と精神との関係
破壊的な想念を起してはならない
常に幸福になる道
本当の愛は愛欲ではない

第五章　健康・財福・繁栄の諸原則

人生で最も大切なもの
自分自身の生命に「表現の中心」がある
人間の歴史は自己発見の歴史です
解決する力はあなたの内にある
生命力の偉大さを自覚したら病気は恐れる必要はない
自己の偉大なる本性を自覚なさい
無限の宝庫をひらく鍵
心によって呼びよせる幸と不幸
明るい笑いで憂鬱を吹き飛ばしましょう
新しき医学者の病理学説
心と肉体との関係
悲しみの感情は水の溜る病気を起す
肉体も山も川もみな心の現れ
「心」と「物質」とは一体
「なやむ心」は「やむ肉体」
「心」をどうして支配するか
現象に眼を瞑じて、仏のみの世界を見ましょう
心で富を引寄せ得る原理
富を引寄せる祈りの準備
祈りの成就する根本法則
欲する事物を得た実例
そのままの心での祈り
我で生活せず大自然と共に歩め
自分と神とに調和するもの
心に蒔いた「種」をなくしてはなりません
栄えるための秘訣

第六章　生命と智慧とへの出発

一週間でよいから心を明るく感謝することを実行してみなさい
自然療能の力
大自然の調節力に従いなさい

常に明るい寛大なる精神を養成しなさい
すべての人に愛を注ぎましょう
神を知るならば恐れることはありません
事物が思うように行かぬ場合には
欠点を気にしてはならない
「既にわが事は成れり」されば急がずに懶けずに
受働を転じて主働とせよ
神はあなたの内にある
求めよ、而して行動せよ、さらば与えられん
この順序で成功を期してやりましょう
人間の生命にも色々の時代がある
実相を観ると云うこと
悪があらわれても悪を見てはならない
誰かが病気である場合には
心で病気を癒やすには
ただ実相の完全さのみを心に観ぜよ
たましいが悦びに満たされたら麻酔剤は要らない
神のみ心の中には悪はない
愛他行のうちで最も大切なのは「真理」を与えること
悪魔は存在しないのである
何故不幸が此世にあらわれるか
人間を物質だと思ってはなりません
先ず「心」を変えて御覧なさい
神に対面することは如何に楽しいことであるか
人間の価値について
あなたの魂の平和を護りましょう
客観世界は自分の心の具象化である
先ず原因を攻撃せよ

第七章　愛と祝福の言葉の力

原因結果の法則
人に祝福を与えるの幸福
生長の家祝福班のこと
神の愛の循環について
先ず如何に多く祝福されているかに目覚めよ
神に感謝するには行動を伴わねばならぬ
お経を流して歩くには
生命の高さと、低さと
神のみが価値であるから、神が表現されただけ高く感ずる
最高の与え方は祝福して与えることである
実相の完全さを礼拝して呼び出すのが祝福である
感謝と祝福とはその人の人格の匂いを高める
先ず神を祝福せよ
あなたと同車した人々を祝福すること
実相を現象世界にあらわすには
第一印象の悪い人をも祝福せよ
愛の力を増大するには
天国の門を開くための祈り
人間の脳髄は一種のラジオ・セット
「祝福」の功徳について
みずからの「祝福」の足らぬことを反省せよ
賃銀のために働く者は奴隷である
言葉は重大なる行為である
言葉なき行動は無機物に過ぎぬ
コトバによって国民の幸不幸は定まる
もっと大きく発言せよ
言葉が世界の平和を決定する
祝福する者が祝福せられる
問題解決の鍵は先ず心の調和にあり
心も練習する必要がある

第八章　内に在る天国浄土

意識の下部組織
意識の第二層として自覚意識がある
「本能の心」と潜在意識との関係
人間の心の四層に就て
現在意識と叡智層との関係
現在意識と潜在意識との関係
意識の湖底の尚底から神の叡智を汲め

各個人の意識はその奥底では一体である
神に波長を合わせよ
先ず心の眼を開け
心に想うことは、種を蒔くことである
自分の想念を選びなさい
一切万物は神の心のあらわれ
人間は本来健全である
霊は素材、想念は創造る力
人間の本来の完全さを諦視せよ
病気を治すには
汝の敵は汝の内にあり
現象と実相との関係
吾々が地上に生れた意義について
人類はすべて一体である
「愛されたい」より先ず愛せよ
精神統一を上手にするには
新しき天と地とを見る
今此処にある極楽を見よ
自然療能を盛んにするには
「内部の神」に心を集中せよ

第九章　信と愛と感謝の実践

夢は信念によって現実化する
信なければ農夫は種を播くことすら出来ない
労働争議も人類相互の不信の結果である
信念は富の源泉である
他に悪念を送れば自分自身が傷つく
あらゆる時間が断行の機会です
何処に何をしても、祝福を周囲に投げかけよ
平和と歓喜に満たされた部屋を造りましょう
「好き」は「愛」の仮面を被ったニセ物である
唯「愛」のみが万事を解決します
「先ず与えよ」の経済循環が必要である
利己的主張は「全体の生命」から切り離される
先ず互に拝み合え
現象の善さを愛するのは「好き」であって愛ではない
愛念を送れば周囲が一変する
「今」を生かせ
「今」を生きるのが幸福の道
真の愛は「好き」とは異る
未来に希望を描いて感謝せよ
神の法則は人間を豊かにするにある
あなたの肉体は神の顕現です
人間の肉体は本来健康である
病気になりたい意志を捨てよ
癒えない病気はないと信ぜよ
常に健康を思え
「静」の中に於て、神のみ声を聴け
大生命と一体であることを如実に体感せよ
危急の場合に於ける救い
信仰はイザと云う時に力をあらわす
完全な健康は生物の実相である
感謝と調和は一切の病気を癒やす

第十章　智慧と法則としての宇宙の本体

法則は智慧ある心である
宇宙には唯一つの心がある
「吾は葡萄の樹、汝らは枝なり」
家族全体は「一つ」の心です
思念する通りにあらわれる
宇宙の霊と個人の霊
想念する通りに形があらわれる
神は人格にして同時に非人格的法則である
繁昌を招く言葉の力
物質はただ与えられた方向に惰力で動く
心は物質を変化する
生命・心・物質・境遇等の関係
人間観を転換しなさい
「日時計」主義の生活
人間は無限の自由を持つ
「自分みずからを知れ」とソクラテス

は言いました
自分は自分の運命の主人公です
人生の行路を自動車で走るには
無礙光の智慧は自分にも充ち満ちている
無礙光の智慧と一体になりましょう
神は自分の内に宿っている
神を如何に観るかで自分の世界が変る
神の愛は法則である
法則が神であり、法則が万事を成し給う
「信」によって波長の合った物が実現する
神に全托する場合、そうでない場合
神の智慧と直通せよ
神は吾が内に宿りたまう智慧
自己の生命を内観しなさい
第十一章　相即相入と云うこと
現象界は常に遷り易る
永遠に滅びないものはあるか
人間の奥にある「永遠なるもの」
常にかわらぬ真物の自分
想念によって肉体を健康化せよ
吾々は未だ嘗て物質そのものをみたことはない
物理学上の「物質無」
「音」は心の中にある
色彩は「心」の中にある
何故すべてのものが、人類に一様に見えるか
人類は自分の心の中にある
「現象の不完全」を超えて「実相の完全さ」を見よ
聖者の愛に就いて
資力がなくても出来る改善
家族の精神は互に相即相入している
自分の雰囲気をよくしましょう
人格と雰囲気
心と肉体との相関作用
全身の肉体細胞は感情の通りに振動する
児童をよくしてあげるには
「自己同一化」の願望
子供とその環境
幼いときに余り甘やかしてはならない
代償作用と文化の創造
神と人間と自然との関係
唯光明のみを想念し光明のみを語れ
就眠前に神想観を実修せよ
簡単なる就寝前の神想観実修法
眠りしなと、目覚め直後に
神は求むるに先立ちて与え給う
第十二章　日常生活の勝利と幸福
人生の不要物を省きましょう
気を悪くする言葉を言うな
時間を浪費してはならない
自分の時間を自己改善に使いましょう
出来るだけ多くの人のために
神について瞑想なさい
化城を実相の富だと考えてはならない
既に吾等は天国浄土にいるのです
悪はない、これが問題解決の鍵である
心に雑草を生やしてはならない
「神と偕にする」と云う気持で、興味をもって
仕事の善悪を思うな
「神と偕に……」そして感謝を
よき友人は富より高き価値がある
朱に交れば赤くなる
大いに友を愛しましょう
真の友情を得るには
真の友情は与える愛である
理想を現実に屈服させてはならない
天才を発揮するには
天分・天才を発揮するには
心の眼を高くあげよ
不幸は自己破壊の欲望から来る
自己の内にある逆念を警戒せよ
常に幸運を思い詰めよ
善き事のみを思い詰めよ
愛を実践せよ

先ず何よりも神の智慧を求めよ
運命を決定する「不図」の秘密
人間が行き詰らないためには
思いつきを直ぐ実行せよ
神からの直感か、迷いからの直感か
神の智慧を受ける神想観
その日その日を命の限り
各人を導く不思議の御手
吾々の目標はきまっている
天分を大成するには
人の欠点を噂してはならない
困難や障礙を探してはならない
気の弱い善人となる勿れ
わが行く処常にライオンがいると思うな
自己の内にある敵を駆逐せよ
職業を失った場合
種の保存と播種及び移植
愛を実現するのが人生の目的である
幸福を何処に求むべきか
精神の力
「人間神の子・無限力」の神想観を毎日行え
祈りで照準を定めたら行動で引金を引かねばならぬ

第十三章　希望を実現する鍵

光明面のみを見よ
日々に努力して前進せよ
神は人間を不幸にしない
愛とは与え切ることである
幼児期に愛を拒絶してはならぬ
愛の円環が完成せねば自己破壊が行われる
人生の意義を自覚して生活せよ
人類の運命に就て
信念をもって善き事を想念せよ
心の花園によき種子を蒔け
神は人間の富むことを喜び給う
憎みに対して憎みを報復してはならない
あなたの最善の愛を与えよ
何を貴方は自分自身に引寄せるか
人を悪く語ってはならない
心に剣を持ってはならない
利己主義は却って自分を損う
此世に地上天国を建設するには
地上天国建設の要素について
人の完全なる実相を見よ
愛の天使を相手に送る法
幼時から情操教育を行え
「平和」は幼少年期に植えつけよ
心に強く描くものが形にあらわれる
断じて失敗を予想する勿れ
想念・意志・理念・創造力
先ず「神の国」を想念に描けよ
ただ神の義しきのみを求めよ
永続せる幸福を得よ

第十四章　処世の要諦について

先ず明るく微笑なさい
此処に処世の秘訣がある
止れ、周囲を見よ、而して心を澄ませ
「静」の中にこそ解決はあるなり
問題を解決するための心の平和
祈りを深めて決断は速かに
「果報は眠て待て」と云う諺がある
仕事に最高能率を発揮するには
先ず神を愛せよ
恐怖心を克服するには
心によき種子を蒔きましょう
憎みの種子を捨てよう
天国的幸福を実現するには
現象を捉えずに実相を捉えよ
現状を握らずに、眼を挙げて宇宙を見よ
真に感謝をすれば無限の宝が湧き出でる
あなたの富を大宇宙銀行から
大宇宙銀行の小切手について
「罪あり」と書いた獄衣を投げ捨てよ
遠隔の人も相互に一つのサークルとなって神想観致しましょう

誉め讃える祈りを致しましょう
深切の種子は必ず果を結ぶ
「必ず能る」の心を失うな
生命は「抵抗」に面して悦んで活動する
重圧があるので内部の力が発現する
使命感は人間を健康にする
人生の安定は責任ある仕事で得られる
仕事は人間の能力を増し健康とする
幸福感は仕事によって得られる
重荷を避ける者には重荷がやって来る
神は解決の智慧を与えたまう
神の智慧を流入せしめよ
神の智慧を睡眠中に受けること
神との一体感を常に深めること
神は智慧・法則・愛である
心の波長を先ずよくしなさい
就眠前の黙念法について
信仰ある希望は実現の母である
紛糾した問題に直面した場合
あなたが仕事に倦んだ場合
決意の力は万事を決定す
常に勝利を得る道は？
あなたの事業が危機に面したら
人生は斯くの如しです
「否」と言う権利を確保せよ
誰か烏の雌雄を知らん
無限の力と接触する簡単な思念法
依頼心を起す者は、自己に内在する力を発揮し得ぬ
人間の実相は未だ病まず
よき友はあなたの至宝である
母と子の精神的感応
すべての恐怖と心配と憎みとを去れ

第三巻　初学篇

第一章　物質人間を超える自覚
物質や肉体以上のものがあります
魂の悦び、友情の悦び……など
さて其の幸福はどうして得られる
自分で生活のハンドルをおとりなさい
「汝は神の子なり」との免許状をもって歩め
その哲学が正しいか正しくないかの標準は
唯物論は次のような理論で正しくない
人間を本当に明るくする哲学

第二章　新たに生れる自覚
新生と云うことの本当の意味
毎日を感謝の生活に致しましょう
生活に歓びが伴わない根本的原因は何でしょうか
人間は物質ではないのです
人間は物質に非ず、生き通しであると云う確かな証拠
魂の急速なる進歩のみを目指した生活
荘厳なる霊の昇天
肉体死後も斯くの如く生きている
手遅れの盲腸炎が手術なしに治る

第三章　いのちの尊さの自覚
早くよい結果が現れる法
人間の肉眼は当にはならない
こちらの心が向こうへ映ります
硝子や鏡が歪んでいると顔が歪んで見えます
いのちが神様である
互に全ての人を拝みましょう

第四章　自覚を深めるための初伝
明るい心、明るい表情
明るい落着いた心で仕事をなさい
心を落着ける呼吸式思念法
神が今あなたのお側にいらっしゃるのに
神様におねがいするには
問題を解決するには
心が暗くなった時には
人間は物質ではない
勇気を出して善き習慣に移りなさい
心の扉をひらいて光を入れましょう
心をひらけば何時でも到る処に機会が

ある
第五章　生きる力の不思議
死んでいるものと、生きているものとの相異
「生命」は周囲の素材を利用します
生命は内部からつくる
「心」が主人公であることを忘れてはならない
人間の内部の智慧はこんなに素晴しい
皮膚だけを考えても、こんなに素晴しい
耳や鼻や目の不思議な構造
生きている人間の透視映画による研究
一つ一つの細胞はその役目が造られる前から計画されている
第六章　地上に天国をつくる自覚
金よりも大切なものがあります
ナイチンゲールの話
悦びの日光を運んで来る人
戦い取ったものは戦いとられる
一杯のコップの水も、こぼしてしまっては
心のフイルムに良い画を写しましょう
心のレンズを曇らせずに
深切に愛情ふかく人々に
先ず自分で実行して人々に伝えましょう
此の世界は自分の心を写した映画です
第七章　無限の遺産を嗣ぐ自覚
あなたは気のつかない富をもっている
あなたの生活を照らす光の泉
山も川も草も木も物質ではない
神の国は此処に、そしてあなたの内にあります
「感謝すべきもの」を見ないのは色盲の一種です
「悪」は本来ないのです
あらゆる物は心を材料として造られている
「第一創造の世界」と「第二創造の世界」
第八章　富の無限供給を自覚せよ
富は物質の塊ではない
或る王国の話
どんな時にも失望しない
宇宙にある供給は無限である
供給を受けるには一定のリズムが要る
供給は無限でも、吾々が受取れるのは自分の利用し得る分量だけである
先ず何でも有用に使う力を養うことが大切
信念は必ず実践しなければ力はない
第九章　人生を幸福にする黄金律
すべての始めには秩序がある
秩序があるので自由がある
遊戯にも規則があるので楽しいのである
自動車もブレーキがあるので壊れない
人生を幸福にする黄金律
世界及び人々は貴方の心の通りを反響する
自分の欲しないことを他にしてはならない
「本当の人間」は肉体ではない霊である
悟った人間ほど謙遜になる
自分の力を信じなさい
自分をあまりに高く見積ってはならない
適当な値打を相手に定めさせる方法
ジャーナリズムの言葉の力
言葉の力の使い方
第十章　今此処が極楽世界の自覚
信ずるものが現れて来ます
物質を信じたら心の力は顕れない
物質と見えるものは心の塊
自分みずからを知ることが大切
次に「心の法則」をお知りなさい
「神に対して祈る」よりも「神とともに祈る」が好い
極楽は何処にあるでしょう

極楽は「場所」の名前ではありません
こうしたら「極楽」になります
第十一章　自覚の改善による運命の修正
愚かなる熊の真似をしてはならない
「不幸」や「病気」の宣伝をしてあげるに及ばない
先ず貴方の心を幸福にしなさい
「未来の幸福」は「今の心」の中にあります
最も有効な祈り
光明思想であなたの生活の全部を照らしなさい
観世音普門成就の教
第十二章　女性の自覚のために
口やかましい婦人
表情で寿命が縮まる
自分の容貌を毎日傷つけている婦人
人生に最も必要なもの
女性の美は男子の玩弄物になる為ではない
水を葡萄酒にかえる力
人生の強壮剤になる婦人
ドライ・アイスのような婦人
容貌以上に働く性格の美しさ
出来るだけ多くの善き物を周囲に与えよ
湿疹は心で治ります
腰が海老のように曲る病気
泣くほどの深い感謝で治る病気
腹の塊は、不平や怨みの心の象徴
第十三章　青少年の自覚のために
疲労を癒すための呼吸式思念法
運動は身体の発達のために必要である
競技としてのスポーツ
バットを可愛がれば野球に勝つ
本を大切にする人は本から得るところが多い
着物などを節約して本を買いなさい
本を可愛がって読めば力がつく
本の良い処を考えて吸収しましょう
本を読むにもコツがあります
よく考えながら読み、善い事は実行しなさい
立派な人の伝記をお読みなさい
善い本は同じ本でもたびたび読みなさい
本に書いてある知識をつかう力を養うには
元気になる本を読みなさい
まず自分が楽しい顔をすることです
皆さん、明るい心になって人を喜ばせましょう
ただ喜ばそうとばかり思って何事でもなさいませ
人前で自分を賞めてはなりません
人を毛嫌いしてはなりません
心の中のダイヤモンドを輝かせ
第一印象を善くしましょう
誰にも好かれない人の話
天狗になってはもう伸びない
伸びる希望を毎日持て
毎日一つずつでも善くなるようにせよ
勉強は一生涯の問題です
若い人がなまけているのは恥ずかしいことです
この宝石は誰のものですか
持ちたいと思うより味わいたい心になれ
ひとの着物の美しさを羨むな
離れて見るこころ
公園の美しさはこうして味わえ
人に持たせて眺めたい心
人格の美しい人となれ
人格の美しさは人を引き着けます
無作法であってはならぬ
良き作法と良き趣味をやしないましょう
第十四章　実相の自覚を現象化するには
実相と現象との区別
肺病になるような人の心は
子供を健康で優良にするには

第十五章　伸びよ、あなたの生命
生命とは如何なるものか
生命は何うして象をあらわすか
昔の教育と今の教育
神の生命が人の生命
心が明るいと生命は伸びる
負ける原因は自分にある
何故負けたら口惜しいと思うか
第十六章　自己暗示の原理と其の方法
宗教は現世にも役に立つか
心の動くところ必ずコトバがある
クーエの自己暗示法
第十七章　人類は唯ひとつ
人間は生命である
使えば使うほど発達する肉体
人間を創造った元の生命は一つである
第十八章　禅と日本精神
神話とは何であるか
人間そのものは分析では分からない
胃癌が治って人間の死んだ話
真理とは何であるか
作者が異えば同じ肖像でも味が異なる
日本民族の精神を象徴するもの
第十九章　禅と実際生活
心は明鏡の台の如し
水は絶対に濁らぬ
禅は「全」であり、全体の生命と一如になること
第二十章　当り前が当り前の生活
沢庵禅師と柳生但馬守
「実相」とは何？「現象」とは何？
日常生活と禅の生活
雨が降ったら傘を擎す
平常の心が其のまま「道」である
細川侯と宮本武蔵
「構える心」は「対立の心」である
第二十一章　人生に板夾みはない
あなたが若し板夾みの境遇になったら
彼はどうして悟りをひらいたか
父母の父母の、その父母の……生れる前のあなたの「生命」は
「空」とはどんなことか
教えて貰ったのでは力は出ぬ
礫と竹とが触れて鳴る音
汝の生活の主人公となれ
問題は既に回答があるのが問題だ
人間は本来大力量である
第二十二章　自己内在の大力量を自覚せよ
人間神の子、何故無限力を出さぬ？
人間を如何に観るかで健康がかわる
谷口哲学と西田哲学
人間に壁があると思ってはならぬ
自分の心の足音に驚くな
与えられた恵みを拒んではならぬ
清貧礼讃は聖書の真意ではない
全ての人間は聖使命菩薩である
大通智勝如来
あなたは大力量の人です
痛むのは心が痛む
大力量の自覚の次には心の中の葛藤を取除かねばならぬ
第二十三章　祈りの法則について
祈りの三つの条件について
既に受けたりと信ぜよ
「祈る」と云うことの意味
心には潜在意識と云う気のつかぬ層がある
第二十四章　心に重荷を負わしますまい
第二十五章　心で運命が変ります
類をもって集まる法則
黒住教祖は笑いつづけて病気が治った
神は光である
先ず神の光に同調する明るい心になれ
何故善人が病気になるか
神は愛憎によって恵みを加減することはない
類の集まる法則を知って「病気」を思うな

第四巻　青年篇

第一章　私の幼少年時代
どんな泣き虫でも努力次第で
生田の森の夜
本当の父母をもとめて
湊川神社を父の手にひかれて
満四歳で小学校へ行く
算数と進物とを取違えて
孟母の三遷のように
人のために尽すよろこび
第二章　天命を知ること
永遠価値への追求
運命は一見不可知の力にて操られる
価値の本質に就いて
音楽美の創造と実際生活
再び突如として現れた運命の転機
罪の子から「神の子」人間へ
喘息の原因
一躍超入「迷い」を捨つ
罪の本質に就いて
新しき天と地
貴重品の紛失と発見
人生の躓きに就いて
神との一体感を深めるには
神の叡智、彼を導く
先ず天命を知ること
最後の悟り
第三章　法則と真理に就いて
第四章　霊の選士としての青年の使命
青年は浄く理想家である
青年は生命を献ぐべき目標を失った
生命を献ぐべき対象を再発見せよ
現象を超えて永遠不滅の理念を見よ
入龍宮不可思議境界録
入龍宮不可思議境界に於いては一切の不幸なし
何処にか天壌無窮ありや
再び其の躓きを繰返すこと勿れ
日本は自己の犠牲により東亜民族を解放した
更にその自覚を高めて「物質無」を知らさねばならぬ
先ず此の真理を自覚せる者の使命
第五章　先ず第一義のものを求めよ
「神の国」と「未発之中」
生活に美を失う勿れ
真実価値ある事物を求めよ
愛のために生命を献ぐる者となれ
諸君は奴隷になってはならない
生命の解放感は愛を献げることによって
生命の真を諸君が生きるとき美があらわれる
言葉の美を頽廃させてはならない
言葉は第一義の大切なものである
第六章　吾が理想とする青年
全世界の出来事に責任を持て
善き雰囲気の人となれ
価値高き人となれ
常に心の傷つかざる者となれ
どんな人に対しても実相を礼拝する人となれ
みずからを全世界を操縦するパイロットと信ぜよ
如何なる時にも呟かない人となれ
自己について大いなる夢を描け
我れ是を為す、神が為さしめ給うなりと信ぜよ
常に進歩生長する人となれ
第七章　黄金の鎖に繋がれた骸骨
無限供給の意義について
先ず心の富者となるべし
斯くの如く諸君は既に多く有ちたまう
持つ者よりも味わう者の方が富者です
本当の富と云うものは
黄金の鎖につながれた骸骨と囚人
第八章　幸福への道
人間の基本人権に就いて
幸福になる根本原理

常に事物の光明面のみを見よ
人間は不幸な面より幸福な面を多く持つ
因果の法則を知らなければならぬ
人生は物質的原因と精神的原因の結果によって拘束される
全ての原因である「心」を浄めることによって人生が浄まる
感覚は事物の真相を語るものではない
感覚にまどわされてはならない
正しき理性によれば人間は完全なものである
心の中の掃き溜めを浄化せよ
不幸は非実在である
人間の不幸は心の中にのみある
第九章　運命について
人生の体験の意義
運命を良くする秘訣
第十章　わが魂の伴侶を求めて
第十一章　想念は如何にして運命を創造するか
心に描くことが形にあらわれる
病気の治癒は一種の実験事項
個人の運命が心で支配し得る前提条件
肉体は心の端的な表現である
各個人の心は別個の心ではなく、同一の心が宿っている
人種が異っても互に同一の表象を用いる
動物及び無生物に宿る「心」も人間の「心」と共通である
第十二章　言葉は如何にして運命を創造するか
一切の事物の本源はコトバである
人間が宇宙に顕れたる使命
「想念」の小切手に如何に書くべきか
第十三章　言霊の神秘に就いて
コトバとは何であるか
「ア」の音霊
「イ」の音霊
「ウ」の音霊
「エ」の音霊
「オ」の音霊
「カ」の音霊
「キ」の音霊
「ク」の音霊
「ケ」の音霊
「コ」の音霊
「サ」の音霊
「シ」の音霊
「ス」の音霊
「セ」の音霊
「ソ」の音霊
「タ」の音霊
「チ」の音霊
「ツ」の音霊
「テ」の音霊
「ト」の音霊
「ナ」の音霊
「ニ」の音霊
「ヌ」の音霊
「ネ」の音霊
「ノ」の音霊
「ハ」の音霊
「ヒ」の音霊
「フ」の音霊
「ヘ」の音霊
「ホ」の音霊
「マ」の音霊
「ミ」の音霊
「ム」の音霊
「メ」の音霊
「モ」の音霊
「ヤ」の音霊
「イ」の音霊
「ユ」の音霊
「ヨ」の音霊
「ラ」行の音霊
「ワ」の音霊
「ヰ」の音霊
「ヱ」の音霊

「ヲ」の音霊
第十四章　物理学の進歩と共に
物理学の進歩と共に
万物は不可知の一元に帰入する
エーテルを活動せしめたものは何か
物質は生きている
神は人を通して最後の最高の創造を為したまう
病気は何故起るか
神に則しない創造は本当の創造ではない
神が絶対善であることに就いて
真の実在界には相剋相闘は存在しない
病気・不幸・災禍はすべて夢である
医療に対して如何なる態度で臨むべきか
物質医学が死を宣告しても失望してはならない
恐怖心を取去って「健康」の相を心に描けよ
不幸を欲し、失敗を欲する意志の奴隷となるな
病気や不幸に関する文章を読んではならない
全托の心が先天性股関節の脱臼を治した実例
病気を歓待する心を捨てて胃下垂が治った実例
背水の陣を敷く心が胃下垂と肺結核を治した実例
第十五章　人間の運命に就いて
病気の本質は心の煩いである
マーツル・フィルモア女史の体験
リンカーンは斯くの如く祈った
リンカーンの最初の夢
リンカーンの次の夢
潜在意識は一個の創作家である
一個の出来事は数人の人々の想念の合作である
想念は斯くの如くして具象化する
各人それぞれの運命
生長の家とリーブマン博士の『心の平和』
家庭の調和と人間の運命
第十六章　不安と災禍の克服に就いて
運命と格闘する人々
人生の体験の意義に就いて
運命は固定したものではなく、実相を悟れば悲運は避けられる
やがて来る事物の予感
災禍の予兆としての不安の克服
不安の起る原因の克服
禍は単に心を転ずるだけでは克服出来ぬ
敵二倍力を得るための祈り
悪想念の習慣
第十七章　献身の美徳に就いて
戦争犠牲者の家族を持つ人々へ
殉教者の荘厳なる自己放棄
真に平和を招来せんとする者の覚悟
殉教者の境地を超えて
新生への道の具体策
自我放棄に伴う祝福
人間的自我の運命から、神に一致した幸福なる運命へ

第五巻　女性篇

第一章　これからの女性
男の玩弄物にならない為には
到る処に勉学の機会はある
自己を観察して長所と短所とを知れ
しかし欠点を重大に取扱ってはならない
女性も向上の希望を持つべきです
近代の女性美
金銭上の隷属関係を愛情に混入してはならない
第二章　婦人と家庭生活の智慧
互に物言わぬ夫婦
先ず妻から謝りましょう

良人の出勤前に妻は笑顔で見送りましょう
良人を甲斐性なしだと思ってはなりません
家相見や姓名判断に迷ってはなりません
良人を苛酷に批評してはならない
第三章　秘密と罪の魅力について
生命とは何であるか
お乳を吸わぬ赤ん坊
各人に宿る普遍の叡智
子宮筋腫が心で治る実例
悪い現象は本来存在しない
想いを包みかくしてはならない
秘密の魅力
第四章　女性の純情に就いて
風太郎の墓
李桂と云う歌妓
愛は権利を超えて
第五章　妻としての真実の幸福
夫婦の意見の対立
気性の荒い娘
知性の勝った奥さん
世間知と宗教的救いとは異るのです
神の心の中には悪いものはない
おじいさんの言うことに間違はない
基本人権の平等と妻としての立場
第六章　夫婦の意見が対立する場合
人間は完全に自由である
妻が心で良人を縛らなくなったら
第七章　愛が失われた場合
愛は智慧を喚び出す
愛の生かす力
「自分」を忘れて他の人の為にする愛の力
医術も愛を背景として治る
野心は愛をくらます
「愛」が失われた場合
第八章　愛と嫉妬に就いて
六条御息所の生霊
嫁を拝む心境になったら家庭が極楽に変じた
社長の女秘書の話
『裸足の伯爵夫人』
あなたの愛情が誰をも傷つけなければ
第九章　美貌について
美貌とは愛に輝いた顔
美貌になる自己暗示法
睡眠中に自律神経を美貌になるよう使うこと
美しく写真に写るには
美貌になるには平常の心を楽しくする
人相をよくすれば運命もよくなる
朝は現在意識の出発、就寝時は潜在意識の出発
忽ち剣難の相、忽ち円満の相
第十章　富を築くための新しき生活設計
人間には精神と肉体との両面がある
経済上の問題も心の作用が影響する
第十一章　人間の第二の誕生
才能を働かせよ
「罪の子」から「神の子」
第二の誕生
謙れる心は地を嗣がん
第十二章　産児制限について
人口増加は失業者を増やすか
一人の労働は五人の消費を満たす
二つの誤謬
計画経済で全労働力をフルに
避妊の倫理的霊的影響
第十三章　人間の本質について
豚を食べて何故人間は豚にならぬか
人間は手脚ではない
内臓は再生する
空にして同時に個性がある人間
個性があって普遍なる人間
第十四章　赤ん坊がお乳を吸う不思議
何故、赤ん坊は教えられないでも乳を吸うか
神とは何であるか
不生の生命が生きている自分

魂の必然的要求
何故人間は死にたくないか
人間が向上したい要求
第十五章　産婦人科の病気も斯うして治る
人間が健康になる原理
単なる物質と肉体との相異
歪んだ「精神模型」の通りに列んだ分子成分の肉体が病体である
癌腫消滅の理論
理論の次には実証が必要である
第十六章　真理で癒された人々
子宮癌を手術した人
一文字判断
『甘露の法雨』の功徳
心で思う通りに肉体は成る
言葉が人間を幸福にする
人間には本当に不幸な人はない
親孝行とは何をすることですか
我を捨てるところに「本当の自分」が生きる
新たに生れた上での民主主義でないと本物でない
暗い心は病を起します。明るくなれ
天命直授と云うこと
新たに生れると云う意味
真理の実践は商売をも繁昌さす
息子のヒロポンが治る
少年少女の悪傾向について
第十七章　不貞と離婚の問題
前世の不貞と現世との関係
離婚は正当化され得るか
離婚の合理性がみとめられる三つの場合
離婚してはならない場合
利己的観念を熔かす坩堝としての結婚生活
第十八章　結婚の霊的意義について
文化人の契約としての結婚
幸福目的のための努力の場としての結婚
結婚は前世からの続き物語である
結婚は魂に「経歴」を加えるもの
或る婦人からの質問
実相の夫婦と云う意味
自己完成としての結婚
第十九章　あなたは男に生れ更り得るか
人生に不幸の起る原因
男子に反抗する性格の原因
宿命と自由意志の関係
同性愛の原因
人間の霊魂そのものに性別はない
人間が結婚しなければならない理由
第二十章　結婚と職業との関係
高き教養ある女性の霊魂の結婚について
家庭生活と職業と両立する婦人
家庭生活は名誉心を超えている
宿命と意志の自由に就いて
結婚と霊の進歩との問題
結婚の相手を選択する正しい標準
第二十一章　良き配偶の見つからぬ場合
二児を遺棄して自殺した女性
意志に反する強制を拒んで自殺した女性
第二十二章　結婚生活に意義があるか
互に夫婦となる者の霊的因縁
性的不能の男子に嫁いだ場合
動・反動の応報の法則について
第二十三章　女性の性交恐怖について
性交困難の夫婦の解決
妊娠恐怖に伴うもの
前世に修道院生活を送った彼女
第二十四章　娘の純潔と両親の責任について
性の濫用から来る先天性癲癇
女性の純潔に根拠ありや
愛情によって貞操を失うのは不純潔か
倫理学的立場から観た純潔
第二十五章　純潔の標準に就いて
純潔教育について

純潔とは果して何を意味するか
動物的性欲のみの行為は
性的満足の精神的内容とは何か?
恋愛とは如何なるものか
生理的性興奮と恋愛とは異る
此処に私は「純潔」と「不純潔」との区劃線を引きます
第二十六章　恋愛と性欲の昇華

第六巻　人生篇

前篇　手紙問答
第一章　不勉強の子供を導くには
第二章　麻雀に凝る夫の外泊問題
第三章　子供の入学試験に直面して
第四章　学業を捨てて放浪する子供の問題
第五章　知性の勝った叛逆の子の導き方
第六章　叔父に反抗する少年をどう指導するか
第七章　果して讃めるばかりが好いか
第八章　児童に「休養」は必要か
第九章　「妙子ちゃん事件」について
第十章　強迫観念に悩む青年に
第十一章　三角関係をどう解決するか
第十二章　子供を生みたいが生活不安
第十三章　母性愛の浄化に就いて
第十四章　良人の仕事に妻が反対する場合
第十五章　吃音矯正の鍵は何処に
第十六章　業の流転より遁れるには
第十七章　深刻なる人生苦を超克するには
第十八章　間違の多い子供をどうして導くか
第十九章　授業時間中居眠する子供
第二十章　偏執症は如何にして?
第二十一章　娘が神経衰弱で疲れ易い
第二十二章　金を盗む不良児を如何にするか
第二十三章　子供の嘘言はどうして直すか
第二十四章　子供を有つ女教師の悩
第二十五章　処女で再婚した妻を持つ悩
第二十六章　闇を行う父と子の関係
第二十七章　生理的本能と「夫婦の理念」とは異る
第二十八章　悟にて治病は可能か
第二十九章　戦歿せる兄の妻との結婚に関して
後篇　直接問答
第三十章　人格の改善について
人間の本質とは
性格と人格とについて
人格の匂について
業の力を転ずるには
悪徳からのがれる道
悪徳の嫩葉を摘みとるには
瑜伽の哲学と人格改善
意志を強くするには
第三十一章　美的価値と道徳的価値
善悪の差別に就いて
欠点の批判に就いて
万教帰一の真理に就いて
心の自由に就いて
高く清き霊魂に就いて
地上天国の出現に就いて
恋愛と性愛に就いて
戦争絶無の世界を翹望して
美的価値と道徳的価値と
第三十二章　運命と個性の発見について
人間の運命は自分で変えられるか
神性を自覚すれば反省は不必要か
地上天国は何時出現するか
天分を自覚する道
性欲を如何に解決するか
第三十三章　生存競争の問題
物質面からものを観ないでいのちの面から観よ
「物質無」の実験について
渾然一体で不可入性のない生命の世界

には争がない
何でも百事如意に引寄せられる
文殊と維摩の問答について
生物を食いながら食っていない

第七巻　悟入篇

第一章　相即相入と聖使命菩薩
物質はないと云うこと
相即相入と云うこと
実相哲学を生活する人
華厳の相即相入の哲学
毘盧遮那仏説法の世界
妙法蓮華経の多宝塔品
菩薩雲集・光明三昧
主観客観全一の世界
即身成仏の真理
維摩経の説く菩薩不可思議の境涯
観世音菩薩の普門成就の教え
観自在の原理のあらわす世界
世界を照す無尽燈

第二章　釈尊の自覚と生長の家
生老病死を救うには
生きる者の苦しみ
老いの苦しみ
死の醜しさを見る
肉体人間の醜しさ
殺生のない世界を求めて

第三章　意識の拡大と魂の目覚め
実相円満完全の概念について
「生命」とは如何なるものか
生命と智慧との関係
智慧と秩序との関係
自由と秩序との関係
智慧ある自由に就いて
智慧ある統制は汝を自由ならしめん
智慧が一切解脱の基である
意識の拡大について

第四章　現代思潮より観たる仏教
真空妙有の真理と物理学
わたしたちの肉体の正体は？
心が心の姿を見る
不動明王の御本体
潜在意識の神秘作用
催眠術の歴史及び方法
暗示感応の神秘に就いて
加持祈禱の神秘に就いて
暗示によらず加持によらず悟りによって治る場合
阿頼耶識の神秘
人類意識の迷いに就いて
天人充満の不滅の実在界
潜在意識の傷を探る
心は動力であることを知らぬ人が多い
病気の種子も心にある
宗教家の役目は罪悪観念の放逐にある
現在意識と潜在意識と宇宙意識
宗教家は潜在意識を知らねばならぬ
大通智勝如来は何故十劫の間も悟りを開かぬか
罪とは何であるか
衆生は本来仏である
観世音菩薩三十三身の働き
加持と神想観
感謝と悟りとの一致
物質の否定と即身成仏の悟り

第五章　浄土真宗と生長の家との一致
浄土真宗の本尊について
果して極楽は何処にあるか
願行なしに救われるか
仏と神とは一致するか
念仏信仰か念罪信仰か
弥陀の願行の本地は何処にあるか

第六章　諸法無我と久遠不滅
人間は柴の庵にあらず
「叡智」そのものが人間である
実相は生れ更らずして現象は生れ更る
部分品は人間に非ず
実在界と現象界との関係
常楽我浄の真の意味
久遠不滅の法身の自覚

第七章　大乗仏教と生長の家
大乗と小乗との意味
神と仏とは異るか
感覚に「死」の現象が見えても人間は死んだのではない
煩悩としての愛と神の愛と
第八章　法然上人の万教帰一論
第九章　神に直結する道
神をわがものとするには神と自他一体感を得なければならぬ
神我一体感の体験の実例
神と直結して喫煙が止まると同時に栄転した話
神と直結するには、自己を責むる者の幸福のために尽さねばならぬ
神と直結するには謙りの心が必要である
本当の愛（四無量心）を起すこと
第十章　唯物論か唯心論か唯神実相論か
物質が前か、心が前か
万有引力と万有斥力
物質は惰力で動いていて自発的に方向転換はできない
「心」と「物質」とは本来同根
魯鈍なる物質から叡智が発生する筈はない
肉体の成分は常に異るのに、「自分」と云う自覚が異らないのは何故か
薬剤で精神の働きが異るのは何故か
心と脳髄との関係
霊は無限で遍在である。人間は「無限者」の自己表現の中心である
第十一章　本当の宗教的救いとは？
人間は如来であり、神の最高実現である
どんな境遇にいても心がまえ一つで伸びられます
金持でも幸福でない人がある
本当の人間の幸福とは何でしょう
本当の宗教の救いとは何であるか
人間がただの物質なら、善悪のサベツができない
第十二章　信仰の深化と途中の躓きに就いて
「救われる」と云うことの種々相
繁栄を目的とする擬態信仰
本当の宗教と三次元的工夫とは別である
念力応用の繁栄法も本当の信仰ではない
餓鬼道の境涯に陥るな
法華経は現象界の無常を説いている
先ず神の国を求めよ
神を信じて布教師個人を信じてはならない
第十三章　智慧は唯物論を超えて
智慧は一切のものを浄める
宗教の本質と智慧による自己発見
新鮮な心は智慧のはじめ
唯物論では人生に希望がなくなる
民主主義は唯物論とは調和しない
愛国心についての考え方
唯物論より観たる国家
生命体として観たる国家
日本国家の生命体的把握
第十四章　現象を斬り捨てる
南泉和尚が猫を斬る公案
猫に仏性ありや
一切の形式や既成概念を断却すること
坂田藤十郎の芸談
一切の否定の後に来る肯定
第十五章　久遠いのちの行方
惜しい欲しいが悩みのもと
徳山托鉢の公案
いのち本来去来なし
人間は人間であって牛ではない
第十六章　自己に宿る光を見つめて
自覚を深めるための思念の言葉
神の聖愛にいだかれて
わが生命の中心に輝くもの
人生の舞台に処して

幸福の根本問題
神は無限の智慧の源
智慧の本源に波長を合わしましょう
永遠に老いない生命の霊薬
いずこに幸福を求むべきか
常に神のお召に応ずる準備を整えること
神の後嗣者であることを忘れてはならない
神にゆだねて解決しない問題はない
問題が起ったときにも
「本当の自分」を思い出しましょう
「真の自分」に無条件降伏しましょう
悪の脅威に屈してはなりません
実相を実現するためには
愛は地下水を汲む潤滑油です
先ず与えよ、与えられん
若しあなたが失業した場合には
現在職業を不満足に思う場合には
罪から復活して昇天するには
一切の悪しき印象を心から捨てましょう
このように美しい実相を観じましょう
友情を得るための思念
人生は結局は完全です
実相は完全であるのに現象に不完全があらわれる理由
神はあなたの家庭を祝福したまう
就寝時の感謝の祈り
第十七章　久遠の神、わが内に働き給う
神と共に新生せん
神の使いとして吾生きん
心の緊張を除く祈り
本当に民主主義の生活は神に一致する
健康なのが貴方の本当です
憎んでいる人を一人も無くしなさい
既にあなたは与えられている
常に神の中にあなたはいます
祝福の念をすべての人に
神への絶縁体を取除くには
神の癒しを実現するには
難しい問題が起って来たときには
感謝はあらゆる心配をなくす
誤解によって傷つけられたとき
悪を消すには
魂の真の願いでない祈りは成就しない
家庭を幸福にするには
過去は過ぎ去ったのです
永遠のものを求めて
魂の安心を得る道は
超現象的自己の自覚
病気に面して病気を見ず
周囲の人が好意を持たぬ場合
今、あなたは神と偕にいるのです
神をあなたの恋人にいたしましょう
自己の内に宿る無限の力を自覚しなさい
節から芽が出る心配無用

第八巻　信仰篇

第一章　日々の生活が宗教である
禅と生活
洗浄と云うこと
第二章　久遠不滅の生命を見つめつつ
人間を肉体だと思ってはならない
「本体としての心」と「現象としての心」を混同してはならぬ
人間は何故病まず老いないか
人間の老病疲労を防ぐには
迷いを去れば「実相」の完全さが現れます
肉体なんぞ我れ関与せん
人間は既に完全である
「我の心」を捨て「神の心」に全托しましょう
神われに働きたまう
神にまかせながら働くこと
対立的信仰から絶対一元の信仰へ
現世利益をねがう信仰の弊害
現象の波を超えて

霊的実在とお蔭との関係
神の心の上に建物を築くこと
宗教教師としての心得
毎日全力を出し切れ
人間は三時間眠ればよい
自分の運命を支配するもの
忍辱の徳に就いて
あまりに善悪を窮屈に考えてはならない
悪と戦うに非ず、善と協力するなり
天地一切と和解するとは？
意識の関係しない病気はない
人間本来の健全さに目覚めよ
内在神性の無限力を発揮するには
聖胎長養と云うこと
神性を発露する処に病気はない
われを信ずる者は死すとも死せず
実相と現象との関係
病気を治そうと思うよりも実相の完全な相を見よ

第三章　宗教と現世利益の問題

新興宗教と既成宗団との立場の相違
此の放送討論会の目的について
宗教と社会主義運動
何故、南無阿弥陀仏と称名すれば極楽往生及び現世利益が得られるかの理論的根拠
宗教は原爆の被害も実際に防ぐことが出来る

第四章　人生の正しい考え方

幸福生活の基礎工事
生活の三百六十度転回
あなたは人生に対して微笑みかけねばなりません
争いでは無限供給は得られぬ
富を得んがためには、先ず人々の好意を得よ
先ず心に欲する物を期待し、人々に深切を実行せよ
希望は実現の母である
「繁昌」には「明るい希望」の肥料が要る
こうして劣等感を克服しましょう
供給量と「与えた分量」とは比例する
小さい問題をクヨクヨ思うな
組織を完全ならしめること
組織を整えればこんな利益がある
仕事をしても労れないためには
栄える会社と衰える会社との相異
労働は苦役ではありません
労働を労役とせず、聖業とせよ
産業の三つの要素
寛容と度量と愛と
部下の状態は首脳者の心の影である
団体の空気とメンバーの気質
上役と部下との調和が必要である
足掛けの社員を持つ会社
従業員の楽しい会社
従業員に活気があって会社は隆んになる
事業は無形の資本である
絶えず叱っている上役と従業員
愛は鞭よりも論理よりも強し
経営者は従業員に対して「親」の愛を持つこと
与えた通りの批難が与え返される
逆宣伝をする広告の盲点
富と繁栄との原理
みずからを正視せよ
向上と進歩とは現状の不満足を知るにある
自分の汚れに対して鋭敏でなければならぬ
「今」が時である
「今」と「自己」とをハッキリ生きよ
無駄な生活を省く一方法
衰微の原因は繁栄の最中にある
次のような心を改めよ
自己弁解する者は強者ではない
自分の本質を生かすこと
持越苦労をしてはならない

業を超えて実相を見よ
神様を水先案内に
家畜の健康状態は飼主の心の反映です
完全に循環させよう、出し惜しみしてはならない
感情は常に明るく、滞らせてはならない
大小・軽重及び時の順序をわきまえよ
与えられた事物を先ず完全に遂行せよ
干渉は可かぬが助力は好い
先ず心に「神との一体感」を確立せよ
常に自己の健康を念ぜよ
心を省みて肉体を健全ならしめよ
この機会を逸してはならない
神からインスピレーションを受けるには
先ず人々と和解せよ
先ず自己の力を縛る心を捨てましょう
祈りを成就するには
本末を顚倒してはならない
成功に要する色々の条件

第五章　進歩の源泉について

科学は進歩します
眼に見えないからとて無いのではない
物質は実は観念である
文化の発達は常識を超える処にある

第六章　祈りの根本法則に就いて

祈りは人間自然の感情である
人間は或る意味では全部有神論者である
神に対する第一の心掛け
神を信ずるとは神を愛することである
本当の信仰に利己心を混えてはならない

これだけは是非心得て置きたい事

何よりも先ず大切なるもの
神を健忘症だと考えてはならない
実相と現象との関係
人間は創作の自由を与えられている
神想観と祈りと報恩行
潜在意識を浄めるには
祈りを有効ならしめるには
自分の心を自己分析すること
「現象」を信じてはならない
宥し得ない相手が出て来た場合
自分自身をも宥さなければならない
現象界の失敗の時も魂は進歩している
間断なき祈りとは
罪と業とを解消するには
悪を認めてはならない
否定の祈りと肯定の祈り
深き愛念を起すこと
愛は調和の力である
「利益」よりも先ず「神」を求めよ
神を愛するとは、生活に愛を実現しなければならぬ
不幸の原因を神及び他に帰してはならない
正しい信仰と紙一枚の相異
祈りは実践によって裏附けられなければならない
神と一体になるには
心の偏った緊張を弛めること
心の緊張を弛めるには感謝の念を起すこと
心の緊張を取去るには

第七章　自己に埋蔵された宝

人間は霊的生命である
人はすべて天才である、忍耐強く発掘せよ
自己の才能を発掘するには
真理を不純物と混合させてはならない
「霊」と「物」との二元観ではいけない
類型と個性と我と
「我」を放棄して「個性」を発揮する所以
永遠者につながる自分を発見せよ
物質に執著してはならない
周囲に調和することの魂の練習
現実界は想念及び霊界の波動の具象化である

第八章　自由と解放を得るための智慧
何物をも摑んではならない
現象界は夢幻のようなものです
金剛不壊の自分を発見するには
奴隷になってはならない
世俗の眼をもって見てはならない
神は自己の内に宿り給う
三人の女中の寓話
「我の心」と「神の心」とを一致させるには
肉体を如何に世話するか
先ず「神」に和解せよ
物質も生きている
医療は自然良能をたすける
霊的喫煙を覚えましょう
彼の病気は自分の心の中にある
神の御意を知るには
自分の「心」を自由に使うには
先生になると云うことは
心の中に天国がある
本当の「あなた」は愛である
「心」の領土を斯うして守りましょう
ただ「真」なるもののみを求めよ
或る日の光明思念の言葉
「徳」を成就するには
「徳」を理想とする民主主義
幸福を求める人は善き言葉を使わねばならぬ
常に健康を想いましょう
憎みや嫉妬は魂の損失である
心を調えれば天地の気が和順する
ただ実相の世界のみある
神は誰かの犠牲が必要な世界を造らない
人間には自覚している以上の力が内在する
失敗は進歩への蹈石である
第九章　繁栄と成功への智慧
自信力は推進の原動力である
心の深層にある劣等感
誰でも失敗はある、失敗に悲観するな
失敗を如何に取扱うか
失敗と成功とを如何に取扱うか
臆病を無くするには
神の智慧を受取るには
運命の転換のための自壊作用
成功と繁栄との要素
すべてを祝福するための祈り
自覚と目的と行動と
流れる水は腐らない
生きている物は新しい芽を出す
競争者を進歩の契機だと思え
人間が新しくなるために
日に進歩する店と進歩する人
貧乏に打ち克ちましょう
富を得るには
自己をもっと信頼しましょう
「徳」は一切の富の源泉である
機会は何処にあるか
祝福を如何に受けるか
自分の使命を知るには
「神の子」はあなたの「無限の可能性」です
自分以上の「自分」を喚び出しなさい
地獄と極楽
あなたの希望を実現するための神想観
完全なる実相のみ実在である
神想観で病気を治すには
心の底からの深き願い
第十章　幸福になるための智慧
どんな小さな仕事でも大なる機会である
機会を見出すには斯うすれば好い
快楽を幸福だと思い違えてはならない
先ず人間の本質を見究めてから
誘惑に近づいてはならない
肉の快楽のために魂の苦汁を嘗めてはならない
自己に宿る神性を生かす者の悦びは永遠である
過去は「今」を契機として変貌する素

材である
「愛する」と「好き」とは異る
人その品性を失わば何の甲斐かあらんや
真の愛とニセ物の愛との区別
愛は人の内に宿る神を見る
努力は決して失敗することはない
原因結果の法則によって勝利者となれ
先ず他に与えるために奉仕せよ
「徳」は目に見えないが素晴しい救いを与える
先ず「徳」を積むとき「富」は自から加えられる
自分の生涯は自分自身の作品である
最も永続性ある宝
「徳」が身に備わるためには
すべて偉人は個性的である
読者諸君に期待する
人は各々自己自身の方法を持つ
与えられた義務と境遇を卒業せよ
先ず我等の為すべきこと
常に全努力を絞り出す生活を営むべし
人生の荒波に処して
日々の生活に宗教生活がある
「今・此処」に天国を行ずること
愛と深切の力に就いて
食物の味について

第十一章　心の法則で人生を支配するには

大生命と円融すれば自在無礙
自己内在の無限力を発揮するには
無限の力の貯蔵庫について
「現実の力」に頼るだけでは大いなる力は出ない
「外界」と「内界」を結ぶ架橋
「一つなる生命の流れ」に融け込む生活
「自然界の法則」を超える法則
「心の法則」を破ればそれだけの報いが来る
法則に順応する者が人生の勝者である
愛の法則によって自然界の法則を利用せよ
人生の暗礁を避けるには
神に導かれる精神科学の原理
いつまでも若くいるには
幼な児に中風も脳溢血もない
永遠の青年となるには
不完全と見える中にも見出せば「完全」がある
調和すると云うことは悪の存在をゆるすことではない
何故老衰するか
潜在意識に「若さ」を印象せよ
常に健康に自分を保つには
常に肉体は新しく造られつゝある
心は肉体を支配します
心はこんなに肉体に影響する
仕事場の悩みを家庭に持ち越してはならない
常に希望を懐きましょう
潜在意識を浄めるために神想観を怠るな
神の協力者となる者は幸いなるかな
病弱を語ってはならない
自己の心と行いを省みよ
お蔭を受けたが、さて其の次は
自分に属する物のみを求めよ
人間の本性は「愛」である
内部の精神波動と同じものが外部から引寄せられる
一切を神の示現として感謝せよ
人生に問題が起って来た場合
神様的立場からものを考えること
「幹」と云う立場に立って
和して同ぜざる生活
祈りと実践と報恩行について
ただ道場で話を聞くだけでは……

第十二章　愛と信と行動とによって

真理とは何ぞや
先ず神の義を求めよ

問題を解決する「愛」の公式
水爆・原爆を不要とするには
憎しみの心は恐怖を伴う
天国を心で実現しましょう
先ず神を、愛を、自己より輝かしめよ
自己に宿る神の智慧
神の智慧の導きを受けるには
我の精神力を否定するのが宗教である
原因と結果とは平衡している
与えよ、さらば与えられん
良き考えを直ちに実践しましょう
弱き者も失望してはならない
恐れたる処のものは皆来る
道を蹈み外してはならぬ
自己反省の必要について
想念は行動によって緻密化する
環境の主人公となるには
環境を支配するには
実相を観ると云う意味
困難な事件に遭遇した場合
神に重荷を乗托する法
全身心の緊張を取り去る法
本当に神に全托するとは
自力を全く脱落せしめるには
宇宙の呼吸に一致すること
運命を支配するには
心に描いた通りに「動き出す」のを止めてはならない
創造の第七日は人間にまかされている
他を侵さないで自分の自由が得られる

第十三章　常識を超えること

脊椎カリエスも治る
常識も日進月歩する
物質は「無」である
進歩して変る科学と永遠に変らぬ真理

第十四章　眼をひらいて光を見る話

心の眼をひらく
糸のもつれは解けないが髪のもつれは解ける
心の眼がひらいて、肉体の眼がひらく
パウロの眼はどうして治らなかったか
既に人間は神さまから完全につくられている
エデンの楽園のたとえ

第十五章　治癒を求める人のために

みずから高く昇る者のみ高くあげらる
心の力によって癌も治る
祈りの効果は自己の心の内にある
汝の信仰の電圧を高めよ
自己又は他人を癒すには
健全なる自己を再発見せよ
心を無量寿のものに直結せよ
現象世界は映画にすぎない
既に幸福なる自己の「実相」を自覚せよ
神は「内部からの癒す力」である
自分が許さねば病気にならぬ
不幸を歎く心を捨てよ
病気の際には自己の精神を分析せよ
創造力に一定の形を与えるのは想念である
精神統一の必要
あなたの祈りは何故実現せぬか
よき信仰を養成するには
心の法則によって運命を変ずるには
「自分」を心で縛ってはならぬ
人間の運命は変化し得る
本当のあなたは霊的人間である
真に永遠不滅の幸福を発見するには
先ず大慈悲を行ぜよ
奪う心の者は奪われる
実相を観ずる治療
人間の第一印象
雰囲気をよくするには
運命を構造する力
実相の完全さのみを見よ
観る通りにあらわれる

第十六章　健康と長寿への心の設計

人間の永生の希望は実現する
生命は自然界の法則を利用する
栄養学も無視してはならない

そのままを大切にせよ
感謝して食すること
病気は自己破壊の欲望がつくる
自己破壊の心
胃癌を作る心
朝起きて気持の悪いときは
憎しみの観念を洗浄せよ
自己憐憫の心を捨てよ
肉体の懶け者に心ゆるすな
部屋の雰囲気を明るく健康に
健康を心で奮起せよ
病気の時ほど健康を想像せよ
健康の最大要件は精神力を振起するにある
有益無害菌も人間の心に従って有害無益菌となる
黴菌が有害となるのは人間の心の影響がある
肉体の奴隷とならず、肉体の主人公となれ
「病気を欲する心」を自己診断して捨てよ
病気の口実を「他」に求めてはならない
人間が偉大になるには
使命に邁進して感謝報恩をつくせよ
昼は出来る限り肉体を垂直に保つこと
感謝報恩の仕事は強壮剤である
力の極限を超えた時、又力が出る
病気のままでも仕事をせよ
二十五パーセント以上の力を出しなさい
依頼心を捨てる時健康となる
毅然として立て
神の御意に乗ること
内部の生命力を神として拝め
無視するものは消えてしまう
恐るることを止めよ
健康のための原則
善いことばかりを話しなさい
前途に希望をもって生活せよ
人間は本来健康である
肉体を若く美しく
いつまでも若くあるには
謙りて神智の流入を受けよ
心に一物も把まない人が自由人である
就眠前には心を平和に明るくしなさい
道を説くことは人を救うことである
汝の悩みを神にあずけよ
腹立てるな、貴方の寿命が縮まる
病気を克服するには恐怖心を捨てなさい
一寸信じて直ぐ疑うのは本当に信じたのではない
心の中に敵を忍び込ませるな
心が平和にならぬ時には

第九巻　生活篇

第一章　新しき人間像

「新たなる自分」の発見
内部の無限力を発掘しましょう
「内部」の神を自覚する
新生命を汲み出す道
無限の平和の流れと一体になりましょう
大生命の叡智に導かれましょう
神は罰を与えない
人類の進歩は新しき法則の発見によって得られる
勝手に自分で人生を複雑にするな
毎日毎朝明るい心になりましょう
心の窓を開きましょう
あまり人の欠点を見てはなりません
吾々は究極には物質だけでは満足できない
「老」を思えば「老」があらわれます
細胞はそれを指導する智慧によって健となり病となる
肉体をあなたの心で自由に支配せよ
肉体は常に新たに造られる

人間は肉体ではないのです
痛みを感ずるのは「全体の心」
若さの復活は、こうして出来ます
病的な暗示を避けましょう
過去にどんな絵を描いていても、其の上に油絵を描きなさい
老衰と虚弱を去るには
心は位置をかえる力である
人類の共通観念に屈従するな
真理の書は何故幾度も読まねばならぬか
真に生き甲斐ある生き方をいたしましょう
本当に豊かなる生活とは
物質は霊的な使途に使ってのみ永遠の価値を得ます
持ち過ぎた物質は苦痛に変ります
愛は永遠の価値です

第二章　想念の選択による運命の改造

二つの異る世界観
唯物論は結局唯心論に帰著します
肉体は「心」が自己表現する道具です
人間は肉体ではない、霊である
人間は無始無終の存在である
神が宇宙を造る方法
実相と現象との関係
心に善事のみを描きましょう
外からの言葉の暗示に対抗するには
「想念」は実現のための種子である
法則は愛憎によって変化しない
あなたの収穫するところ
あなたは種蒔く人
人は神の子であって運命を選択し得る
与えよ、さらば与えられん
愛と信頼とを与えましょう
健康を恢復するには
想念の行動化について
直観による善一元の世界の把握
解放の最初のそして最後の鍵
人間自身の心の調整が必要です
個人主義を捨てましょう
ただ善と円満のみ実在する
身辺に天国楽土を実現するには
すべての善き発見は天界からの神徠である
個人の快楽主義には真の悦びはない
「真の人間」としての願いは各人衝突しない
宗教的儀式や祈りの意味
より高き真実の自分の願い

第三章　本当の幸福はこうして得られる

不眠が来るのは自我中心の想念がもと
自他を心の中でゆるしましょう
現象世界は心の持ち方でどのようにも変ります
心に他を呪ってはならない
腹が立って仕方がない場合には斯うしましょう
人間には仮相と実相とがあります
あなたの職業は斯うして見つけましょう
魂の浄化のための仕事
魂の浄化するに従って環境が良化します
柔和にして而も実行の勇気をもつこと
魂の稚い場合には脱線して苦しみます
神の計画の通りに生きましょう
唯物論では人権の根拠がありません
神は何処に如何にいられるか
神の恵みを具体化するには
物質は単なる物質ではありません
本当の勝利とはこんなものです
価値は愛することによって生じます
お蔭を本当に得るには
神からの賜物を受けるには
神を称め讃えましょう
後味のよい歓びを求めましょう
神は既に善きものを与えておられます
神はすべてを知っていられるのです
本当の自信は「肉体の自分」を信ずることではありません

現状に不満足な場合には斯うしましょう
神の恵みの受け入れ方を間違ってはなりません
神に祈るときには純粋な心でないと可けません
感謝は純粋でなければなりません
本当の幸福は「心の平和」にあります
自分の名を呼んで長夜の夢からさめなさい

第四章　神と偕に生くる道

今ここに勝利がある
日々是好日である
毎日毎日、健康と幸福とを宣言しましょう
神は常に護りたまう、唯心の不導体を取除くことが必要
相手の実相を観て和解するには
相手に和解するとは、相手の実相の完全さを観ることです
面白くない出来事が起りましたら
此の世界には平衡の法則がはたらいています
〝失望する愛〟は〝求める愛〟だからです
神に護られている思いを潜在意識に印象しましょう
友から愛情を得たい場合には
神の遺産を素直に受取りましょう
あなたの幸福は先ず心を調えることからです
攻撃精神は同時に自己破壊精神です
言葉は軽々しく話してはならない
言葉は慎重に有力に使いましょう
雑談を多くしてはなりません
脳髄は考えないでも働いています
祈りは神に霊的波長を合わすためです
祈りと神想観とは同じことです
本当に正しい祈り方は？
祈りの最も良き方法は
〝神の悦び〟を〝わが悦び〟といたしましょう
「暗黒」を光明化しましょう
魂を逞しく生長せしめるには
「信仰」は霊的実在を観る霊の眼である
頼りになるものは「神と偕にあり」と云う自覚です
神と偕にある自覚を行動化しましょう
到る処に自分の心の映像を見る
実相世界と現象世界との関係

第五章　霊的修行と神に近づく道に就いて

神の智慧を招くもの
「無念」必ずしも「無念」ではない
「無念無想」以上のもの
「無念無想」か「善なる神への一念不動」か
霊術を受けて霊動の起る場合は？
修行中の大霊動は危険である
邪霊に感応しないためには？
「材料出尽し」は「お終い」である
幸福を招ぶ波長は転ずる道
心を調えてから事を処理致しましょう
寝床にまで昼の悩みを持越しては
取越苦労を止めましょう
神から先ず何を求めたら好いか
軍備は国家の威厳である
ただ善のみを求めましょう
真に勇気を要するとき
脳髄の知恵に頼らないで脳髄を作った智慧にたよりましょう
あなたの現状を改善するには
世の中に行き詰りと云うものはない
私欲のないところに神があらわれる
お蔭のない善行を喜びましょう
「与える」時と「受ける」時との心得
お蔭をほしい人たちに
他の「悪」に対して如何にすべきか
真理の理解が深まれば病気は治る
懺悔はどうして病気を治すか
先ず「霊」をもとめよ、「物」はおの

ずから伴わん
自己を「霊的人間」として悟りましょう
治病霊力の根源
内部の力を引出すには
艱難は魂の向上のためのスポーツです

第六章　神の叡智を身に受けて

あなたは「神」そのものです
超人を自覚せよ
あなたは既に超人です
最も貴き贈物について
神はあなたを健かに護りたまう
常に神はわれを護りたまう
心に光を射し込ませましょう
まず心を豊かにいたしましょう
先ず心を偉大にいたしましょう
本当の愛と云うものは？
永遠に若くあるために
困難をつかんではなりません
神の愛はあなたを抱擁していられます
幸福の扉をひらく鍵について
純粋の祈りで毎日を始めましょう
あなたの悲しみを神の愛の前に
神の愛の前に懺悔しましょう
毎日あなたが失敗を繰返す原因は？
罪を赦すと云うことの本当の意味
「悪」を合理化しても「善」にはならない
端坐して実相を観ぜよ
欲望を正しき方向へ
人生は一種のゲームである
人生のゲームに優勝しましょう
無限の可能性を発揮するには
食物の霊的成分をのがしてはならない
食事のときの祈り
言葉の暴力にお気をつけなさい
積極的な言葉で自己を強化なさい

第七章　繁栄への黄金律

先ず心の態度を
富の本質についての検討
富は苦しみを除き楽を与えるものでなければならぬ
仏心とは四無量心是なり（観無量寿経）
神と分離しない富を求めよ
私自身が富である
自分自身の何処を発掘しますか
悲しみは富の浪費者
悲しみを心から捨て去るには
不景気を言葉で語ってはならない
真実に富もうとするには
利己心を捨てた人が富める人だ
先ず自分を人類に与えよ
利己主義は富を遠ざける
心に真空がなくて物に富む者は禍である
富を価値たらしめるは所有者の品性である
富は〝信〟を中心に集り来る
信用は流通無限の根元である
無智と無我とは異る
智慧の効用について
神と富とに兼ね事うることを得るか
神を親として生れた富
商談を順調に運ぶには
一人が富めば皆が富む
神の無限考案力をわがものとして
労働は何故神聖ですか
心が変化しなければ制度をかえても自由にはなりません
想念の力・言葉の力
欲する事物を得る道
本当の富は霊的実在である
愛はすべての繁栄の扉をひらく

第八章　霊的微小体を活用して

神示と霊示
自我の意識的本体
精神統一に二種ある
発達を遂げてない霊魂は離魂の修行をしてはならない
自己の内なる神に祈れよ

利己的な祈りをしてはならない
職業をかえたい場合の祈り
病源体微生物は如何にして生じたか
哲学者と医学者との相異
物質の具体的姿は内在の想念に因る
病源菌は如何にして発生するか
想念と健康との関係
想念感情と運命の関係
宗教で何故病気が治るか
祈りの力と意義
神を自己の想念行動に実現しよう
心の平衡のない知識ばかりでは駄目
生命・想念・言葉・行動の関係について
人間は自分の欲する通りが実現できる
一切の不幸を超える道
常に若く健康であるには
想念を健全にしても生活を健全にしなければ
ガンの新しき研究
無自性のビールスが何故病源として活動しはじめるか
無自性のビールスを病源体ならしめる人間の想念
想念を乗せて搬ぶ霊的微小体
霊的微小体は想念で動くヨットの如く
愛をのせた霊的微小体
愛を何処に注ぐべきか
愛は自己愛であってはならない
愛によって凡ては浄められる
第九章　神の導きによる問題の解決
あなたに難問題が訪れたときには
神はあなたの心も変化して下さいます
環境よりも先ずあなたの心を
欲する事物が得られないとき
紛失物は斯うして発見される
神を走り使いの小僧にしてはならない
病気を「心」から放って神にまかせましょう
先ず心を革命致しましょう
希望実現の障礙を破るには
心に灯をともすこと
祈りは神に近づく道である
家族同士の感情が互いに伝って行動を変化します
形あるものは内部の精神の表現である
一定の心質は一定の病気として表現される
生き甲斐を感ずる根本は?
自分の本性を自覚なさい
神の国は何処にあるか
よろこべば悦びが来る
心を明朗に調律するには
実相の円満さを見なさい
自分が神の子である事を随時随処で確認しましょう
先ず不幸の根因を断ち切りましょう
内在の仏身に頼りなさい
実相の完全さを蔽い隠さないようにしましょう
「神汝と倶にあり」と神は言いたまう
現象に完全なる実相をあらわすには
先ず今日一日の祝福を感謝しましょう
神の最高自己実現たることを自覚せよ
神をあなたの協力者に致しましょう
毎日「神の子」の自覚を深めましょう
第十章　自己の内部を凝視して
先ず汝みずからを知れ
われに宿る無限の力
神性には智慧と愛との二面がある
知識は愛に導かれて智慧となる
内部の生命力
生命力は肉体を操縦する技師である
現象は実在ではない
現象を調えるには心を調えよ
広き道を歩め
生き甲斐を感ずるには
自由を得るには自由を与えよ
悪に抗すること勿れ
悪と戦わず心を振向けること
心を明るく保つこと

暗黒を消す力
一度に沢山の事柄を祈っても宜しいか
どんな病気でも治らぬと云うことはない
われに宿り給う神
神は既に全ての善きものを与えたまう
心を明るくするには
智慧は学者でなくても得られる
真理を自分だけの専有にしてはならない
不安なき生活はただ神を信ずることからのみ生ずる
建設的な好き考えを思い浮べるには
神にすべての栄えを帰すること
難問題を解決するには
世界を平和にする思念
神に問題を全托すること
本当の救いは「物」を得ることではない
一層高い魂の段階に
精神の領域を超えて実相の領域へ

第十一章　自己が自己の主人公となること

暗黒の時には黎明が近づいている
肉体の習慣性に負けてはならない
神想観の注意
常に神想観を怠らぬこと
あなたは今何んな位置に立っているか
生存競争の必要はない
心はレンズである、向ける方向のものを映し出す
心は「実相」と「現象」とをつなぐパイプである
すべての「善き物」と「幸福」は「実相」から来る
神の智慧を頂くこと
或る西洋の寓話
執著なき「其の儘の心」に本当の智慧が湧きます
冷淡すぎるのは執著よりも尚悪い
神から与えられた「生命」はその絞りようでどんな形にも変化する
生命の輸送管をふさぐ汚物
暗黒から光明に転向すること
「罪」より転向するとは？
短時間の祈りを度々繰返すこと
自己臍下丹田の神
魂の浄化期間を設けるがよい
想念感情は現実の状態の原因である
神と偕にあれば災難は自然にのがれる
全身心、全存在の革命を目指して
人生は心で支配せよ
最初の十日間の心の訓練
想念感情の採点遊戯
短期間に魂を進歩さすには
自己が自己の運命の創造者である
真に救われるとは
心の波長を「実相」に合わせましょう
完全に自己が救われたとき

第十二章　善と愛との充満せる世界

神は本当にあるのでしょうか
人生の不幸はどうして起ったのでしょう
貧しさは心の中にある
一切の不幸は人間が物質に執著した結果です
先ず神の国の義を求めよ
善と福とは一致
「徳」は決して「自己犠牲」を必要としない
自己処罰で造る不幸災厄
「悪」や「不幸」は人間が製作した映画である
不幸・災難は実相の秩序を破ったのが原因
幸福なる世界を現実にするには
潜在意識の改造について
人間は肉体ではない
肉眼を瞑じて実相覚で〝霊なる人間〟を見ましょう
無我になって神の導きに随いましょう
神は空間的制約の中にはない

先ず〝神の国〟を求めましょう
私達の魂の真実の願いについて
真実の願いは祈れば叶えられる
祈りの成就は自己の心境の移動による
我の願いなき祈り
神に心を振り向けよ
神と一体の自覚を得るために念ずる言葉
われは環境よりも偉大である
善のみに心を振向ける神想観の念じ方
繁栄のための祈り
時間を上手に使うには
物事が順潮に行かぬ時には
肉体に病気があらわれたら？
いつの間にか墜落している
「愛」はすべての人をよくします

第十三章　埋蔵されたる力

新に発掘する力
吾が生命の神秘さに目覚めよ
神聖なる求め
何故日常生活に問題が起るか
愛と法則としての神
自己内在の無限智に呼びかけること
宗教と科学との相互扶助性
宗教と精神科学
自己が霊的実在であることに目覚めよ
人間の主体は霊である事を自覚せよ
病気は神からの電話である
「霊」のみが「本当の人間」である
大生命と霊的波動を協調すること
愛は性的愛好ではない
神を常に憶念せよ
肉体は人間ではない
潜在意識の役割に就いて
宗教は何故病気を治し得るか
肉体は常に新に造られている
肉体は永遠に老いないのが原則である
実在の人間を見よ
現象界に不幸が起って来る原因
攻撃精神を中和しましょう
愛は平和を持来す力
暗黒は決して存在しない
外見で人を審いてはならない
何故戦争は止まないか
〝実在の延長〟としての善と〝迷い〟の表現としての幻影
〝実在の世界〟に新生せよ
愛は人の悪を見ず
愛を与えれば魂の底から悦びが湧いてくる

第十四章　魂の浄化と物質の比重

本当に富むと云うこと
精神的に富んでいる人
精神的富に眼を開きましょう
先ず霊的本源を求めよ
放蕩息子になってはならない
先ず豊かなる雰囲気を作りましょう
神の国への郷愁
あなたは健康であるほかはない
神への抵抗としての病気
神への抵抗を取り去りましょう
実相に於いてはあなたは既に健康です
神は既に無くてならぬものを与え給えり
与えられた富も受け取る力がなければ仕方がない
『祈りの科學』を読みなさい
自分の天分を愛行によって伸ばしましょう
心の世界に富の流入口を作りましょう
現在与えられている物に感謝したとき次のより大なる恵が与えられる
面白からぬ人が眼についた場合
祈りは如何なる働きをするか
常に神と偕にあることを自覚しましょう
内在の神を自覚するには
完全なる自己放棄とは？
神をしてあなたを占領せしめよ
人間は肉体を超えた存在
本当の魂の悦びは祈りから得られる

愛行は病気治しが目的ではない
先ず〝魂の病気〟を治しましょう
ただ神の御栄えのためのみに
『生命の實相』読誦の功徳について
すべては神の恩寵である
人類に真理を伝えるのが神を愛する道である

第十巻　実相篇

第一章　生命の創造の秩序について

過去を抛げ棄てよ
人間は運命の主人公である
あなたに逆境は本来ないのである
希望を実現するには斯くの如くせよ
希望を実現するには
神と一体の自覚を喚び起しましょう
物質は精神的原型に随って配列される
人間の理想像を毀してはならない
愛念によって雰囲気をよくしましょう
宇宙は一つ、人類は一つ
色即是空の物理学的説明
心が万物の根元である
物心一如について
神は物理的法則以上の力である
何が、拡散するガスを密集せしめ得たか
人体にはたらく物理的法則以上のもの
本来の「叡智」と「慮知心」と
「慮知の心」や「本能」に「本心」がくらまされてはならぬ
想念は生きている
繁栄の放送を受信しましょう
〝猿〟と〝人間〟とは理念内容が異る
生命は自己の〝個性〟に随って物質を変形する
心と物質とは〝霊〟の両面である
「心」は宇宙のエネルギーの流れに変化を与える
人間の自由に就いて
動・反動の法則について
業の生成に就いて
因果昧さず
魂は斯くして進歩する
心境が低い時に〝富〟を裕に持つことは禍である
魂の求むるもの
先ず事物の〝精神的原型〟を
偶然に出て来るものはない
現象界に実相にある番組を実現しましょう
善き言葉の種を蒔きましょう
真理で人を審いてはならない
生命は秩序ある処に発顕する
秩序は創造の根本原則である
和解するとは秩序の関係に入ることである
繁栄を得るためには
人間は神の最高実現である
生活にあらわれたる〝秩序の智慧〟
秩序と愛との一体について
秩序と平等との問題
神と偕にある自覚を得るための朝の祈り
〝秩序の智慧〟と一体になるには
原子エネルギーの根元について
本当の自由に就いて
自由を恢復するための練成
秩序と愛との協力一致
毎朝夕心を浄化いたしましょう

第二章　人類の理想への出発と発展

人間とは如何なるものか
「霊」「精神」「肉体」の関係
霊と精神と肉体との三重の進歩のために
自己縮小する「霊」となってはならない
人間が肉体と精神だけの面で生きれば破滅する
法則が神である
人類の運命は何処へ行くか

普遍的霊の導きを失った人間
来るべき理想世界の憧憬
斯うして魂は次第に向上する
人を呪ってはならない
「心」が高まらねば人間は幸福になれない
自分を縛っているものをほどきましょう
人間は単なる肉体でない証拠はここにある
人間は〝愛〟を本質とする霊的実在である
報いをもとめぬ愛
人間の品格の高下について
先ず「自己内在の霊的本質」の満足を求めよ
神的要求を生きる時神の国が地上に実現する
霊の成長と欲望の浄化について
肉体は人間ではなく〝霊〟の乗物である
人間の進歩について
人間の霊的段階への進歩
戦争が起るのは人間がまだ未発達であるから
肉体的段階のみで生きる人の不幸
愛が純化し高まるとき
知識と智慧とは異る
それぞれの民族の使命について
智慧あるものは恐れない
人生を幸福にする根本は？
人間の幸不幸は其人の人生観による
「宇宙の知性」をわが内に宿す人間
人生の生き甲斐はこうして得られる
脳髄はラジオ・セットである
脳髄は一種のテレビ・セットである
物質は単なるエネルギーの一形式
科学者も終に神の存在に到達す
「心が現す」と云うことと神が「創造る」と云うこと
大自然の心と人間の心
大自然の創造と人間の位置
人間は「物質」か「神の子」か
自己選択の中心としての自我
不滅の自己を認識せよ
此の世界は鏡のように自分の想念を映し出す
不幸が来ると予想して恐れてはならない
霊の顕現としての肉体
苦痛にも感謝せよ
「静」の中に生命の高まりを養うがよい
就寝直前の暗示
聖霊を汚す罪は赦されない
私たちは神の守りの中に包まれている
自覚意識と潜在意識
矛盾と自己同一としての人間
心の眼をひらいて完全な実相を見よ
人間は自分の想念で老い且つ病む
薬だけで人間の病気が治るなら獣医に診て貰ったらよい
観実相の方法について
神想観で病気を癒やすには
コトバは創造の法則に作用する

第三章　神の創造と人間の創作

(見出しの位置は原本通り：「それぞれの民族の使命について」の後)

第四章　無限の宝蔵を開く道

神は霊的〝無限供給〟を与えたまう
「愛」によって自己拡大せよ
内在の「無限」を発掘するには
「心のレンズ」を明るくしましょう
真理の光で「迷い」を摧破しよう
病菌は感染しない
人間は神の子であるから疲れない
病気・貧乏・闘争等は実相ではない
神は我を愛したまう
ひたすら神と実相とをみつめて
つねに斯う念じましょう
「正しき希望」と「正しくない希望」
あなたは本当は孤独ではない
懺悔した後のあなたの罪はもう存在しない

誰もあなたに感情を害してはいない
勤労奉仕で病気が治る理由
実相の完全さを見て拝むこと
神われに告げたまう
秩序と自由について
信頼すれば裏切られることはない
病気のとき神想観の次に念ずる言葉
現象の困難によって信仰を失ってはならない
愛は恐怖心を消滅さす
あなたは健康の本をつかんだ
暗黒の中に失望してはならない
〝真理の霊〟を呼び出すには
心の貧しき者、神を見ん
他を侵してはならない
「今」を生かすのが使命である
向上と進歩とは夢を実現する努力にある
第五章　智慧に到る道
真理を知ることの尊とさ
科学の法則は、宇宙の知性のあらわれである
鉱物、植物、動物を支配する知性
宇宙を支配している知性は一つである
健康と不健康との岐れ目
知性は普遍的である
神は宇宙に満ちたまう
物質はみずから運動方向を選択し得ない
「無」に働きかける神の霊
「精神」のその奥にあるもの
人間の〝体〟は肉体だけではない
超在意識・潜在意識・現在意識
潜在意識の役目について
潜在意識の叡智と迷いとの根源
潜在意識と現在意識
現在意識は良人である
心の法則を知らなければ
宇宙の潜在意識は発電所の如く
神は我が内に宿り給う
普遍的な創造力があなたの為に待っている
叡智無限の普遍的創造力
花の香は如何にして生ずるかを思え
繁栄に導く智慧
人間は「精神肉体」一体の霊的存在である
仕事に不平をもつと工場の事故が起る
修学旅行は斯うして危険である
肉体は「心」である
心で思わぬのに病気が起ったと云う場合
宇宙叡智の受信を妨礙する個人感情
病気は決して神罰ではない
人間の存在価値について
第六章　人生の行路に来るもの
無常をみつめて
噴火山上の舞蹈
永遠生命への希求
現象生活の意義について
「久遠生命」に対する「肉体」の位置
超越的内在神論
超越内在神と奇蹟
自働装置としての自然界
何故、神は自然界の法則を造ったか
どうして奇蹟は可能であるか
法則を建設的に利用するには
現象宇宙の役割について
病気の精神的原因について
健康と幸福とを得る心の持ち方
ストレスを除くには
心身一如としての人間
心は斯くの如く健康を左右する
風邪及び結核等の原因について
精神が身体に影響を与える理由
肉体は心の結晶体である
単なる物質としての肉体は病気を造り得ない
雑談の影響で胃液の分泌量が変る
病気を思わないでも病気は起る
普遍心と「個人の心」との関係

神罰ではない、法則である
内部の叡智の癒す力
実相に於いて病気はない
自己を尊敬しましょう
好機会を見ないものは神を見ないもの
「敵のために祈る」と云うこと
「悪」の存在は幻に過ぎない
第七章　「人間」が高まるために
人間が動物よりまさる所以
本能と想念とを支配せよ
心に良きものを描いて実行せよ
笑いを生活に利用すること
笑いを人生に活用すること
損失は永続するものではない
常に神と偕にあることを想起せよ
神の叡智を受けるには
「行動の自信」を与えるための祈り
本当にゆたかなる生活
成功を得るための信念
よき生活習慣をつくるには
善き想念を蓄積しましょう
心を明るくもつこと
生命の本源とつながること
自己に宿る神の癒能
万教は「一つ」の真理から来る
真実の祈りはきかれる
現象界の出来事は映画である
肉体を根本的に健かにするには
真理を潜在意識の底までも知ること
霊なる実相人間は不滅である
病気は何故あらわれるか
あなたは「私は何である」と常に思いますか？
私は如何なる問題よりも強きものである
健康の根本は心にあるが、現象面の調和も必要である
自分は無限者の個的顕現である
諸君よ、劣等感を去るべし
人類光明化は神と人との協同運動で成立つ
見えざる世界に徳を積むこと
天の倉に宝を積むこと
現証を得るために必要な自覚
今、既にキリストは自己の内に臨りたまえり
キリストは既にあなたの内に
自己が生れ更ること
第八章　実相をみつめて
新生への目覚め
「心の編物」としての現象世界
人を赦さなければ自分自身に幸福が来ない
煩悩具足の凡夫を超えて
こうして人を赦しましょう
変化無常の奥に常恒不滅の本体がある
真の自己は仏身でありキリストである
肉体は「神の宮」だと言う意味
キリスト我に在って生くるなり
「神の国」を現象界に実現するには
神の国の法則に協力して幸福を得よ
迷い児となった富者の息子
実相を観ずれば諸々の悪は消える
既に調和している実相と歪んでいる現象との関係
本当の永久平和は？
先ず心を調律致しましょう
知恵の樹の果による楽園追放
其処に闘争の世界が現れる
神の家から迷い出た後嗣息子
認識が全相に達しないのが「迷い」である
物質は実相から出る蛍光である
実相無限の恵みを受け取るには
病気の時には先ず「心」を点検せよ
病気を治す秘訣は何？
人生を楽しくするには
病気のときには
咽喉元すぎて熱さを忘れてはいかぬ
苦難を癒すための祈りには
神の智慧はおそくとも迅い

第九章　霊的目覚めを志して

即身成仏
人類は何故闘争するか？
宗教の本当の御利益は
自己を霊的自覚に高め上げること
「天の父」は人類全体の父である
人間の二つの面
自己否定を通しての〝神の子〟の肯定
各人は「一つの神」が各々の「場」に於いての顕現である
神の〝噴出口〟としての人間
神そのままに完全なる人間
現象を見て実在の〝本当の人間〟を不完全だと思ってはならない
〝内部神性〟を呼び出して協力を求めよ
世界平和の鍵は此処にある
人類的「迷い」の念に同調してはならない
「絶対の愛」は「相手の完全さ」を見徹す愛である
我に宿る神を呼び出すこと
神は既にあなたに十全の幸福を与えたまえり
実相の完全さを現実化するには
行動を伴わない信念は空念仏である
肉体意識は自己の実相の無限さを自覚しない
常識を超えて自己を巨人と化せ
今既に健康であると信ぜよ
「今」既に完全なる実相を観よ
慎しむべき事ども
「憎しみ」は実相を観ないからである
「私は神の子である」こと以外を言ってはならない
悲しみや恐怖の言葉を言うな、想うな
天国浄土を実現する道
よごれた茶碗で人を饗応してはならない
人間は神の自己表現のための銀幕である
神からの贈り物に自分の名刺をつけてはならない
神につながる事を忘れてはならない
利己主義の願いはきかれない
神と直接接触するには
罪の赦しに就いて
無限供給を得るための祈り

第十章　光ある生活は斯うして

心で思うことは作ることである
心を暗くしてはならない
病人にあり勝な性格
人の欠点を見たり噂をしてはならない
病気や悪の襲来を予想してはならない
最も幸福な人は
不幸や貧しさを心に描くな
不幸な境遇を歎く前に暗い言葉を語ってはならない
信念あるものには不可能はない
如何なる難境に処しても
どんな困難に面しても
常に「よく調えられたる心」を持て
恐怖すべき物はただ想像の中にのみある
「死」はあなたと永遠に相会わない
心は其の人の容貌を彫刻する
心が肉体に及ぼす力
信念は山をも移す
心を明るく保つ根本
本当の愛を失ったとき人生は暗くなる
人生の体験の意義について
〝単なる願い〟と〝深き願い〟との区別
心明るきことの功徳
健全な明るい心は肉体を健全にする
明るい心の癒す力
心を悩みの縛りから解放なさい
表情を明るくしましょう
希望の大陸へと導くもの
快活に悦びを表現しましょう
破壊的な感情想念が湧いて来たときに

は
第十一章　科学と宗教との協力
科学を指導する宗教
「心の法則」をもっと知りましょう
科学と宗教とは協力しなければならない
人間には完全な自由がある
神は人間に無限の〝宝蔵〟を与えられた
〝内部の声に耳を傾けましょう〟
科学も宗教も派閥があってはならない
人間の心には二つの面がある
〝如何に思うか〟が自分の運命を決定します
宇宙の創化作用をどの方向に働かすかは自分の考え一つにある
高き自覚意識を主導者とせよ
「無限の心」への思慕
〝実在の世界〟から幸福を引出すには
無限の宝庫をひらくには
切実に求めよ、さらばそれは与えられん
自己の神聖性に目覚めよ
神を凡ゆる方面から観察して
今此処に天国浄土がある
〝個〟にして〝普遍〟なる存在としての人間
人間は〝神の新芽〟である
〝静〟の声をきくための神想観
「迷い心」と云う絶縁体を作ってはならぬ
宇宙に対って呼びかけること
「自己の内性」の再発見について
自己の無限力を現実に喚び起すには
青年のために或る日の啓示
創造の七日目は人間に与えられている
第十二章　自由と健康と幸福を得る道
智慧ある自由
〝自由〟には必ず〝過ち〟の自由が含まれている
恐怖心が起って来たときには
自己の内在神性を磨くための砥石
努力と仕事とによって人間は進歩する
努力は肉体組織と精神が発達するための条件である
愛は土を運び肥料を与えねばならない
魂の静寂の力
徳は積極的な力
神の国を実現するには
私たちは無限の富者である
本当の〝富〟とは何であるか
幸福になる近道は？
恐怖におそわれた時には
困難な時ほど心を明るく保ちましょう
平常茶飯事に感謝をなさい
あなたの生命は〝神〟そのものです
生命の神秘力について
「生命」は決して物質の作用ではない
吾らの肉体の健康を左右するもの
言葉の力が健康を左右する
健康を撒いて歩きましょう
心が影響して薬剤の効果を顕す
観念に悩まされる病気
心の力を証明する事実
恐怖は一切の不幸の根源である
根本の解決は神の愛と智慧とを喚び出すことである
今此処に無限供給の天の宝庫がある
みずから選んだ運命
自分の心が呼ばない限り外物は人間を害することはできない
先ず正しい世界観をもつことである
ただ実相の完全さのみを語れ
光明面のみを見詰めましょう
もっと明るい心になりましょう
〝過ち〟や〝間違い〟を予想してはならない
真理を念ずる言葉の力
神と自己同一化する言葉を念ぜよ
人間と獣類との相異
峻厳なる愛について

本当の幸福感に就いて
肉体の死を超えて
第十三章　生命の智慧と愛の神秘力
暗黒なる想念を捨てましょう
不快な過去を忘れましょう
相手を赦し相手の幸福を祈りましょう
脳髄の考えは自分の魂の考えではない
脳髄ラジオを「神性」の放送に波長を合わしましょう
御心の天に成れる世界
〝現象悪〟を実在だと思ってはならない
「悪」を分析しても「善」は顕れて来ない
現象界は「写真」のような世界である
短歌にたとえて人生を説く
「無」を媒介として「無限」を表現する世界
愛は円環である
怺えて調和した顔をしても本当の調和ではない
無限向上の力が全ての内部にある
如何なる場合にも悲観してはならない
〝希望の港〟に早く入るには
生命の智慧に就いて
簡単なる分子の知性から人類意識への発展
人類全体の共通意識
意志を以て心を明るい方に転ぜよ
其の人の人生観はその人の運命を支配します
〝苦痛〟の人生観より一転して〝幸福〟の人生観へ
法則の支配する世界
播いた種子は刈り穫らねばならぬ
あなたを不幸にする力は何処にも存在しない
自己の身辺に幸福を実現するには

別冊　生死を超える道

第一章　科学的な合理的宗教の樹立
新しき宗教への歩み
普遍愛の人格的理会
第二章　神話的神学から科学的神学へ
事実は結論を確認する
第五王国への高昇
聖パウロは超人の意義を語る
力と平和の世界
超感覚世界
第三章　人間の宇宙に於ける位置
因果の法則
宗教の意義
証拠の必要
伝説は証拠にはならぬ
人間不平等の所以
心の因と肉体の果
第四章　生命は死を超えて前進する
死後にも或る種の「体」が存続する
心の法則は公正の秤である
欲望は不滅の原動力である
証拠と想像
合理的な信念を目指して
生命は死を超えて前進する
第五章　生と死の神秘に就いて
輪廻転生
再化身説に対する異義
潜在意識の記憶
個人の意見は法則ではない
「個」の進化と「種族」全体の進化
人間には平等はない
差別の原理
業の報償と刑罰
第六章　因果応報と生れ更りの理
因果応報と魂の教育
霊の法則が回答を与える
生長のための無限の機会
再化身の概要
第七章　生命の神秘に就いて
霊的進化の促進
異る存在の五つの「界」について

鉱物界
植物界
展開する舞台
第八章　〝新たに生れる〟と云うこと
縦と横との真理
諸行無常すなわち現象無常
「変化する」と云うことの正体
「人間」とは如何なるものか
現象の奥にある〝不滅のもの〟
実相の人間は何故完全であるか
何故、現象界に不完全があらわれるか
人間は何処から生れるか
映画の如き現象世界
心のレンズの歪みや曇りを無くするには
現実逃避の修行者について
功利的な近代人を救うには
『生命の實相』を読むと病気が治る理由
今迄の宗教は何故人類に平和を持ち来さなかったか
教祖に背いたことを自覚せぬ弟子たち
催眠術や精神科学の原理を知らぬ宗教家
潜在意識層の浄化について
何故『生命の實相』を読めば潜在意識層が浄まるか
第九章　生物たがいに平和の世界
心とはどんなものか
心の状態が肉体にあらわれる
鳥射ちの名人が鳥と和解す
『生命の實相』を読んで自殺を思いとどまる
蛙と和解して傷つけ合わない
原爆病でも心が調和すればこのように治る
第十章　感情の興奮と健康との関係
天動説が地動説にかわる
病人の74％が感情から
果して感情は間脳からおこるか
間脳は〝心の波動〟を受信するアンテナである
杉靖三郎博士は斯う言う
第十一章　宗教におこる奇蹟
宗教は神秘的世界からの人類救済運動である
人間は未だ嘗て女の子宮から生れたことはない
悟りにも色々の段階がある
病気の治るよりも魂の向上を神はねがっていられる
生れつきの睾丸の上部の塊が消える
腋臭が消える
「力われより出でて汝に入れり」
「霊界の妻は語る」
第十二章　病気は心の想いが映写されたもの
心が転じない人は医師の手術もやむを得ぬ
切る心、攻撃精神で起る病気
卵巣嚢腫の再発が心の転回で消えた
全身の神経痛が一夜で治る
第十三章　病菌も関節炎も心の影
心の中の汚れ物を洗いましょう
心を浄める念じ方
関節炎の精神分析
重症の結核性関節炎の治った実例
黴菌おそるるに足らず
黴菌は培養すると毒性が減る
私は猫に負けた
第十四章　心に従って病菌も益菌に変化する
特級酒が自然に出来た
月経中の婦人と梅干
第十五章　私たちの運命を支配するもの
誰かを憎んで排斥の心を起すと店が繁昌しなくなる
富を得んとすれば富想を心に起しなさい
心が変れば手相も変る
あなたの運命は心の掌中にある

心は人相にも手相にも運命にもあらわれる
私は何故、名前が変ったか

第十六章　原爆・水爆をのがれるには
自動車は何故衝突しますか
〝親和の法則〟とはこんなものです
信念の魔術はどれほどきくか
心の無線電信を使いましょう
心が温和であれば、危害は近寄って来ません
不幸のときほど明るい心になりましょう
神想観をして〝実相の世界〟を見つめましょう
自然に危険から遠ざかる（実例その一）
自然に危険から遠ざかる（実例その二）
心は宇宙に満ちていて互に一体です
心の力による筋肉の発達
ホルモン医学の発達と精神身体医学の樹立

第十七章　苦難と恐怖の克服
「悪」を心でつかんではならない
真に平和を持ち来すには
「実相」を念ずるのは単なる技術ではない
実相界の実在の延長としての善
ただ「善」のみ実在である、念ずれば現れるのは法則による
全身ただ真理の言葉をもって浸潤せよ
菌の性質は精神波動で変形する
神想観のすすめ

第十八章　死と病を超えるには
何故臨終に苦しみが来るのか
何故寿命が来ないのに死ぬのか
親孝行の心が病気を治します
肉体は心で思うとおりになる
環境悪から起る病気
夫婦の不調和から起る病気

第十九章　真理の普及こそ本当の平和運動である
愛念は相互に感応する
与えたものが与え返される
生長の家の精神的平和武器
広島へ原爆が投下された時の実例

株式会社 日本教文社　〒107-8674 東京都港区赤坂 9-6-44 電話 03-3401-9111（代表）
日本教文社のホームページ　http://www.kyobunsha.jp/
宗教法人「生長の家」〒409-1501 山梨県北杜市大泉町西井出 8240 番地 2103 電話 0551-45-7777（代表）
生長の家のホームページ　http://www.jp.seicho-no-ie.org/
各本体価格（税抜）は平成 29 年 12 月 1 日現在のものです。品切れの際はご容赦ください。

——新版《しんぱん》 真《しん》 理《り》 別冊《べつさつ》 生死《せいし》を超《こ》える道《みち》——

総索引《そうさくいん》・総目次《そうもくじ》・体験事《たいけんじ》例別索引付《れいべつさくいんつき》

谷《たに》 口《ぐち》 雅《まさ》 春《はる》 著

昭和33年11月20日　初 版 発 行
平成12年４月25日　新版初版発行
平成29年12月20日　９ 版 発 行

発 行 者　岸　　重　人
発 行 所　株式会社　日 本 教 文 社
〒107-8674　東京都港区赤坂9-6-44
電話 03(3401)9111(代表)
(3401)9114(編集)
FAX 03(3401)9118(編集)
(3401)9139(営業)
頒 布 所　一般財団法人　世界聖典普及協会
〒107-8691　東京都港区赤坂9-6-33
電話 03(3403)1501(代表)
振替　00110-7-120549

装幀　松下晴美　電子組版 レディバード　印刷・東港出版印刷株式会社
製本・牧製本印刷株式会社

ISBN978-4-531-01031-8

総　索　引

（新版 真理 全11巻）

凡　　例

○本総索引は、本全集全11巻の章見出し・小見出し及び人名・地名・書名などの固有名詞、一般名詞のうち重要と思われるもの、及び、諺、宗教用語、仏典・聖書などからの引用句、著者による宗教的な定義に関わる語句などを項目として五十音順に配列したものである。
○索引項目の本全集中での出所箇所は、巻数(丸付き数字)、頁数で表示し、関係する索引項目同士は、⇒で示した。
○章見出し・小見出し・諺・引用句は、基本的にその頭の文字から検索するように配列したが、一部については重要語句からも検索できるように配慮した。また、「与えたものが与え返される」と「与えたら与え返される」のように若干の文言の違いはあるものの同趣旨の語句については、巻数・頁数の若い方のみを索引項目として掲載し、そこに他の同趣旨の語句の出所箇所をまとめて示した。
○固有名詞はすべて掲げたが、出所頻度がきわめて多いものは各小見出し後の初出のみを示した。
○人名のうち文学作品の登場人物についてはその作品名を、地名に関しては所在する都道府県名・国名を（）の中に註記した。
○書名・雑誌名・作品名は『』をつけて表示し、雑誌名には『』のあとに「誌」を付けた。また、単行本中の章の題名、雑誌中の論文名は「」をつけて表示した。
○書名・論文名・作品名には、その著者名・作者名を（）に註記した。
○引用句には、その発言者名・作者名もしくは出典名を（）に註記したが、聖書からの引用句で「イエス」または「キリスト」が述べたとされている言葉の註記は「イエス」に統一した。
○著者による宗教的な定義については、「何々と云うものは」「何々とは」「何々は」という形で記されているもののみを抽出した。

【あ】

愛
――が失われた場合　⑤74,80
――が純化し高まるとき　⑩65
「――されたい」より先ず愛せよ　②190
「――」と云うものは　⑤319 ⑦183
――と嫉妬に就いて　⑤83
――と祝福の言葉の力　②154
――と深切の力に就いて　⑧221
――と信と行動とによって　⑧253
――と秩序との法則　⑩37
――とは与え切ることである　②298
――と法則としての神　⑨293
――なる神　㊖4
――によって凡ては浄められる　⑨192
――の生かす力　⑤76
――の円環が完成せねば自己破壊が行われる　②299
――の神、赦しの神の宗教　㊖10
――の感情　⑩150
――の原理　②73
――のために生命を献ぐる者となれ　④88
――の力を増大するには　②165
――の天使を相手に送る法　②309
――の働きは　⑦182
――の法則　⑧229
――の霊界　⑥287
――は与えればかえって来る　①146
――は永遠の価値です　⑨26
――は円環である　①147,332 ⑩330
――は恐怖を克服する　⑧256
――は恐怖心を消滅さす　⑩107
――は権利を超えて　⑤48
――は獄舎の扉さえ開く(スター・デーリー)　⑨288
――は心の中の火事を消す　①264
「――」は自他一体の自覚　⑩107
――は嫉妬なくして存在し得るけれどもそれは稀有のことである(ナヴァールのマルグレー)　⑤83
――はすべての繁栄の扉をひらく　⑨168
――は性的愛好ではない　⑨300
――は智慧を喚び出す　⑤74
――は調和の力である　⑧120
――は土を運び肥料を与えねばならない　⑩293
――は人の悪を見ず　⑨312
――は人の内に宿る神を見る　⑧208
――は平和を持来す力　⑨307
――は鞭よりも論理よりも強し　⑧76
――深き「不可知の手」の導　⑥28
――を何処に注ぐべきか　⑨190
――を心にもっている者は　⑧256
――を実践せよ　②280
――をのせた霊的微小体　⑨189
あなたの最善の――を与えよ　②304
限られた――　⑤81
峻厳なる――について　⑩318
真の――とニセ物の愛との区別　⑧208
真の――は　⑩65,318
真の――は「好き」とは異る　②208
「絶対の――」は「相手の完全さ」を見徹す愛である　⑩225
汝ら互に相――せよ、愛する処に我はいるなり(イエス)　⑨308 ⑩60
「I am」(私は……である)　⑩127,181,194
愛行　①236
――は病気治しが目的ではない　⑨332
真の――は　⑩318
愛国心についての考え方　⑦265
愛魂　④195
愛情によって貞操を失うのは不純潔か　⑤298
愛人　⑥126
愛する
――と云うことは　⑥105 ㊖167

「——」と「好き」とは異る　⑧206
「——」とは　①264
アイゼンハウアー　④94 ㊓224
愛他行のうちで最も大切なのは「真理」を与えること　②147
相手
——と和解するためには　⑤128 ⑨77,78
——の心は此方の心の反映　①333
『愛と祈りを実現するには』(谷口清超)　②281
愛念
——は相互に感応する　㊓249
——を送れば周囲が一変する　②206
深き——を起すこと　⑧120
『愛は刑よりも強し』(スター・デーリー)　②249 ⑨260
愛撫　⑤303,316
アインシュタインの相対性原理　②245
葵の上(『源氏物語』)　⑤83,92
青木よしの　⑥95
仰向いた鼻　③148
青山(東京)　③224 ⑤311
赤坂(東京)　①127 ③287
——の道場　③93 ⑨117
アガシャ(Agasha)　⑥279 ⑧136
明るい
——笑顔は　⑩262
——心　①154 ②134 ③43 ⑩261
——性格は　③149
——妻を持つ功徳　③147
——笑い　②118
赤ん坊
——がお乳を吸う不思議　⑤158
——の心　⑦261
秋吉(山口県)　⑦267
アキレス腱の切断　⑩156
悪
——があらわれても悪を見て(認めて)はならない　②142 ⑧118
——と戦うに非ず、善と協力するなり　⑧31
——と戦わず心を振向けること　⑨225
——に抗する事なかれ(イエス)　②267 ③79 ④305 ⑥257 ⑧119 ⑨224 ㊓222,224
——は(本来)ない　②267 ③79
「——」や「不幸」は人間が製作した映画である　⑨271
——を消すには　⑦336
「——」を合理化しても「善」にはならない　⑨137
「——」を分析しても「善」は顕れて来ない　⑩326
——をもおそるべからず、弥陀の本願をさまたぐる程の悪なきが故に(『歎異鈔』)　①185
他の「——」に対して如何にすべきか　⑨116
悪業　⑨303
悪性さらにやめがたし、こころは蛇蝎の如くなり(親鸞)　⑦149
悪相　⑤102
悪想念の習慣　④319
悪徳からのがれる道　⑥242
悪念
他に——を送れば自分自身が傷つく　②198
悪平等　④200
悪魔　㊓3
——の霊　⑨102
——は存在しないのである　②147
汝らは——の子なり、神の子ならば我が言う言葉の意味を知る(イエス)　⑥64
明智光秀的行動　⑦257
『阿含経』　⑦93,180
痣(あざ)　⑤124
朝起きて気持の悪いときは　⑧326
朝は現在意識の出発、就寝時は潜在意識の出発　⑤100
浅草の仲見世　④7
浅野総一郎　⑥49
浅野和三郎　①216
『朝日新聞』　⑨188 ⑩88
——岩手版　⑧332 ㊓232
大阪——　⑥223

浅間の噴火口　④161
浅間山　①103 ④161
浅利篤　⑨201
亜細亜(アジア)/アジヤ　③229 ④326
アジア・アフリカ民族の目覚め　⑩331
足掛けの社員を持つ会社　⑧73
安治川(大阪府)　④10
阿字観　⑦86,120,126
『あした来る人』(井上靖)　⑤92
朝に紅顔、夕べに白骨(蓮如)　⑧44
阿字本不生　④187
芦屋(兵庫県)　④28
阿修羅　③120
阿声　④187
蘆分尋常小学校　④10,15
足をひきずったのは　④272
与え(る)
——健康法　②74
——念(こころ)　⑨167
「——」時と「受ける」時との心得　⑨114
——た通りの批難が与え返される　⑧78
——たら与え返される　⑩267 ㊗251
——よさらば与えられん　⑤198,199 ⑧261,314 ⑨10,38,114,223,295 ⑩185
——られた義務と境遇を卒業せよ　⑧216
——られた事物を先ず完全に遂行せよ　⑧89
——られた富も受け取る力がなければ仕方がない　⑨323
——られた恵みを拒んではならぬ　③299
——れば与えられる　①189,329,333 ③138 ⑦25,27 ⑧260
——れば与えるほど殖える　①337 ⑤116
——れば増加し、貪れば失う　②100
頭
——に湿疹が出るのは　③151
——の病気は　⑨203
アダム　⑩203 ㊗79
——とイヴ　②270 ③68 ④32 ⑧30,200 ⑨98
——の原罪　④32 ⑦150 ⑨118
——の子孫　㊗22
——の知恵　①321
——の名づけたるものはその名となれり(『創世記』)　①257
新しい
——実践哲学運動　④133
——宗教は　⑩73
——女性は　⑤3
新しき
——アイディアは　②32
——医学者の病理学説　②119
——機会　⑧139
——境遇を迎えるために　②33
——キリスト教(運動)　②84 ④133
——宗教への歩み　㊗3
——職業を迎えるための魂の準備　②34
——天と地(とを見る)　②191 ④36
——人間像　⑨3
当り前が当り前の生活　③263
暑さ寒さに打克つには　①26
アテネ人　⑩280
アトランティス大陸時代　⑤236,268
アドリナリン　①71,246,289,341
あなたが若し板夾みの境遇になったら　③274
あなたのお心次第　①238
あなたの現状を改善するには　⑨111
あなたの収穫するところ　⑨35
あなたの生活を照らす光の泉　③76
「貴方」は神様の「出口」　①24
あなたは種蒔く人　⑨36
あなたを輝かす砥石に感謝なさい　②76
あなたを不幸にする力は何処にも存在しない　⑩340
『あなたは自分で治せる』(谷口雅春)　⑩12
穴八幡(東京)　⑤85
阿難尊者　⑥63
アニリン染料　①49

「ア」の音霊　④187
アブラハムの生れぬ前より我はあるなり(イエス)　②ii ⑩78
アフリカ　㊍27
阿部定　⑤179,180,182,188
尼崎(兵庫県)　③133
「天降る」と云うのは　⑦271
天辰静雄　⑧54
天津神　③214 ⑤54
天津祝詞　③213 ⑤69
天照大(御)神　①64,154 ③334 ④215,223 ⑤195,196 ⑨10
——の象徴　③336
——の和魂　④221
アミダ/阿弥陀(様/仏/如来)　①154,184 ③39,334 ⑦19,109 ⑧45,49
阿弥陀仏の本願力　⑥147
『阿弥陀経』　②303 ⑦240
アムステルダム　⑤104
天地(あめつち)の初発の時、高天原に成りませる神の御名は天之御中主神(『古事記』)　③240,242
天之御中主　⑥219
天之御柱　⑥89
アメリカ　①278,327,338 ②201,222 ③53,111,210,219,326 ④68,133 ⑤238,285 ⑥337 ⑦73,234,264 ⑧55,74,98,136,251,255,280,283 ⑩258 ㊍126,127,131,224　⇒米国
——・インディアン　③229 ④174
——科学協会　④251
——人　③105,230 ⑧255　⇒米人
——陣営　⑥297
——大陸　③229 ④174 ⑤294
——独立戦争　⑤294
——の映画会社　③109
——の光明思想家　②61,127,288 ③89
——の精神身体医学　①254
——の生長の家のような教え　①328
アメリカン精神病理学協会　⑩151
綾川みつ子　⑥3
操り手　⑤149
操り人形芝居　①31
アラーの神　㊍26
荒木松衛　⑥218
争いでは無限供給は得られぬ　⑧59
「新たなる自分」の発見　⑨3
新たに生れ(る)
——自覚　③13
——た上での民主主義でないと本物でない　⑤191
——と云う意味(云うこと)　⑤196 ㊍89
新(あらた)に発掘する力　⑨290
阿頼耶識　⑦97,100,105,108 ㊍114
——の神秘　⑦95
凡ゆる経歴のうちで最大なるもの　⑤224
ありがたき神の生命を今いきて、今を生きればそれが金持(短歌)　①174
アリストートル/アリストテレス　④168 ⑤142 ⑩317
アルヴァレツ (ウォルター・シー)　④271
或る王国の話　③85
アルコール(飲料)　①50 ②145 ⑦227
或る西洋の寓話　⑨248
「有る」と「あらわれている」とを混同してはならぬ　②57
「ある日の光明の国」(詩)　③133
アルファ粒子　⑧280
アレキサンダー大王　⑧166
淡島　⑤54,56
暗黒
——から光明に転向すること　⑨252
——の時には黎明が近づいている　⑨240
——の中に失望してはならない　⑩108
——は決して存在しない　⑨308
——を消す力　⑨226
——想念(思想)　①317 ⑤334
暗示　②309
——感応(性)　②309 ⑦90
——によらず加持によらず悟りによって治る場合　⑦93
残続——　⑦96

鞍上人なく、鞍下馬なく　③271
安静療法　①246
アンダースン　①274,276
　——教授の実話　①36
アンデルセン　①337
　——の童話　⑤58,64

【い】

異安心　㊖14
井伊直弼　⑧28
イエス　①i,ii,3,184,212,271,310,311,315,316,322,326,342,345 ②17,43,46,82,96,114,163,167,170,314,322,336 ③32,118 ④100,258,309,327 ⑤66,123,125,196 ⑥112,139 ⑦64,156,173,201,214,253,255,319 ⑧ⅰ,38,41,58,84,85,107,114,132,151,231,254,260,292,314,349 ⑨3,57,69,109,131,146,159,197,205,213,268,277,314 ⑩28,31,59,78,83,178,219,222,235,284,295,309,317 ㊖ii,11,14,17,26,50,53,76,144,153,224　⇒キリスト
　——の教えの中核　⑧i
　——の驚くべき治病力　⑨120
　——の献身　②83
　——の山上の垂訓　②197　⇒山上(さんじょう)の垂訓
　——の生活の如く生活せよ　②84
　——の聖言　④323
　——の天才的な宗教改革　㊖10
　——は魔術師ではない、精神科学者であった　①270
イエス・キリスト　①320 ③317,337 ⑦60 ⑨62,331 ⑩218 ㊖109,112,139
癒えない病気はないと信じよ　②212
胃潰瘍　①101 ②120 ⑤111 ⑥169 ⑧239 ⑩151 ㊖117
胃下垂　①72 ④266,267
生かす力　③333
如何なる
　——人生観を持つか　⑩273
　——体験も　⑧140
　——難境に処しても　⑩250
怒りの神、復讐の神の宗教　㊖10
胃癌　③237 ⑦215 ⑨33 ㊖107,116,121
　——が治って人間の死んだ話　③237
　——を作る心　⑧325
生き甲斐　①25
　——を感ずる根本は？　⑨204
　——を感ずるには　⑨223
生精霊　⑤83
生きている
　「——」とはどんなことですか　①170
　——人間の透視映画による研究　③61
　——物は新しい芽を出す　⑧186
生き通しの霊　③29
『生きものの記録』(映画)　㊖216
生物を食いながら食っていない　⑥340
生き物をとらえよ(金光教祖)　⑨195
易行道　⑨330
イギリス　⑤134,138,311 ⑦68 ⇒英国
　——系の婦人　⑤261
　——のチャールズ一世　①291
生霊調伏の修法　⑤84
生きる力の不思議　③54
生きる者の苦しみ　⑦31
「育」という字は　③206
育王山　⑧7
生田神社　④5
井口二郎　⑥199
『為愚痴物語』　⑦186
池田隆　①249
生ける仏の心　②122
意固地　⑥155
伊邪那岐(大神/命)　①165 ⑤56 ⑥89,218
伊邪那岐・伊邪那美の命の「国生み」　⑤54
伊邪那美(大神/命)　①165 ⑤56 ⑥89,

218
諫早(長崎県)　㊓214
諫見功　④287,289 ㊓253
『イザヤ書』　②59 ⑥317 ⑨76
胃酸過多　①101
僞山禅師　③275,278,279
意志
——に反する強制を拒んで自殺した女性　⑤260
——の自由　⑤248
——を以て心を明るい方に転ぜよ　⑩336
——を強くするには　⑥254
石井みつ子　⑥193
石川県七尾町　③286,305
石川啄木　②294 ⑧339 ㊓199
石川達三　⑤306 ⑨223
石川貞子　⑤32,34 ⑥104 ㊓152
石川芳夫　㊓152
石川芳次郎　⑤32 ㊓152
意識
——ある宇宙　④251
——の拡大と魂の目覚め　⑦51
——の拡大について　⑦61
——の下部組織　②175
——の関係しない病気はない　⑧32
——の国　②12
——の心　⑥272
——の第二層として自覚意識がある　②176
石塚式の食養法　④59
石津正治　④16
石原慎太郎　㊓148
医者
——の首の傾きにはこんな力がある　①91
——の不用意な言葉　①90
一宗一派　①81 ③76,243 ④133
医術も愛を背景として治る　⑤78
衣食足って礼節を知る(諺)　⑥285
意地悪の姑でも小姑でも　④135
以心伝心　⑨202
イスパニア　⑩263
出雲　①59
イスラム教　⑤323,324
異性
——間の友情　②273
——を見て色情を起せる者は既に姦淫せるなり(イエス)　⑤312
威相　④97
急ぐ心　⑩37
偉大になるには　①54,111
痛みを感ずるのは「全体の心」　⑨17
痛むのは心が痛む　③308
伊太利(イタリー)/イタリヤ　①27 ⑤269
——人　③231 ⑤281
——の聖者　③197
到る処に自分の心の映像を見る　⑨95
到る処に勉学の機会はある　⑤5
一陰一陽是を道と云う(『易経』)　④199
市岡中学　④17
一元
——的人生観　③292
——的世界観　③296
——論的　④124
一度に沢山の事柄を祈っても宜しいか　⑨227
一日の労苦は一日で足れり(イエス)　②74,96
一人(いちにん)出家すれば九族天に生る　⑦17,218
一念三千　②86
一仏(即)一切仏(『華厳経』)　⑦146,179 ⑧305
一仏一切仏と云う華厳の哲学　⑦13
一文字判断　⑤180,183
胃腸病　⑤111
胃腸をよくする思念法　①276
一休和尚　③32
一向専心と云うこと　②41
一個の出来事は数人の人々の想念の合作である　④282
一切衆生悉く仏性あり、如来蔵是なり(『涅槃経』)　⑩278
一切衆生悉有仏性(『涅槃経』)　⑦119,146
一切の形式や既成概念を斬却すること

⑦281
一切万事われより出でてわれに復る　⑦111
一神即多神　⑧305
一即三身　⑦193
五つの「界」について　㊕81
五つのパンを五千人に分け与え　④81
一燈園　①77 ③247
——の托鉢者　①19
——の西田天香　②171
一夫一婦　⑤208
いつまでも売れる人間とは　①125
遺伝　㊕58
——の心　①241
糸のもつれは解けないが髪のもつれは解ける　⑧289
伊藤博文　⑥49
稲垣最三　⑦112
犬の胃袋の実験　①69
井上靖　⑤92
「イ」の音霊　④188,238
いのち/生命(いのち)　⇒生命
——の泉　①31
——の至上命令　④25
——の力　①206
——の尊さの自覚　③33
——の波　③333
——の半身　④148
——は眼に見えないでも「ある」　①252
——本来去来なし　⑦291
吾々の——は何処より来り、何処へ行くか　⑦296
吾々の——は常に身体を新しく造っている　①253
『いのち』誌　⑥36
『いのちのゆには』(谷口雅春)　㊕140
祈り　②30,80
——が叶えられないでも神様がないのではない　①197
——がきかれるための秘訣　①229
——で照準を定めたら行動で引金を引かねばならぬ　②295
「——」ということ(もの)は　①198,229,309,316 ②83 ⑨322
「——」と云うことの意味　③319
——と神想観が神の宝庫をひらく鍵である　②30
——と神想観とは同じことです　⑨89
——と実践と報恩行について　⑧250
——と想念と人生　②25
——によって繁栄するには　②108
——の科学　①271
——の原理　①267
——の根本法則に就いて　⑧105
——の最初の最大条件　①309
——の実現を妨げる心境と実現を助ける心境　①310
——の成就する原理(根本法則/法則)　①267 ②126,281
——の成就は自己の心境の移動による　⑨280
——の助行　①316
——の力と意義　⑨180
——の秘訣　②128
——の法則　①197,229,268,273 ③316
——の三つの条件について　③316
——の最も良き方法は　⑨90
——は如何なる働きをするか　⑨327
——は何時、何処でも出来るが、一定時の祈りは大切　①319
——は神との人格的接触　②30
——は神に近づく道である　⑨200
——は神に霊的波長を合わすためです　⑨88
——は「神」を変化せず「自分自身」を変化する　②38
——は実践によって裏附けられなければならない　⑧124
——は人間自然の感情である　⑧105
「——」又は「神想観」と云う行事は　②14,19
——を成就するには　⑧94
——を伴わない実行は　⑨241
——を深めて決断は速かに　②319
——を有効ならしめるには　⑧113

あなたの——は何故実現せぬか　⑧309
あなたの——を行動にまで高め上げよ　②42
完全なる——(と)は　①198 ⑨237
汝ら——て何事にても求めるとき、既に受けたりと信ぜよ、さらば、汝はこれを得ん(イエス)　①230 ③317 ⑧198
最も有効な——　③128
『祈りの科學』(谷口雅春)　①273,309,327 ⑥298 ⑨324
祈るときは　①232
意馬心猿　⑥252 ⑨259 ㊋119
衣鉢　③256
伊原章之介(『自分の穴の中で』)　⑤306
胃病　①301 ⑦83,94
——を治す秘訣は　①101
息吹法　①308
胃袋に孔のあいた人の実験　①278
疣(いぼ)　①83
今
——与えられているものに感謝しなさい　①281,330 ②77
「——」が時である　⑧81
——此処が極楽世界の自覚　③114
——此処にある極楽を見よ　②192
——ここに勝利がある　⑨74
——此処に天国浄土がある　⑩280
「——・此処」に天国を行ずること　⑧220
——此処に無限供給の天の宝庫がある　⑩309
「——」既に完全なる実相を観よ　⑩231
——、既にキリストは自己の内に臨りたまえり　⑩187
——即久遠　④56 ⑩140
——天地の開くる音をきいて目を覚ませ(金光教祖)　④36
「——」のほかに時はない　①33
——はどんなに小さくとも　①113
——持てる貴いものを捨ててはならない　①215
「——」を生かすのが使命である　⑩111
「——」を生かせ　②95,206
「——」を大切に全力を尽していれば天分があらわれる　①284
今井楳軒　⑥317
未だ曾て汝等、当に仏道を成ずることを得べしと説かず、未だ曾て説かざる所以は、説時未だ至らざる故なり。今正しく是れ其時なり、決定して大乗を説く(『法華経』)　⑥222
今迄の教育は　⑥196
今迄の宗教は何故人類に平和を持ち来さなかったか　㊋108
癒し
——の波　③333
——の法則　⑧300
依頼心　②347 ⑧341
イライラ
——しい婦人　③145
——するのを治す法　①134
医療
——に対して如何なる態度で臨むべきか　④257
——は自然良能をたすける　⑧162
「色」というものは　⑦5
岩国(山口県)　④160,289 ㊋255
岩田屋　⑦204
石長比売　④207
因果
——応報　㊋36
——応報と生れ更りの理　㊋64
——応報と魂の教育　㊋64
——昧さず　⑩25
——の法則　④120 ⑥146 ⑧137 ㊋23,29,61
——を超越する道は　⑥129
陰極は必ず陽転する　⑩108
印契　⑦92
飲酒　⑩42
インスピレーション　①56 ②40,204 ④27 ⑤114 ⑥289 ⑦310 ⑨45,163,169,328
印度(インド)　①168 ③283 ⑦39,44,

172 ⑩172
——ベダンタの聖者　㊿43
——人　③230
——哲学　⑨52
淫蕩な血　⑥124
インド支那　⑤282
婬怒癡の三毒　⑧13
因島(広島県)　④285 ㊿191
——の講習　④285
インフルエンザ・ビールス　⑨177
インフレ　⑤144
陰陽
——の原理　①300
——和合の理念　④77
引力の法則　①270

【う】

ヴァキューム・オイル会社　⑤97
『ウイークリー・ユニティ』誌　④277
ヴィールス　㊿190 ⇒ビールス
ウィーン　④43 ⑥301 ⑦87
ウィルソン・チェンバー(ウィルソンの霧函)　⑦68
『ウーマンズ・ライフ』誌　②319
植木源蔵　㊿204
ウェデキント　⑥154
上野公園　⑤42 ⑩154
上野の博物館　④109
羽化登仙　②141
受気比　④215
宇佐美啓吉　⑥220
宇治川の井上病院　④14
宇治修練道場　④90 ⑨255,261 ⑩42,102 ㊿181,194
宇品町(広島市)　④283
丑三時(うしみつどき)　④119
有情非情同時成道　②ii ③232 ④37 ⑦49,63,198
嘘(適当な)　⑥189
打出の小槌　②326
内なる神　②266
"——"の"導き"　⑨293
「——」の啓示　②30
内に在る天国浄土　②175
内に毒を含む心　①205
内に宿る力(神)　①15 ㊿5
宇宙
——意識　②301 ⑦97,98,99,105,108 ㊿217
——叡智の受信を妨礙する個人感情 ⑩134
——我の有目的的意志　⑤219
——塵　⑩11
——設計の秩序　⑩104
——大銀行　④182
——大生命(の叡智)　②23 ⑤154
——的な巨大な知性　⑨216
——には唯一つの心がある　②221
——に対って呼びかけること　⑩284
——の親様の理念　⑤56
——の呼吸に一致すること　⑧272
——の心　①267,269 ②187
——の生命　①306
——の潜在意識　④320 ⑩29,126,272,274
——の創化力(作用)　②302 ⑧235 ⑩273
——の創造者(主)　①318 ④336
——の知性　⑩114 ㊿30
「——の知性」をわが内に宿す人間 ⑩70
——の法則　③339 ⑩89
——の本体(本源)　㊿7,78
——の霊と個人の霊　②223
——は真空をきらう(諺)　⑤199
——は一つ、人類は一つ　⑩10
——普遍の心　⑩13
——普遍の創化作用　⑩6
——普遍の霊　⑩48,53
——を貫く法則　⑦345 ⑨294
——を支配している知性は一つである ⑩115
『美しき生活』(谷口雅春)　⑥162,231
美しく写真に写るには　⑤97
美しくない容貌　③148

「ウ」の音霊　④191
奪う
——心(念)　①189 ⑨167
——(心の)ものは奪われる　①189,191 ②9 ⑧314
宇部(市)(山口県)　⑥333 ⑦21
生れ更り(説)　⑤211,248,285 ㊗48,55,62,66,69
『生れ更り—業の必然的循環』(メンリー・ホール)　⑤265
生れつき
——の畸型児　⑨303
——の設計　①97
海ゆかば水漬く屍、山ゆかば草むす屍(歌詞)　③210 ⑦114
生めよ、殖えよ(『創世記』)　⑤132,147 ⑥89
右翼陣　④66
浦賀(神奈川県)　⑤211
浦上(長崎市)　㊗215
浦島太郎　④70,232
ウラニウム原子　⑧280
恨み心をもってしては恨みを解くことは出来ない(『法句経』)　②124
恨むこころ　①205
売られたる生命　④88
瓜の蔓には茄子は生らぬ(諺)　①189 ㊗208
ウルビルワー　⑦42,47
『美わしき思い出』(映画)　⑨154
上衣を奪わんとする者には下衣をも与えよ(イエス)　②325
噂をすれば影とやら(諺)　①334 ④45
上目三白眼　①177
上役と社員とは　①179
運動慣性　②23
運命　④22,302 ⑧150 ㊗56
「——」と云う熟字は　④177
——と格闘する人々　④300
——と個性の発見について　⑥291
——について　④138
——の原型　④308
——の切符　②67
——の転換のための自壊作用　⑧182
——の船を操縦するには　②9
——ラジオ　②229
——を決定する「不図」の秘密　②281
——を構造する力　⑧317
——を自己選択する主宰者　②231
——を支配するには　⑧273
——を良くする秘訣　④146
あなたの——は心の掌中にある　㊗201
各人それぞれの——　④289
人間の——について　①214 ④271
再び突如として現れた——の転機　④28
『運命の原理』(谷口雅春)　②10

【え】

永遠
——価値への追求　④19
——生命への希求　⑩139
——とは　⑧147
——に老いない生命の霊薬　⑦308
——に変らぬ自分　②243
——に持続するもの　①269
——に滅びないものはあるか　②242
——に若くあるために　⑨130
——の今　④56
——のキリスト　②83
——の青年となるには　⑧232
——の存在　②242 ③266
——のものを求めて　⑦340
——不滅の原型　②243
一死に——の生命を獲得する　⑩140
永遠者につながる自分を発見せよ　⑧134
映画の如き現象世界　㊗102
永久平和が来ると云うような預言に関して　⑥294
英国　⑤238,294 ⑩306 ㊗126,156
⇒イギリス
——皇帝　⑤294
——政府　⑩306

永生への願い　⑩139
叡智
　——層　②178
　「——」そのものが人間である　⑦156
　——の心　⑥274
H_2O　③251
『叡智の斷片』(谷口雅春)　④69,73,75
　⑥274 ⑦167
英仏のスエズ爆撃　㊀112
英文『生長の家』誌　⑧54 ㊀224
永平寺の奕堂和尚　②200
英雄の伝記　③171
栄養学も無視してはならない　⑧321
栄養失調　㊀245
『栄養の科学』(小牧実秀)　⑩36
英領カナダ　⑥108
ＡＣＴＨ(ホルモン名)　㊀135
エーテル　①268 ②188,223,224,245,
　247 ④249 ⑤123 ⑨30 ⑩119,272,
　274
　——の波　⑦5
　——を活動せしめたものは何か　④
　249
エール大学　①36,274
　——医学部　㊀131
『易経』　④199
疫痢(菌)　②349 ㊀232
疫痢的症状　⑧33
エジソン/エディソン　①259,264 ②
　32,128 ⑥9,11,43,49 ⑧28
エディソン夫人　②128
エジプト　⑤253
　——人　⑧136 ㊀70
ＳＳＱ(自己満足因子)　⑤291
ＳＴＨ(ホルモン名)　㊀135
蝦夷　①59
エチケット　③191
エディ夫人　③326
エディプス・コンプレックス　⑤290
エデンの楽園　②234,303 ③68,70 ⑧
　30,200,295 ⑨91,118 ⑩203
江戸の言葉　④93
江藤輝　④19,23,26,31,34,35,37,39,
　42 ⑥301
江藤嘉吉　④19,28,30
エドガー・カイシー　⇒カイシー
ＮＨＫ　②316 ③111,237,337 ⑤104
　⑦11,265 ⑧28,39,41,336 ⑩283
エネルギー
　——は意識をもっている　④251
　——不滅の法則　④248
慧能大師　③245,251 ⑨62
「エ」の音霊　④192
愛媛県の西条　①199
エホバ神　①326 ⑨234
エマーソン/エマースン　③112 ④96
　⑤10
慧明将軍　③259
偉くなる者は　①21
選ばれたる霊的先覚者　④69
エリス (ハヴェロック)　⑤311
エルサレム　①185 ㊀17
　——にも非ず、何処のところに於いて
　も神を拝すべき時来らん(イエス)
　⑦344
エロチシズム　⑤9
縁覚　⑦171
炎症　㊀140,219
厭世家　②132
厭世主義(観/哲学)　①153,301 ③10
縁談の遅い早いも心から　①130
炎魔法王　⑧47
円満な人相　⑤102
円融無礙　③273
厭離現世　⑧44

【お】

老いの苦しみ　⑦34
応化身　⑧305
黄金の鎖に繋がれた骸骨　④106
欧洲　③229　⇒ヨーロッパ
　——の十字軍時代　⑤281
応身仏　⑦193
黄梅山　③245,259
近江絹糸株式会社　①295

大石内蔵之助　⑤102
大分県速見郡山香町　⑦212
大岩義光　⑥108
オーガスチン　④300
大甲虫　㊊44
狼に育てられた赤ん坊　⑩172
大川均　⑤227
大喜多天然瓦斯　①50
大国主命の弟　①308
大久保ヨシ子　⑦212
大蔵大臣　⑦234
大阪　③138,286 ④13,19,28,31 ⑤76 ⑥117 ⑦215 ⑧278 ㊊233
——医大　⑤111
——北区の信保町　④11
——郊外　④93
——市長　④17
——十三教会　⑥312
——西区西九条　④15
——の都島区　㊊238
大阪人の言葉　④93
大重行正　⑥205
オーストリア　④43 ⑦87
大関(酒名)　㊊187
太田貞代　⑥44
太田三郎　⑥67
太田典礼　⑤298,303,304,307,310, 316,318
太田芳子　⑥152
大津雅義　①246
オートメーション　⑩141,144
大伴家持　④237
大西桂太郎　⑥39
大入道　③294
大貫克平(『あした来る人』)　⑤92
大野あや子　⑥189
大祓い　①308
大祓祝詞　③213
大森機関少尉　①41
大山はるみ　⑥102
オーレオマイシン　㊊179
お蔭/おかげ
——はわが心にあり(金光教祖)　② 114
——をほしい人たちに　⑨115
——を本当に得るには　⑨64
——は貰い徳であってはならぬ　⑩ 185
岡田式静坐法　⑤101
傍目八目(諺)　⑨249
岡山(県/市)　①81 ③17 ㊊186
岡山医大　⑤177
岡山県赤磐郡高月村穂崎　①75
沖縄　①191
荻野式受胎予定日　⑥98
お経を流して歩くには　②158
奥田一郎　⑥165
奥田寛　④290
臆病を無くするには　⑧181
億万長者　④110
贈(り)物
神からの——に自分の名刺をつけてはならない　⑩236
最も貴き——について　⑨125
小郡(山口県)　⑥333
憤(おこ)る心　②253
幼(な)児
——に中風も脳溢血もない　⑧232
——の如くならずば天国に入ること能わず(イエス)　⑨131
お爺さんのすることに間違いがない　①337 ⑤67
『おじいさんのすることに間違はない』(アンデルセン)　⑤58
惜しい、欲しいが、是がホコリや(天理教祖)　⑦284
教えの根本(中心)(生長の家の)　①163 ㊊97
お地蔵さん　①159
「惜しみなく愛は虐げる」(深田ちゑ子)　⑥37
叔父に反抗する少年をどう指導するか　⑥56
お釈迦さん(さま)　①158,161,252,281 ③76 ㊊144 ⇒釈迦
——の前生物語　⑦157
おじゅう(人名)　⑦123
オスカー・ワイルド　⇒ワイルド

オスラー（サー・ウィリアム） ④295
恐るるものはすべて来る ④129 ⑧263
恐れる心は血液に毒素をつくる ①176
織田信長 ③169,170
お乳を吸わぬ赤ん坊 ⑤29
良人(おっと)
——の心が奥様から離れる原因 ⑥89
——の仕事に妻が反対する場合 ⑥108
——は妻の心の反映 ⑥33
——を苛酷に批評してはならない ⑤24
男
——の玩弄物にならない為には ⑤3
あなたは——に生れ更り得るか ⑤233
音霊(おとたま) ④ii,187-244
「音」は心の中にある ②246
乙女の愛の結晶 ⑦45
衰えた胃腸 ⑨33
音羽(東京) ⑤182 ⑦66
同じ過ちを度々繰返す結果は ⑧142
「オ」の音霊 ④193
尾道(広島県) ④270 ㊖121,160,191,256
己(おの)がせられんと欲する如く、他になせ ⑩185
己れ ⇒自己,自分
——未だ度らざる先に他を度す ㊖155
——に克つ者が最大の強者である(諺) ⑤191 ⑧330
——の欲せざるところを他に施すこと勿れ(イエス) ①212
おのれに背く ⑥343
——もの ②99,278,282
『おのれに背くもの』(カール・メニンジャー) ①166 ②277 ⑦212 ⑧325
『おはなし読本』 ③85
オヒスナー病院 ㊖131
お不動さん ⑦84,125
お妾などの問題 ⑥242
思いついたが吉日(諺) ②283
思い附いたら今直ぐやる ①82
想い
——の種 ①142
「——」の力 ①253
——を包みかくしてはならない ⑤35
想う
「——」ことは、見える形にあらわれる第一歩 ①242
——力 ①139,140
思うことは現れる ②67,144
面白(い)
——からぬ人が眼についた場合 ⑨327
——くない出来事が起りましたら ⑨79
重荷
——は背負うよりも処分せよ ②95
——を避ける者には重荷がやって来る ②335
——を負える者よ、我に来れ。我れ汝を休ましめん(イエス) ①i ②336
親孝行 ③336 ⑤196 ⑦130
——とは何をすることですか ⑤189
——の心が病気を治します ㊖242
——の息子 ⑤202
親さま！ ①342
お山 ⑤85
凡そ神の国に入るものは此の幼児の如きものである(イエス) ⑩168
凡そわがために生命を捐つる者は却って生命を得(イエス) ⑤192
凡そわが為に土地、家、父母、妻子、兄弟、姉妹を捨つる所の者は百倍の報いを得ん(イエス) ④324
オランダ ⑤134
折尾(福岡県) ⑦202
オルテガ ⑦346
愚かなる熊の真似をしてはならない ③124
音楽美の創造と実際生活 ④26
隠田(東京) ①303
『女の教養』(谷口雅春) ④296 ⑥12,91

【か】

我
　——の精神力を否定するのが宗教である　⑧259
　——の願いなき祈り　⑨280
　——を捨てるところに「本当の自分」が生きる　⑤190
カーヴァー (ジョージ)　②129
ガーフィールド (ゼームズ)　②347
カール・A・メニンジャー　⇒メニンジャー
外貨　①45
「外界」と「内界」を結ぶ架橋　⑧226
快感分娩　④265
階級闘争　⑨266
回教　②106 ㊓26
海軍病院　⑤177
解決しない問題は一つもない　②43
外見で人を審いてはならない　⑨309
カイシー (エドガー)　⑤210,213,215,223,225,283
　——の(霊読による)結婚観　⑤223,255
　——の宿命通　⑤223,229,234,281
　——の「霊読」　⑤231,236-238,240,244,245,246,248,250,257,262,267,270,276,284,288,293,300
会寧飛行場(朝鮮)　⑤176
甲斐信佳　⑧54
解放の最初のそして最後の鍵　⑨41
『解放への二つの道』(谷口雅春)　⑥291
潰瘍　①278 ⑨307
潰瘍的痛み　㊓131
快楽　⑧202,204
　間違った——　②315
怪力乱神を語らず(孔子)　④56
戒律がないと云うことは　⑧158
過淫　②177
蛙と和解して傷つけ合わない　㊓124
花王石鹼の山崎高晴氏のこと　①162
科学
　——と云うものは　①239
　——と宗教との協力　⑩266
　——の心　①53
　——の勝利は心の勝利　①49
　——の法則　①269 ⑩114
　——は進歩します　⑧96
　——も宗教も派閥があってはならない　⑩271
　——を指導する宗教　⑩266
　宗教と——との相互扶助性　⑨295
科学者　①271
　——も終に神の存在に到達す　⑩74
科学的な合理的宗教の樹立　㊓3
『科学ペン』誌　⑥220
餓鬼道　③120 ④114 ⑦250
学業を捨てて放浪する子供の問題　⑥44
各個人の意識はその奥底では一体である　②180 ④172
各人を導く不思議の御手　②285
覚醒剤　②146 ⑤201 ⑦128 ⑩42
核融合　⑦104 ⑩11
カクリミ(隠身)　③37 ⑦174
隔離療法　⑨261
隠れたるベストセラー　①iii
隠れて人に与えたものだけが福田として、眼に視えない世界に貯えられるのである　⑩185
賭け事　①216
過去
　——にどんな絵を描いていても、其の上に油絵を描きなさい　⑨19
　——の意業　④124
　——の原因　④303
　——の失敗　①260 ⑨199
　——の宗教経典　②52
　——は「今」を契機として変貌する素材である　⑧206
　——は過ぎ去ったのです　⑦339
　——を抛げ棄てよ　⑩3
過去世の業の負債　㊓68
笠原政好　③133 ㊓145
加持　①308 ⑦83,123

——祈禱　①308 ⑦92
——と神想観　⑦123
過剰性欲の問題　⑥311
迦葉菩薩　⑦166,178
柏崎(新潟県)　③22
梶原源太景季　④5
春日出尋常高等小学校　④15
カスター (ダン)　⑩177
ガスの発生　㊙131
風邪　②120,349
——及び結核等の原因について　⑩151
——の原因　⑩151
——引き　①72
稼ぐに追いつく貧乏なし　②13
家相見　⑤21,23
家族　②222,250 ⑨201
可塑性の実質　②224
ガソリン　①49
片岡環　㊙140
片瀬淡　⑩299
カタチ　①168
形
——あるものは内部の精神の表現である　⑨202
——あるものは皆元素の集りです　①169
——の世界にあるものは　①258
——は心をあらわす　③232
片山哲　⑤131
片山(哲)夫人　⑤131 ⑥276
「片山夫人訪問記」(『美貌』誌)　⑤131
価値
——高き人となれ　④98
——の本質に就いて　④23
——を知る者のみ、それを所有する　②31
家畜の健康状態は飼主の心の反映です　⑧87
カチューシャ(『復活』)　⑥99
渇愛　②299
脚気　⑥95
喀血　③328 ④167 ⑥79
学校の選択　⑥40
合掌　⑤67
活水高等女学校　㊙214
カッチン染　④4
勝本修助　③18
渇欲　④113
家庭
——生活と職業と両立する婦人　⑤245
——生活は名誉心を超えている　⑤246
——の調和　④296 ⑥110
——の紛糾　⑥161
——不和の原因の大部分は　①40
——を幸福にするには　⑦338
家庭光明寮(生長の家)　①127
加藤左衛門尉重氏　⑨189
加藤シヅエ　⑤131
加藤マキ　③29
加藤道子　⑤83
カトリック教　⑤130,323 ㊙50
カトリック教会　⑤260
門脇観次郎　③134 ④145
神奈川県高座郡大和村　⑥319
神奈川県大和村　③194
悲しみ
——に打克つ道　①18
——の感情は水の溜る病気を起す　②120
——は富の浪費者　⑨151
——は水に変じます　②254 ㊙165
——を心から捨て去るには　⑨152
あなたの——を神の愛の前に　⑨134
悲し(む)
——心は　①294
——める者は幸いなるかな。その人は慰められん(イエス)　⑤125
多く——ところの人は富の浪費を引きつける磁石である(ソクラテス)　⑨151
カナダ　⑤111
カナの婚宴　⑥105
金を盗む不良児を如何にするか　⑥183
鐘が鳴るのか撞木が鳴るか鐘と撞木の間が鳴る(俗歌)　③280

金子スイ　③20
金子広只　②216
金田忠　⑤174,178
化膿菌　①249 ⑨45
化膿性肋膜炎　①249
「カ」の音霊　④197
「我の心」と「神の心」とを一致させるには　⑧159
樺沢ミセ　⑨196
カビ　㊕190
歌舞伎座　④109
貨幣　②26 ⑤109,143
カペナウム　㊕17
「果報は眠て待て」と云う諺がある　②320
構える心　③271 ④62 ⑧126
鎌倉(神奈川県)　③224 ㊕168
神　⑦74,99,145
——が宇宙を造る方法　⑨31
——が自己の内に宿る　②240
——が絶対善であることに就いて　④255
——からインスピレーションを受けるには　⑧92 ⑩66
——からの賜物を受けるには　⑨65
——からの直感か、迷いからの直感か　②283
——からの無限供給　⑨248
——から賞められる人　①17
——から先ず何を求めたら好いか　⑨107
——その像の如く人を造り、これを男と女に造りたまえり(『創世記』)　②184
——、その創造りたるすべてのものを見給いけるに甚だよかりき(『創世記』)　②37
——そのままに完全なる人間　⑩221
「——」と云う大本営　②29
「——」と云うプロデューサー　㊕100
——と一体になるには　⑧125 ⑨282 ⑩7
——と感応道交する　⑨99
——と接触する最高の方法は　②30 ⑩239
——と直結して喫煙が止まると同時に栄転した話　⑦200
——と直結するには　⑦195,201,211,214
——と富とに兼ね事うること能わず(イエス)　⑨161,314
——と偕なれば不可能なことなし　⑧318
「——と偕に歩む」とは　②131
——と偕にある自覚を得るための朝の祈り　⑩38
——と偕にあれば災難は自然にのがれる　⑨256
——と偕に生くる道　⑨74
「——と偕に……」そして感謝を　②270
——と人間と自然との関係　②257
——との一体感　②27,66,338
——との一体感を深めるには　④42
——とは何であるか　⑤159 ⑦174
——と仏とは異るか　⑦173
——と分離しない富を求めよ　⑨149
——と我とは一体なり、全てのものは既に与えられている　⑩187
——なる自我　⑧136
——なる人の理念　②313
「——汝と倶にあり」と神は言いたまう　⑨211
——に重荷を乗托する法　⑧269
——に感謝するには行動を伴わねばならぬ　②157
——に心を振り向けよ　⑨281
——に救われるにも「犠牲を払う」と云う心はいらぬ　①184
——にすべての栄えを帰すること　⑨234
——に全托する場合、そうでない場合　②237
——に則しない創造は本当の創造ではない　④254
「——に対して祈る」よりも「神とともに祈る」が好い　③117

——に対する第一の心掛け　⑧106
——に対面することは如何に楽しいことであるか　②150
——について瞑想なさい　②265
——に波長を合わせよ　②181
——にまかせながら働くこと　⑧21
——に先ず精神統一せよ　②66
——に導かれる精神科学の原理　⑧230
——に(まで)無条件降伏　⑨264,336
——の愛　②135
——の愛の循環について　②156
——の愛は法則である　②235
——の後嗣者(あとつぎ)であることを忘れてはならない　⑦313
——の家から迷い出た後嗣息子　⑩204
——のいのち　①175
——の癒やし(を実現するには)　①311 ⑦333
——の叡智　④42 ⑤29 ⑨123
——の叡智を受けるには　⑩168
——の御働きの一面は法則である　⑩267
——の象(かたち)の如く人を造り　⑧124
——の完全な像　⑧312
——の啓示　②52
——の結晶体としての人間　②28
——の構図　④334
——の定めた完全使命　②189
——の時間(God's Hour)　②61
——の祝福の放送　②39
——の祝福を受けるには　②160
——の人類救済運動　②157
——の人類光明化運動　⑩184
——のすべてのものを与えられる　①137
——の聖愛にいだかれて　⑦304
——の聖座　⑨281
——の生命　①264 ②142 ③57,178,207
——の世界　①193,197
——の創化作用　④143 ⑥47
——の創造と人間の創作　⑩68
——の想念(の自己展開)　④51 ⑩76
——の智慧　②11 ⑩104 ㊙46
——の智慧と直通せよ　②238
——の智慧はおそくとも迅い　⑩212
「——の智慧」も気がつかなかったら掘り出せない　①221
——の智慧を受取るには　⑧181,259 ⑨247
——の智慧を受ける神想観　②284
——の智慧を睡眠中に受けること　②337
——の智慧を招くもの　⑨98
——の使いとして吾生きん　⑦326
——のパイプ　②156
——の波長に合わす方法　②38
——の表出口　⑨47
——の布施行　⑩235
——の“噴出口”としての人間　⑩220
——の放送の波長　②38
——の法則　①269 ②209 ⑩37
——の御声　②40
——のみ心の中には悪はない　②146
——の御意に乗ること　⑧342
——の御意を知るには　⑧164
——の導きによる問題の解決　⑨193
——の宮　⑦311
——の無限考案力をわがものとして　⑨163
——の恵みを具体化するには　⑨61
——の世嗣　②117 ⑧156
——の理念(の顕現)　②211 ⑤56
——の喇叭　②156
——は愛憎によって動かされない　①269 ③337
——は愛なり　⑦258 ⑧314 ⑩60
——はあなたの内にある　②139,234,239 ⑧157 ⑩126
——はいつ天地をつくったか　①8
——は宇宙に満ちたまう　⑩117
——は解決の智慧を与えたまう　②336
——は空間的制約の中にはない　⑨

276
——は決して或る人を愛し、或る人を憎んで、その利益に区別を与えたまうものではないのであります(『使徒行伝』)　④121
——はじめに天と地とを創造りたまえり(『創世記』)　①4 ⑩119
——は人格にして同時に非人格的法則である　②225
——はすべてのすべて　①237
——はすべてを知っていられるのです　⑨68
——は誰かの犠牲が必要な世界を造らない　⑧174
——は智慧・法則・愛である　②339
——は常に護りたまう、唯心の不導体を取除くことが必要　⑨76
——はどこにも存在する　①268 ⑨60
——は「内部からの癒す力」である　⑧305
——は人間に無限の“宝蔵”を与えられた　⑩269
——は人間の富むことを喜び給う　②303
——は人間を不幸にしない　②297
——は罰を与えない　⑨8
——は光である　③334
——は人を通して最後の最高の創造を為したまう　④251
——は物理的法則以上の力である　⑩13
——は本当にあるのでしょうか　⑨265
——は無限の智慧の源　⑦307
——は求むるに先立ちて与え給う　②261
——は霊的“無限供給”を与えたまう　⑩91
——は霊なれば霊をもって拝すべきなり(イエス)　①309 ⑦344 ⑧36
——は我らの求むるに先立ってなくてならぬ物を知りたまう(イエス)　②43 ⑦344 ⑨322
——、光あれと言いたまいければ光ありき(『創世記』)　④51 ⑩77
——への絶縁体を取除くには　⑦332
——への抵抗としての病気　⑨320
——よ、彼らを宥したまえ。彼等は為す事を知らざるなり(イエス)　⑧114
——よ、願わくはこの苦き杯を吾より取去りたまえ。されどわが意をなさんとには非ず、み心の如く成らしめたまえ(イエス)　④326
——われと偕に在り(エメット・フオックス)　①342
——われに告げたまう　⑩103
——われに働きたまう　⑧20
——をあなたの恋人にいたしましょう　⑦344
——を凡ゆる方面から観察して　⑩279
——を如何に観るかで自分の世界が変る　②235
——を親として生れた富　⑨161
——を健忘症だと考えてはならない　⑧109
——を自己の想念行動に実現しよう　⑨180
——をしてあなたを占領せしめよ　⑨330
——を信じて布教師個人を信じてはならない　⑦256
——を信ずるとは神を愛することである　⑧107
——を神罰の本体と思ってはならぬ　②73
——を常に憶念せよ　⑨301
——を走り使いの小僧にしてはならない　⑨197
——をわがものとするには　⑦195
一切皆善の——の創造世界を心に描きなさい　①318
一切万物は——の心のあらわれ　②183
一切を——の示現として感謝せよ　⑧247

唯一つの善は——のみである　③37
常に——のお召に応ずる準備を整えること　⑦310
常に——の中にあなたはいます　⑦331
汝が——と偕にあらば、神は汝と偕にいまさん。若し汝、神を求むれば、神は汝を見出したまわん。されど汝、神を見棄てれば、神、汝を見棄てたまわん(『旧約聖書』)　⑧231
何人も「——の時間」を持つこと　②61
「唯一の実在者」たる——　②58
吾れ——と偕にあり　⑨225
われに宿り給う——　⑨229
我に宿る——を呼び出すこと　⑩226
神様
——と(云うの)は　①137,139
——におねがいするには　③45
——の愛　①146,185
——のおつくりになった完全な世界を現す現像液は想念と言葉である　①256
——のおつくりになった世界　①225
——の国　①193
——の最高の自己実現　①256 ⑦233 ⑨213 ⑩35,77
——の生命　①187
——の力とは何ですか　①139
——の造りたまうた世界には貧乏も病気もない　①150
——の波長　①199
——の恵み　①185
——は与え切りです　①149
——は人間に完全な自由を与えた　①327
——は人間を「人形」のようにはお造りにならない　①143
——を水先案内に　⑧86
しかし——がいらっしゃる(But there is God)　①339
ねえ、——(Now Lord)　①338
神さまの心　①167,171
神信心　①323
神の国　①310 ③69 ㊗79
——は近づけり(イエス)　③78
——は何処にあるか　⑨205
——は汝の内にあり(イエス)　②12 ③78 ④84,85 ⑨277 ⑩28,60,71,193,196,220
——への郷愁　⑨318
「——」を(地上に/現象界に)実現するには　②14 ⑩197,295
「——」を求めるとは　④84
——を求めよ。その余のものは汝らに加えらるべし(イエス)　①230
およそ——に入る者は、この幼児の如きものなり(イエス)　⑧349
悔い改めよ、——は眼の前に在り(イエス)　③78
人(汝ら)あらたに生れずば——に入る事能わず(イエス)　②17 ③13 ⑤123,196 ⑨205 ⑩190
先ず——と神の義を求めよ(イエス)　②314,322 ④84 ⑦253 ⑧107,132,191,212,231,254,314 ⑨146,268,317 ⑩28,59,60
先ず「——」を想念に描けよ　②313
先ず“——”を求めましょう　⑨277
神の子　①187,222 ⑩218
「——」とは「神の凝り固り」　②28
——なる人間　⑧157
——の再臨　⑩188
「——」の自覚を以て悠々闊歩せよ　②21
——も天の使も誰も知る者なし。唯、無花果の樹の喩をもってこれに学べ。その枝すでに柔かくなりて葉芽ぐめば、春の近きを知る。斯くのごとく汝らも此等のすべての事を見ばキリストの再臨の近きを知れ」(イエス)　⑥295
「自分は——だ」と云う縦の真理　⑥302
「私は——である」こと以外を言ってはならない　⑩233
我れ——なり　㊗109
神の心　①172,221

——の波長に合うもの　①197
——の上に建物を築くこと　⑧25
——の波　①134
神の第一創造の世界　⑤125
神産巣日神　④199
招神歌(かみよびうた)　②329 ③225, 307 ⑦16 ⑨172 ㊕140
カムカムおじさん　③111
亀井勝一郎　⑤94
亀の子たわし　①196
加茂(新潟県)　③27
ガラスの研究　③286
身体(からだ)の生理作用　㊕59
身体(からだ)の冷えるのは　⑨203
空念仏　②157,295
カリエス　⑧277
仮りの自我　⑨332
カリの世　①173
カリフォルニアにある金鉱　①215
カリフォルニヤ大学　⑨186
ガリレイ/ガリレー (ガリレオ)　⑤142 ⑧97,281 ㊕10,129
カルカッタ　⑩172
カルネラ　⑧27
カルメット　㊕182
カレル (アレキシス)　⑩288,291,334 ㊕66
過労　⑤111
河田亮太郎　⑧278
変っている肉体　②243
「我」を放棄して「個性」を発揮する所以　⑧133
観　⑧86
「——」とは　⑧302
「——」の転回(回転)　⑦126 ⑧58
ガン
——の新しき研究　⑨186
——のビールス病源論　⑨187
癌　①85 ④61 ⑦83 ⑧299 ⑨186,189
——と云う塊ができるのは　⑦215
姦淫
——するなかれ(モーセ)　⑧284
女を見て色情を起すものは既に——せるなり(イエス)　⑤298 ⑧284
考える精密機械　⑩15
考える弱き葦　⑩191
感覚に「死」の現象が見えても人間は死んだのではない　⑦176
環境
——悪から起る病気　㊕244
——は心の影　③135 ⑥50 ⑨194
——よりも先ずあなたの心を　⑨194
——を支配するには　⑧267
われは——よりも偉大である　⑨283
願行なしに救われるか　⑦138
ガンジー　⑤133 ⑨24
観自在の原理　③132 ⑦23
観実相の方法について　⑩88
感謝
「——すべきもの」を見ないのは色盲の一種です　③79
——と悟りとの一致　⑦126
——と祝福とはその人の人格の匂いを高める　②161
——と調和は一切の病気を癒やす　②218 ③152
——の念　③157
——は純粋でなければなりません　⑨71
真に——をすれば無限の宝が湧き出でる　②326
感謝行　⑨334 ㊕193
感謝報恩行　⑧251
感謝報恩の仕事は強壮剤である　⑧338
癇癪　①134 ②98,99,101
癌腫　⑤178 ⑨307
——消滅の理論　⑤173
——発生の原因　⑤173
感情
——の興奮と健康との関係　㊕129
——の衝突　⑩133
——をそこなうと高くつく(アーディス・ホイットマン)　⑩130
感傷主義　②67
干渉は可かぬが助力は好い　⑧90
観ずる通りにあらわれる　⑩89
観世音三十三身(の働き)　③141 ⑦121
観世音と云うのは　⑦23

観世音菩薩(様)　③136,141 ④81,221 ⑥149 ⑦19,122,204 ⑧303
——の示現　②173 ⑩43
——の衆生救済運動　⑦22
——の普門成就の教　③132 ⑦20
——は応に婆羅門の身を現じて得度すべき者には即ち婆羅門の身を現じて為に法を説く(『観音経』)　⑦123
関節炎　④272 ⑩133 ㊍175
——の精神分析　㊍175
重症の結核性——の治った実例　㊍176
関接と云うところは　㊍175
関接リューマチス　㊍175
完全
——雇傭　⑤135
——創造　⑨198
「——な信仰」をもつと云うことは　⑩325
——に自己が救われたとき　⑨264
完全人　⑤121
観相家　①170 ⑤99
肝臓障害　②111
神田寺　⑧39
間断なき祈りとは　⑧117
簡単なる就寝前の神想観実修法　②259
簡単なる分子の知性から人類意識への発展　⑩334
邯鄲(かんたん)一炊の夢　⑩320
姦通　③49 ④154 ⑥126 ⑩42 ㊍35
——の自由　②176
カント　⑥231,252
厳頭(人名)　⑦291
海難審判　④145
艱難
——なんじを珠にす(諺)　⑧27
——は魂の向上のためのスポーツです　⑨121
観念
——洗浄法　⑧327
——に悩まされる病気　⑩306
——の眼　①73
間脳　⑩304 ㊍132,133,134
果して感情は——からおこるか　㊍133
『観音経』　③132 ⑦123
観音様　①159 ⑧106
観音信仰　③136
『観普賢菩薩行法経』　④216 ⑨138
乾布摩擦　②7
願望を成就するには　①327
『観無量寿経』　⑦157,216 ⑩280
寛容と度量と愛と　⑧70
『甘露の法雨』(谷口雅春)　①10,247,345 ②28,156 ③22,25,131,134 ④30,206,254,312 ⑤68,71,119,124,182,185 ⑥10,87,100,116,232 ⑦27,162,175,254 ⑧24,87,278 ⑨174,276 ⑩76 ㊍192
——の功徳　⑤181
——の霊前読誦　⑥118
『甘露の法雨講義』(谷口雅春)　⑤182

【き】

キアーラ　⑤329
記憶は潜在意識の中にたくわえられる　①219
議会　②170
機会(と云うものは)　⑧191,202
聞かない自由　⑨144
偽我慢心　⑤15
危急
——の場合に於ける救い　②215
——の場合に神を呼ぶのは既に自己の内に神があるから　①340
戯曲『耶蘇伝』(谷口雅春)　⑥343
飢饉のときほど托鉢せよ(釈尊)　②136
菊地(人名)　㊍193
菊池寛　⑤25 ⑧347
議決とは　②170
危険な仕事　①19
岸田みつ　⑥82
気性の荒い娘　⑤52
キス/キッス　⑤310,311
傷口を癒すのは中からの力です　①206

犠牲　①182 ④155
——への憧れ　④261
奇蹟　②39
どうして——は可能であるか　⑩144
貴相　④97
北九州の炭鉱地帯　⑤141
穢い仕事　①19
北村勉　⑤76
来るべき理想世界の憧憬　⑩52
貴重品の紛失と発見　④38
吃音矯正(法)　⑥115,121
狐憑状態　⑥162
喜怒哀楽未だ発せざるを中と言う、発して節にあたる是を和と言う(『中庸』)　④84
木藤房江　⑥73
帰納論理法　㊙65
「キ」の音霊　④199
気の弱い善人となる勿れ　②288
木原しづま　㊙147
岐阜県郡上郡八幡　①91
岐阜の講習会　⑥288
希望
——実現の障礙を破るには　⑨199
——の大陸へと導くもの　⑩263
——の力と信念の力　①93
——の港に早く入るには　⑩333
——は実現の母　②311 ④130 ⑧62,241 ⑩5
——を実現する鍵(には)　②296 ⑩5,6
あなたの——を実現するための神想観　⑧196
『希望実現の鍵』(谷口雅春)　②281
基本人権　⑨60
——の自由　②176
——の平等と妻としての立場　⑤64
基本的神想観　⑨237 ⑩282
君が代は千代に八千代にさざれ石の巌となりて苔の生すまで　④76
帰命　③40
木村快太　④16
木村泰賢　⑦170
木村英行　㊙191
木村みち子　⑥56
逆宣伝をする広告の盲点　⑧78
客観世界は自分の心の具象化である　②152
逆境　②153 ⑩5
キャノン (W・B.)　②119 ⑩150
九江(中国)　③258
救済主　⑥147
旧式な宗教思想　㊙13
九十六元素　①169
九大農学部　①49
急に働かねばならぬ用事が出来たら病気が治る　①293
旧約(聖書)　①3,8,325 ②89 ④168,211 ⑤121 ⑥317 ⑧231,263 ⑩77 ㊙10
「休養不要」の思想　⑥67
『行』誌　⑦21
教育家の典型(所謂正しい)　⑥185
教育の欠陥(在来の)　⑥170
教化部　⑥116
——道場　①322
生長の家——　⑨7
生長の家名古屋——　⑥157
広島——　④287,289 ㊙253
競技としてのスポーツ　③162
行基菩薩　⑨232
供給
——は無限でも、吾々が受取れるのは自分の利用し得る分量だけである　③91
——量と「与えた分量」とは比例する　⑧64
——を受けるには一定のリズムが要る　③90
『教行信証』(証の巻)(親鸞)　⑦131,134,140,145,151
教訓　④146
教外別伝　③204
香厳和尚　③274,275,278,279,281 ⑧223
「香厳撃竹」の故事　③279
杏子(『あした来る人』)　⑤92
恐慌　⑨154

僥倖を望む心は　⑧209
共産主義
　――諸国　⑥312
　――陣営　⑥297
共産党　㊀193
　――員　②240
教主　③141
狭心症　⑧239
教祖　③141
　――に背いたことを自覚せぬ弟子たち　㊀109
　――宗忠　⑨10
　私は――ではない　③140
競争者を進歩の契機だと思え　⑧186
競争で金を儲けたら　①151
共存共栄の世界　③193
胸中無一物　⑦284
京都　⑥104 ㊀194
　――講習会　⑥199
　――大学病院　①91
　――電燈　㊀152
　――の言葉　④93
　――の島津製作所　⑤181
　――の帝大の病院　⑤179
　――の東寺　⑤101
京都府　⑨261
　――宇治市宇治塔の川　③42
『共同教書』(カトリック教会) ⑤130
強迫観念　④320
　――に悩む青年に　⑥78
恐怖　⑩151
　――すべき物はただ想像の中にのみある　⑩252
　――におそわれた時には　⑩298
　――の宗教　㊀61
　――は一切の不幸の根源である　⑩308
　――滅すれば一切の不幸滅し(『天使の言葉』)　⑩308
恐怖心　②135 ⑧136,256 ⑩80
　――を克服するには　②322 ⑩290
極度の謙遜　⑩160
虚弱　①119
虚心坦懐　⑨295
虚無主義　⑦167
虚無的　⑥51
清らかな魂と寛大な魂とはどちらが高いのでしょうか　⑥277
吉良屋　⑥162
ギリシャ　⑤268
　――語　③185
　――人　㊀52,70
　――哲学　④177
　――の哲人　④168
キリスト/基督(キリスト)　①7,154,184,230,263,265,308,309,315,344 ②ii,46,53,58,84,138,162,212,216,267,306,327 ③19,79,207,232,284 ④29,31,62,79,85,117,119,141,305 ⑤45,116,120,122,191,200,298,312,313 ⑥63,105,257,279,327 ⑦195,201,206,231,240,285,311,344 ⑧31,36,191,198,212,215,281,284,301,310,342,348 ⑨37,38,48,102,231,296,308,317 ⑩i,71,93,113,184,187,190,193,195,196,197,217,238,239,285,331 ㊀17,21,27,60,76,79
　――意識　㊀17
　――生誕　⑦149
　――と云うのは　①74
　――の奇蹟は如何にして行われたか　⑩218
　――のゲッセマイネに於ける祈り　④326
　――の心　②106
　――の再臨　⑥295 ⑩187
　――の「山上の垂訓」　㊀223　⇒山上(さんじょう)の垂訓
　――の十字架　④330
　――の聖地　⑤274
　――の治病伝道の歴史　⑨120
　――の眼　④318
　――の路傍伝道　②169
　――は既にあなたの内に　⑩188
　――は霊を以て洗礼し給う　②83
　――我にあって生くるなり(パウロ)　①74
　主――　④328

キリスト(基督)教　①i,3,74,81,162,232,309 ②46,79,147,234 ③78,131,138,243 ④85,130,221 ⑤27,196,324 ⑥231 ⑦9,61,99,110,127,141,142,150,152,179,180,208,258,342 ⑧29,37,39,59,296 ⑨116,226 ⑩113,146 ㊕ii,26,50,69,70,144
――の神(様)　①154 ⑩75
――の十字架　⑦49
――の神父　③242
――の世界　㊕30
――の天地創造説　①8
――の牧師　①183 ②106
過れる――　②222
教会――　②84 ㊕14
実生活に応用出来る――　④272
キリスト教会　①271 ⑩217
キリスト教国　⑨308
キリスト教的殉教精神　④324
キリスト教徒　⑤274
初期時代の――　④329
切る心、攻撃精神で起る病気　㊕162
近眼　①120
勤倹貯蓄　③85
菌交替現象　⑨179
銀座(東京)　⑥103
――のビル街　④109
キンゼイ報告　⑥182 ⑧285
近代
――の産業　①51
――の女性美　⑤9
「近代科学の空即是色的展開」(『生命の實相』實相篇に収録)　④250
禁断の果実　②315
筋肉測定ベッド(マッスル・ベッド)　①274
菌の性質は精神波動で変形する　㊕231
勤労奉仕で病気が治る理由　⑩102

【く】

空(くう)　⑦74 ⑩279
――即是色　⑩12
「――」とはどんなことか　③276
――にして同時に個性がある人間　⑤153
――の原理　⑦85
――不異色　⑦75
――無我　⑤154
クーエ (エミール)　③216
――の自己暗示法　③216
空間とは何であるか　①10
空見外道　⑥65
空手にして郷に帰る(道元)　①165,321
偶然　①57 ②282
――に出て来るものはない　⑩29
空中遊歩の真人　①163
久遠
――いのちの行方　⑦288
「――生命」に対する「肉体」の位置　⑩140
――日本　⑦162
――の神、わが内に働き給う　⑦325
「――」の世界と「現実」の世界との関係　④57
――不滅の生命を見つめつつ　⑧14
――不滅の法身の自覚　⑦166
『久遠いのちの歌』(生長の家聖歌)　③27
苦行は悟りの因にあらず(釈尊)　⑦43
久志布留神社　④152
楠木正成　④7
――公の霊魂　①197
薬が効くのは　③217
具体的な母性愛　⑥106
口やかましい婦人　③142
求道者の会　①76
『愚禿悲歎述懐』(親鸞)　⑦143
苦難と恐怖の克服　㊕222
苦難を癒すための祈りには　⑩211
国
「――」と云うものは　①58
――わかく浮き油の如くして暗気なすただよえるときに生れまし神の御名は……(『古事記』)　⑦270
吾(わ)が――は此世の国に非ず(イエス)　④324 ⑧24,132

国木田独歩　②294
国立(東京)　④22
国津神　③214
「ク」の音霊　④201
首筋の後の痛み　㊠131
首歪み　④166
熊崎健　㊠203
熊襲　①59
熊本　⑦196
熊本県立白河学園(感化院)　⑥218
久米正雄　⑧347
久山信也　③17
クラーク (グレン)　②127,128,129 ⑧199 ⑨298
倉田百三　⑤25 ⑥80,140,284
グラッドストン　③185
倉八峰子　⑦198
クリスチャン　①162,182 ③302 ④28 ⑤68,131 ⑩193(基督者)
クリスチャン・サイエンス　⑤284
——の教祖　③326
栗原(人名)　①81,82
クリミア戦争　③66
「苦しみ」や「失敗」を明日まで持ち越すな　①261
クルスカンプ　⑧27
『クリスチャン・ユース』誌　④28
呉(広島県)　⑤174
——軍港　④283
——済生会病院　⑤174
——の海軍工廠　①41
クレオパトラ　㊠52
クレムリン宮殿　⑦235
クローディアス　⑤212
黒住教　④13 ⑤189,195 ⑨10,226
黒住教祖は笑いつづけて病気が治った　③333
黒住宗忠(黒住教祖)　②297 ③333,336,340 ⑤189,190,193,195,196 ⑧59 ⑨96
黒谷の法然上人　⑦186
黒田政男　④264
クロロマイセチン　㊠180
群衆意識　⑥276
群衆催眠術　⑦96
軍人会館　③225
軍閥　⑦243
軍備は国家の威厳である　⑨108

【け】

ＫＲ　⑦11
経営者は従業員に対して「親」の愛を持つこと　⑧77
慶応医大　⑥101
慶応大学教授　③137
京王電車　①242
計画があと一厘で好く行かぬ場合　②64
計画経済　⑤145
——で全労働力をフルに　⑤143
経験　②77 ㊠8
傾向の心　⑨18
経済生活の智慧　①43
啓示　②30,52,239 ⑨169,171 ⑩286
京城府(朝鮮)　⑤176
「奚仲造車」の公案　③235
競馬　①217
京福電車　⑤32
競輪　①217 ⑨157
ゲーツ (エルマー)　①177,277
華厳
——哲学　⑦9
——の相即相入の哲学　⑦8
——の滝　④162
『華厳経』　⑤155 ⑦9,146
——の浄行品　⑧13
——の唯心偈　㊠206
化城諭品(『法華経』)　⑦254
解脱
——の道　⑩226
——をもって仏となす(『涅槃経』)　⑦145 ⑩55
結核　①67 ⑤14 ⇒肺病/肺結核
——菌　①67,98 ③200 ④61 ⑥321 ⑦107 ⑧277 ⑨175 ㊠191,233
——三期　④134 ㊠233

——性関節炎　㊖176
——性の瘤　①85
——の特効薬　①49
——の予防注射　㊖182
——は医薬では治らぬ　①98
骨——　⑧277
『結核に悩める人々へ』(服部仁郎)　③201
血管硬化　①289
月給　①179
月経　⑥96
——中の婦人と梅干　㊖189
——痛　③143 ⑥95,315
——不順　②37
『月光の曲』(ベートーヴェン)　④21
結婚　④148 ⑤218,222
——生活に意義があるか　⑤267
——と職業との関係　⑤244
——と霊の進歩との問題　⑤250
——の相手を選択する正しい標準　⑤254
——の意義　⑤267
——の霊的意義について　⑤221
——は前世からの続き物語である　⑤223
——は魂に「経歴」を加えるもの　⑤223
『結婚について』(レオン・ブルム)　⑤304
『新しい結婚』(谷口雅春)　⑥99
血沈　①279
ゲッティスブルグの演説　④278
ゲッティスブルグの戦い　④277
欠点の批判に就いて　⑥265
欠点を気にしてはならない　②137
ケミカライゼーション　③326
「ケ」の音霊　④202
毛虫　③194 ⑥319
ケラー (ヘレン)　⑤184 ⑩259
ゲラン　㊖182
下痢　①94 ③328 ④167 ㊖245
ケレンスキー　⑥150
ケロイド症　③207
剣の極意　③263
原因結果の法則　②154 ④120,138 ⑧210,260 ㊖61
牽引の法則　⑧150
原因不明の疫病　⑩306
言語暗示　④274
堅固法身　④74 ⑦168
健康
——・財福・繁栄の諸原則　②113
——と云うものは　①96
——と幸福とを得る心の持ち方　⑩148
——と精神との関係　②110
——と長寿への心の設計　⑧320
——と不健康との岐れ目　⑩116
——になろうと思う人は　③201
——に必要な想念　②91
——の生かし方　①67
——の根本は心にあるが、現象面の調和も必要である　⑩182
——の最大要件は精神力を振起するにある　⑧331
——のための原則　⑧345
——の道をふさいでいるのは何ですか　①207
——のよくない人は　①243
——への黄金律　⑧342
——への新生活　①238
——を恢復するには　⑨39
——を心で奮起せよ　⑧330
——を撒いて歩きましょう　⑩304
——をよくする道は？　①239
常に——に自分を保つには　⑧237
吾らの肉体の——を左右するもの　⑩303
建国の理想　①66 ⇒日本
源左(人名)　⑧351
玄沙(中国)　③241 ④74 ⑦168
原罪　④32 ⑦150 ⑨118 ㊖4
現在
——職業を不満足に思う場合には　⑦318
——の世界周期　⑧152
——の肉体の状態は、過去の心の影　①244

現在意識　①218,324 ②301 ⑥273 ⑧178,226 ㊀74
——と叡智層との関係　②178
——と潜在意識　①218 ②179
——と潜在意識と宇宙意識　⑦111
——は良人である　⑩124
原子エネルギーの根元について　⑩40
原子の模型図　⑧100
原子核　⑩73
原始主義者　㊀51
原始小乗の仏教　⑦154
原子爆弾(原爆)　②246,306 ③8,52 ④290 ⑥282 ⑧43,53,54,98,255,281 ⑨218 ㊀127,207,213,214,253
原子病　⑧96
原始仏教　⑦154,164
原子力　⑨218
——の開発　⑨41 ⑩63
——の平和利用　⑩327
現実界は想念及び霊界の波動の具象化である　⑧150
現実化の可能力　⑩24
現実逃避の修行者について　㊀105
『源氏物語』　⑤83,85,86,92
揀択せぬ心　①161
現象　⑦61
——以前の世界　①311
——宇宙の役割について　⑩146
——顕現の法則　⑨245 ⑩222
——生活の意義について　⑩140
——と実相との関係　②188
——に完全なる実相をあらわすには　⑨212
——の奥にある“不滅のもの”　㊀94
——の困難によって信仰を失ってはならない　⑩106
「——の不完全」を超えて「実相の完全さ」を見よ　②248
——の波を超えて　⑧24
——の善さを愛するのは「好き」であって愛ではない　②205
——は実在ではない　⑨220
——利益　①313
——を斬り捨てる　⑦275
「——」を信じてはならない　⑧114
——を調えるには心を調えよ　⑨221
——を見て実在の“本当の人間”を不完全だと思ってはならない　⑩222
現象界　①257 ⑥278 ⑦51,148,162,250 ⑩197 ㊀99
——に不幸が起って来る原因　⑨306
——の失敗の時も魂は進歩している　⑧116
——の出来事は映画である　⑩177
——は「写真」のような世界である　⑩327
——は常に遷り易る　②241
現象化の法則　②161
現象世界　①63,257 ②163 ⑩191 ㊀102
——は映画にすぎない　⑧303 ⑩177
——を支配している法則　②339 ④130
現状に不満足な場合には　⑨69
現証を得るために必要な自覚　⑩186
献身の美徳に就いて　④322
現世　①63 ⑥231 ⑩25 ㊀38,55
——の不平等　㊀48
——は魂の進歩のための脚本製作時代である　②44
建設的な精神内容のみ発展します　②8
言説不及　④325
現世利益　⑦251 ⑩218
——をねがう信仰の弊害　⑧23
『現世利益和讃』(親鸞)　⑧23,45
『健全の真理』(谷口雅春)　①192 ②10 ④183 ⑧334 ㊀217
『健全の真理』生活応用篇(谷口雅春)　㊀199,222,225,227,249
現代思潮より観たる仏教　⑦66
現代の物理学　⑦76,80
『現代人のたましい』(ユング)　⑩336
減反案　⑤140
剣道　①104
捲土重来の力　①104
眼耳鼻舌身意無し　⑥252
原爆水爆　⑨218
——恐怖症　㊀216

——(使用)禁止運動　⑧43,55
——をのがれるには　㉖207
原爆病でも心が調和すればこのように治る　㉖127
憲法　⑨144
権利の主張　⑤48
献労作業　㉖195
言論の自由　⑨144

【こ】

個
“——”にして“普遍”なる存在としての人間　⑩280
——の心　②233
——の不滅の徽章　㉖77
恋
——は曲者　②274
——は種族の力　④161
小石川(東京)　⑤182
礫と竹とが触れて鳴る音　③279
小出タケ　②216 ③28
業　⑩25
「——」の自壊作用　③326
——の循環(の法則)　⑤138 ⑥282
——の生成に就いて　⑩24
——の力を転ずるには　⑥240
——の報償と刑罰　㉖61
——の流転　⑥128,129 ㉖37
——の流転より遁れるには　⑥123
——を超えて実相を見よ　⑧86
——を超越するには　⑥129
好機会を見ないものは神を見ないもの　⑩160
『孝経』　③336 ⑤193
公共放送　⑨44　⇒ＮＨＫ
攻撃精神　⑨84,307 ㉖128
攻撃は時には最善の防備なり　㉖223
高血圧症　①289
孔子　①319 ④56 ⑧215
こうしたら「極楽」になります　③121
斯うして魂は次第に向上する　⑩52
香積仏　⑤156
濠洲　㉖27
講習会　③194 ④152,285 ⑤17 ⑥108,199,288
剛情　⑥155
向上と進歩とは　⑧80 ⑩112
公職追放　⑥268
公正の原理　㉖33
強窃盗教唆罪　⑥76
『高僧和讃』(親鸞)　⑦147
皇太子　④230
高知県　⑤17
高津栄三郎　⑥312
黄帝時代(支那の)　③235
皇帝ウィルヘルム(ドイツ)　①120
後天的智能　⑥299
高藤の中将貞平　⑦186
行動
「——の自信」を与えるための祈り　⑩169
——の伴わない祈りは　②42 ⑧94,261 ⑩228
——の倫理性　⑨295
弘忍禅師　③245,252 ⑨62
孝は百行の基(諺)　⑤190
光風霽月　④99 ⑨311 ⑩256
幸福
——生活の基礎工事　⑧57
——と云うものは　⑥202
——と想念の力　①274
——とはどんな事か　①226
——なる世界を現実にするには　⑨273
——になる根本原理　④117
——になるための心構え　①226
——になるための智慧　⑧201
——になる近道は？　⑩297
——になるには先ず微笑みなさい　①298
——の国に入るには　②16
——の国に第一歩を印して　②12
——の国を実現するには　②12,13
——の根本問題　⑦306
——の製造法　④118

――の時にも神を呼びなさい　①343
――の扉をひらく鍵について　⑨132
――は何処から来る　①24
――は指の間から逃げて行く(ワイリー)　④297
――への実践哲学　④131
――への道　④116
――を得るには　②51 ④339 ⑩185
――を実現する祈り　①230
――を何処に求むべきか　②293
――を運ぶメッセンジャー　②27
――を求める人は善き言葉を使わねばならぬ　⑧171
――を招ぶ波長は転ずる道　⑨104
いずこに――を求むべきか　⑦309
真に永遠不滅の――を発見するには　⑧313
常に――になる道　②111
最も――な人は　⑩246
幸福感は仕事によって得られる　②335
『幸福生活の基督教徒的秘密』(ハンナー・ホイットール・スミス)　①339
鉱物
――界　㊖81,82,86
――、植物、動物を支配する知性　⑩115
――の王国　㊖14,20
神戸(市)　①75 ④5,13,21,⑤78 ㊖124
――高等商船学校　③134 ④145
――の関西学院　①162
――の水上警察　㊖126
――北長狭通　㊖147
向米一辺倒の政治家　⑤129
弘法大師　③118,317 ④46,245 ⑦118,119,172 ⑨210,232 ⑩195
――直伝の即身成仏の道　⑦130
業報(の法則)　⑦152 ㊖60
光明
――講座　④153
――生活に到る道　②91
――の想念　①317
――遍照十方世界、念仏衆生摂取不捨(法然)　⑨134
常に――面のみを見よ　②81,258,296 ④118 ⑩313
光明皇后　⑧170
光明思想　①31 ②132,296 ③50,130 ④45,287,324 ⑤334 ⑧59,92,251 ⑨287
――の教え　⑤100
――の生活　⑩162
――の著述家　②201
――の本　①117
光明思想普及会　③137 ⑥267 ⑦283
――支部　㊖123
光明思念　⑤82 ⑥244 ⑨174
光明寺(善導大師)　⑦134
光明真言　⑦123
『光明の健康法』(谷口雅春)　①120 ⑧300
『光明の生活法』(谷口雅春)　⑥67,70
『光明法語』(谷口雅春)　③156
光明寮　①130
――生からの礼状の一例　①128
合目的意志　⑨14
肛門の括約筋　④269
高野山　⑨190
高山岩男　③290
合理主義　⑨41
功利的な近代人を救うには　㊖106
合理的な信念を目指して　㊖41
光量子　②305 ⑩119
降霊説(スピリチュアリズム)　⑥231
講和条約　④94
五蘊皆空　④81 ⑦167
肥えたい人は　①96
声なき声　④335
コーチゾン　㊖135
コープ (エドワード・ドリンカー)　④251
コーランの思想　㊖26
コールタール　①49
誤解によって傷つけられたとき　⑦335
五官　①4
――の心　①322 ⑩30
――の知恵の樹の実　①321
――の眼　⑩191
小木斾次郎　⑤181
『顧客にサービスの仕方』　⑦247

呼吸器の病気は　⑨203
「国師三喚」(『無門関』)　⑥74
極楽
——浄土　⑦127,152,240 ⑨32
——世界　②192
——は此処を去ること遠からず(釈尊)　⑩280
——は何処にあるでしょう　③119　⑦133
国連軍　③70
国連諸国　⑥312
虚仮不実　⑦148,167
護国寺　⑤182 ⑦66
個々の人間の不滅性　㊖75
心
——明るきことの功徳　⑩259
——が明るいと生命は伸びる　③209
「——が現す」と云うことと神が「創造る」と云うこと　⑩75
——が影響して薬剤の効果を顕す　⑩305
——が温和であれば、危害は近寄って来ません　㊖210
「——」が形を造る「心」は何処にあるか　①240
——が変れば手相も変る　㊖200
——が暗くなった時には　③48
——が心の姿を見る　⑦77
「——」が高まらねば人間は幸福になれない　⑩54
——が転じない人は医師の手術もやむを得ぬ　㊖160
——が治れば病気が治る　①88
——が肉体に及ぼす力　⑩254
——が万物の根元である　⑩12
——が平和にならぬ時には　⑧355
——が変化しなければ制度をかえても自由にはなりません　⑨165
——此処にあらざれば視れども視えず　⑨89
——こそ心まどわす心なれ、心に心、心ゆるすな(柳生流の極意の歌)　④204 ㊖119
——、全相に達せざるを迷いと云う　③283
——だにマコトの道にかないなば祈らずとても神や護らん(菅原道真)　①55
——で思うことは作ることである　⑩242
——で思わぬのに病気が起ったと云う場合　⑩133
——で外界が支配できる　①186
——で身体はどうにもなる　①67
——で健康になった実例　①246
——で註文する言葉を変えよ　②54
——で富を引寄せ得る原理　②125
——で病気を癒やすには　②144
「——」と云うもの　④174 ⑥271
——と肉体との関係　②120
——と脳髄との関係　⑦228
——とはどんなものか　㊖118
「——」と「物質」とは一体　②122　⑦223
——と物質とは“霊”の両面である　⑩21
——に一物も把まない人が自由人である　⑧350
——に描いた通りに「動き出す」のを止めてはならない　⑧273
——に描くことが形にあらわれる　④168
——に想うことは、種を蒔くことである　②182
——に従って病菌も益菌に変化する　㊖186
——に真空がなくて物に富む者は禍である　⑨156
——に強く描くものが形にあらわれる　②311
——に何を思うかで肉体の性質が変ります　①239,289 ②252 ⑧238,239 ㊖120
——に蒔いた「想い」の種の通りのものが出来ます　①141
——には潜在意識と云う気のつかぬ層がある　③321
——に灯をともすこと　⑨200

「——の編物」としての現象世界　⑩191
——の因と肉体の果　㉂29
——の動くところ必ずコトバがある　③215
——の奥底(潜在意識)　②125
——の想い　㉂200
——の形とはどう云うことですか　①170
——の舵(取)　①28,32
——の角で怪我するな(金光教祖)　⑧228
——の清き者は神を見ること得ん　③69
——の緊張を取去るには　⑦326 ⑧126,127
——の自由に就いて　⑥271
——の受信機　⑩18
——の深層にある劣等感　⑧178
——の相(すがた)　⑦77
——の世界　①216 ④122
——の世界の根本法則　⑨10
——の底からの深き願い　⑧198
——の彫刻家の鑿　①33
——の使い方のヒント　①244
——の手入　⑥245
——の凸レンズ　⑨180
——の中での姦淫の自瀆　⑥203
——の中に天国がある　⑧166
——の中の石を除けば「実相」の完全さがあらわれる　①157
——の中の掃き溜めを浄化せよ　④128
——の波　①132
——の柔和なるもの、謙れる者は幸いなるかな(イエス)　⑦214
——の働きで血液が指先に集注する　①276
——の波動　④303
——の雛形　⑧308
——のピント　⑨67
——の平静　②344
——の欲する処に随って矩を踰えず(孔子)　①319 ⑥311
——の貧しき者、神を見ん　⑩109
——の貧しきものは幸いなるかな(イエス)　⑦214
——の持方を変化しなければ病気は消えない　②88
——の歪み　①149
——のラジオ・セット　②38
——の力学　②232
——のレース編　⑩191
——は位置をかえる力である　⑨20
——は宇宙に満ちていて互に一体です　㉂216
「——」は宇宙のエネルギーの流れに変化を与える　⑩21
——は斯くの如く健康を左右する　⑩150
「——」は形の世界にはない　①132
——は原因であるから、原因を修正せねばならぬ　②60
——は「実相」と「現象」とをつなぐパイプである　⑨246
——はすべての造り主　⑩284
——は其の人の容貌を彫刻する　⑩253
——は蛇蝎の如くなり(親鸞)　⑥293 ⑦149 ⑧194 ⑩193
——は工みなる画師の如く種々の五陰を画き(『華厳経』)　㉂206
——は使えば使うほど殖える　①52
——は動力であることを知らぬ人が多い　⑦104
——は何処にあるか　①58,131
——は人相にも手相にも運命にもあらわれる　㉂202
——は万物の実質なり(パウロ)　④117
——は病気を癒し得るか　①204
——は物質を変化する　②227
——は明鏡の台の如し　③245
——はレンズである、向ける方向のものを映し出す　⑨245
——も練習する必要がある　②173
——やコトバで善い種を蒔くのには　①142

――を明るくすること　②94 ⑨226,230 ⑩173
――を落着ける呼吸式思念法　③44
――を浄める念じ方　㊖173
――を尽し精神を尽し、思を尽して主なる汝の神を愛すべし。これ第一の誡なり。第二の誡もこれと同じ、おのれの如く汝の隣人を愛すべし(イエス)　⑦195
「――」をどうして支配するか　②123
――をひらけば何時でも到る処に機会がある　③52
――を分析すれば　①218
――を無量寿のものに直結せよ　⑧303
――を明朗に調律するには　⑨207
――を良くする法　①133
あらゆる物は――を材料として造られている　③80
次のような――を改めよ　⑧83
どんな――が幸福の道をふさぐか　①208
心の影　③36,48 ④285 ⑥303 ⑦12 ⑨245
相手の態度は、自分の――である　⑥138,146
『心の影』(服部仁郎)　③307 ㊖141
心の力　②259 ③114
――によって癌も治る　⑧299
――による筋肉の発達　㊖218
――は誰でも自身で実験して知っている　①32
――を証明する事実　⑩307
心の波長　①132,197 ⑨263
心の平和　②319 ④290 ⑨72
先ず――を求めよ　②4
心の法則　①191,230,271,281,294,325 ②213,237 ③132,318 ④182 ⑥35,302 ⑦23,91 ⑨8,38,109,295 ⑩18,135,210,211 ㊖i,102,217
――で人生を支配するには　⑧223
――によって運命を変ずるには　⑧310
――は公正の秤である　㊖33
――を知らなければ　⑩125
「――」をもっと知りましょう　⑩267
「――」を破ればそれだけの報いが来る　⑧228
心の眼
――を高くあげよ　②276
――をひらく　⑧286,290 ⑩86
先ず――を開け　②182
心の眼鏡　③71
心のレンズ　①147 ⑨199,245,326,328 ㊖101,104
――の歪みや曇りを無くするには　㊖104
『こころ吾れを生かす』(谷口雅春)　㊖140
腰が海老のように曲る病気　③152
『古事記』　①165 ③234,240,242 ④i,188,223,242 ⑤54,56 ⑦269
ゴシップ　②288
児島寿子　④264
五十回転伝の功徳　⑦255
五十而、知天命(『論語』)　④19
故障及び負傷と心との関係　①41
個人
――主義　②222
――的な愛憎の神　①269
――の意見は法則ではない　㊖55
――の運命が心で支配し得る前提条件　④170
――の心　②233 ㊖8
――の自由　③99
――の潜在意識　⑩272
コスミック・コンシャスネス(宇宙意識)　⑦98
個性　⑥299
――があって普遍なる人間　⑤155
五聖閣　㊖203
個生命　①306
国家というもの　⑦269
コッホ　⑧99
ゴッホ (ヴァン)　④294,296
ゴドウィン　⑤132
言霊　④187
――学　④245

——の神秘に就いて　④185
コトバ
——とは何であるか　④185
——に出す事は祈りである　①191
——によって国民の幸不幸は定まる　②170
——の種　①142
——は神なり、一切のもの此れによって造らる　④129
——は創造の法則に作用する　⑩90
——は種なり　②163
——を善くすれば運がよくなる　①258
一切の事物の本源は——である　④177
言葉
——が世界の平和を決定する　②171
——が人間を幸福にする　⑤185
「——」と云う現像液　①258
——なき行動は無機物に過ぎぬ　②169
——に出せば現れる　①334
——の痙攣　⑥117
——の美を頽廃させてはならない　④93
——の暴力にお気をつけなさい　⑨143
——は如何にして運命を創造するか　④177
——は神である　④94
——は軽々しく話してはならない　⑨85
——は重大なる行為である　②169
——は第一義の大切なものである　④94
——は作り手　①211
コトバ(言葉)の力　①139,192,253,337 ②154,198,266 ③111,217 ⑨85,143,166,201
——が健康を左右する　⑩304
——の使い方　③112
言(ことば)は肉体となりて我らの中に宿り給えり(『ヨハネ伝』)　④24
子供
——が生れない原因　⑥96
——とその環境　②255
——の嘘言はどうして直すか　⑥189
——の教育　①129
——の実相を拝む　⑥55
——の消化不良　②111
——の天才　㊡74
——の入学試験に直面して　⑥39
——は神が育てる　⑥53
——を生みたいが生活不安　⑥95
——を生むことを目的としない性交　⑤146
——を健康で優良にするには　③201
——を欲する方は　⑥99
——を有つ女教師の悩　⑥193
小西興太郎　㊡211
近衛秀麿　④44
「コ」の音霊　④203
此の世界
——で最も富める人　④114
——に足跡を残し得た人物は　②342
——には平衡の法則がはたらいています　⑨79
——は自分の心を写した映画です　③73 ⑩79
木花佐久夜毘売命　④207
此の身は幻の如し(『維摩経』)　⑦97
此世で恐るべきものは唯恐れると云うことだ　⑧263
小林参三郎　⑤101
小林昭三　③17,19,22
小林春恵　②216　⇒二階堂春恵
小林良一　③30
御飯の時に腹を立てるな　①70
瘤(こぶ)　①84
コブラは一咬みで人を殺すが、女は一目で男を殺す(諺)　④297
個別霊　①269
コペルニカス/コペルニクス　⑧281 ㊡10,129
小牧実秀　⑩36
護摩壇　⑤84
ゴム・ホースの寓話　⑨249
『コメディア・デルアルテ』(喜劇)　⑤

269
鷹田登　⑥136
小山生　⑥229
怺えて調和した顔をしても本当の調和ではない　⑩330
『コリント前書』　㊓18,79
これだけは是非心得て置きたい事　⑧108
コレラ　⑧98
殺す者は殺される　⑤138
コロンビヤ大学の医学部　⑧239
コロンブス　③229 ④174 ⑩264
子を有って知る親の恩　⑥196
コンヴァーション　⑤196
欣求浄土　⑧44
金剛囲山　③283
金光教　①75,77,78,81,82,86 ③337 ④317 ⑥207,312 ⑧26
——信者　①87
『金剛経』　⑦76
金光教祖　①73,82,87 ②114,239 ③337 ④36 ⑧228 ⑨113,195
金剛不壊の自分を発見するには　⑧155
金光明の寿量品　⑧45
渾然一体　③281
——で不可入性のない生命の世界には争がない　⑥334
混沌　⑩75,77,79
困難
——が来るのは　②78
——が出て来た時に感謝せよ　③157
——な事件に遭遇した場合　⑧268
——ほど楽しいのだ　①118
——や障礙を探してはならない　②288
——をつかんではなりません　⑨131
どんな——に面しても　⑩250
今野武雄　⑤141
根本的な平和運動　⑨310
根本の解決は神の愛と智慧とを喚び出すことである　⑩308
金輪聖王　⑥304

【さ】

罪悪深重　⑦146,149
——の凡夫　②234 ⑥147 ⑦109 ⑨330 ㊓110
罪悪妄想(Guilt Complex)　②72
『サイエンス・オヴ・マインド(精神科学)』誌　④136
災禍
——から自然に避けるには　⑨263
——の予兆としての不安の克服　④309
西行法師　⑦239
再軍備　④80
再化身の概要　㊓70
再化身説に対する異議　㊓51
最後
——の悟り　④47
——の勝利は「心明るき者」の上に　⑩250
——の審判　⑥296 ⑧171
最高
——の愛　④331
——の愛他行　②147
——の与え方は祝福して与えることである　②160
西郷隆盛の銅像　⑩154
最初の十日間の心の訓練　⑨259
西条(愛媛県)　①199 ㊓191
済生病院　⑤101
埼玉県入間郡小堤　③133 ㊓145
罪人　②248
才能　⑥299 ㊓74
——を働かせよ　⑤116
細胞
——意識　⑥272
——と云うものは　③62
——の心　⑥272
——はそれを指導する智慧によって健となり病となる　⑨14
西方極楽　④336

——浄土　⑦133,138
催眠術　①93 ⑦94
——というものは　⑦87
——の歴史及び方法　⑦88
——や精神科学の原理を知らぬ宗教家　㊵111
「材料出尽し」は「お終い」である　⑨104
幸福(さいわい)
——なるかな、心の貧しき者、天国はその人のものなり(イエス)　⑧84 ⑨57
——なるかな、柔和なる者。その人は地を嗣がん(イエス)　⑤63,66 ⑨57
——なるかな、悲しむ者、その人は慰められん(イエス)　④119
——なるかな義に飢え渇く者(イエス)　⑨57
境目川(神戸)　⑦197
栄える
——ための秘訣　②131
——会社と衰える会社との相異　⑧67
坂田藤十郎の芸談　⑦282
錯誤観念　⑨271
搾取　⑤199
桜沢如一　④58
佐倉宗五郎　⑨331
坐禅　②80
——的神想観　⑨6
サタン　①322 ⑨102
——よ、去れ(イエス)　①322 ②58 ④309
雑神　①326
雑談を多くしてはなりません　⑨86
佐藤弘人　⑤311
悟った人間ほど謙遜になる　③104
悟り/悟　⑦64 ⑨311 ⑩318
——にて治病は可能か　⑥220
——にも色々の段階がある　㊵148
——の生活　②138
「——」の大量生産方法　①53
「サ」の音霊　④206
さばきは子にゆだねられたり(イエス)　⑧342 ⑨84
審判(さば)く/裁く
(人間)念仏を唱え始むれば人を——き始める(真渓涙骨)　⑦280 ⑧165
人を——こと勿れ、汝らもその審判く尺度にて審判かれん(イエス)　④62,258 ⑥64 ⑧118 ⑨38 ⑨295
我れみずからを——かず(パウロ)　①233
差別の原理　㊵59
サマリヤ　㊵17
左翼陣　④66
“猿”と“人間”とは理念内容が異る　⑩19
去る者は日に疎し(諺)　⑤331
沢田正人　⑦196
座を立たずして夜摩天宮に昇り給う(『華厳経』)　⑤156
『讃阿弥陀仏偈和讃』(親鸞)　⑧51
三一神の神学　③293
山陰　④224
サンガー夫人　⑤131
三界
——とは　⑨52
——は唯心の所現(仏教)　①156 ②36,114 ④312 ⑥33,50,148,232,320 ⑩132
三界唯心　④117 ⑥318 ⑦91 ⑧348 ⑨52 ㊵160(三界唯一心)
——哲学　⑨152
——の横の真理　⑥303
三角関係　④159 ⑥94
——をどう解決するか　⑥82
三角の細い眼　③148
参議院議員　④17
産業の三つの要素　⑧69
懺悔　①317 ⑦149,319 ㊵50
——した後のあなたの罪はもう存在しない　⑩100
——せんと欲せば端坐して実相を観ぜよ、衆罪は霜露の如く慧日よく消除す(『観普賢菩薩行法経』)　④216 ⑨138
——の涙　①248
——はどうして病気を治すか　⑨117

大空に——する(淘宮術)　⑨135
山家の伝教大師　⑧45
三次元
——空間　⑥282
——世界　①241
——的あらわれ　②245
産児制限について　⑤129
三車火宅の譬(喩)　⑥148 ⑦251 ⑧25
三種の誓願偈　⑧13
三重人間　②164
三条(新潟県)　③27
山上(さんじょう)の垂訓(イエス)　⑤63,66 ⑦214 ⑨38,197 ㊕223
三身即一　⑦193
算数と進物を取違えて　④10
サンスクリット語　⑦9
三途の川　⑧200
山川草木国土悉皆成仏　①161 ②122,183,214 ③76 ⑦4,127 ⑧37
三千大千世界　②86
讃嘆門　⑥63,65
『サンデー毎日』誌　①iii ⑩336 ㊕130,135
サンドウ　①35 ㊕218
サンドバーク　④278
三人の女中の寓話　⑧158
三の宮の平和楼　①75
三百六十度回転　⑦44
産婦人科の病気も斯うして治る　⑤168
サンフランシスコ　①215
三法印　⑦154
山陽　④224

【し】

死　㊕72
——せるに非ず、眠れるなり(イエス)　②216 ⑧38
——と病を超えるには　㊕236
——にたる者に死にたる者を葬らせよ(イエス)　⑤122
——の願望　④261
——の謎　㊕27
——の灰　⑧247
——の醜(みぐる)しさを見る　⑦36
——は勝利に呑まれたり(パウロ)　㊕43
——んでいるものと、生きているものとの相異　③54
われを信ずる者は——すとも死せず(イエス)　⑧36
死後にも或る種の「体」が存続する　㊕32
痔　③290
指圧療法　⑦83
シェークスピア/シェーキスピア　①187 ③52 ④168 ⑥299
ジェームズ/ゼームズ (ウィリアム)　③7 ⑥318 ⑨4,290
塩椎の神　④232
滋賀県長浜の愛染堂　③247
自我
——磔殺のキリストの精神　④326
——の意識的本体　⑨170
——放棄に伴う祝福　④337
真の——　⑧144
自我偈(『法華経』)　④36 ⑦100,172,251
自壊作用　①247 ③325
自覚
——と目的と行動と　⑧184
——の改善による運命の修正　③123
——を深めるための思念の言葉　⑦303
——を深めるための初伝　③43
自覚意識層　②178
自覚意識と潜在意識　⑩85
四角四面　②94
シカゴ大学　②120 ⑩151
此岸とは　⑧29
時間
——と云うものは　①9
——のない時からこうして時間が出来た　①9
——を上手に使うには　⑨285
——を浪費してはならない　②263
時間空間

——十字交叉のスクリーン　②76
——のスクリーン　⑩178
——を超えたる生命　⑩196
色(しき)　⑩12
色界　⑨52
色彩
——の美的感覚すら、善悪を超越している(オスカー・ワイルド)　⑥285
——は「心」の中にある　②246
敷島の大和心を人問わば朝日に匂う山桜花(本居宣長)　④207
色情の逸楽　⑧204
色即是空　⑦68,75 ⑩12
——・空即是色　④248 ⑧155
——の物理学的説明　⑩11
敷波義雄　⑧332 ㊆232
色不異空・空不異色　⑩12
色盲　②247 ④49 ⑨119
子宮
——癌　⑤173,174,179 ㊆121,153
——筋腫　②111 ⑤31,33,197 ㊆121
——の後屈　⑥101
——病　⑥163
事業
——が順調に行かぬ場合には　②108
——に成功する秘訣　①15
——の成功と云うものは　⑩255
——は無形の資本である　⑧75
あなたの——が危機に面したら　②344
試金石　②77
自健術　③133 ㊆145
試験場にのぞんでの祈り　①199
自己　⇒己れ,自分
——暗示の原理と其の方法　③213
——意識　㊆77
——改善の最初の基礎　⑤11
——が生れ更ること　⑩189
——が自己の運命の創造者である　⑨261
——が霊的実在であることに目覚めよ　⑨296
——完成としての結婚　⑤230
——毀損の願望　⑦212
——犠牲　①183 ⑨273
——虐待　⑤81
——教養　②36
——軽蔑　②53
——決定　⑤248
——献身の真理　④331
——主張　⑧109
——縮小する「霊」となってはならない　⑩48
——臍下丹田の神　⑨254
——精神分析　①311
——責罰　⑨252
——選択の中心としての自我　⑩78
——尊厳の自覚　⑥48
——中毒状態　③226
「——同一化」の願望　②254
——内在の無限力を発揮するには　⑧224 ⑩285
——について大なる夢を描け　④102
——にやどる阿弥陀仏　⑩193
——に宿る神の智慧　⑧258
——に宿る神の癒能　⑩174
——に宿るキリスト　⑩193
——に宿る神性を生かす者の悦びは永遠である　⑧205
——に宿る光を見つめて　⑦303
——の偉大なる本性を自覚なさい　②116
——の内なる神に祈れよ　⑨172
——の内にある逆念を警戒せよ　②278
——の内にある敵を駆逐せよ　②290
——の心と行いを省みよ　⑧244
——の才能を発掘するには　⑧130
——の神性の内観　②239
——の神聖性に目覚めよ　⑩278
——の身辺に幸福を実現するには　⑩341
——の生命を内観しなさい　②240
——の内在神性を磨くための砥石　⑩290
「——の内性」の再発見について　⑩284
——の内部を凝視して　⑨216

——発見　⑩269
——否定を通しての"神の子"の肯定　⑩219
——批判　①233,311
——又は他人を癒すには　⑧301
——免許　②6
——を新しき光に照して　②76
——を霊的自覚に高め上げること　⑩216
真の——は仏身でありキリストである　⑩195
自己処罰　②73 ③19 ④33,294 ⑦214 ⑨138,273 ⑩227 ㊗3
——で造る不幸災厄　⑨270
自己破壊(の心/の感情)　②99 ④294 ⑧93,324,325,328 ⑨53 ㊗197
——欲望による殉教者　②277
「——」の獅子身中の虫　②99
自己反省　①233
——の必要について　⑧264
自己表現　②53
——の中心　⑦230
自己放棄　②55 ⑤49
——の十字架精神　④327
完全なる——とは？　⑨329
自業自得　③130
志向性ある動力　⑩172
地獄　㊗30
——と極楽　⑧195
自己憐愍　②67
——の心も捨てなければならぬ　①312 ②68 ⑧327
仕事
——が耐えがたく苛辣なときには　②97
——に最高能率を発揮するには　②321
——に不平をもつと工場の事故が起る　⑩131
——の交代　⑥71
——の善悪を思うな　②269
——は人間の能力を増し健康とする　②334
——をしても労れないためには　⑧66
あなたが——に倦んだ場合　②342
どんな小さな——でも大なる機会である　⑧201
自殺　⑦263,272 ㊗25
二児を遺棄して——した女性　⑤257
自殺者　④320
事実は結論を確認する　㊗12
自主権　③54
自縄自縛　①i,188 ②60 ③251 ④79,91,117 ⑦118
至心廻向　⑥147
視神経　②247
自信・勇気・果断・智慧　②11
自信力　②11
——は推進の原動力である　⑧177
私生児　⑤211
自然
——科学　①240
——に危険から遠ざかる(一)(二)　㊗212,214
——の法則　①268 ㊗33,59
——は急速を厭う　⑧162
——は真空を嫌う(諺)　①317
——療法　⑧162
自然界の法則　②183 ④50,122 ⑧229 ⑩141,143,145,338 ㊗56
「——」を超える法則　⑧227
『自然の名医』(小林参三郎)　⑤101
自然療能　②132,194
——を盛んにするには　②192
『自然療能を働かしめよ』(ロイ・H・マッケイ)　②133
慈相　④97
自他
——対立　①183
——分離の感じ　①180
——を心の中でゆるしましょう　⑨51
死体解剖の医学　③61
四大(地水火風)　①168
自他一体　③223,227
——の自覚　③233
七覚支　⑦93
実意丁寧(金光教祖)　⑨113
失業　①125

——しても悲しんではならない ②35
若しあなたが——した場合には ⑦317
『実業之日本』誌 ⑥68
失語症 ⑦88,102,106
実在
——する世界 ⑦51
“——の延長”としての善と“迷い”の表現としての幻影 ⑨310
“——の世界”から幸福を引出すには ⑩276
“——の世界”に新生せよ ⑨311
——の人間を見よ ⑨305
実在界(実在世界) ④70 ⑦12,163 ⑧110 ⑨305
——と現象界との関係 ⑦162
——にある秩序 ⑧253
真の——には相剋相闘は存在しない ④255
実際の人間 ①12
湿疹 ②349 ③150
実生活に応用出来るキリスト教 ④272
実践理性 ⑥231,252,285
実相 ①207 ③248,276 ⑦99,131,145 ⑨196
——隠蔽 ②72
——円満完全の概念について ⑦51
——と現象(との関係) ①156,251 ③193,265 ⑧37,110 ⑨32,96
——に於いては真に如何なる悪も吾々人間の運命には存在しない ④303
——の完全さのみを見よ ⑧317 ⑨207 ⑩102
——の完全さを礼拝して呼び出すのが祝福である ②160
——の心 ⑥274
——の自覚を現象化するには ③193
——の人間 ⑨305
——の人間は何故完全であるか ㊗97
——のフィルム ①258
——は生れ更らずして現象は生れ更る ⑦159
——は完全であるのに現象に不完全があらわれる理由 ⑦322
——無限の恵みを受け取るには ⑩206
——を観ずれば諸々の悪は消える ⑩200
——を現象世界にあらわすには ②163 ⑦315 ⑩227
「——」を念ずるのは単なる技術ではない ㊗225
——を観ると云うこと ②142 ⑧267
生長の家で「——」と云う場合は ②348
実相界の実在の延長としての善 ㊗226
実相覚 ②186 ⑦62 ⑨275
実相観 ③83 ⑦121
実相身 ⑩195
実相(の)世界 ①193,257,311 ②163 ⑦12 ⑨305
——の秩序と云うのは ⑨272
実相哲学 ①50 ④106
——を生活する人 ⑦8
「實相」の軸 ①322
『実相を観ずる歌』(生長の家聖歌) ④19,42 ⑥301
嫉妬 ②111 ③49,120 ⑤86,88 ⑩151
——心は自己劣等感の移入である ②102
——の心を捨てなさい ①313
——は傷つけられたる愛情の地獄だ(ミルトン) ⑤92
愛と——に就いて ⑤83
失敗
——したい意志 ④262
——と云うものは本当にはない ①264
——と成功とを如何に取扱うか ⑧180
——は進歩への蹈石である ⑧176
——は成功の基 ③212
——を如何に取扱うか ⑧179
「——」を予想せざる者は遂に勝つ ②10
すべて“——する者”は ㊗197
断じて——を予想する勿れ ②312

世の中に本当の——は決してない
①259
“失望する愛”は“求める愛”だからです
⑨80
失楽園　⑩203
児童
——教育　②250
——に「休養」は必要か　⑥67
——をよくしてあげるには　②254
先天的に不具なまたは癇疾をもった
——　⑤292
夜中眠れない——は　⑥160
『児童画の秘密』(浅利篤)　⑨201
自動車
——王　⑦246
——は何故衝突しますか　㊗207
——もブレーキがあるので壊れない
③100
自働装置としての自然界　⑩143
『使徒行伝』　④121 ⑧292 ⑩280
自瀆　⑥180
支那　①154,308 ③39,53,235 ⑤45
——海　⑤144
——事変　⑥229,319 ⑦113 ㊗126,245
——人　③230
——の聖人の孟子　④12
思念
「——する」と云うことは　②6
——する通りにあらわれる　②223
——療法　⑧315
——を集注することは　⑥289
自然(じねん)法爾　④40 ⑨247
「シ」の音霊　④208
芝(東京)　㊗164
新発田(新潟県)　②216,218
紫斑病　④30
師備和尚　③241
慈・悲・喜・捨の四徳　⑨147
慈悲の心　①160
事物が思うように行かぬ場合には　②136
渋谷(東京)　⑥278 ⑩88
——の東横デパート　④57
自分　⇒己れ,自己
——以上の「自分」を喚び出しなさい
⑧194
——が神の子である事を随時随処で確認しましょう　⑨208
——が許さねば病気にならぬ　⑧305
——が善くても腹を立てるのは悪い
①144
——自身の生命に「表現の中心」がある　②114
——自身を発掘せよ　①116
——自身をも宥さなければならない
⑧116
——で自分自身を解放せよ　②79
——と神とに調和するもの　②129
——に属する物のみを求めよ　⑧245
——の運命を支配するもの　⑧28
——の顔を研究して　①296
——の心が呼ばない限り外物は人間を害することはできない　⑩311
——の心で自分の運を傷つけるな
①34
——の心を自己分析すること　⑧114
——の「心」を自由に使うには　⑧165
——の言葉で、運命の切符を買う
②67
——のコトバで世界は善くも悪くもあらわれる　①257
——の生活に「神」をして全領せしめよ　②5
——の前世は誰であったか　㊗51
——の想念を選びなさい　②183
——の名を呼んで長夜の夢からさめなさい　⑨73
——の本質を生かすこと　⑧85
——の本性を自覚なさい　⑨204
——は自分の運命の主人公です　②231
——は無限者の個的顕現である　⑩183
——を、有限な肉体だと思ってはならぬ　①175
『自分の穴の中で』(石川達三)　⑤306

紙幣の価値は物質的価値ではありません ②86
自暴自棄 ②68
嗣法者 ③252
嗣法の印 ③259
指方立相の浄土 ⑧40
資本家 ②197
——の飽くなき貪欲 ⑨266
資本主義 ⑦237 ⑨165
清水崑 ⑩88
四無量心 ⑦214,216 ⑨147-149
使命 ⑥299
——感は人間を健康にする ②333
——に邁進して感謝報恩をつくせよ ⑧336
「今」を生かすのが——である ⑩111
自分の——を知るには ⑧193
それぞれの民族の——について ⑩67
日本の——の一つの顕現 ③244
人間が宇宙に顕れたる—— ④179
霊の選士としての青年の—— ④63
下田歌子 ⑤85
下関(市)(山口県) ⑤179,184 ㊍177
下(しも)半身的著述 ⑤317
僕(しもべ)
——は主人の為すことを知らざるなり、今日より汝らを友と呼ばん(イエス) ⑨37
汝らの中最も大なるものは汝の——たるべし(イエス) ④141
シモンズ氏病 ㊍138
ジャーナリズムの言葉の力 ③111
邪淫 ⑥252 ⑧284
釈迦(釈迦牟尼仏/釈迦牟尼如来/釈迦牟尼世尊/釈尊/世尊) ①ii,7 ②ii,45,106,114,122,124,136,170,241 ③144,232 ④48,113,117 ⑤200 ⑥284,304 ⑦3,9,14,30,31,42,63,127,151,156,165,166,170,172,173,175,177,198,231 ⑧12,37,40,48,52,57,215,284,348 ⑨3,102,296 ⑩68,138,184,280 ㊍11,76,91,105,109,110,112,139 ⇒お釈迦さん
——の教説 ㊍60
——の長広舌 ⑥63
病問の—— ⑥221
釈尊
——御一体 ⑦190
——出興 ⑦149
——の自覚と生長の家 ⑦29
——の仏教とイエスの基督教に不足するところのものは ②107
社会主義 ⑦238 ⑧42 ⑨165
——国家群 ⑥150
——者 ⑥51
社会党内閣 ⑤131
邪教と正しい宗教との区別の一つは ⑦140
若素 ⑧232
弱肉強食 ⑥312 ㊍125
折伏門 ⑥63,65
瀉血療法 ⑥79
社長の女秘書の話 ⑤86
舎利弗 ①158
邪霊に感応しないためには? ⑨103
上海(中国) ⑥213
——事変 ⑤31
ジャン・バルジャン ⑤201
手淫 ②350 ⑥260
自由 ⑨222 ⑩288
——意志論 ⑤249
——詩 ⑤181
——自在 ③272
——と云う(も)のは ④120 ⑦57
——と健康と幸福を得る道 ⑩288
——と秩序との関係 ⑦56
“——”には必ず“過ち”の自由が含まれている ⑩289
——を得るには自由を与えよ ⑨223
——を恢復するための練成 ⑩41
真に——への道は ④340
執愛 ②299
十悪 ⑧284
周囲
——に調和することの魂の練習 ⑧136

——の人が好意を持たぬ場合　⑦343
——を照す光となれ　②75
——を善くしようと思うならば先ず脚下照顧せよ　②16
什一献金　⑧175 ⑩184
誌友会　①247 ⑤86
修学旅行は斯うして危険である　⑩132
『週刊朝日』誌　①iii
習慣性というものは　⑥240,261
習慣的な心の想い　①207
周期的再生　㊕87
柔よく剛を制す(諺)　⑤25,72
誌友相愛会　⑨7 ㊕178
衆は焼け尽きて、諸々の憂怖充満せりと見る(『法華経』)　④72
主の祈り(イエス)　②162 ⑩192
主よ主よと呼ぶ者必ずしも天国に入るに非ず、神の御心を行ずる者のみ天国に入る(イエス)　⑦201
主を讃えよ(『詩篇』)　②329
宗教
——科学の基礎を構成する根本原理　㊕41
——教師としての心得　⑧26
——裁判　⑧97
——上の経典　①3
——的儀式や祈りの意味　⑨47
——で何故病気が治るか　⑨179
——と科学との相互扶助性　⑨295
——と現世利益の問題　⑧39
——と社会主義運動　⑧42
——と精神科学　⑨295
——とは　①3 ②45 ⑩31
——におこる奇蹟　㊕139
——の意義　㊕24
——の価値をはかる標準は　②56
——の中心の教え　①6
——の本質たる自己解脱　②80
——の本質と智慧による自己発見　⑦259
——の本当の御利益は　⑩215
——は現世にも役に立つか　③213
——は原爆の被害も実際に防ぐことが出来る　⑧53
——はこうして出来る　①5
——は神秘的世界からの人類救済運動である　㊕142
——は何故病気を治し得るか　⑨303
あなたは何の為に——を志しますか　⑩215
「現在の宗教はこれでいいか」(ラジオ番組)　⑧39
従業員の楽しい会社　⑧73
宗教家　⑨336 ㊕111
——の実行　②170
——の役目は罪悪観念の放逐にある　⑦109
——は潜在意識を知らねばならぬ　⑦112
——よ、説教するよりも実行せよ　②170
最も現実的な奇蹟を行なった——　③118
宗教心の芽生え　⑩139
重現無礙　⑦9
集合意識　⑩335
衆香世界　⑤156
十字架　④327,330 ⑦49 ⑨49
十字軍時代　⑤239,274
『十七条憲法』(聖徳太子)　⑦257
執著　⑥105
——性素質神経質　⑥165
——の愛　②202 ⑤81
——の解放　⑨238
——の固まり　⑨238
就職　①130
十善の徳行　⑧284
柔道　①104
修道中学　④287
姑　㊕168
——、小姑鬼千匹　①159
——と嫁とは　①179
就眠前
——に神想観を実修せよ　②259,340 ⑦323
——には心を平和に明るくしなさい　⑧350 ⑩82
十無礙　⑦9

主観客観
——全一の世界　⑦16
——相即相入　⑦8
主義者　④64
儒教　④85
授業時間中居眠する子供　⑥159
修行中の大霊動は危険である　⑨102
祝福　①147
——する者が祝福せられる　②172
「——」の功徳について　②167
——の権威　②158
——の根元となる真理は　②160
——の無限循環　②156
——を如何に受けるか　⑧192
愛と——の言葉の力　②154
あなたと同車した人々を——すること　②162
あなたの家族を——なさい　②8
すべてを——するための祈り　⑧184
何処に何をしても、——を周囲に投げかけよ　②200
先ず如何に多く——されているかに目覚めよ　②156
先ず神を——せよ　②162
宿命
——と意志の自由に就いて　⑤248
——と自由意思の関係　⑤236
——の霊読　⑤210
宿命通　⑤210,223,229,234,281
宿命論　⑤248
守護神　⑩26
守護霊　⑦92
衆生
——劫尽きて大火に焼かるると見ゆる時も、我が浄土は安穏にして天人常に充満せり(『法華経』)　④36,53　⑦100,120,165,251
——済度　⑦20
——は本来仏である　⑦118
——、仏を憶念すれば、仏、衆生を憶念したまう(仏典)　⑧231　⑨301　⑩98,278
主人公
環境の——となるには　⑧266
「心」が——であることを忘れてはならない　③57
自己が自己の——となること　⑨240
自分自身が運命の——です　①188　②231
人生を支配する——　②149
天国浄土の——　②69
汝の生活の——となれ　③281
人間は運命の——である　⑩4
種族繁殖の種族的本能　⑤208
種族保存(の本能)　⑥216,281
主体としての意志　⑥252
受胎に適する時期　⑥98
須提拏(シュダイヌ)太子　④156
十界互具　②86
出家　①164　⑦17,218
出山の釈迦像　⑦43
出世　①17　③170
——する人の生き方　①82
——の秘訣　①38
出生　⑧148
——率　⑤129
受働を転じて主働とせよ　②138
受難礼讃　②146　④330　⑧294　⑩286
——の克己主義　⑧205
朱に交れば赤くなる　②271
須弥山　③283
シュミット　⑧57,59
シュルツ夫人　⑤303
春機発動期　⑥153
順境　②153
殉教者　④322
——の境地を超えて　④333
——の荘厳なる自己放棄　④325
純潔　③48
——教育に就いて　⑤303
——とは果して何を意味するか　⑤304
——の標準に就いて　⑤303
此処に私は「——」と「不純潔」との区劃線を引きます　⑤313
女性の——に根拠ありや　⑤296
『純潔と性愛』(シュルツ)　⑤303

「純潔論に縛られるな」(太田典礼)　⑤299,303
純粋の愛は　⑩65
(ことごとく)書を信ずれば書なきにしかず(諺)　③168
傷痍軍人　①205
常一主宰の我　⑦153,159,160
浄円月観　⑨242
生涯
——の伴侶　④149
——の不覚(ルーズベルトの)　⑧263
正覚　⑦62
消化する事は　①99
正月は冥土の旅の一里塚(一休)　③32
消化不良　①278 ②349
聖観世音菩薩　③136 ⑦19
松源和尚　③283,285,288,313
条件反射(パヴロフ)　⑩335
証拠
——と想像　㊗40
——の必要　㊗25
猩紅熱　㊗239
招魂式　⑥230
賞讃と激励の言葉は　②81
情死　⑦263,272
常識
——主義　⑨41
——も日進月歩する　⑧279
——を超えて自己を巨人と化せ　⑩229
——を超えること　⑧276
声字即実相　④245
趙州和尚　③268 ⑦275-279
趙州狗子の公案　⑦284
小乗
——と云うのは　⑦170
——仏教　⑥341 ⑦164,170
生死輪廻　⑥339
精進　⑥120
招神歌　⇒招神歌(かみよびうた)
『正信偈』(親鸞)　③12
「正信偈講義」(『親鸞の本心』に収録)　⑦141
上手な働きをするには　①39
小聖は山に隠る　⑧58
小生命　①254
『詳説神想観』(谷口雅春)　⑨6,232 ⑩109 ㊗234
商談を順調に運ぶには　⑨162
『商店界』誌　⑦247
『商店繁昌法』　⑦247
浄土教　⑧44,50,271
浄土宗　⑦186 ⑧40
浄土真宗(真宗)　①338 ⑦109,117,133,139,149,150 ⑧40,50 ⑨330 ㊗110
——と生長の家との一致　⑦131
——の本尊について　⑦131
『聖道へ』(谷口雅春)　⑨331
聖道門　⑨330
聖徳太子　①157 ⑥223 ⑦172,257
小児麻痺　⑥163 ⑧262 ⑨117
——的症状　②222
——の原因　⑨174
少年少女の悪傾向について　⑤206
『少年ダビデ』(ミケランジェロ)　⑧234
商売主義　②155
消費節約　①44
尚美堂　④19,22,29
常不軽菩薩　①344 ④48
常不軽菩薩品　①344 ④62
成仏　②184
ショーペンハウエル　③10 ⑩336
『正法眼蔵』(道元)　③241
——生死巻　③262
——洗浄の巻　⑧5,11
浄飯王　⑦33
声聞　⑦171
常楽我浄の真の意味　⑦163
勝利
常に——を得る道は？　②343
日常生活の——と幸福　②262
生老病死
——の苦しみ　②45 ㊗236
——を救うには　⑦29
『諸経の意によりて弥陀和讃』(親鸞)　⑧50
諸行無常　⑦154
——すなわち現象無常　㊗91

——の鐘の声　②82 ㊀91
職業
——を失った場合　②291
——をかえたい場合の祈り　⑨173
あなたの——は斯うして見つけましょう　⑨55
贖罪　㊀50
食事のときの祈り　⑨143
植物界　㊀81,84,87
植物(の)王国　㊀14,20
食物(しょくもつ)　⇒食物(たべもの)
——の味について　⑧221
食養法　④58
食糧生産の収量　⑤139
食糧の自給自足体制　⑤144
処女　③48 ⑤296,303
——性　④65
——で再婚した妻を持つ悩　⑥199
——妊娠の物語　㊀26
——マリヤ　㊀144
処世
——の極意(要諦)　①105 ②316 ⑥328
此処に——の秘訣がある　②317
女性
——の自覚のために　③142
——の純潔に根拠ありや　⑤296
——の純情に就いて　⑤40
——の性器の象徴　⑥153
——の性交恐怖について　⑤280
——の美は男子の玩弄物になる為ではない　③145
——も向上の希望を持つべきです　⑤8
これからの——　⑤3
『女性の書』(谷口輝子)　⑦182
『女性の理想』(谷口雅春)　⑤210
徐福(人名)　⑦309
諸法無我　⑦154,155,157,158,162,167
——と久遠不滅　⑦153
所有すると云うことは　②32
知らずに犯す罪は　③144
自力
——の行　③12
——を全く脱落せしめるには　⑧271
自力門　⑨330
自律神経系統　㊀134
痔瘻　④269
『白鳩』誌　⑤227 ⑥170,194
白鳩会　④283 ⑤64,67,69,71,85 ⑥324 ㊀127
白鳩婦人会　⑤202
信
——と愛と感謝の実践　②195
——なければ農夫は種を播くことすら出来ない　②196
もし芥子種ほどの——だにあれば、この山に動いて海に入れと云うと雖も、必ず成らん(イエス)　③284 ⑧301
身意口の(三)業　②87,171
進化
——の法則　㊀56
——論　①25
「個」の——と「種族」全体の進化　㊀57
霊的——の促進　㊀78
真我　⑩238
神我一体　④103
——感の体験の実例　⑦196
人格
——神　㊀4
——と雰囲気　②252
——の美しい人となれ　③190
——の改善について　⑥237
——の匂について　⑥238
性格と——とについて　⑥238
新教　⑤323 ㊀50
——の教会　㊀65
新教育者連盟　⑥95
心境が低い時に“富”を裕に持つことは禍である　⑩26
真空　⑨156
真空妙有　⑦75,101 ⑩279
——の真理と物理学　⑦66
神経過敏(症)　②121 ⑩152
神経質　⑥169
神経症　⑤169,290

『神經症は治る〈神經の新醫學〉』(服部仁郎)　⑥80
神経衰弱　①68,290,295,301 ③288,296,299 ④153,320 ⑥78,182 ⑦83
——の原因　⑥79
——はこうして治る　①303
——は利己主義だ　①304
神経痛　①68,72 ③135,143,153,308 ④293 ⑤111 ㊖163,168,173,175
『神経と調和して生活する法』(ウォルター・シー・アルヴァレツ)　④271
神経病　⑧239
人権の自由　④120
信仰
——ある希望は実現の母である　②340
——と(云うもの)は　①225,227
——の自由　⑧67
——の深化と途中の躓きに就いて　⑦245
——はイザと云う時に力をあらわす　②216
「——」は霊的実在を観る霊の眼である　⑨93
汝の——汝を癒やせり(イエス)　②114 ⑧348
汝の——の電圧を高めよ　⑧301
よき——を養成するには　⑧310
『信仰の魔術』(マーフィー)　⑨78 ⑩29 ㊖217
新興宗教　⑤22 ㊖ii
——と既成宗団との立場の相違　⑧39
人工衛星　⑩277
人工受精　⑤90,149
人口増加は失業者を増やすか　⑤129
人口調節　⑤130
人口問題　⑤130
真言宗　①154 ⑦82,86,92,120,123,126,130
——豊山派　⑦66
——の本山　⑤101,182
神誌　⑩210
神示　⑥267,294 ⑨171
——と霊示　⑨169
sincere desire(シンシア・デザイア)　⑧198
人時処の三相応　⇒人(にん),人(ひと)
真実に富もうとするには　⑨153
真実の願いは祈れば叶えられる　⑨279 ⑩176
尽十方
「——」と云うのは　③241
——世界、是一顆の明珠(道元)　③241
——唯無礙光・光明遍照十方世界。念仏衆生、摂取不捨。南無阿弥陀仏(浄土教)　⑧271
尽十方無礙光　③39
——如来　①154 ②233 ⑦133
進士の試験　⑤47
神社神道　②106　⇒神道(しんとう)
真宗　⇒浄土真宗
新州(中国)　③245
神秀　③245
『神示を受くる迄』(谷口雅春)　⑥331
心身一如としての人間　⑩150
信心歓喜の念　⑥147
神人同格的　⑦9
信ずる
——ものが現れて来ます　③114
汝の——如く汝になれ(イエス)　①271 ②114 ④117
新生
——と云うことの本当の意味　③13
——への道の具体策　④334
——への目覚め　⑩190
神性　①325 ⑤67
——隠蔽　⑧317
——には智慧と愛との二面がある　⑨217
——を自覚すれば反省は不必要か　⑥302
人生
——で最も大切なもの　②113
——に板夾みはない　③274
——に失敗する原因は　②17
——に不幸の起る原因　⑤233
——に最も必要なもの　③144

——に問題が起って来た場合　⑧248
——の荒波に処して　⑧218
——の暗礁を避けるには　⑧230
——の安定は責任ある仕事で得られる　②333
——の生き甲斐はこうして得られる　⑩71
——の重荷は　②95
——の行路について　②69
——の勝者となるには　②271
——の推進力　②11
——の体験の意義(に就いて)　④138,302 ⑩257
——の正しい考え方　⑧57
——の彫刻はもっと注意が要る　①34
——の躓きに就いて　④41
——の舞台に処して　⑦305
——の不要物を省きましょう　②262
——の目的　②10 ⑦21,39,42,43,163 ⑧141,152,285 ⑨283
——の最も大なる修行　⑥110
——の喜び　①118
——は一種の鏡　②97
——は一種のゲームである　⑨140
——は斯くの如しです　②344
——は心で支配せよ　⑨258
——は正札附　②14
——は払っただけの値段のものを受取ります　②14
——は物質的原因と精神的原因の結果によって拘束される　④122
——は料理屋の如きものです　②50
——百般の相は自分の心の影　⑥303
——を幸福にする黄金律　③100
——を楽しくするには　⑩209
あらゆる——体験は　④139
深刻なる——苦を超克するには　⑥136
人生観　③289 ⑥313
一元的——　③292
禅の——　③296
『新生活に關する12の意見』(杉靖三郎他)　⑤112 ㊍136
新生活への出発　②3
神聖受胎　④33,35
『人生読本』(谷口雅春)　③116
神聖なる求め　⑨292
『新生の書』(谷口雅春)　③290 ④77,324
『人生は心で支配せよ』(谷口雅春)　⑥158,244 ⑨259
新生命を汲み出す道　⑨5
深切
——と(云うこと)は　②330 ⑨114
——に愛情ふかく人々に　③71
——の種子は必ず果を結ぶ　②330
新鮮な心は智慧のはじめ　⑦261
岑禅師　④74 ⑦168
真・善・美　④87
震顫麻痺(症)　①289 ⑥163
陞座(しんぞ)　⑦292
心臓
——疾患　②120 ⑧239 ⑩151
——の病気は　⑨203
——病　⑤111 ⑧340
——麻痺　①289
腎臓　①71
人造藍の発明　①55
神想観　①224,320,325 ②6,7,11,13,28,39,62,80,124,144,145,153,180,190,214,215,239,283,314,318,319,337 ③24,46,53,83,129,131,195,340 ④39,42,159,188,226,305,307,320,335 ⑤17,34,82,114,127,175 ⑥8,47,93,100,116,132,157,215,217,246,253,270,288,319 ⑦16,26,86,120,121,126,197,232,308,315,327,340,345,347 ⑧34,35,86,90,159,163,167,169,172,181,196,225,230,274,297,309,313,318,326 ⑨7,20,41,80,90,91,105,111,113,132,133,136,138,143,159,159,160,167,208,215,226,227,232,234,236,241,253,273,275,276,299,318,332 ⑩7,35,43,89,98,105,109,117,120,159,170,179,200,202,211,216,222,252,283,285 ㊍107,145,155,201,220
——的祈り　⑨65
——で病気を治すには　⑧197 ⑩89

——と祈りと報恩行　⑧112
——のすすめ　㊍234
——の修行　③216
——の静坐　⑩318
——の注意　⑨242
——又は祈りは、単なる要求や懇願の時間ではなく神様と父子対面、愛情交換の時間です　①320
坐禅的——　⑨6
対坐——　③133
常に——を怠らぬこと　⑨242
深層の心(潜在意識)　⑨321
人体にはたらく物理的法則以上のもの　⑩15
身体髪膚これを父母に享く、敢て毀傷せざるは孝の始めなり(『孝経』)　③336 ⑤193
神智の温泉　②180
進駐軍　④76
神勅　④64
新陳代謝　②123 ⑤95 ⑨15
神通力　⑨171
神道　②106 ③131,138,213,243 ④221 ⑤27 ⑦9,127
——に於ける祝詞を唱える意義　③214
——の宣詞(祝詞)　①231 ③213 ③68
シンドラー　㊍131,133
新日本宗教団体連合会　②ii
真如(の世界)　⑦100,145
信念
——あるものには不可能はない　⑩249
——の法則　①272
——の魔術　⑦248
——は如何にすれば強化することが出来るのでしょうか　⑥258
——は富の源泉である　②197
——は山をも移す
——をもって善き事を想念せよ　②301
神農氏　①308
「真の自分」と云うものは　⑩195
真の人間　②142 ⑨327
「——」としての願いは各人衝突しない　⑨47
神罰　⑨8
——ではない、法則である　⑩157
病気は決して——ではない　⑩135
深般若波羅蜜多　④81
審美的　⑥285
『新平家物語』(吉川英治)　⑨5
身辺に天国楽土を実現するには　⑨44
進歩して変る科学と永遠に変らぬ真理　⑧283
進歩の源泉について　⑧96
人本主義　①189
人民主権　⑦266,269
——理論　⑦267
神武天皇　①65,66 ④68 ⑦266
——の建国　①65 ⑦266
新約(聖書)　①3
——の黙示録　⑤121
神癒の道　④272
『神癒への道』(谷口雅春)　⑧332 ㊍231
信用　①125
——は流通無限の根元である　⑨158
信頼すれば裏切られることはない　⑩104
親鸞聖人　①185 ②233,346 ③12,39,141,322 ④184 ⑥139,293 ⑦109,131,134,137,140,143,145,146,149,172 ⑧23,30,40,44,50,52,194 ⑩193
『親鸞の本心』(谷口雅春)　③12,39 ⑦141 ⑧50
真理
——で癒された人々　⑤179
——で人を審いてはならない　⑩31
——とは何であるか　③238 ⑧253 ⑩i,317
——の内で最大にして最も意味深いもの　㊍74
——の実践は商売をも繁盛さす　⑤197
——の書は何故幾度も読まねばならぬか　⑨22
「——」の全貌を全身心をもって捉え

るとは　⑨257
——の光　②76 ⑩94
——の普及こそ本当の平和運動である　㊙249
——の理解が深まれば病気は治る　⑨116
——の霊　㊙228
——は汝を自由ならしめん(イエス)　①i ②21③80 ⑦60,64,240 ⑧i ⑩i,113,178,317
——への入門書　①iv
——を自分だけの専有にしてはならない　⑨232
——を知ることの尊とさ　⑩113
——を潜在意識の底までも知ること　⑩178
——を念ずる言葉の力　⑩315
——を不純物と混合させてはならない　⑧131
古代の民族がとらえたところの——　③239
われは——なり、生命なり、道なり(イエス)　①i ⑦60
われは道なり、——なり、生命なり。われによらで神の国に入る者なし(イエス)　②84 ㊙iii
『真理』(谷口雅春)　①i ②iii,106 ⑥270 ⑦i ⑧iii ⑨ii ⑩ii,190 ㊙i
——入門篇　⑦i ⑧iii ⑨ii
——基礎篇　②iii
——悟入篇　⑧iv ⑨ii,124
——信仰篇　⑧iv ⑨ii
——生活篇　⑨ii
心理学　⑤284
心理戦争　③111
侵略　①99
人類
——学　㊙11
——救済の聖使命菩薩　③303
——上昇の全貌　㊙11
——全体の共通意識　⑩335
——全部の無罪宣言　⑤121
——相互の一体感　②248
——に幸福を齎すもの　⑨155
——に真理を伝えるのが神を愛する道である　⑨336
——の運命　②301 ⑩50
——の王国　㊙14
——の共通観念に屈従するな　⑨21 ⑩224
——の進歩は新しき法則の発見によって得られる　⑨8
——の罪の身代り　⑩239
——の理想への出発と発展　⑩45
——は自分の心の中にある　②248
——はすべて一体である　②189
——は互に一つだ　③233
——は「唯一つの神」の子　⑨42
——は何故闘争するか？　⑩215
人類意識　②89 ④54 ⑦105 ⑩335 ㊙217
——の迷いに就いて　⑦98 ⑩162
人類光明化(運動)　⑥268 ⑦254 ⑧56 ⑨95,222 ⑩184 ㊙144
『人類への福音』(スター・デーリー)　⑨71,260
心霊科学　④193
心霊研究(家)　①216 ㊙32
心霊現象　㊙75
「心靈現象としての病気」(『美しき生活』に収録)　⑥162
心霊写真　⑥230
心霊治療　⑤284
——協会本部　㊙157
神話　①64 ③234,239,240
——的神学から科学的神学へ　㊙10
——と云うものは　①64 ③234
親和の法則　⑥239
——とはこんなものです　㊙208

【す】

水素　⑦72 ⑩10
——爆弾　③52 ⑦73　⇒原子爆弾
——・原爆を不要とするには　⑧255
スイツル(スイス)　⑦267

衰微の原因は繁栄の最中にある　⑧83
スウェーデン　⑧54
数学上の公理　⑤163
数学的な智慧　②248
末永誠一　③156
菅田直樹　⑤177
巣鴨法廷　①66
菅原道真　①55
杉江重誠　③286,299
杉靖三郎　⑤112 ㊍136,219
救い
　——の通路　②41
　——の本源(者)　②41,42
　——の門　②41
　——の霊波　③333
救う
　——力　⑨315
　「——われる」と云うことの種々相　⑦245
　真に——われるとは　⑨262
少名毘古命　①308
スコットランド　⑧239
須佐之男命　④215
スター（フレッド）　②319
スターリン　④97 ⑥43,49 ⑦346 ⑧215
スタイン　⑦88
スタンフォード大学　⑩155
スタンレー　⑨186
頭痛　㊍131
　——目まい　④296
既に
　——あなたは与えられている　⑦330
　——ある完全な姿　①258
　——ある実相の世界　④72
　——受けたりと信ぜよ　③317
　——調和している実相と歪んでいる現象との関係　⑩200
　——人間は神さまから完全につくられている　⑧293
　「——わが事は成れり」されば急がずに懈けずに　②137
　——吾等は天国浄土にいるのです　②267
ストマイ　⑨175
ストライキ　②197 ③41 ④88 ⑧60,189 ⑩199
ストレス　⑤112 ⑧20
　——学説　⑧228
　——を除くには　⑩148
ストレプトマイシン　①99 ⑦108 ⑧277
ストロンチューム90　⑩326
素直になるには　①56
頭脳知恵　⑤28
「ス」の音霊　④209
スピノザ　③293
スピリチュアリズム(降霊説)　⑥231
スピリチュル・ヒーリング(霊的治療)　⑧319
スフィンクスの謎　①61
スペイン人　③231
スペインの貧民窟　⑤89
全て/総て/すべて
　——の原因である「心」を浄めることによって人生が浄まる　④124
　——の宗教は一つ　②52
　——の体験は　⑧151
　——の大宗教の神髄　㊍70
　——の罪はゆるされるけれども聖霊を汚す罪はゆるされない(イエス)　⑩235
　——の善き発見は天界からの神徠である　⑨45
全ての人間
　——には天才と力がある　①115
　——は聖使命菩薩である　③303
すべての人
　——の罪はゆるされている　②46
　——の発したる徒らなる言葉は審判の日に数えらるべし(イエス)　⑧171
スペンサー（ハーバード）　⑥262
スポーツ　③160
　——精神の善さは　③163
スミス（ゴールド）　③185
スミス（ジョン）　⑤240
スミス（ハンナー・ホイットール）　①339

住吉(神戸)　⑥312 ⑦150,196 ㊕145
住吉大神　③132
住吉弥太郎　㊕233
シャルコー　⑦95
スューパー(シューパー)・コンシャスネス　①221 ⑦99
駿河海　⑦346
スワミ・シヴァナンダ　⑧162

【せ】

『生』誌　①77
聖悦　④328
聖・オーガスチン　④300
生化学　①240
性格
——と人格とについて　⑥238
——の中に何か欠点があると云う事に気がついたら　⑥256
生活
——学校　⑤147
——にあらわれたる“秩序の智慧”　⑩36
——に美を失う勿れ　④86
——に歓びが伴わない根本的原因は何でしょうか　③15
——の三百六十度転回　⑧58
よき——習慣をつくるには　⑩171
『生活読本』(谷口雅春)　③116
『生活を幸福にする五百章』(『真理』生活篇)　⑨i
星間物質　⑩11
青函連絡船　⑨7 ㊕210
聖キアーラ　⑤329
聖経『甘露の法雨』/『聖経』(谷口雅春)　③131,318 ④312 ⑤182 ⑥10 ⑧87,278 ⑩284　⇒『甘露の法雨』
聖経『天使の言葉』(谷口雅春)　⑦10,11　⇒『天使の言葉』
聖賢の書物　②106
性交　⑤146 ⑥98
——恐怖　⑤282,288
——嫌悪　⑤288
——困難の夫婦の解決　⑤280
成功
——しない人は　②297
——するためには(秘訣)　①213,285 ②98,283 ⑧95
——する人の資格は　②297
——と繁栄との要素　⑧183
——を得るための信念　⑩171
多くの——者は　⑧70
『聖光録』(生長の家本部)　⑨232
誠魂奉安筺　⑦26
『静思』(倉田百三)　⑥284
政治　②170
——家を動かすには　②172
『政治算術』(ペティ)　⑤134
清茂基　④287,290
『靜思集』(谷口雅春)　②319
勢至菩薩　⑦19 ⑧48,303
聖使命会　⑦25
聖使命菩薩　⑦8,15,16,19
『聖使命菩薩讃偈』(谷口雅春)　⑦20,27
聖者　②248
——の愛に就いて　②249
『聖書』　①139,257,271,300 ②106,329 ③51,98 ④51,245 ⑤63 ⑤98 ⑧292 ⑩18,60,184,192,199
『聖書の神秘を開く』(トロワード)　⑨40 ⑩127,181,194
青少年の自覚のために　③160
生殖器の病気は　⑨203
精神
——界の法則　⑧227,229 ㊕56
——科学　①116,240 ⑦87,112 ⑧96 ㊕19
——が身体に影響を与える理由　⑩152
——葛藤を解(ほぐ)す秘訣　⑥155
——集中　②313
——主義者　②240
——身体医学　①122 ③219 ④33 ⑧102,228,238,282 ⑨178,203,262,303 ⑩147,152,254 ㊕130
——的患者　②222

——的原型　⑩9
——的進化の障害　㊓60
——的存在　⑩45
——的段階　⑩63
——的内容のない形はやがて崩壊する　②10
——的に富んでいる人　⑨315
——的模型　⑤187
——の健康　②106
「——」のその奥にあるもの　⑩120
——の領域を超えて実相の領域へ　⑨238
——分裂病的状態　⑨171
精神統一　②80,313 ㊓105
——に二種ある　⑨170
——の実践　②198
——の必要　⑧308
——の不足　⑥157
——を上手にするには　②190
精神分析　④33 ⑧282
——学者総会　⑤104
精神(の)力　②122,293
——で近眼も治る　①120
『精神科学』誌　⑦21,86
『精神身体医学講座』(杉靖三郎他)　㊓219
『精神分析の話』(谷口雅春)　⑥161
聖人の伝記　③171
生成化育　③205
生存競争の世界　③193,210
生存競争の必要はない　⑨244
生存競争の問題　⑥312
聖胎長養と云うこと　⑧34
生長の家　①41,127,183,192,247,323 ②57,83,87,165,232,236 ③50,58,76,132,204,210,218,243,277,290,314,326 ④26,31,59,133,151,166,291,312 ⑤51,52,54,121,173,188,229,308,323 ⑥4,21,62,79,95,115,143,205,286,297,342 ⑦20,25,29,49,51,62,81,83,86,90,92,99,120,122,126,127,131,133,141,148,150,156,173,183,194,209,281,282 ⑧5,38,49,53,56,136,175,249,282,299,336 ⑨8,15,52,101,117,196,233,255,261,294,307 ⑩42,75,102,141,210,267 ㊓ii,89,122,129,140,149,253
——が他の宗教と異る点　⑥266
——家庭光明寮　①130
——教化部　⑨7
——経済学　③88
——経済論　⑥108
——講習会(講演会)　①249 ③31 ④159 ⑤175,226
——式の賞め方　⑥174
——祝福班のこと　②155
——出現(の日)　⑤119 ㊓252
——出版部　③137
「——」人　④101
——青年会学生部　④82
——と(いうの)は　①81 ③136
——とリーブマン博士の『心の平和』　④290
——に戒律がない(と云うことは)　⑥311 ⑧163
——西日本練成道場　④270 ⑤202
——の医学説　①164
——の生き方　②23 ④155
——の医療に対する態度　④258
——の運動　⑦22
——のお経　⑤181
——の神様(大神)　①202 ③136 ④221
——の招神歌　⑤19
——の教育(法)　⑤207 ⑥171
——の講師(というものは)　⑤77 ⑥112 ⑧33 ㊓254
——の光明思想　④303
——の光明宣言の第一ヵ条　⑨291
——の最初の教え　⑩34
——の悟り　③252
——の誌友　①116,334 ⑤31 ⑥42,94,123 ⑦8 ⑩246 ㊓162
——の宗教は？　①8
——の神観　⑤107
——の箴言　③125 ⑥55
——の人生観　⑥313

——の精神的平和武器　㊕252
——の世界観　⑦230 ⑩194
——の智慧の言葉　⑥77
——の中道実相の悟り　⑤154
——の中道実相の観方　⑤157
——の道場　③224
——の唱える「運命論」　④303
——の七つの宣言　⑤27
——の働き　④221
——の花嫁学校　①186 ⑤100 ㊕256
——の万教帰一運動　③138 ⑩176
——の万教帰一的立場　⑦186
——の米国支部長　①242
——のマーク　③140,287
——の濫觴時代　⑦196
——の「霊的人間観」　⑤334
「——」の練成道場　②198
——は一宗一派ではない　①121
『——』は今かの黙示録が預言した『完成の燈台』として人類の前に臨むのである。此の燈台より真理の光を受くるものは、創世記のエデンの楽園追放以後、人類を悩ましたところの『罪』と『病』と『死』との三暗黒を消尽するのである(昭和六年一月十五日の神示)　⑤122
——は「実相そのままの家」　⑤68
——文化女学院　㊕256
——養心女子学園　①130 ㊕256
——倫理学　③18
——を創(始)めた頃　①75 ③301
南泉猫を斬る、——は仏を斬る(広告文)　⑦283
他の宗教の人が『——』に入っても好いか　①78
仏耶の教えを完成する——　②107
『生長の家』誌　①75,79,82,83,87,88,117,121,123 ③133,134 ④331 ⑤227 ⑥194,336 ⑦ii,82,93,202 ⑨i ㊕192
『生長の家叢書』(谷口雅春)　㊕140
「生長の家と私」(『生命の實相』總説篇に収録)　③133 ㊕146
生長の家の教え(真理)　①248 ⑤198,219,287 ⑦8,16,24,315 ㊕201
——が今迄の宗教と違う点は　㊕108
——で一番難しいことは　⑦3
——の開祖　④3
生長の家の生活　⑥59
「——」と云うのは　③268
「生長の家の超薬物学」(『生命の實相』總説篇に収録)　㊕140
生長の家の哲学　⑥316
——及び神学　③293
生長の家(の/東京)本部　③42,287 ④90 ⑤71,182 ⑨7
——(の練成)道場　⑧251 ⑨117
——の練成会　⑤202
生長のための無限の機会　㊕69
性的
——過剰　⑤295
——結合　⑥98
——牽引　⑤325
——不能の男子に嫁いだ場合　⑤270
——満足の精神的内容とは何か？　⑤307
聖典　⑩210
——の読誦　⑩318
生と死の神秘に就いて　㊕48
聖なる追求　⑨292
青年
——会(生長の家)　④82,⑤309
——のために或る日の啓示　⑩286
吾が理想とする——　④96
『青年の書』(谷口雅春)　⑥302 ⑧356
『生の会』の話　①77
生の歓喜　④104
“静”の声をきくための神想観　⑩282
「静」の中に(於て/こそ)　②214,318 ⑩82
性の濫用から来る先天性癲癇　⑤292
聖パウロ　㊕18,43　⇒パウロ
西彼町(長崎県)　⑨261
清貧礼讃　③300 ⑤106 ⑥343 ⑨321
生物たがいに平和の世界　㊕118
聖フランシス　②277 ⑤329,332 ⑦239 ⇒フランシス
生命　⇒いのち/生命(いのち)

——が苦しむのは　③209
——顕現の法則　③205
——・心・物質・境遇等の関係　②228
——磁気　⑨103
——宣言　②83
——体として観たる国家　⑦267
——と智慧との関係　⑦53
——とは如何なるものか　③203 ⑦52
——とは何であるか　⑤27
——の死後の問題　㊞i
——の神秘に就いて　㊞78
——の神秘力について　⑩301
——の創造の秩序について　⑩3
——の高さと、低さと　②158
——の智慧と愛の神秘力　⑩321
——の智慧に就いて　⑩333
——の法則　㊞56
——の法則・原理を学ぶことは　⑧151
——の本源とつながること　⑩174
——の輸送管をふさぐ汚物　⑨251
「——」は決して物質の作用ではない　⑩302
——は自己の“個性”に随って物質を変形する　⑩20
——は自然界の法則を利用する　⑧321
「——」は周囲の素材を利用します　③55
——は死を超えて前進する　㊞32,44
——は秩序ある処に発顕する　⑩32
——は「抵抗」に面して悦んで活動する　②331
——は何うして象をあらわすか　③204
——は内部からつくる　③56
——を捨てんと欲するものは生命を得(イエス)　④323 ⑧85
吾が——の神秘さに目覚めよ　⑨291
われは——なり。われを信ずる者は死すとも死せず(イエス)　㊞43
『生命の教育』誌　⑥40,67
『生命の藝術』誌　⑦21
生命の実相　㊞125
——的見地　④254
——(の)哲学　④82 ⑤323 ⑥9
——哲学式　②277
「——」とはどんなことですか　①172
——の真理　⑦255
『生命の實相』(谷口雅春)　①ii,41,93,117,124,180,205,247 ②23,61,89,213,277,319 ③18,19,94,116,131,133,137,154,224,261,289,298,307,325,326,329,340 ④28,31,34,41,42,154,162,264,267 ⑤23,76,85,153,159,181,198,227 ⑥13,33,63,79,82,95,103,136,193,207,208,213,220,221,270,297,330,340 ⑦21,39,254,283 ⑧250,278,289,300,345,356 ⑨20,22,117,215,270,273,307,309,319 ⑩ii,31,211,217,246,305 ㊞112,122,139,145,146,178,192,201
——觀行篇　⑥137
——巻頭の神示　⑥91,131
——携帯版　㊞115,182
——實相篇　④250 ⑨124 ⑩ii ㊞113,140
——宗教戯曲篇　①157
——女性教育篇　④297
——生活篇　⑥137 ⑧294,336
——精神分析篇　④261
——總説篇　㊞113
——第一巻　③203
——第四巻(觀行篇)　②124,215 ③46 ⑤114 ⑦121,347 ⑧297
——読誦の功徳について　⑨334
——の本の広告　㊞123
——靈界篇　④194,322 ⑥230 ⑨171
——を読むと病気が治る理由　㊞107
——を読んで自殺を思いとどまる　㊞123
わが神殿は——の本　⑥267 ⑨335
『生命の實相』(初版革表紙版)　③305 ⑦196
『生命の神秘』(小林参三郎)　⑤101
『生命の神秘』(谷口雅春)　⑥193
『生命の知恵』(アレキシス・カレル)　⑩

288,291,334 ㊕66
『生命の謎』(谷口雅春)　②122,246 ④176,250 ㊕83
姓名判断　⑤21,22
性欲　⑦156
——と云うものも　⑤320
——の問題　⑥283
——を如何に解決するか　⑥306
生理
——学　①240
——休戦　⑤129
——的性興奮と恋愛とは異る　⑤311
——的本能と「夫婦の理念」とは異る　⑥213
聖霊を汚す罪は赦されない　⑩83
ゼウス・コンプレックス　⑤291
ゼームス・ランゲの法則　①244
セオソフィー(接神学)　⑤272
世界
——一の自動車王　③175
——改造を志す人たちは　②19
——が今経過しつつある大なる危機　⑧152
——人類最後の開眼の宗教　⑤121
——と人とに和解すれば神経衰弱は治る　②85
——の求めているものは　②288
——は自分の心を映す鏡である　⑧77
——は正札で割引がありません　⑦317
——は互に一体である　②85
——平和の鍵は此処にある　⑩223
——連邦　⑤322
——を照す無尽燈　⑦25
——を平和にする思念　⑨235
いつ——は一つになるのでしょうか　⑥297
二つの異る——観　⑨27
『世界』誌　⑩74
『世界の市民』(ゴールド・スミス)　③185
隻手の声(を聴く)(禅宗)　③214 ⑨6
脊髄の故障による小児麻痺　②222
石炭　③53
脊椎カリエス(も治る/と云う病気は)　⑥179 ⑧276,277,278,279 ㊕181,191
脊椎骨の結核　㊕181
世間知と宗教的救いとは異るのです　⑤54
世親菩薩の浄土論　⑦131
石灰石　③53
説教の力　⑨315
赤血球　①279
殺生
——の業　⑥282
——のない世界を求めて　⑦42
雪山童子　⑦157
絶対無　⑩279
接吻　⑤303,316
雪峰(人名)　⑦290
ゼナー (リチャード)　⑧136
「セ」の音霊　④210
施無畏　⑨125
セリエ　⑤111 ⑧228
セリニ (ベンヴェヌント)　①293
セルミナラ (ギナ)　⑤212,216,218,232,238,241,246,250,256,265,269,276,285,289
世話女房　⑥92
禅
——と云うものは　③271
——と(実際)生活　③245 ⑧3
——と日本精神　③234
——の悟り(極意)　②270 ③252,263,281 ⑦283
——の人生観　③296
——は「全」であり、全体の生命と一如になること　③252
善
——と福とは一致　⑨269
——に対して勇敢なる者は　⑧145
——のみ充満せる世界　⑨312
——のみに心を振向ける神想観の念じ方　⑨283
——のみの創造者　①318
善悪
——の差別に就いて　⑥264

——の判断　⑥285
——の混った世界はない。ただ善のみの世界がある　②36
——を知る樹の実　②270
あまりに——を窮屈に考えてはならない　⑧30
善一元の実在界　⑨41
全機の把握　③282
禅機の把握　③282
善業　⑧211
穿孔性膿胸　②218
前後際断　⑩140
千古不磨の金言　①115 ②230
潜在意識　①203 ②301 ⑥273 ⑧178, 226 ⑨4,14,18,19,20,144 ⑩120 ㊖54
——と云う心は　①219
——と現在意識　⑩123
——に「若さ」を印象せよ　⑧236
——の叡智と迷いとの根源　⑩122
——の奥には神の智慧がある　①220
——の改造について　⑨273
——の記憶　㊖54
——の傷を探る　⑦102
——の神秘作用　⑦87
——の創化作用　①324 ④280 ⑩210, 242,273
——の願い　②40
——の役割(役目)に就いて　⑨302 ⑩122
——は一個の創作家である　④280
——を浄めるには　⑧112,241 ㊖112
潜在意識層　②178 ㊖112
扇雀(人名)　⑤7
千手観世音菩薩　⑦19
禅宗　①7,52,162 ③35,214,266,314 ⑥74,239 ⑦122,136,167,289 ⑧272 ⑨6 ⑩300
——五代目の祖師　③245
——第一の書　③235
禅定　㊖105
洗浄と云うこと　⑧4
全身
——神経痛　④293
——の神経痛が一夜で治る　㊖168
——の肉体細胞は感情の通りに振動する　②253
全身心の緊張を取り去る法　⑧270
漸進的変化　②40
前世　⑩25 ㊖74
——と今世との中間時　㊖76
——に修道院生活を送った彼女　⑤288
——の不貞と現世との関係　⑤210
先生になると云うことは　⑧165
全世界の出来事に責任を持て　④96
戦争　⑨266
——が起るのは　①227 ⑩64
——犠牲者の家族を持つ人々へ　④322
——絶無の世界を翹望して　⑥282
——の勝利を祈ってはならない　①194
——は人間の心の中で始まるものであるから、平和の防壁も人間の心の中に建設されなければならない(ユネスコ憲章)　⑤323
——犯罪人　④79
——未亡人　④155
喘息　①71 ②120 ④27 ⑦122 ⑧239 ⑩151
——の原因　④33
先祖を大切にする心　②222
全体智慧　⑨111
全体の生命　①306
「千代萩」の政岡　⑥132
全托　②237 ⑧20 ⑨193,194
——の心が先天性股関節の脱臼を治した実例　④264
神に問題を——すること　⑨236
本当に神に——するとは　⑧270
選択の自由　④120
センチメンタリズム　⑧121
——を撃退せよ　②67
仙痛　⑩152
先天原子病　㊖128
先天性
——股関節の脱臼　②216

——疾患又は不具　⑤293
——白痴　⑤293
先天的
——使命　⑥299
——聾唖　⑤293
『禅と現代人』(田中忠雄)　⑧7
先入観念　①163
善人
——なおもて往生す況や悪人をや(親鸞)　②346 ③322 ⑥147 ⑧30
——誇り　③322
船場(大阪市)　④93
選波能力　⑨101
全米ガン会議　⑨186
戦歿せる兄の妻との結婚に関して　⑥228
選民　㊗5
善鸞　⑥139
千里眼(的能力/現象)　③133 ㊗16,145
占領軍　④70
——占領政策違反　④76
善良なるユーモア　⑩166
全力を尽す人には　①56
洗礼のヨハネ　②84 ⑤120,236

【そ】

『増一阿含経』　⑥224
躁鬱症　⑥165
憎悪　⑩151
創刊号(『生長の家』誌)　①75,78,80,81
総感謝の心境　⑥121
雑行雑修　②41
荘厳なる霊の昇天　③22
総裁　③140
早産　⑦212
『創世記』　①3,4,8 ②37,184,224 ⑧97,295 ⑨91,98,118 ⑩77,119,287
創造
——の型　②313
——の神　①269
——の第七日は人間にまかされている　⑧274 ⑩287
——力に一定の形を与えるのは想念である　⑧308
創造主の説　⑦153
相即相入　②86,241,248,254,257,259 ⑦4,25,138
——と聖使命菩薩　⑦3
「相即」というのは　⑦5
曹達　①49
相対の世界　②88
想念
——以外にそれを善ならしむるものも悪ならしむるものもなし(シェークスピア)　④168
——・意志・理念・創造力　②313
——感情と運命の関係　⑨178
——感情のエネルギー　⑩303
——感情の採点遊戯　⑨260
——現象の表現体　④181
——する通りに形があらわれる　②224
——と健康との関係　⑨177
——の形式　④51
——の行動化について　⑨40
——の自由　⑨239
——の選択による運命の改造　⑨27
——の力・言葉の力　⑨165
——の法則　④50
——の目方を測る話　①274
——は生きている　⑩17
——は如何にして運命を創造するか　④168
——は斯くの如くして具象化する　④286
——は行動によって緻密化する　⑧265
「——」は実現のための種子である　⑨34
——を乗せて搬ぶ霊的微小体　⑨188
生命・——・言葉・行動の関係について　⑨182
相場で金を儲けたら　①151
総本山練成道場(長崎県)　⑨256
総理大臣　③84 ⑤131 ⑥276

ソール/サウル (レオン・J.)　②120
　⑩151
即身成仏　③118 ⑤196 ⑦81,118,126,
　128 ⑨210 ⑩195,196,214,226
　——の真理　⑦17
『即身成仏義』(弘法大師)　④46
即身即神　⑩226
即心即仏　⑦81
即身即仏　⑦98
『続々甘露の法雨』(谷口雅春)　⑧354
　⑩298
則天去私　⑨295
ソクラテス　②230 ④114 ⑦259 ⑨151,
　331 ㊢11,27
組織を完全ならしめること　⑧65
咀嚼健康法　①95
祖先霊　⑤71
袖触れ合うも他生の縁(諺)　⑤223
外からの言葉の暗示に対抗するには
　⑨33
「ソ」の音霊　④212
その造りたるすべてのものを見給うて、
　甚だよし(『創世記』)　⑩96
その人の偉大さは　④100
その日の煩いはその日にて足れり　⑨
　106
そのまま/其のまま
　——其処が進撃の姿勢　①104
　——に純に生きよ　②24
　——の心での祈り　②128
　——を大切にせよ　⑧322
素粒子　⑦70 ⑩73
ソ連　⑤135 ⑥150 ⑦235,237,264 ⑧
　55,255,284 ㊢126,224
　——陣営　⑥297
　——の戦車のハンガリヤ侵入　㊢112
ソロモン(王)　②280 ⑧354 ⑨160
存在の第一原因　⑨305
損失は永続するものではない　⑩167
ソンダーン (フレデリック〈二世〉)　④
　272

【た】

ダーウィン (チャールス)　⑧339
タイ　⑤144
大安心の境地　①339
第一
　——原因　⑩279
　「——創造の世界」と「第二創造の世
　　界」　③81
　——の生活法　⑥59
　——のものを第一にする　②3 ⑨146
第一印象　②283
　——の悪い人をも祝福せよ　②164
　——を善くしましょう　③179
第一義のもの　④85
第一次欧洲戦争　⑥231 ㊢245
第一次創造の世界　⑨32
大宇宙
　——の霊　⑦230
　あなたの富を——銀行から　②327
大慧(人名)　⑦168
ダイオジェニス　⑧166
体験の世界は結果である　②87
太閤秀吉　⑥49
第五王国　㊢19
　——の人民の様子を最も美しく描いた
　　文献　㊢18
　——への高昇　㊢14
大悟十八回、小悟は数知れず(白隠)　⑦
　254 ⑧iii ⑨287 ㊢140,148
大根虫　③194
第三次世界戦　④320 ⑥312
胎児　㊢9
大自在の道人　⑦ii
大自然の心と人間の心　⑩75
大自然(の)力　①23,137,186
帝釈　⑧46
大乗
　——経典の特徴　⑦171
　——キリスト教　⑦175
　——と小乗との意味　⑦170

――非仏説論　⑦172 ⑧52
『大乗起信論』　③283
大小・軽重及び時の順序をわきまえよ
⑧88
大証国師　③279
代償作用と文化の創造　②256
大乗仏教　⑦155,164,177
――と云うのは　⑦171
――と生長の家　⑦170
代贖者による償い　㊙60
対人恐怖症　⑥165
大信心は仏性なり、仏性すなわち如来なり(親鸞)　⑩193
耐性　①99
――菌　⑨179
大生命　①253 ⑤159
――と一体であることを如実に体感せよ　②214
――の「生かす法則」　②17
――の子　⑩190
――放送局の「生かす波長」　②17
大宋国　⑧7
対他的説法　⑦12
大地六種に震動す　⑦48
大智舎利弗尊者の甥　⑥224
大腸菌　⑧333 ㊙231,232
大通智勝如来　③306 ④47 ⑦115
大東亜戦争　⑦113 ⑧280
大東亜民族の解放(戦)　①192 ④79 ⑩331
第二次
――上海事変　⑤31
――世界大戦　①120
――創造の世界　⑨32
――大戦後の日本人　④86
――的心　⑨31
第二の生き方　⑥59
第二の誕生　⑤122
『大日経疏』(弘法大師)　⑦119
大日如来　①154 ③334 ⑦12,82,83,93,100,108,115,126
――の分身　⑦101
大脳　⑩72,303,304
太平洋戦争　④282
大丸百貨店　㊙124
『大無量寿経』　⑦171 ⑧52
ダイヤ入りの腕環　①214
ダイヤモンド　①48
太陽族映画　㊙148
『太陽の季節』(石原慎太郎)　㊙148
第四次元的方法　⑦248
大力量人　③303
「――」と云う公案　③283,285
大力量の人、何によってか脚を擡げ起さざる(『無門関』)　③283,294
大陸間弾道兵器　⑨218
対立の心　③271
大龍　⑧47
大連(中国)　④156 ⑥95 ⑦198
大和　⑦266
――の精神　③233
――の理念の国　④77
大和国　④75 ⑦169
台湾　①191 ③231
「妙子ちゃん事件」について　⑥73
高天原　②192 ⑦9
互に他の為をはかれ　①150
高き教養ある女性の霊魂の結婚について
⑤244
高く清き霊魂に就いて　⑥275
高下佐一郎　③194 ⑥319
高瀬清　㊙212
高千穂(宮崎県)　④152
高野六郎　①120
高橋是清　⑥49 ⑦234
高橋正雄　①77 ④317
竹迫晋　⑦200
高見みな　④269
高御産巣日神　④199
高山樗牛　②294 ⑧339
宝
自己に埋蔵された――　⑧129
手仕事や労働は国の――　①19
廃物を――にする　①48
最も永続性ある――　⑧213
宝塚の少女歌劇　㊙123
滝川尋常小学校　④11
沢庵禅師　③201,263,266,272

——と柳生但馬守　③263
磔殺の刑　⑧41
田口精亮　③194
武田勝男　⑨187
武智実験劇場　⑤7
他化天(たけてん)　⑧48
惰性の法則　②226
出せば出すほど殖える　⑧218
堕胎　⑤130,146
——禁止法　⑤136
ダダイズム　④55
戦い取ったものは戦いとられる　③68
ただ
——神の義のみを求めよ　②314
——神の御栄えのためのみに　⑨334
——実相の完全さのみ(を心に観ぜよ/を語れ)　②145 ⑩312
——実相の世界のみある　⑧174
——善と円満のみ実在する　⑨44
「——」の生活　③253
——喜ばそうとばかり思って何事でもなさいませ　③175
正しい
——意志　⑥253
——食欲　②134
——神学の根本原理　㊗7
——信仰と紙一枚の相異　⑧123
「正しき希望」と「正しくない希望」　⑩99
畳の上の水練では本当に泳げるようにはならない　⑧261
忽ち剣難の相、忽ち円満の相　⑤101
立ち向(対)う人の心は鏡なり、おのが姿を映してや見ん(黒住教祖)　⑥149 ⑧59 ⑨96
立ち向う人々は自分の心の影(鏡)です　②88 ⑤84
脱衣婆　⑧200
達者で長生するには　①16
達人　㊗247
龍野(兵庫県)　④264,266
巽忠蔵　③308
脱落身心・身心脱落　⑧272
縦
——と横との真理　㊗89
——取りの方法　⑤199
——の真理　⑤188 ⑥146 ⑩318 ㊗89
——・横・厚み　①241 ㊗100
経(たて)の真理　㊗89
「田」という字(図)　⑦78
田中イサノ　⑦198
田中忠雄　⑧7 ⑩194
ダニエル(ユダヤの預言者)　③201
『ダニエル書』の預言　⑥294
谷口恵美子(「私の娘」)　①160 ⑦12
谷口清超　③140 ④291 ⑥249 ⑨202
谷口哲学と西田哲学　③289
谷口輝子(「家内」)　④73 ⑦182 ㊗147
谷口福松　④13
谷口正治　④16 ㊗204
谷口雅春　⑤178 ⑨335 ㊗144,146,203,204
——の名前　㊗203
谷崎潤一郎　⑤37
種の保存と播種及び移植　②291
「タ」の音霊　④213
頼まいでもお蔭はやってある(金光教祖)　①82,87 ③337 ⑧110
煙草　③229
——や酒を好む心を治すにも　⑧165
多発性関接リューマチス　③156
ダビデ　⑦156
食物(たべもの)　⇒食物(しょくもつ)
——の霊的成分をのがしてはならない　⑨142
どんな——がよく消化するか　①99
魂
——から魂へ直伝　⑨100
——の安心を得る道は　⑦340
——の一体性　④164
——の奥底からの願い　①198
——の稚い場合には　⑨58
——の解放　②41
——の急速なる進歩のみを目指した生活　③19
——の高級な人は野心を出しても却って旨くゆかぬ　①216

——の浄化期間を設けるがよい　⑨255
——の浄化と物質の比重　⑨314
——の浄化のための仕事　⑨55
——の静寂の力　⑩293
——の底の深き願いはきかれる　②40 ⑦338 ⑩258
——の発達　㊕59
——の半分　⑤220
——の必然的要求　⑤163
——の夫婦　⑤229
——の復活　④326
——の求むるもの　⑩27
——の悦び、友情の悦び……など　③4
——は斯くして進歩する　⑩26
——を逞しく生長せしめるには　⑨92
一層高い——の段階に　⑨238
わが——の伴侶を求めて　④148
玉手筥　④70
多磨墓地　④57 ⑥278
多実子(『自分の穴の中で』)　⑤306
惰眠　⑩269
頼りになるものは「神と偕にあり」と云う自覚です　⑨94
陀羅尼　⑦92
他力
——宗教　⑦109
——真宗　⑦136
——門　⑨330
惰力　②23
樽の中の賢人　⑧166
達磨大師　③274 ⑥270 ⑦172
誰か烏の雌雄を知らん　②346
誰にも好かれない人の話　③180
他を侵さないで自分の自由が得られる　⑧275
短歌にたとえて人生を説く　⑩328
短期間に魂を進歩さすには　⑨260
端坐して実相を観ぜよ(法華の三部経)　⑦232 ⑨138
炭酸瓦斯　①49
短時間の祈りを度々繰返すこと　⑨253
断じて失敗を予想せざる者は常に勝つ　②312
男子に反抗する性格の原因　⑤234
男女同権(論)　⑤243 ⑩33
団体
——の空気とメンバーの気質　⑧71
——のリーダーが、成功を収めるには　⑧71
“単なる願い”と“深き願い”との区別　⑩258
単なる物質と肉体との相異　⑤169
『歎異鈔』　①185
胆嚢、膀胱の痛み　㊕131
ダンバー (フランダーズ)　⑧239
断末魔の苦しみ　㊕236,237

【ち】

小さな事(問題)にクヨクヨするな　②103 ⑧64
千五百秋(ちいほあき)の瑞穂の国は世々わが子孫の王たるべき地なり　①64
智慧
——ある心　②221
——ある自由(に就いて)　⑦58 ⑩288
——ある統制　⑦59 ⑩288
——あるものは恐れない　⑩68
——が一切解脱の基である　⑦61
——と云うものは　⑦55,61,262
——と原型　②242
——と秩序との関係　⑦55
——と法則としての宇宙の本体　②220
——に到る道　⑩113
——の効用について　⑨160
——のない同情は人を殺す　⑥77
——は一切のものを浄める　⑦258
——は学者でなくても得られる　⑨231
——は唯物論を超えて　⑦258
——を得ることは、宝石や貴金属を獲ることよりも貴い(ソロモン)　⑨160
『智慧の言葉』(谷口雅春)　⑥274 ⑧9,175

知恵の樹の果　②234 ③68 ④312 ⑨98,118 ⑩203
——を食う　⑧296
力
——の泉　①31
——の極限を超えた時、又力が出る　⑧338
——と平和の世界　㊑19
——吾れより出でて汝に入れり(イエス)　㊑153
地球上に理想世界が出現したときには　⑥317
知行合一　⑧288
筑紫の大守　⑨189
蓄膿症　①85 ②121 ⑩152
逐物為己、逐己為物の未休　③241
知識
——と智慧とは異る　⑩66
——は愛に導かれて智慧となる　⑨218
千鳥　①191
地上
——生活　⑤147
——に生を享けたと云うことは　⑧139
——に天国をつくる自覚　③65
吾々が——に生れた意義について　②188
地上天国　⑩295
——建設の最上方法　②ii
——建設の要素について　②308
——の出現に就いて　⑥278
——は何時出現するか　⑥303
此世に——を建設するには　②307
地水火風　①169
地水火風空的物理学　⑧284
知性　⑨16
——あるエネルギー　⑨12
——の勝った奥さん　⑤53
——の勝った叛逆の子の導き方　⑥51
——は普遍的である　⑩117
父
——と吾れとは一体なり(イエス)　③118
——の理念　⑤56
——よ、彼等をゆるし給え。彼等は為すべきことを知らざるなり(イエス)　①312 ⑦319
乳
——臭い小娘　⑥124
——不足　⑩255
父母(ちちはは)　⇒父母(ふぼ)
汝の——に感謝せよ　⑥131
膣　㊑165
秩序
——があるので自由がある　③99
——と愛との一体について　⑩37
——と云うものは　⑦56
——と自由について　⑩104
——と平等との問題　⑩37
——の智慧と一体になるには　⑩39
——は創造の根本原則である　⑩33
すべての始めには——がある　③98
地的な美　⑨331
地動説　⑧103,281
「チ」の音霊　④214
千葉県　①50
治病
——方法には大別して二種ある　①308
——霊力の根源　⑨120
チフス菌　㊑231
致富の極意　④107
痴呆者の道徳的責任　㊑35
着実に一歩一歩を心の光で照らして歩め　①284
中央公論社　⑥105 ⑨187
『中外日報』　①190 ⑦150
——の社主　⑦280
中間子　⑦71
——理論　⑨98
中共　⑤135,144 ⑥150 ⑦235,237 ⑧255 ⑨43,165
中国　⑨46
中耳炎　㊑238
中性微子　⑩73
中道実相の悟り(観方/教え)　⑤154,157 ⑧249

中風　①293 ③224 ⑦84
『中庸』　④84
治癒を求める人のために　⑧298
超
　——感覚世界　㊊21
　——経験的実在　⑤159,160
　——現象的自己の自覚　⑦341
　——国家主義的言説　④76
　——自然的経過　②39
　——自然的魔術師　①271
　——人間　㊊11
超越
　——意識　①221,325 ⑤334 ⑦99 ㊊217
　——的内在神(論)　②257 ⑩141
　——内在神と奇蹟　⑩142
　——無　⑩279
腸炎　②121
腸結核　①94 ④167 ⑥80
『彫刻の美』(本郷新)　④165
超在意識　⑦333 ①4,23
　——・潜在意識・現在意識　⑩121
長者窮子の譬(『法華経』)　⑩204
澄心　⑨105
超人　⑨124 ⑩230 ㊊14,23
　——意識　㊊17
　——を自覚せよ　⑨124
　あなたは既に——です　⑨124
超世の悲願ききしより、吾等は生死の凡夫かは(親鸞)　③12 ⑦150
朝鮮　①191
　——事変　⑦346
　——の動乱　③70
　——民族　③70
長府(山口県)　㊊178
調和
　——すると云うことは悪の存在をゆるすことではない　⑧235
　——と云うことは　⑩330
　一切のものを一つに——せしめる使命　③244
「調和を齎す祝福」　④136
直接問答　⑥235
直腸癌　②216
直覚認識　⑨311
直観　㊊16
　——による善一元の世界の把握　⑨41
　——の智(慧)　③236,237
直観力　㊊73
一寸(ちょっと)信じて直ぐ疑うのは本当に信じたのではない　⑧354
塵の中にある宝　①48
治療
　遠隔——　②223
　各種の——法に就いて　①307
　実相を観ずる——　⑧315
血漏　④29 ㊊153
賃上闘争　⑧60 ⑩199
賃銀のために働く者は奴隷である　②168
鎮魂　②80

【つ】

墜落
　——した其処に足場を作れ　①103
　——せる天使　⑧146
　——は機会である　①102
疲れたと思ったときには　①224
疲れないで働くには　①223
憑き物　⑥162
償いの法則　⑧150 ㊊33,60,62
津田浩山　⑥333
都築正男　⑩88
慎しむべき事ども　⑩232
ツツミ　⑤35
「包み」と「罪」とは語源がおなじ　⑨225
常に進歩生長する人となれ　④104
常に「よく調えられたる心」を持て　⑩251
「ツ」の音霊　④215
津野つや子　④269
ツベルクリン反応　⑦107
壺坂の沢市　⑤105
妻

——以外に、妾をこしらえたら　①151
——が心で良人を縛らなくなったら　⑤69
——としての真実の幸福　⑤50
明るい——を持つ功徳　③147
戸籍上の——　⑥127
先ず——から謝りましょう　⑤14
罪
「——あり」と書いた獄衣を投げ捨てよ　②328
——から復活して昇天するには　⑦318
「——」と云うことは　②350
——というのは　③335 ⑦116,241
——と業とを解消するには　⑧118
「——」の価い　㊖64
「——」の語源　④215 ⑤35
——の振替　⑥79
——の本質に就いて　④35
——の赦しに就いて　⑩239
——は贖わねばならぬ借財ではない　②72
——本来なし　⑥79
「——」より転向するとは？　⑨252
——を赦すと云うことの本当の意味　⑨137
汝の——はゆるされたり起ちて歩め(イエス)　②46 ⑧118 ⑩240
罪の子　②234 ⑨321 ⑩217
——から「神の子」人間へ　④29 ⑤119
剣(つるぎ)をとる者は剣によって滅びる(イエス)　②84,267,306 ⑥64
鶴巻町(東京)　⑤85

【て】

手垢
——のついた布施　⑩235
——の着いた母性愛　⑥106
ディヴァイン・サイエンス　④132,183,257
帝王切開　④265
低級の迷霊　⑨102
貞潔　⑥203
抵抗力　①99
貞女二夫に見えず　⑥191
貞操　⑤296 ⑥203
——帯　⑤275,281
帝展　③138
『デイリー・ワード』誌　④276
デーヴィ (ハンフリー)　⑧201
テームズ河　⑤134
デーリー (スター)　②249 ⑧121,221 ⑨71,260,288
手紙問答　⑥1
敵
——なきを以て極意とす　⑥328
——二倍力を得る為の祈り　④318
「——のために祈る」と云うこと　⑩161
——はない　②268
——本来なし　⑨309
——を愛せよ(イエス)　④305
汝の——は汝の内にあり　②187 ⑩161
汝の——を愛せよ(イエス)　⑦206 ㊖55
手相　㊖200-206
哲学者と医学者との相異　⑨175
『哲学の根本問題』(西田幾多郎)　③290,293
デトロイト(米国)　⑨186
「テ」の音霊　④216
寺田繁三　⑦215
デランド (マーガレット)　⑩254
テレヴィジョンというのは　⑦79
テレパシィ(読心術)　㊖16
テレビ・セット　⑩341
天
——にまします我らの父よ。み名をあがめしめ給え(イエス)　②162
——の使も誰も知る者なし(イエス)　⑥279
天運　①114

癲癇(テンカン)　①308 ③22 ⑨172
——の持病　⑤295
——の発作　⑤293
電気の法則　①294
伝教大師　⑧45 ⑦172
天狗になってはもう伸びない　③181
天国　②192 ③301 ⑤107 ⑧106 ㊗30, 79
——的幸福を実現するには　②324
——の門を開くための祈り　②165
天国浄土　②182 ⑥279
——を実現する道　⑩234
天才
——児　㊗74
——は忍耐なり(諺)　⑤4 ⑥259 ⑧130
——を発揮するには　②275
天使　②156
天竺　③274
電子顕微鏡　⑧99
『天使の言葉』(谷口雅春)　③134 ⑦10, 11 ⑧174 ⑩308
天上
——天下唯我独尊　⑦49,259 ⑨4 ㊗110
——の祝福　④325
天賞堂　④19
天壌無窮　④76
——の「日本国」　⑦169
何処にか——ありや　④75
天職　①17
天親(人名)　⑦172
天神地祇　⑧48
伝説は証拠にはならぬ　㊗26
『典座(てんぞ)教訓』(道元)　⑧8
天孫降臨　⑦270
——の神勅　①64
天体というものは　⑦71
天地　⇒天地(あめつち)
——一切と和解するとは？　⑧31
——一切のものと和解せよ(する)　①163 ⑧160 ⑨307 ⑩34,82
——が「一」であること　③240
——創造説(天理教の)　⑨91
——のいのち　①6
——の心　①167
——の創造主としての神　⑦342
——の光を見る心　⑧287
——は亡せん。されど我が言は亡せず(イエス)　②163
——は一つであった　①300
吾れ動けば——応う　②18
天的な美　⑨331
点滴、よく石を穿つ(諺)　⑨255
天動説　⑧103,281
——が地動説にかわる　㊗129
顛倒夢想　⑧155 ⑩68
天と地
古き——とは過ぎ去り、神の都が花嫁の装いをして天降る(『黙示録』)　④37
われ新しき——とを見たり。旧き天と地とは過ぎ去り、海もまたなきなり(『黙示録』)　⑤122
『天と地とを結ぶ電話』(谷口清超)　⑤ii ⑥279
天人
——充満し、宝樹華果多くして衆生の遊楽する(『法華経』)　④37
——充満の不滅の実在界　⑦99
天皇　④64,68
——国家　①65
——制　④66
——中心の国家　①64
——陛下　③290 ⑦114 ㊗127
天の倉　⑩186,237
——に富を貯えよ　②303
天の父　①232 ⑩219
——様　①342
「——」は人類全体の父である　⑩217
——われにいまして御業を成さしめ給うなり(イエス)　⑧260
天稟　㊗53,74
天賦　㊗53,59
天分　①17,282 ②130,285,286
——・天才を発揮するには　②275
——を自覚する道　⑥304

——を大成するには　②286
天命
　——直授と云うこと　⑤195
　——を知ること　④19
天武天皇の詔　③234
天理教　⑧36 ⑨226
天理教祖　②297 ⑦284,346 ⑧106

【と】

独逸(ドイツ)/ドイツ　①49,120 ③237 ⑦88
　——の大哲学者　③10
　東・西——　⑧54
　西——　①46,107
淘宮術　⑨135
東京(都)　①128 ③137,224 ④22 ⑥86,95,116 ⑦84,283 ⑧187,188 ⑨261 ㊓ii,127,164,210
東京帝大/東京大学　④160 ⑥230 ㊓137
道元禅師　①165,321 ③241,262 ⑦119 ⑧5 ⑩16,140
同志社　①162
道綽禅師　①154 ③39
東条英樹　④97 ⑧70
同情
　——せられようと思うな　③126
　——を求める心(感情)　②99 ⑩225
道心に衣食あり(諺)　⑨55
同性愛
　——の原因　⑤238
　——の女性　②255
銅像は物質で心がないから病気に罹らぬ　①204
東大寺　⑤156 ⑦12
東(とう)智恵子　③150
童貞　③48
道徳心　⑩268
道徳的存在者　⑤327
糖尿病　③135 ⑧239
同波長牽引の法則　⑨152
動・反動
　——の応報の法則について　⑤276
　——の法則　⑨53,296 ⑩23,24 ㊓35
到彼岸　⑧29
動物
　——意識　②176
　——及び無生物に宿る「心」も人間の「心」と共通である　④174
　——界　㊓81,88
　——的性欲のみの行為は　⑤307
　——の王国　㊓14,20
東北大学医学部　⑤104
洞爺丸　⑨7 ㊓211
道和(『李桂伝』)　⑤45,48
トーキー映画　③73
遠くを見たい者は高く上らねばならぬ　①21
トーマス (ユージーン)　④136
徳
　「——」が身に備わるためには　⑧214
　「——」と云う字は　⑨269
　「——」は一切の富の源泉である　⑧191
　「——」は決して「自己犠牲」を必要としない　⑨270
　——は積極的な力　⑩294
　「——」は目に見えないが素晴しい救いを与える　⑧211
　「——」を成就するには　⑧169
　「——」を理想とする民主主義　⑧170
独覚　⑥341
徳川幕府　④93
独裁者　⑧215
徳山和尚　⑦288
徳山托鉢の公案　⑦288
読者諸君に期待する　⑧215
徳相　④98
読心術　㊓16
独断妄信主義者　㊓51
徳永硝子　③299
床を取上げて歩め(イエス)　①273 ⑧38
土佐　①186
特級酒が自然に出来た　㊓186
特攻機上　④328

特攻隊(員)　④322 ⑤322
突然(突発)変異　②40 ⑥324 ⑨178
鳥取　⑩156
隣のお爺さんを救う　①85
トニー・谷　④86,94
「ト」の音霊　④217
賭博　①217
飛田給(練成道場)(東京)　③42 ④90 ⑤71,202 ⑦128 ⑨255,261 ⑩42,102 ㊍192
とび出た頬骨　③148
止れ、周囲を見よ、而して心を澄ませ　②317
富
——とは如何なるものか　①192 ③84 ⑧190
——と繁栄との原理　⑧79
——に対する執着　⑤107
——の源泉　⑧60
——の父性原理　⑤115
——の雰囲気　⑨167
——の母性原理　⑤115
——の無限供給を自覚せよ　③84
——は苦しみを除き楽を与えるものでなければならぬ　⑨147
——は“信”を中心に集り来る　⑨158
——は物質の塊ではない　③84
——を得る根本法則(条件/原則)　①338 ⑤106,110
——を得るには　⑤109,113 ⑧60,189 ㊍199
——を価値たらしめるは所有者の品性である　⑨157
——を築くための新しき生活設計　⑤104
「——」を流れ込ます原因　⑨156
——を引寄せる祈りの準備　②125
真の——　④115
富の本質　⑤108,109 ⑨147,155
——は人の為になる智慧　①195
富める者
——と云うのは　①310
——の神の国(天国)に入ることの難きこと駱駝の針の孔を通るが如し(イエス)①310 ③300 ⑤106 ⑧106
友　⇒友人
——から愛情を得たい場合には　⑨82
よき——はあなたの至宝である　②348
友松圓諦　⑦170 ⑧39
吃(どもり)/吃音(どもり)　⑥115,117,155
吃音矯正法　⑥121
戸山ケ原(東京)　⑤85
富山県　⑤50
豊島静虚　⑦122
豊玉姫命　④242
豊臣秀吉　③170
ドライ・アイスのような婦人　③147
トライン (ラルフ・ウォルドー)　②309 ③89 ④107 ⑥335
虎の門神経科　⑧28
鳥井龍蔵　③110
鳥射ちの名人が鳥と和解す　㊍122
取越苦労　②48,111 ⑧168 ⑨107
——をなくするには　①72
鳥肌　①72
努力
——は決して失敗することはない　⑧209
——は肉体組織と精神が発達するための条件である　⑩292
弗(ドル)　①45
トルーマン(大統領)　⑤136
トルストイ　④296 ⑤146 ⑥99,104 ⑦53
『大トルストイ全集』　⑥105
奴隷
——禁止令　①291
——的人生観　⑦236
——になってはならない　⑧156
——の生命　④89
『泥海古記(どろうみこうき)』(天理教)　⑨91
トロワード　⑨40 ⑩194
トワイン (マーク)　③109
頓得の悟り　⑨280 ㊍141
貪欲　③69 ⑤108 ⑨139

【な】

内観法　⑩222
内在
　——神性の無限力を発揮するには　⑧34
　——神の説　⑨60
　——の神の子(神/神性)　②12,192,348 ⑨12
　——の神を自覚するには　⑨329
　——の人間　⑨327
　——の仏性　②12 ⑦144
　——の仏身に頼りなさい　⑨210
　——の「無限」を発掘するには　⑩92
　——の無尽蔵　⑦247
　——無限の力　④317 ⑨4
　——無限の富　④111
内斜視　④166
『内戦年間のエーブラハム・リンカーン』(サンドバーグ)　④278
内臓は再生する　⑤153
ナイチンゲールの話　③66
内部
　——的理念　②8
　——の叡智の癒す力　⑩158
　——の神(性)　②193 ⑨5 ⑩222
　——の声　⑩270
　——の精神波動と同じものが外部から引寄せられる　⑧246
　——の生命力　⑧343 ⑨219
　——の力を引出すには　⑨120
　——理想　③56,57,58
内務省警保局　⑧278
ナイランジャナー河　⑦43
ナイロン　③53
ナヴァールのマルグレー　⑤83
長寿(ながいき)したい人は腹の立っている時に飯を食うな　①70
中井光次　④17
長尾郁子　⑥230
長岡(市)(新潟県)　②216,218 ③18,31 ⑨196
長尾初枝　③133
中河與一の偶然論　④22
長崎(県/市)　⑦113 ⑨261 ㊞214
　——医科大学　㊞212
　——の原爆　⑧54
中嶋(人名)　①199
中嶋逸平　⑨78
中島富蔵　④266
長野市　②215
中之島公会堂　④31
中野友礼　⑥68
中野ふゆ子　⑥213
中村しげ子　⑨117
中村ユキヱ　③158
中本よね　⑥123
中山香駅(大分県)　⑦200
流れる水は腐らない　⑧185
泣き男　⑤46
泣き面に蜂　①107,152,296 ⑧228 ⑨51
泣くほどの深い感謝で治る病気　③156
名古屋　③151 ⑤17,64 ⑥100,157,162
　——医大　③151
　生長の家——教化部　⑥157
ナザレ人　㊞55
何故
　——愛していながら仲が悪くなるのですか　①210
　——、赤ん坊は教えられないでも乳を吸うか　⑤158
　——あなたの祈りはきかれないか　②71
　——、神は自然界の法則を造ったか　⑩144
　——、現象界に不完全があらわれるか　㊞99
　——寿命が来ないのに死ぬのか　㊞238
　——すべてのものが、人類に一様に見えるか　②247
　——『生命の實相』を読めば潜在意識層が浄まるか　㊞113
　——戦争は止まないか　⑨310

——善人が病気になるか　③335
——、大抵の医者は生長の家に反対するか　①164
——、南無阿弥陀仏と称名すれば極楽往生及び現世利益が得られるかの理論的根拠　⑧52
——日常生活に問題が起るか　⑨292
——人間は老い且つ病むか　①255
——人間は死にたくないか　⑤164
——人は成功しないのですか　①212
——不幸が此世にあらわれるか　②148
——負けたら口惜しいと思うか　③211
——臨終に苦しみが来るのか　㊎236
——老衰するか　⑧236
灘(神戸)　⑦196
夏川静江　⑤97
夏目漱石　③227
七たびを七十倍たび赦せ(イエス)　①263,344 ②267 ⑦201,206 ⑨116
七つの光明宣言　⑦29
七つの燈台の点燈者　⑦25
——の神示　②156
何が、拡散するガスを密集せしめ得たか　⑩14
何かが行き詰って来たら、何かを与えることを考えなさい(諺)　②136
何事もただ楽しむにしくはなし、ねてもおきても天の心を(黒住宗忠)　⑨10
何物をも摑んではならない　⑧154
何ゆえ兄弟の目にある塵を見て、おのが目にある尚一層大なる異物を認めぬか(イエス)　⑨296
何よりも先ず大切なるもの　⑧108
「ナ」の音霊　④217
ナポレオン　③52 ⑧70,215 ⑨62,68
——の心の辞書　①94
生噛りの光明思想家　④316
懶けたい心　②99
なまけ者には決して特別配当はない(トロワード)　⑨40
なまけると云うことは　①292
南無阿弥陀仏　①338,342 ②41 ③40,119 ⑦109,240 ⑧46,106
悩み
仕事場の——を家庭に持ち越してはならない　⑧240
汝の——を神にあずけよ　⑧352
寝床にまで昼の——を持越しては　⑨106
「なやむ心」は「やむ肉体」　②123
奈良　⑤197 ⑦12 ⑩170
——の大仏さん　⑤156
「成りませる」ということは　③242
鳴尾の競馬　①216
ナルシサス的　⑤9
ナルチスムス/ナルシスムス　②67 ⑧328
慣れる尊さ恐ろしさ　①28
成れる仏　②184 ⑦4 ⑩195
難有り有難し(黒住教祖)　②297
難有れば有り難しと思え(諺)　⑨104
南柯の(一)夢　⑩159,320
難儀は節や、節から芽が出る(天理教祖)　②297 ⑦346
難行道　⑨330
汝/なんじ
——、心をつくし、精神をつくし、力をつくして、汝の主なる神を愛すべし　⑩93
——此等の大いなる建物を見しか、一つの石も崩さずしては石の上に残らじ(イエス)　⑥64
——の財産は汝を躓かすであろうから、汝の持てる全てのものを売りて、これを貧しき者に施せ(イエス)　⑦286
——の手を伸ばせ　①273
——の右の頬を打つ者あらば、左の頬をもめぐらせて打たせよ(イエス)　②138,267 ⑤191 ⑦206
——、呼ぶに先立って吾汝に答えん(『聖書』)　⑦344 ⑨64
——をなやめ責むる者のために祈れ(イエス)　⑦206
——ら吾が前に他の如何なる神をも有つべからず(エホバ神)　①325

ナンシー(フランス)　③216 ⑦88
南泉和尚　③269
　――が猫を斬る公案　⑦275
「南泉斬猫」(『無門関』)　⑦275
軟酥(なんそ)の法(白隠)　⑨6
難陀　⑧47
難聴　㉄243
何でも有りがたく受け取ること　①41
何でも百事如意に引寄せられる　⑥335
南天棒老師　①162
何の為に生れたか　⑦42
何人も“我”によらで“父”に来ることを得ず(イエス)　⑩238
南北戦争　④277
南北朝鮮　②204
難問題
　――を解決するには　⑨235
　あなたに――が訪れたときには　⑨193
南洋　①59

【に】

新潟　④153
新潟県　②216
新潟県加茂町　③18
新潟県三条町　③17
新潟県新津市　②218 ③20
新潟大学工学部　⑨196
ニーチェ　③10
　――の超人の哲学　⑤241
饒村祐一　③23
二階堂春恵　③18 ⇒小林春恵
和魂(にぎみたま)　④195
肉眼の世界　①216
憎しみ
　――の心は恐怖を伴う　⑧256
　「――」は実相を観ないからである　⑩232
憎み
　――に対して憎みを報復してはならない　②303
　――や嫉妬は魂の損失である　⑧172
肉腫　⑨189
肉体
　――意識は自己の実相の無限さを自覚しない　⑩229
　――死後も斯くの如く生きている　③26
　――死後も生命は生存する　㉄74
　――的快楽主義者　④55
　――的存在　⑩45
　――的段階　⑩62,64
　――的段階のみで生きる人の不幸　⑩64
　――なんぞ我れ関与せん　⑧18
　――に病気があらわれたら？　⑨286
　――人間の醜(みぐる)しさ　⑦38
　――の自分と云うものは　①345
　――の死を超えて　⑩319
　――の成分は常に異るのに、「自分」と云う自覚が異らないのは何故か　⑦226
　――の懶け者に心ゆるすな　⑧328
　――は永遠に老いないのが原則である　⑨304
　――は「神の宮」だと言う意味　⑩196
　――は「心」が自己表現する道具です　⑨28
　――は「心」である　⑩132
　――は心で思うとおりになる　㉄243
　――は心の影　③38 ④211 ⑥208
　――は心の結晶体である　⑩153
　――は心の象徴　⑤173
　――は心の端的な表現である　④171
　――は生命の表現の座　②59
　――は常に新たに造られる　⑨15,304
　――は人間ではない　⑨301
　――は人間ではなく“霊”の乗物である⑩61
　――は人間のカラです　①168
　――は(本来)無い　②87 ⑥199
　――復活の物語　㉄26
　――も山も川もみな心の現れ　②121
　――を如何に世話するか　⑧159

——を根本的に健かにするには　⑩178
あなたの——は神の顕現です　②210
あなたの——を祝福なさいませ　②7
使えば使うほど発達する——　③226
二元
——観に立つ西田哲学　③296
——論　③293 ④124
ニコチン含有の煙草　②145
ニコデモ　③15 ⑤123,196 ⑩190
ニコル　⑧332
西井真之助　⑥78
西宇部(山口県)　⑥333
西川ふみ子　⑥86
西田幾多郎　③289
西田屹二　①49
西田哲学　③292 ④312
西田天香　③247 ⑥140
西谷啓治　③290
『西日本新聞』　⑤94
西宮(兵庫県)　⑥132 ㊊187
西本願寺　⑦112 ⑧43
二重人格　⑨171
ニセモノの自分　②103 ⑤191
二千六百年不敗の国家　④65
二僧巻簾　⑥81
日常生活と禅の生活　③267
『日常生活の異常心理』(フロイド)　⑥153
日々是好日(である)　⑨75 ⑩300,319,329
『日々讀誦三十章經』(谷口雅春)　⑥245
『日輪めぐる』(谷口雅春)　④187
日蓮　⑦172
——宗の身延山　⑧41
——の辻説法　②169
日露戦争　④14 ⑦113
仁木弾正　⑤102
日赤病院　⑩88
日発　①201
『日本評論』誌　⑤142
日本(国)　①22,43,49,59,154,188,308,338 ③210,229,334 ④68 ⑤129,136,211 ⑦162,238,265,267,309 ⑧55,98,269,280 ⑨43
——が大東亜戦争に負けた原因も　⑧101
——軍　④80
——建国二千六百年の記念大祭　③290
——建国の理想(精神)　①65 ③232,233
——再建　①192 ④93
——弱体化政策　⑤129 ⑦266
——人　③105,231
——神道　⑦142
——精神　③233
「——」の永遠不滅　⑦168
——の皇道　③232
——の使命の一つの顕現　③244
——の純粋の思想　③296
——の戦争理由　①190
——の哲学　③296
——の道　⑥90
——は自己の犠牲により東亜民族を解放した　④78
——の民族精神　⑦269
日本板硝子　③299
日本銀行　④134
日本劇場　④109
日本国家
——の実相　①64
——の生命体的把握　⑦269
——の本質及び設計　①64
日本細菌学会　⑧332
日本赤十字社　③152
日本全国医師会　⑤78
日本短波放送　⑤9
日本橋のビル街　④109
日本民族　①59 ③244 ⑦269
——の精神を象徴するもの　③241
——の理想　①66
——は寄せ集めではない　①59
瓊瓊杵命　④152 ⑦270
「ニ」の音霊　④220
如来　⑦145,233
——説法　⑦14
如来寿量品　②303 ④36 ⑤122 ⑦100,

172,251
如来蔵　⑦159,163
ニューオーリーンズ(米国)　㊗131
乳児脚気　②349
ニュージャーシー(米国)　⑤214
『ニューズ・ウィーク』誌　⑤136
ニュー・ソート　④132 ⑥335 ⑨89
——の思想家　⑩177
ニュートンの力学時代　⑩277
紐育(ニューヨーク)/ニューヨーク　②121 ⑤257,275
入龍宮不可思議境界録　④69
柔和
——なる者地を嗣がん(イエス)　⑦255
——にして而も実行の勇気をもつこと　⑨57
如意宝珠観　⑨242
尼連禅河(畔)　⑦43 ⑨102
庭野日敬　⑧39
人境倶に奪わず(禅の語)　④39
人間
——以外の不思議な力　①146
——が新しくなるために　⑧187
——が偉大になるには　⑧335
——が宇宙に顕れたる使命　④179
——が神の子である理由　①221
——が結婚しなければならない理由　⑤242
——が健康になる原理　⑤168
——が向上したい要求　⑤165
——が幸福になるためには(秘訣)　①212 ③189
——が此世に存在する目的　⑦163
「——」が高まるために　⑩163
——がただの物質なら、善悪のサベツができない　⑦242
——が動物よりまさる所以　⑩163
——が肉体と精神だけの面で生きれば破滅する　⑩48
——性の法則　②232
——そのものは分析では分からない　③235
——知　②239
——的工夫　⑨247
——と云うものを如何に観るか　⑩69
——と獣類との相異　⑩317
——とは如何なるものか　①126 ⑩45 ㊗93
——とは神の具象化である　⑧124
——になるなら一月や二月で飽かれるな　①125
——には仮相と実相とがあります　⑨54
——には完全な自由がある　⑩268
——には平等はない　㊗59
——には本当に不幸な人はない　⑤186
——の偉大さをはかる物尺(ものさし)は　②320
——のいのち　①175
——の宇宙に於ける位置　㊗23
——の永生の希望は実現する　⑧320
——の奥にある「永遠なるもの」　②242
——の価値について　②151
——の“体”は肉体だけではない　⑩120
——の基本人権(に就いて)　①188 ④116
——の幸福は　①210
——の幸不幸は其人の人生観による　⑩69
——の自由に就いて　⑩22
——の寿命　①238
——の進化(について)　⑩62 ㊗73
——の救われる原理は唯一つ　②52
——の性格と言われるものは　⑥238
——の生命にも色々の時代がある　②141
——の想念(の目方)　①274 ④52
——の尊厳　⑦163,234
——の存在価値について　⑩135
——の第一印象　⑧315
——の第二の誕生　⑤116
——の知恵　②281 ⑤28 ⑨98
——の天命　④47
——の能力　①22

——の品格の高下について ⑩58
——の不幸は心の中にのみある ④133
——の二つの面 ⑩218
——の「本心」 ①168
——の本質 ②45,80 ④47,61 ⑤148 ⑥237,271 ⑦39,42,43,63,149 ⑧124 ⑨276 ⑩71,221
——の本性 ①172,235 ⑦149 ⑧246
——の本体 ①168,174 ③64,247 ⑥251 ⑩45
——の本当の幸福とは何ですか ①209
——の本当の心とは ①167
——の本当のすがた ①156
——の本物 ⑤151
——の本来の完全さを諦視せよ ②185
——の本来の相 ③276
——の役目 ①257
——の理想像を毀してはならない ⑩8
——の理念 ③56
——の霊的段階への進歩 ⑩63
——の歴史は自己発見の歴史です ②114
——の老衰の因 ⑧88
——は“愛”を本質とする霊的実在である ⑩56
——は或る意味では全部有神論者である ⑧106
——は未だ嘗て女の子宮から生れたことはない ㊢143
——は神様の最高自己実現 ①256 ⑦233 ⑨213 ⑩35,77
——は神の自己完成である ②71
——は神の自己表現のための銀幕である ⑩236
——は“神の新芽”である ⑩281
——は牛肉を食っても何故牛にならないか ⑦299
——は三時間眠ればよい ⑧28
——は三重の存在 ⑩45
——は柴の庵にあらず ⑦155
——は自分の想念で老い且つ病む ⑩87
——は既に完全である ⑧19
——は「精神肉体」一体の霊的存在である ⑩130
——は生命である ③223
——は単なる肉体でない証拠はここにある ⑩56
——は手脚ではない ⑤150
——は何処から生れるか ㊢98
——は何故病まず老いないか ⑧16
——は肉体ではない ①12 ⑨16,29,274,331
——は始めから救われている ②52
——は病気には生命を取られぬ ①92
——は不幸な面より幸福な面を多く持つ ④119
——は「物質」か「神の子」か ⑩77
——は物質ではない ③16,48
——は物質に非ず、生き通しであると云う確かな証拠 ③17
——は本来健全(健康)である ②184 ⑧347
——は本来大力量である ③283
——は無限の自由を持つ ②230 ⑤67
——は無始無終の存在である ⑨30
——は霊的生命である ⑧129
——不平等の所以 ㊢28
——不滅(説) ㊢26,27
——も亦、一切のものの創造主 ①256
——霊魂の存続 ⑥231
——を創造った元の生命は一つである ③227
——を罪人だと考えてはならない ②45
——を肉体(物質)だと考える(思う)な ①301 ②149 ⑧14
——を本当に明るくする哲学 ③11
火に焼けず、水に溺れざる—— ④53
人間界 ㊢20,81
人間解放 ⑤i
——の真理 ②45

人間・神の子　③57
――、何故無限力を出さぬ？　③285
「――」の自覚とは　⑧81
人間観　③289
――を転換しなさい　②228
『人間』誌　⑧347
『人間死んでも死なぬ』(谷口雅春)　⑥230 ⑨30
『人間性の解剖』(谷口雅春)　④294
人間の運命
――と云うものは　①177,216
――の好悪は　②285
――は自分で変えられるか　⑥297
――は変化し得る　⑧312
人間の心　①172 ②163,175
――には二つの面がある　⑩272
――の四層に就て　②178
人間の実相　①172
――は完全である　②56
――は未だ病まず　②348
人間の霊魂　⑥230
――そのものに性別はない　⑤240
人間本来神の子　⑥199
――であり、本来罪なし　⑨309
認識
――が全相に達しないのが「迷い」である　⑩205
――の形式　①10
人時処の三相応 ⑥286
妊娠
――恐怖に伴うもの　⑤283
――し難い傾向の人が妊娠するためには　⑥100
人相見　⑤23
人相をよくすれば運命もよくなる　⑤99
忍辱　⑨116
――の徳に就いて　⑧29

【ぬ】

糠味噌がくさる様な声を出す(諺)　㊜190
ぬけ毛　⑨33
瓊之音(ぬなと)も燃ゆらに天真名井にふりそそぎ(『古事記』)　④223
「ヌ」の音霊　④222

【ね】

ネヴァダ州(米国)　①215
値打
――のある人間になれ　①126
適当な――を相手に定めさせる方法　③109
何よりも先ず自分の――　①130
人の――の生かし方　①102
猫に仏性ありや　⑦279
寝小便　①41 ㊜165
鼠　③195
「ネ」の音霊　④224
ねばならぬを解放する教　⑥63
『涅槃経』　⑦119,145,159,164,166,171,177,180,⑩55,278
涅槃寂静　⑦154
ネフリュードフ伯爵(『復活』)　⑥99
眠りしなと、目覚め直後に　②260
眠れるビールス　⑨188
念仏
――信仰か念罪信仰か　⑦149
――唱え始めれば、人を裁き始める(真渓涙骨)　⑦280 ⑧165
一向専心の――　②80
一日――六万遍　①320
不断の――　⑨81
別時の――　①320
念力応用の繁栄法も本当の信仰ではない　⑦248

【の】

脳溢血　⑩254
脳下垂体　⑨151 ⑩304 ㊜134,219

膿胸(化膿性肋膜炎)　①247,249 ②218
能作者　③254
膿漿　①249
脳神経衰弱　⑤111
脳震盪　③22
脳髄
　——以前の心　⑦228
　——と云うものは　⑦228
　——の考えは自分の魂の考えではない　⑩323
　——の心　⑦227
　——の知恵　②238 ⑨110
　——は一種のテレビ・セットである　⑩72
　——は考えないでも働いています　⑨87
　——はラジオ・セットである　⑩72
　——ラジオ・セット　⑦228,308 ⑩324
脳水腫　⑤293
膿滴々地　④74 ⑦168
「否(ノー)」と言う権利を確保せよ　②345
咽喉の腫物　㊙131
咽喉元すぎて熱さを忘れてはいかぬ　⑩210
「ノ」の音霊　④226
伸びると云うことは　③209
伸子夫人(『自分の穴の中で』)　⑤306
信長の草履取り　③170
ノモンハン進駐　⑨257
宣詞/祝詞　①231 ③213 ⑤68
ノルウェー人　⑤257

【は】

ハーヴァード大学　①177 ②119 ⑨4 ⑩150
パーカー (ジョン)　④281
ハードキャッスル　⑤240
ハードマン (ハーヴィー)　㊙i,15,27,51,60,67
パーマー (クララ)　⑩168
売淫　⑥241
　——夫　④88
　——婦　④88
肺炎　⑤53 ⑥165 ㊙140
黴菌　①250 ㊙186,229-234
　——おそるるに足らず　㊙179
　——が有害となるのは人間の心の影響がある　⑧332
　——は培養すると毒性が減る　㊙182
敗血症　㊙219
売春行為　⑤296
売春を防止する法律　⑩56
背水の陣　②212
　——をしけ　④268 ⑧294
　——を敷く心が胃下垂と肺結核を治した実例　④267
排斥
　——する心　㊙198
　誰かを憎んで——の心を起すと店が繁昌しなくなる　㊙197
敗戦　④65,68,70
　——意識　③210
　——そのままに天壌無窮　④78
肺尖カタル　⑥193
肺尖浸潤　⑥95
パイ中間子　⑩73
梅毒性脊髄癆　③308
肺病/肺結核　①79,85,247,279 ②219 ③21,289,307,333,336,340 ④181,267,269 ⑤14,53,103 ⑧36,239 ⑩152 ⇒結核
　——になるような人の心は　③200
パイプ　④147 ⑨246 ⑩235
肺門淋巴腺　⑥95
ハイラー (ヒレーア)　⑤129
パウロ　①74,233 ④117 ⑥293 ⑨62,137 ⑩195,197,280 ㊙18,43,79
　——の眼はどうして治らなかったか　⑧292
パブロフ/パヴロフ(の実験)　①69 ⑩304,335
破壊的な感情想念が湧いて来たときには　⑩265

破瓜(はか)期　⑥153
博多(福岡市)　⑦202
白隠禅師　⑦254 ⑧iii,36 ⑨6,287 ㊗139,148
『白隠禅師—健康法と逸話』(直木公彦)　⑨6
迫害　④329
博学の低能　⑥168,174
白色高級霊　⑧152
白色人種　④80
バクダモン　⑤139
爆弾動議　④290
白髪の老翁　④70 ㊗146
白髪白髯の住吉大神(神姿)　③132,133
暴露症　④66
函館(北海道)　③134 ㊗211
はじめ
——に神天地を創造り給えり(『創世記』)　①182,300
——(太初)に言あり、言は神と偕にあり、言は神なりき(『ヨハネ伝』)　①139 ③98,207,243 ④177,185,205 ⑩18
——に秩序あり、秩序は神なりき　③98
波旬　⑨102
パス　⑨175
パスカル　④125
パストゥール細菌研究所　⑧332
バセドウ氏病　②111 ㊗138
『はだか随筆』(佐藤弘人)　⑤311,316
『裸足の伯爵夫人』(映画)　⑤88,92
畑中猶三　③133
働(く)
——き上手と健康　①39
——けど働けどなお我が暮し楽にならざり、じっと手を見る(石川啄木)　㊗200
——けば働くほど達者になる　①67
——とは　①27
波長の合うものは合する　②339
バチルス　㊗182
パチンコ　①151,217
鉢盂(はつう)は仏の身心なり　⑦289
ハックスレー(ジュリアン)　⑤323
抜苦与楽　⑨148
八卦見　⑤21
八紘一宇　①66
八紘を蔽いて宇と為さん　①66
発動者　③254
服部時計店の精工舎　④20
服部仁郎　③201,307 ⑥80 ㊗140
——氏の弟　㊗126
バットを可愛がれば野球に勝つ　③164
跋難　⑧47
発熱は　⑨203
発明と云うものは　①55
波動の世界　②152
鳩山一郎　⑧336
鳩山総理大臣邸の誌友会　㊗195
鼻茸　②121 ⑩152
花の香は如何にして生ずるかを思え　⑩129
鼻のつまり　①87
花房(屋号)　㊗186
花嫁学校　①127,186 ⑤100 ㊗256
離れて見るこころ　③188 ④91
「ハ」の音霊　④228
母
——と一体不可分　⑥178
——と子の精神的感応　②349
——マリヤ　⑥105
『母・妻・娘の本』(谷口雅春)　④296
馬場きう　①75,77-82,85,89
パピナール　⑦227
浜口雄幸　③84
浜松(静岡県)　㊗122
早くよい結果が現れる法　③33
腹
——の塊は、不平や怨みの心の象徴　③158
——を立てた人の息から毒素が出る　①277
腹立ち
「——」は心の火事　①263
——を抑えるには　②101 ⑨53
腹立てると出来る毒　①71
原宿(東京)　③93

波羅僧羯諦　⑦167
「波羅」というのは　⑦9
バラモン
　――教　⑥64 ⑦39
　――教徒の大自在天の宇宙創造の説　⑥64
　――身　⑦20
　――の乙女　⑦44
　――の仙人　⑦42
巴里　⑧332
ハリウッド　⑤129
『春の目覚』(ウェデキント)　⑥154
パルプ　①50
ハレー彗星　③86
パレスチナ　㊖17
　――時代　⑤236
腫物や硬結は　⑨203
繁栄
　――と成功への智慧　⑧177
　――に導く智慧　⑩129
　――の気　⑩5
　――のための祈り　⑨284
　――への黄金律　⑨146
　――を得るためには　⑩34
　――を目的とする擬態信仰　⑦246
汎エネルギー論　④248
叛逆者　⑥52
万教
　――悉く一仏教　⑦179
　――は「一つ」の真理から来る　⑩175
万教帰一　⑩75
　――教　㊖3
　――的　⑦180 ⑧50,55
　――的の立場　③243
　――の象徴になるマーク　③138
　――の真理に就いて　⑥266
　――は綜合による新価値の創造である　②106
　生長の家の――運動　③138 ⑩176
　生長の家の――的立場　⑦186
　法然上人の――論　⑦186
万国小児科医大会　⑤136
判治幸三郎　⑥163
繁昌
　「――」には「明るい希望」の肥料が要る　⑧62
　――法　②74
　――を招く言葉の力　②225
　我は常に我家の――のみを語る　②226
半身　④148
汎神論　②258 ⑩141
汎性欲説　⑤332
ハンター (ジョン)　⑧239
阪大　⑩299 ㊖239
ハンチング/ハンティング (ガードナー)　①338 ③107
ハンディキャップ　③148
パンドラの箱　④312
『般若心経』　④82 ⑥149,⑥252 ⑦68,167,177 ⑧155 ⑩12,68
般若の智慧　③237
万物
　――既に完全に運行せり　②5
　――の霊長　①254
　――は不可知の一元に帰入する　④249
万法唯心　⑦78,80,91,105
万有引力　②135 ⑦74 ⑩14
　――と万有斥力　⑦220
万有神論　⑩141

【ひ】

悲哀の中には聖地がある(オスカー・ワイルド)　④140
ＢＣＧ　㊖182
ビールス　⇒ヴィールス
　――研究のノーベル賞受賞者　⑨186
　極めて不安定な――　⑨188
比叡山の講習会　③194 ⑤17 ⑥108
稗田阿礼　③234
ピカデリー劇場　⑤88
光
　――ある生活は斯うして　⑩242

——のあるうちに光の中を歩め(イエス)　①154
——の神様　①165
——の欠乏　④132 ⑨308
常に「——」を見よ　①109
『光の泉』誌　①117 ⑥194
『ひかりの語録』(谷口雅春)　⑥10,80
彼岸とは　⑧29
『彼岸に到る道』(谷口清超)　⑥249
ビキニ(米国)
——の環礁　⑧247
——の水爆　⑧96
——の灰　⑧44
引寄せて結べば柴の庵なり解くればもとの薪なりけり(仏教の教歌)　⑦155
日出(ひじ)駅(大分県)　⑦200
微笑の功徳　①295
ヒステリー　⑥169
ピストル強盗　⑥76
卑相　④97
『秘蔵宝鑰』(弘法大師)　⑦118
日立製作所　③151
霊嗣(ひつぎ)の御子　④230
引込思案　①129
必勝精神　①99
ヒットラー/ヒトラー　④61,97,272 ⑧70 ⑨62
——青年団　①120
否定
——の祈りと肯定の祈り　⑧119
一切の——の後に来る肯定　⑦282
美的価値と道徳的価値(と)　⑥264,284
美と云うものは　③148
人
——たるの道　⑧284
——、時、処三相応　⑥63
「——」とは「霊止」　⑦274
——に祝福を与えるの幸福　②155
——に知られないで、他に施すものは天の倉に大いなるものを貯えることになるのである　⑩185
——に持たせて眺めたい心　③189
——の完全なる実相を見よ　②309
——の欠点を噂してはならない　②287 ⑩244
——の欠点をとがめてはならない　①211
——の心は「宇宙の心」の一部分である　①267
——のために尽すよろこび　④13
——の発する霊気　㊊33
——の花は紅い(諺)　⑨324
——は各々自己自身の方法を持つ　⑧216
——は悲しめば一層悲しみが来り、喜べば一層喜びが来る　④129
——は自分の思う通りの処の者になる　②230 ④129
——はすべて天才である、忍耐強く発掘せよ　⑧130
——はパンのみにて生きるに非ず(イエス)　①265 ⑧124
——もし汝に一里ゆくことを強いなば、共に二里を行け(イエス)　⑨197
——もし我が言を守らば、永遠に死を見ざるべし(イエス)　②46
——を生かせば我が身たすかる　③138
——を外見で批判してはならない　②82
——を毛嫌いしてはなりません　③177
——を殺すなかれ　⑤200
——を審き且つ詛ってはならない　②48
——を憎んでいたら懺悔しなさい　①316
——を呪ってはならない　⑩53
——を咒(のろ)わば坑二つ(諺)　②198 ⑧228
——を赦さなければ自分自身に幸福が来ない　⑩192
——を赦すためには　⑤234
——を喜ばすには　③176
——を悪く語ってはならない　②305
どんな——に対しても実相を礼拝する人となれ　④99

他(ひと)
——を侵してはならない　⑩110
——を「悪い奴」だと思ってはならぬ　①262
「日時計」主義の生活　②229
ひとすじの道　⑧283
一つ
——なる心　㊍7
「——なる生命の流れ」に融け込む生活　⑧226
——の心　㊍78
——の世界　②189
——一つの細胞はその役目が造られる前から計画されている　③62
ひとのみち　⑥79 ⑧36
ヒドラジッド　①99 ⑦108 ⑧277
一人　⇒一人(いちにん)
——が富めば皆が富む　⑨162
——の心の力は百万人の能力にまさる　①51
——の労働は五人の消費を満たす　⑤134
日取りの好し悪し　⑨76
日に進歩する店と進歩する人　⑧188
日に日に生くるが宗教である(智慧の言葉)　⑧9
ビニロン　③53
避妊　⑤130
——の倫理的霊的影響　⑤146
——法　⑤147
「ヒ」の音霊　④229
ひのきしん　⑧36
日々の生活が宗教である　⑧3,219
皮膚
——疾患(病)　②120 ⑦199 ⑩151
——だけを考えても、こんなに素晴しい　③59
——の粗い人は　⑨203
——の肌理の細かい人は　⑨203
美貌
——とは愛に輝いた顔　⑤94
——について　⑤94 ⑧214
——になる自己暗示法　⑤95
——になるには平常の心を楽しくする　⑤98
睡眠中に自律神経を——になるよう使うこと　⑤96
『美貌』誌　⑤131
ヒポクラテス　①308 ⑧238
ヒマラヤ　⑧162
向日葵の花型の図解　②181
秘密と罪の魅力について　⑤27
秘密の魅力　⑤37
『秘密』(谷崎潤一郎)　⑤37
『百事如意』(谷口雅春)　⑥335
辟支仏(びゃくしぶつ)　⑥341
「百節の御理解」(金光教の格言集)　③337
百日風邪　⑥165
『百万人のための哲学』(『生命の謎』)　④250
ヒューマニズム　⑤137
病気
——が治ると云うのは　④170
——から自己を解放するためには　⑧303
——している暇がない　①292
——と云うものは　④170
——なし、肉体なし　⑦99
——になりたい意志を捨てよ　②212
——になりたい心(意志/願望)　②99 ④261 ⑨322
——に面して病気を見ず　⑦342
——の(起る)原因　①40,122
——の口実を「他」に求めてはならない　⑧335
——の根本的治療法　⑩308
——の際には自己の精神を分析せよ　⑧307
——の種子も心にある　⑦106
——の精神的原因について　⑩147
——の治癒は一種の実験事項　④170
——のとき神想観の次に念ずる言葉　⑩105
——のときには　⑩207,210
——の時ほど健康を想像せよ　⑧330
——の治りにくい原因は　⑧327
——の治る原因　①122

——の治るよりも魂の向上を神はねがっていられる　㊞149
——の本質は心の煩いである　④271
——のままでも仕事をせよ　⑧339
——は神からの電話である　⑨298
——は業のあらわれ　⑩134
——は心から起る　①204
——は心で起り、心で治る　㊞129
——は心の想いが映写されたもの　㊞160
——は自己破壊の欲望がつくる　⑧324
——は自分が心で作る　①290
——は内部の生命力が治す　①305
——は何故起るか(あらわれるか)　④252 ⑩180
——・貧乏・闘争等は実相ではない　⑩96
——・不幸・災禍はすべて夢である　④256
——不幸は斯うして消える　①300
——本来無し　⑨335
——や悪の襲来を予想してはならない　⑩245
——や不幸に関する文章を読んではならない　④262
——や不幸を実在と見てはならない　②58
——を思わないでも病気は起る　⑩155
——を歓待する心を捨てて胃下垂が治った実例　④266
——を口実にしたり、自己弁解の道具にしてはならない　①312
——を克服するには恐怖心を捨てなさい　⑧353
——を「心」から放って神にまかせましょう　⑨197
——を治すには(秘訣)　①73 ②186 ⑩208
——を治そうと祈るよりも、心が神に一致するように祈りなさい　①323 ⑧38
「——を欲する心」を自己診断して捨てよ　⑧334
どんな——でも治らぬと云うことはない　⑨228
一切の——は神経衰弱の変形　①302
一定の心質は一定の——として表現される　⑨203
誰かが——である場合には　②143
病菌(は感染しない)　⑩94 ㊞234
病菌も関節炎も心の影　㊞172
病源体　⑨179
——微生物は如何にして生じたか　⑨174,176
兵庫県の青年　㊞123
兵庫県赤穂郡上郡町　④269
兵庫県赤穂市赤穂町　④269
兵庫県揖保郡　④267
兵庫の水木通り　④13,15
凝視催眠法　⑦90
病弱　①119
——を語ってはならない　⑧243
表情で寿命が縮まる　③143
表情を明るくしましょう　⑩262
病状の急変　③326
病的な暗示を避けましょう　⑨18
平等の心　①161
病人にあり勝な性格　⑩244
病人の74%が感情から　㊞130
表面の心(現在意識)　⑨321
病問の釈迦　⑥221
「病問の世尊」(山辺習学)　⑥223,224
平川会話　③111
ピラト　⑧i
平林たい子　⑤65
蛭　④269
水蛭子(ひるこ)　⑤54,56
毘盧遮那仏　⑦12
——説法の世界　⑦10
昼は出来る限り肉体を垂直に保つこと　⑧337
ビルマ　⑤144
疲労　㊞132
——を癒すための呼吸式思念法　③160
広き道を歩め　⑨222

弘前大学　⑤104
広島(市)　④282,290 ⑦113
――医大　⑤174
――教化部　④287,289 ㊕253
――県の士族　④11
――逓信病院　⑤174
――の原爆　⑥282
――の生長の家信徒連合会長　④287
――へ原爆が投下された時の実例　㊕253
ヒロポン　⑤201 ⑦227 ⑧348 ⑩42
――中毒(患者)　③42 ⑤206 ⑦128 ⑧204 ⑨157,261
琵琶湖　⑦196 ⑩183
品性を失ったとき、人間は全てを失ったのである(諺)　⑧207
貧相　④97
ヒンヅー(ヒンズー)教　⑤323 ㊕70
ヒンヅー教徒　⑤248
貧乏　⑤197
――もなく病気もない　①148

【ふ】

ファラディ　⑧201
不安
――と災禍の克服に就いて　④300
――なき生活はただ神を信ずることからのみ生ずる　⑨232
――の起る原因の克服　④311
フィルモア (チャールス)　④211 ⑧318 ⑨173 ⑩38
フィルモア (マーツル)　④272,276
富者(ふうじゃ)
金銭なき――　④107
内在無限の――　④107
迷い児となった――の息子　⑩199
私たちは無限の――である　⑩296
『風神帖』(亀井勝一郎)　⑤94
『風太郎の墓』(放送劇)　⑤40
夫婦
――諧和の道　⑥90
――生活　②107
――と云うものは　㊕167
――となるべき者(因縁)　⑤225,229
――に非ざるものの性交　⑥219
――の意見の対立(する場合)　⑤50,67
――の調和と云うものは　③96
――の不調和から起る病気　㊕245
――の交りをする器官　㊕165
――の理念　⑥218
――ひとつになれ　①336
――別居　⑥89
実相の――と云う意味　⑤229
互に――となる者の霊的因縁　⑤267
似た者――(諺)　㊕208
フォード (ヘンリー)　③89,175 ④107 ⑥43,68,335 ⑦234,246 ⑨188
フオックス (エメット)　①342
不可視の一切の根元者　⑩281
不可視の実質　②182
不可思議　③39
深田ちゑ子　⑥36
不可知のもの　④249
不可知論者　㊕40
不可入性　④80
部下の状態は首脳者の心の影である　⑧71
不可不の法則　⑦263
不完全
――と見える中にも見出せば「完全」がある　⑧234
――な悪い相に見えるのは　①147
福岡(県)　⑥44,94 ⑧340 ⑩42
――練成道場　⑩102
福岡市六月田町　⑧340
福島寛四　⑤111
服飾専門家　②265
副腎　①71 ㊕134
――皮質　⑩304 ㊕134,219
腹水病　⑨157 ㊕166
福相　④97
福田(ふくでん)　⑥101
――のない人は富が手にあっても発掘出来ぬ　①215

不垢不浄　①172
腹膜炎　④157 ⑥163 ㊊166
福来友吉　⑥230
膨れる心　③158
不景気を言葉で語ってはならない　⑨152
普賢菩薩　①159 ⑧303 ⑩328,329
普賢菩薩観　⑨242
不幸
——が来ると予想して恐れてはならない　⑩80
——・災難は実相の秩序を破ったのが原因　⑨272
——な境遇を歎く前に　⑩247
——の原因を神及び他に帰してはならない　⑧123
——の根元　㊊3
——のときほど明るい心になりましょう　㊊211
——は自己破壊の欲望から来る　②277
——は非実在である　④131
——や貧しさを心に描くな　⑩247
——を歎く心を捨てよ　⑧306
——を欲し、失敗を欲する意志の奴隷となるな　④261
一切の——の根因は　⑤290
一切の——は人間が物質に執著した結果です　⑨267
一切の——を超える道　⑨183
一番——な心の状態　①301
汝の——を呟くな　①107
不在地主　④231
武士に二言なし(諺)　⑥191
節から芽が出る心配無用　⑦346
不思議な叡智　③64
不思議な智慧　③56
不思善、不思悪　②270
藤村操　④162
勝本留男　⑨196
不生　⑤159
——の生命が生きている自分　⑤160
不消化病　①331
不生不滅　③25 ⑦85
——、不老不死　⑩253
藤原秋子　⑤9
『婦人公論』誌　⑤299 ⑥102,105
婦人と家庭生活の智慧　⑤13
「婦人の教室」(ラジオ番組)　⑤9
不殺生　⑧284
武装解除　④94
不増不減　①172 ⑦85
豚を食べて何故人間は豚にならぬか　⑤148
仏(ぶつ)
——に遭うては仏を殺し、祖におうては祖を殺し(『臨済録』)　⑦283
復活　③32 ④326 ⑦318 ⑨17 ㊊26
『復活』(トルストイ)　⑥99
弗化沃度　①277
仏眼　④319
仏教　①i,7,74,81,154,162,172,173,308 ②79 ③77,131,138,243,334 ④36,120,130,221,312 ⑤27,155,160,196,324 ⑥224 ⑦12,52,61,62,68,74,82,85,97,98,153,159,180,258,283,342 ⑧29 ⑨52,91,116,125,147,303,311 ⑩75,113 ㊊70,144,160
——学者　②106
——僧侶　②106
——と云うものは　⑦171
——の最後の最勝のお経　⑦250
——の「物心一如」論　⑦224
仏教者　⑩193
仏教徒　⑥21
物質
——医学が死を宣告しても失望してはならない　④259
——界の法則　⑨8
——が前か、心が前か　⑦219
——主義　①313
——的想念　①309
——的存在　⑨321
——的な艱難のうちには　⑧141
——的肉塊　⑩77
——とか肉体とか云うものは　⑦121
——と見えるものは心の塊　③115

――に執著してはならない　⑧135
「――」にのみ執着している者は放蕩息子　①321
――人間を超える自覚　③3
――の運動の唯一の特性　②226
――の具体的姿は内在の想念に因る　⑨176
――の原子というものは　⑦67
――の元素　①169
――の御利益　⑨91
――の正味　⑦70
――の世界　④122
――の否定と即身成仏の悟り　⑦127
――の不可入性　⑥332
――は生きている　④250
――は“心の影”　⑨268
――は実相から出る蛍光である　⑩206
――は実は観念である　⑧99
――は精神的原型に随って配列される　⑩8
――はただ与えられた方向に惰力で動く　②226
――は惰力で動いていて自発的に方向転換はできない　⑦222
――は単なるエネルギーの一形式　⑩73
――は単なる物質ではありません　⑨61
――はないと(云うこと)　⑦3,68,81
――はみずから運動方向を選択し得ない　⑩118
――は「無」である　⑧282
――は霊的な使途に使ってのみ永遠の価値を得ます　⑨24
――、物質にあらずこれを物質と言う　⑦76
――無　⑥25 ⑩320
「――無」の実験について　⑥332
――も生きている　⑧161
――を信じたら心の力は顕れない　③114
吾々は未だ嘗て――そのものをみたことはない　②244
吾々は究極には――だけでは満足できない　⑨12
仏性　①325 ⑦311,⑦342
――の珠　④160
仏心
――とは四無量心是也(『観無量寿経』)　⑦157,216 ⑨148
――とは大慈悲心是なり　⑧314
物心一如について　⑩12
仏陀　⑩113,196
「――」というのは　⑦258
仏典　②106 ⑩184
仏・法・僧の三宝　⑦257
仏耶の教えを完成する生長の家　②107
物理学　⑦76,80 ⑩40
――上の「物質無」　②245
――の進歩と共に　④247
『物理学と世界観』(プランク)　①240
物理的心霊現象　⑥333
『ブディスト・マガジン』誌　⑦112
不道徳きわまる産制　⑤130
葡萄の樹　⑩174
不動の原理　⑦85
舞踏(蹈)病　④166 ⑥163
不動明王　④190 ⑦123
――の御本体　⑦84
船橋(千葉県)　⑤71
不妊(症)　⑥95,100
「フ」の音霊　④230
ブハナナ (ジェームズ)　⑤240
部分品は人間に非ず　⑦160
不平の心　②253 ㊗161
普遍
――愛の人格的理会　㊗4
――心と「個人の心」との関係　⑩156
――の心　②233
――の第一原因者　⑩280
不勉強の子供を導くには　⑥3
普遍的
――意識　④251
――原因者　㊗41
――生命と個生命　②90
――内在神　②257

——平等　⑩79
——霊の導きを失った人間　⑩51
父母(ふぼ)　⇒父母(ちちはは)
——の父母の、その父母の……生れる前のあなたの「生命」は　③276
——未生以前の本来の面目　③278
——を大切にする心　②222
不昧因果　⑥146
不眠が来るのは自我中心の想念がもと　⑨50
不眠症　①72,303
不滅
——に関する教義　㊉70
——の自己を認識せよ　⑩78
——の如来蔵　⑦165
不滅者　②243
普門成就の働き　④221
不落因果　⑥146
プラグマティズム　③7
ブラジル　⑧54
——国王ドム・ペドロ　①291
——の羊飼　①215
プラトニック・ラヴ　⑤314
ブラブラ散歩よりも目的ある運動がよい　①276
フラフラする「心」　⑥252
ブラブラ病　①290
プランク (マックス)　①240
フランシス　②277 ③197 ⑤329,332 ⑦239
フランス　③216,218 ⑤138,268 ⑦88 ⑧332
——宮廷　⑤210,265,285
——の科学者　④248
——の催眠術家　⑦95
——のパスツール研究所　㊉232
『ふりそそぐ愛の奇蹟』(スター・デーリー)　⑨162
ふりそそぐ愛の光　①146
不立文字　①7,52 ③203,214
不良性　⑥188
ブルームフィールド (アーサー・L.)　⑩155
ふるえ中風　①289
フルシチョフ　㊉224
ブルジョア　⑥145,149
ブルム (レオン)　⑤304
古屋亀一　③152
ブレイド　⑦89
prayerful meditation(深き祈りの瞑想)　⑨89
フレッシュマン (エステル)　⑧269
フレッチャーリズムの話　①94
ブロイエル　⑦87,102,106
フロイド　⑤334 ⑥153
——の精神分析の亜流　⑤332
——の汎性欲説　⑤333
浮浪の霊　⑨99
フローレンスの博物館　①293
風呂敷精神　③232
プロタミラーゼ　⑦301
プロレタリア　⑥145,149
雰囲気　②252 ⑨167
——とは　②251
——の元　①287
——をよくするには　①286 ⑧316
文化
——勲章　③290
——人の契約としての結婚　⑤221
——の発達は常識を超える処にある　⑧102
噴火山上の舞踏　⑩138
紛糾した問題に直面した場合　②341
『文藝春秋』誌　⑧347
紛失物は斯うして発見される　⑨196
『文章世界』誌　④17
分析　⑧307 ⑩326
——知　③237
——の知恵　③235
心を——すれば　①218
糞雑穢(ふんぞうえ)　②57
分離感　②215

【へ】

平衡の原理　⑧260

平衡の法則　⑤218 ⑧275 ⑨81 ㊿250
米国　①36,94　⇒アメリカ
　——初代大統領の話　①19
　——女流光明思想家　④136
　——心理病理学協会　②119
　——ニューソート界　④107
米熟すること久し。猶篩を欠くことあり(慧能)　③255
平常茶飯事に感謝をなさい　⑩300
平常心是れ道　③268 ⑩300
米人　①215　⇒アメリカ人
平生の心　③268
ヘイマン (ジュリアス)　②121 ⑩152
ベイル (フレデリック)　②121
平和
　——国家　④93
　「——」は幼少年期に植えつけよ　②311
　真に——を招来せんとする者の覚悟　④329
　真に——を持ち来すには　㊿224
平和楼での話　①75
ベートーヴェン　④21 ⑥299,305
ベールズ (W.)　⑩151
『碧巌録』　⑦279
ベッセダの池　①272
ペッティング　⑤316
別府(大分県)　⑦200
ペティ　⑤134
ペテロ　①263 ⑦201
　——の母　①272
ベドーウィン族　⑤262
ペニシリン(属)　①249 ⑨45 ㊿179
「へ」の音霊　④231
蛇の知恵　①321
ペプシン　⑦301
謙りて神智の流入を受けよ　⑧349
謙れる心は地を嗣がん　⑤125
ペルー　⑧54
ベルグソン　⑦176
ペルシャ　③201 ⑤253,262
ペルセウスの銅像　①293
ペルリ　⑤211
ベルリン　④44,271
ヘレン・ケラー　⇒ケラー
変化　㊿70
　「——する」と云うことの正体　㊿92
　——無常の奥に常恒不滅の本体がある　⑩194
勉強
　——室は　③167
　——の秘訣　①38
　——は一生涯の問題です　③183
遍在する法則　①268
偏執症　⑥168
　——は如何にして？　⑥165
弁証法　⑥291
偏食　④158 ⑤205
ベンゾール　①49
扁桃腺炎　④212
便秘　㊿131

【ほ】

『法悦の力』(谷口雅春)　⑥117
報恩　⑨334
忘恩と云う“魂の病気”　⑨334
忘却の流れ　㊿52
封建思想　③145
封建時代　⑤65
『放光般若経』　⑥270
宝積(人名)　①158
方丈と云うのは　⑦290
報身の阿弥陀仏　⑦150 ⑧50
報身仏　⑦131,193
『放送人生読本』(谷口雅春)　⑧286
法蔵菩薩　①282 ⑦146,151
　——の本願力　⑦132
法則
　——が神である　②236 ⑩49
　——と云うものは　⑨42
　——と真理に就いて　④50
　——の支配する世界　⑩338
　——の智慧　②237
　——は愛憎によって変化しない　⑨35
　——は智慧ある心である　②220

——を建設的に利用するには　⑩145
放蕩の青年　③42
放蕩息子(の喩)　⑨317 ⑩199,204
法然上人　①320 ⑦172,186 ⑧40,44,
　52 ⑨134
——の万教帰一論　⑦186
法令　㊙205
亡霊の障　⑥163
ホームズ (アーネスト)　④136
ホール (メンリー)　⑤265
北鮮軍　③70
北鮮清津　⑤176
北大　⑨187
保元・平治の時代　⑧44
菩薩　④82 ⑥342 ⑦171
——雲集・光明三昧　⑦16
——行　①149 ④83 ㊙155
星丘(人名)　①87
星村旅館　⑧340
ボストン大学　②119 ⑩151
母性愛　⑥104
——の浄化に就いて　⑥102
細川候と宮本武蔵　③270
細野みち子　⑥183
菩提樹の下　⑦44
「菩提」とは　③247
菩提は本、樹に非ず(慧能)　③249
北海道　①304
発願の次には修行です　①282
『法句経』　②124
『法華経』　②303 ④36,47,53,62,130
　⑥139,148 ⑦14,16,115,120,165,
　171,175,254 ⑧25 ⑩199,204,207
　㊙110
——と云うのは　⑦250
——の化城諭品　②266
——の常不軽菩薩品　①344
——の序品　⑥222
——の如来寿量品　②303 ⑤122
——の如来寿量品の自我偈　④36 ⑦
　100,172,251
——の普門品　③132
——は現象界の無常を説いている
　⑦250
『法華經解釋』(谷口雅春・佐藤勝身)　⑩
　205
法華の三部経　⑦232
法性　②348 ⑦145
法身　②348
——仏　⑦131,152,193
欲する事物
——が得られないとき　⑨195
——を得る道　⑨166
——を得た実例　②127
『坊ちゃん』(夏目漱石)　③227
発菩提心　③247
ボディ・ビルの元祖　㊙218
ほとけ
「——」と云うのは　⑦145
「——」の日本的語源　⑩55
仏
「——」と云うのは　⑦142
——と神とは一致するか　⑦141
——になると云うことは　⑦59
——の心　②125
——の慈悲　⑦45,152
——の光は智慧の光にして　③39
ホドケ　③39
仏様の世界　①159
ホドケル　⑩55
『不如帰』の浪子　⑤103
「ホ」の音霊　④232
賞め(る)/讃める
神から——られる人　①17
生長の家式の——方　⑥174
果して——ばかりが好いか　⑥62
人前で自分を——てはなりません
　③176
堀見太郎　⑤111
ボルチモア　①214
ホルムス　①276 ⑩306,316
ホルモン　⑩303,304
——医学の発達と精神身体医学の樹立
　㊙219
——剤　⑥96
——の異状　⑨187
——分泌　⑨151
ホワイト・ハウス　④277,279

本
——に書いてある知識をつかう力を養うには　③172
——を買ってもらったら　③165
——を大切にする人は本から得るところが多い　③165
——を読む時には　③165
——を読むにもコツがあります　③169
「——を読んで病気が治る」と云う噂　①121
着物などを節約して——を買いなさい　③166
元気になる——を読みなさい　③173
良い——と悪い本の鑑別け方　①123
善い——は同じ本でもたびたび読みなさい　③171
本願寺　⑧43,49
——の勧学寮　㊙13
「本源」と「門」と取りちがえてはならぬ　②41
本源の神　⑦152
本郷新　④165
「本体としての心」と「現象としての心」を混同してはならぬ　⑧15
磅(ポンド)　①45
本当
——に実在するものは眼に見えない。眼に見えるものは影に過ぎない(トルストイ)　⑦53
——に正しい祈り方は？　⑨89
——に富むと云うこと　⑨314
——に仲よくなるには　①181
——に民主主義の生活は神に一致する　⑦327
——にゆたかなる生活　⑩170
——に豊かなる生活とは　⑨23
——に赦すということは　①344
——のあなた　①252 ⑧167,312
——の永久平和は？　⑩201
——の幸福感(に就いて)　①236 ⑩319
——の幸福と云うものは　①226
——の幸福はこうして得られる　⑨50
「——の心」は汚れない　①172
——の自我　⑨332
——の自信は「肉体の自分」を信ずることではありません　⑨68
——の実在　①11
——の自由(に就いて)　①163 ⑦58 ⑩41
——の宗教と云うものは　㊙143
——の宗教と三次元的工夫とは別である　⑦247
——の宗教的救いとは　⑦233,241
——の勝利とはこんなものです　⑨62
——の信　②198
——の信心(信仰)とは　①226 ⑧109
——の救いは「物」を得ることではない　⑨237
——の魂の進歩　②81
——の魂の悦びは祈りから得られる　⑨332
——の調和と云うものは　⑩200
——の富と云うものは　④111 ⑨167 ⑩297
——の日本国　⑦162
——の父母を求めて　④6
——の平和　⑨313
——の平和運動　㊙257
——の民主主義　④88,200 ⑤192 ⑦328 ⑧250
——の赦し　⑩161
本当の愛　①236 ⑥134 ⑦181,214 ⑨130
——は愛欲ではない　②112
——(四無量心)を起すこと　⑦214
ほんとうの祈りは　①198
本当の自分　①264,345 ②103 ③56
——の心　②99
本当の真理　①164
——は普遍的である　②79
本当の人間　①12,148 ②243 ③29 ⑨30,299
——の幸福とは何でしょう　⑦240
「——」は肉体ではない霊である　③103
本能　①219,340 ㊙46,73

——と想念とを支配せよ　⑩164
本能の心　②175 ⑥272
——層　②178
「——」と潜在意識との関係　②177
煩悩　②107,249 ⑦214 ⑨139
——具足の凡夫を超えて　⑩192
——身　⑦20
——即菩提　⑦156 ⑨139
——としての愛と神の愛と　⑦180
梵王　⑧46
凡夫　②234,250 ③12 ⑥147 ⑦109,150 ⑨330 ⑩192,193 ㊊110
本部道場　①322
ポンペイの遺跡　④113
本末を顚倒してはならない　⑧94
本物(真物/本もの)の自分　①173 ②243 ⑤191
凡庸の徒　④102
本来
——犠牲なし、本来苦痛なし　④324
——生　③25
——の「叡智」と「慮知心」と　⑩16
——の健康な相　①207
——の秩序　⑩41
——無一物　③250

【ま】

麻雀に凝る夫の外泊問題　⑥13
マーズの神　㊊12
マーデン　②226
マーフィー　⑨78 ㊊217
「毎月の法語」(『生長の家』誌)　⑦ii
埋蔵されたる力　⑨290
蒔いた
——種は生える、急ぐな　①81
——通りの植物が生える　③102
播いた
——種と同じものを収穫する　④122
——種子は刈り穫らねばならぬ　⑩339
——通りの種子が生える　⑧228
播かぬ種は生えぬ　①189
毎日あなたが失敗を繰返す原因は？　⑨135
『毎日新聞』　⑤182
大阪——　⑤111
毎秒、毎分、毎時、毎日　①112
マイヤースン (アブラハム)　②119,120 ⑩151
mind/Mind(マインド)　⑧15
勾璁(まがたま)　④224
摩訶毘盧遮那仏　⑦82,98,99
——の大威神力　⑦120
牧野富太郎　③110
牧野沃度　⑥209
負ける原因は自分にある　③210
マコトを尽すと云うことは　①55
正岡子規　②294 ⑧339
マサチューセッツ綜合病院　④293
先ず
——与えよ、さらば与えられん　②197 ⑧64
「——与えよ」の経済循環が必要である　②203
——如何に思うべきか　②64
——神を愛せよ　②321
——心に「神との一体感」を確立せよ　⑧90
——心の観点を新たにして　②3
——「心」を変えて御覧なさい　②149
——「自己内在の霊的本質」の満足を求めよ　⑩59
——事物の“精神的原型”を　⑩28
——自分を人類に与えよ　⑨155
——「真にあるもの」から出発せよ　②61
——第一義のものを求めよ　④84
——大慈悲を行ぜよ　⑧314
——互に拝み合え　②204
——正しい世界観をもつことである　⑩312
——正しく考える事から出発せよ　②109
——他に与えるために奉仕せよ　⑧

210
——“魂の病気”を治しましょう ⑨333
——天命を知ること ④44
——何よりも神の智慧を求めよ ②280
——人間の本質を見究めてから ⑧203
——働きをよくせよ ①134
——人々と和解せよ ⑧93
——霊的本源を求めよ ⑨316
——「霊」をもとめよ、「物」はおのずから伴わん ⑨118
——我等の為すべきこと ⑧217
貧しき者
——は幸いなるかな。天国はその人のものなり(イエス) ⑤125
いと——に施したる愛はわれに施したるなり(イエス) ②82
マゾヒスティック(被虐愛好的) ②277
『マタイ伝』 ①184,271 ④312 ㊐53
真渓涙骨 ⑦280 ⑧165
間違の多い子供をどうして導くか ⑥152
マックァーサー元帥 ②20(マ元帥) ④68
マッケイ (ロイ・H.) ②133
マッケンジー (ナン) ㊐157
松代町(長野市) ②215
松田午三郎 ①242
松永角次郎 ㊐178
松本外次 ③301
松本恒子 ③137
松本肇 ③137
松本道樹 ④289 ㊐191,256
松山(愛媛県) ①128,130
待てば海路の日和が来る(諺) ②49
「まと」というのは ③241
「マ」の音霊 ④233
マホメット ⑧215 ㊐11,26
継子(ままこ) ①89
——いじめ ③120
継母(ままはは) ①88 ④135
ままよと云う気持にならねばお蔭は得られぬ(金光教祖) ①73 ②239
麻耶夫人の右の脇腹 ㊐144
迷い
「——心」と云う絶縁体を作ってはならぬ ⑩283
——の心 ⑤29
——の自壊作用 ⑥315 ⑧182
——を去れば「実相」の完全さが現れます ⑧17
一躍超入「——」を捨つ ④34
無明(まよい)は無い ⑦156
迷える亡霊 ⑥162
マラリヤ ⑩246
マリヤ ⑥112 ㊐144
丸井清泰 ⑤104
丸亀(香川県) ㊐183
マルキシズム ⑦237
——の模写説 ⑦233
マルキシスト ⑦243 ⑨59
マルクス ⑤135 ⑦234
——の考え方 ⑦236
マルサス ⑤132
丸山の僧都 ⑤83
マレンコフ ②169 ④94
マン (ステラ・テリル) ①309,328
漫画ブーム ⑨11
満洲(国) ①191 ④153 ⑤198 ⑥95 ⑦198
——の引揚者 ⑤40
慢性
——下痢 ⑥209
——中耳炎 ③135 ㊐239
——の胃潰瘍 ③135
——腹膜炎 ⑥95
マンモンの神 ㊐12
満四歳で小学校へ行く ④9

【み】

身
——は是れ菩提の樹(神秀) ③247
——を捨ててこそ浮ぶ瀬もあれ(諺)

⑦281
——をちぢめて小ならしめて(『観普賢菩薩行法経』) ⑩328
三重県宇治山田市 ①246
三重県度会郡川俣町 ①246
見えざる
——世界に徳を積むこと ⑩185
——手の導き ②286
御影(神戸) ⑦197 ㊿203
——師範学校 ㊿204
三河国幡豆郡 ⑥162
「幹」と云う立場に立って ⑧249
右の手でした施しを左の手に知らすな(イエス) ⑩295
ミケランジェロ ①27 ⑧234
未見の真我 ①ii
み心
——の既に天に成(れ)る世界 ⑩146, 325
——の天に成るが如く地にも成る ⑧110
三沢梅子 ②219
水
——の面に夜な夜な月は通えども思いもとめず跡ものこさず(短歌) ①171
——は絶対に濁らぬ ③251
——を葡萄酒にかえる力 ③145
みずから/自ら
——選んだ運命 ⑩310
——高く昇る者のみ高くあげらる ⑧298
——を高くする者は低くせられ、みずからを低くする者は高くせられん(イエス) ⑤125
「自分——を知れ」とソクラテスは言いました ②230
汝、——を知れ(ソクラテス) ⑦259 ⑩182
先ず汝——を知れ ⑨216
われ——にては何事をも為し得ず、天の父われにいまして御業を為さしめたもうなり(イエス) ③118 ⑧198, 260 ⑨120 ⑩169,285,309,317
水谷八重子 ⑤65
水原義雄 ③164
瑞穂の国 ④77
陰陽和合国(ミズホのくに) ④79
味噌の味噌臭きは上味噌にあらず(諺) ⑤68
弥陀の願行の本地は何処にあるか ⑦150
『三田文学』誌 ⑤37
ミタマの神 ①197
『弥陀和讃』(親鸞) ⑦144
道 ①24
「——」と云うのは ⑦60
——にそむいた性愛 ②315
——は邇(ちか)きにあり ⑧218
——を説くことは人を救うことである ⑧351
我は——なり、我は光なり ⑧138
道尾(長崎県) ㊿215
導きの霊 ㊿157
三日会 ③133
三菱電機株式会社 ㊿214
水戸市の弘道館 ③150
みとめ(られ)るものは存在に入る ⑨225 ⑩211
湊川神社を父の手にひかれて ④7
「ミ」の音霊 ④233
未発の中 ④84
三原山 ①103 ④101 ⑨257 ㊿210
御船千鶴子 ⑥230
耳鳴 ㊿243
耳や鼻や目の不思議な構造 ③60
宮内町(新潟県長岡市) ⑨196
宮川修氏 ⑥62
三宅歳雄 ⑧26
宮崎農大 ⑥205
宮崎安右衛門 ⑥140
宮沢賢治 ②294 ⑧339
御息所の生霊 ⑤84
宮本百合子 ④30
ミュー中間子 ⑩73
妙好人 ①338
——伝 ⑧351
明上座 ③259

妙法蓮華経の多宝塔品　⑦14
三次(みよし)(広島県)　⑦122
未来
「――の幸福」は「今の心」の中にあります　③127
――はあなたの思うまま　②62
未来世　⑥231
観(る)
――られる世界は観る人の心の影だ(西田哲学)　④312
――ことは創造ることである　②144
――通りにあらわれる　⑧318 ⑩222
――ればあらわれる　⑨89
――れば現れる、観なければ顕れない　⑥302
ミルトン　⑤92
弥勒菩薩　⑦4,171
三輪清造　⑥177
三輪光子　⑥115
民間放送　②316 ⑨45
民主主義　①328 ②202 ④120 ⑤70,191
――時代　⑤65
――陣営　⑥297
――と(云うこと)は　①188 ⑥89 ⑦264
――の基礎　①189
――の原理　①iv
――のルールは　⑧275
――は唯物論とは調和しない　⑦264
――理想　①66
過れる――　②222
民族
――の独立　④80
アジア・アフリカ――の目覚め　⑩331
イスラエル――　⑩188
すべての――は　⑩67
西欧――　④79
大東亜(の)――　①192 ④79 ⑩331
東亜――　①192
東洋――　④79
朝鮮――　③70
日本――　①59 ③244 ⑦269
有色――　④80
ユダヤ――　㊍5
『民約論』(ルソー)　④125

【む】

無
「――」に働きかける神の霊　⑩119
――の中に起ったエネルギー　⑨176
「――」を媒介として「無限」を表現する世界　⑩329
無畏施　②147
無一物中無尽蔵　④248
ムーア　④112
無我　⑨156
――全托　⑧20
――即神　⑤57 ⑨330
――の愛　①236
――の祝福　②158
昔の教育と今の教育　③206
無構えの構え　③271
向わんと擬すれば却って乖く(諺)　⑤190
報いをもとめぬ愛　⑩57
無功徳　⑥270
無礙光　②233
――の智慧は自分にも充ち満ちている　②233
――如来　③334
――仏　⑧49
「無礙自在の『生命の本性』を発揮せよ」(谷口雅春)　㊍140
無価(むげ)の宝珠は既に自分の腕にある　①214
無限
――の遺産を嗣ぐ自覚　③74
――の宇宙の心　①269
――の可能性を発揮するには　⑨141
――の供給　⑧247
――の空間に遍在するもの　①269
「――の心」への思慕　⑩275
――の力　①112,116,118

——の力と接触する簡単な思念法　②346
——の力の貯蔵庫について　⑧224
——の富の遺産相続書　③75
——の富の自覚　④107
——の宝庫をひらく鍵(道/には)　②117 ⑩91,276
われに宿る——の力　⑨217
無限供給　⑤88,198 ⑥334 ⑨233
——の意義について　④106
——の黄金律　⑤116
——の本源　①310
——を得るための祈り　⑩240
『無限供給の鍵』(谷口雅春)　②281
無限者(なる父)　⑧134 別5
無限絶対の神様　①197
無限力なる「神性」　③284
無色界　⑨52
無自性のビールスが何故病源として活動しはじめるか　⑨186
無視するものは消えてしまう　⑧344
無師独覚　③141
虫の知らせ　④306
矛盾と自己同一としての人間　⑩85
無縄自縛　④117 ⑦118
無常をみつめて　⑩137
無尽燈　⑦25
無神論者　⑧106 ⑨265 別40
息子のヒロポンが治る　⑤201
娘
——が神経衰弱で疲れ易い　⑥177
——と云うものは　⑥178
——の純潔と両親の責任について　⑤292
無相にして無限相　⑩4
牟田口とし子　⑥13
無駄な生活を省く一方法　⑧82
無智と無我とは異る　⑨159
無痛分娩　②89 ④265 ⑥94
難かしい仕事ほど吾々を発達さす　①38
難しい問題が起って来たときには　⑦334
無貞操論　③49
武当国師　③279
武当山　③279
「無念」必ずしも「無念」ではない　⑨99
「無念無想」以上のもの　⑨99
「ム」の音霊　④234
無明　④36 ⑦52
——縁起　⑧296
——即叡智　⑦156
無門和尚　③313 ⑥75 ⑦293
『無門関』　③235,268,283,306 ⑥74,81 ⑦115,275,288
——第五則　③274
——第二十則　③285
村上専精　⑦170
村川辰蔵　⑥132
村瀬広一郎　⑥100
『無量義経』　⑦179
無量寿　⑧303
——如来　⑧303
『無量寿経』　⑥147

【め】

目
——と云うものは　①178
——付が悪いと運が悪い　①177
——に見えざる「国の本体」　⑦273
——に見えない不思議な力　①138
——は心の窓　①177
若し右の——汝を躓かせば、その目を抉り出して捨てよ(イエス)　③19 ⑦285
眼
——が見えないというのは　⑧287
——に見えないからとて無いのではない　⑧98
——に見えないでも「ある」ものはある　①251
——をひらいて光を見る話　⑧286
——をひらいて見よ、我らは神徳の中に生かされてあり(金光教祖)　①82
明治記念館　⑤311

メーヨー財団　④271
眼鏡のレンズ　③71
メキシコの巨象　⑦345
盲人蛇に怖じず、盲人となって蛇をふみつぶせ(『智慧の言葉』)　⑧175
目覚めよ、眠れる汝の実相よ、併して実相たる神性が汝の上に輝きわたれ(チャールス・フィルモア)　⑧318
メスメリズム　⑦89
メスメル　⑦88
メタノール　①49
メタフィジカル・ヒーリング(哲学治療)　⑨174
Meditation(メディテーション)　②80
メニンジャー (カール・A.)　①166 ②99,277 ⑦212 ⑧325,328
「メ」の音霊　④235
めまい　㊗131
メルセイリュー (スザンヌ)　⑤274
メンタル・サイエンス　㊗i
——東洋本部　㊗ii
——の幽祖　⑨40
『メンタル・サイエンス講義』(ハーヴィー・ハードマン)　㊗i

【も】

孟子　④12
妄想顚倒　⑦143
毛沢東　⑥43,49 ⑦235 ⑧215
盲腸炎　③30 ⑥95 ㊗162
手遅れの——が手術なしに治る　③30
孟母の三遷のように　④12
網膜剥離症　⑤76
盲目　①290 ⑧286
モーセ　⑤132,200 ⑨234 ⑩181 ㊗26
——の五書　①3
——の十誡　⑧284
モギレフスキー　④21
『黙示録』　④37 ⑤121,122
——の預言　⑥294
木星号　⑨257 ㊗210
黙然　④274
「有たざるものが有てるものを奪う」という戦争標語　①192
持越苦労　②47
——をしてはならない　⑧85
持(つ)
——ちたいと思うより味わいたい心になれ　③186 ④110
——てる者にはなお与えられ、持たざる者はなお奪われるのだ(イエス)　⑤117 ⑧315
根元(もと)の心　①267
本居宣長　④207
求むるに先立ちて必需品を知りたまう(イエス)　⑧109
求めよ、さらば与えられん　①231 ②64,288 ⑨109,292 ⑩284
求めよ、而して行動せよ、さらば与えられん　②139
「モ」の音霊　④236
物事が順潮に行かぬ時には　⑨286
最早われ生くるにあらず、神の命ここにあって生くるなり(黒住宗忠)　③340
最早われ生くるに非ず、キリスト我にあって生くるなり(パウロ)　⑥294 ⑩189,195,197
モヒ(剤)　②145 ⑦227
貰い徳　③303 ⑩185
モリエール　①187
盛岡(岩手県)　⑤104
盛岡病院　⑧332 ㊗232
守田勘彌　⑤65 ⑧28
森田悟由禅師　②201
森村市左衛門　⑦235
モルガン　④183
モルモン教徒　⑤208
文殊と維摩の問答について　⑥338
文殊菩薩　③119 ⑥338
問題
——解決の中枢(鍵)はあなたの心にある　②4,173
——が起ったときにも　⑦312
——は既に回答があるのが問題だ

③282
——を解決する「愛」の公式　⑧254
——を解決するための心の平和　②319
——を解決するには　③47
文部省純潔教育審議会　⑤303

【や】

八百万の神々　③214
やがて来る事物の予感　④306
柳生但馬守　③263,272
柳生流の極意の歌　④204 ㊋119
薬剤で精神の働きが異るのは何故か　⑦227
八尺勾璁　④223
夜叉身　⑦20
野心は愛をくらます　⑤79
靖国神社　⑦113
安田蔦子　⑥159
痩せたい人は　①96
痩せる健康法　①94
矢田はるみ　⑥51
「や」というのは　③241
柳田謙十郎　⑧39
「ヤ」の音霊　④237
矢野桃江　㊋238
病
——の振替　⑥79
——本来なし　⑥79
山上新太郎　⑨257 ㊋210
山口県吉敷郡大内村　③158
山口県玖珂郡玖珂町　③156
山口市　③152 ㊋176
山崎高晴　①162
山崎直人　①91
山田祐義　④288,289 ㊋255
山田槌太郎　③224
山田博子　㊋127
山田わか　⑥27
大和(やまと)　①65 ③241
「——」の国号　③232
「——」の理念　⑦270
山梨県北巨摩郡小笠原村　②219
山梨県南都留郡河口湖町　①130
山根八春　③138
(山根)よしの　③138
山葉楽器店　③303
『やまびこ』誌　⑨196
山辺習学　⑥220, 221,224
山も川も草も木も物質ではない　③76
山本五十六　③210
山本治郎平　⑤78
山、山にあらず、これを山と言う(『金剛経』)　⑦76
闇　⑥211
——の夜に啼かぬ烏の声を聴く　⑨6
——を行う父と子の関係　⑥205
闇買　⑥208
病める気/病気(やめるき)　④271 ⑩154

【ゆ】

唯一神　①326
唯心縁起論　⑩75
唯神実相論　⑦219,230
唯心所現　③164 ⑦11,108 ⑨165 ㊋102,125
唯心論　①58 ⑦219,225,230 ⑨27,28
——者　⑦220
結納　④150
唯物的な考え方　①58
唯仏与仏乃能究尽(『法華経』)　⑩207
唯物論　⑦225,230,264 ⑨27,164 ⑩203
——か唯心論か唯神実相論か　⑦219
——者　②15,122,240 ③49 ④316 ⑦219,242 ⑩206
——では人権の根拠がありません　⑨59
——では人生に希望がなくなる　⑦262
——と唯心論　①58
——の人たちは　⑨331

——は結局唯心論に帰著します　⑨28
——は次のような理論で正しくない　③8
——より観たる国家　⑦266
『維摩経』　①157 ③119 ⑤156 ⑥338 ⑦25,97
——の説く菩薩不可思議の境涯　⑦18
維摩居士　③119 ⑥338 ⑦290
唯霊論　⑦230
有益無害菌も人間の心に従って有害無益菌となる　⑧332
夕顔の君　⑤85
有機的生命体　⑦269
勇気と果断とは　②11
遊戯にも規則があるので楽しいのである　③99
優柔不断　⑥203
友情
——と云うものは　②272
——や、家庭の感情がそこなわれるのは　①210
——を得るための思念　⑦321
真の——は与える愛である　②273
真の——を得るには　②273
友人　⇒友
よき——は富より高き価値がある　②271
有神論　⑩75
——者　⑧106
融通無礙　②210 ③252
優生学的生殖　㊕70
幽体　⑩9
『ユートピア(理想郷)』(ムーア)　④112
ＵＰ通信　⑤129
ユーモア　⑨11
有楽座　④109
『優良児を作る』(谷口雅春)　⑥158
幽霊の正体見たり枯れ尾花(俳句)　①157
誘惑に近づいてはならない　⑧204
湯江(長崎県)　㊕212
湯川秀樹　⑦70 ⑨98 ⑩74,75
歪んだ心　⑩154
歪んだ「精神模型」の通りに列んだ分子成分の肉体が病体である　⑤171
行き詰り　⑥291
世の中に——と云うものはない　⑨112
遊戯(ゆげ)三昧　③77
ユダ　①322 ④100 ⑥139
湯田(山口県)　③153
ユダヤ　①74
——系　⑤293
——人　④79 ⑥64
——第一の賢王　⑧354
——の神　②59
——の祭司　㊕14
——の長老　⑤196
——の預言者　③201
——民族　㊕5
ユダヤ教　⑤323 ㊕70
——徒　⑧41
——の経典　①8
ユニティ　②309 ⑤284
——教会　④211
——教会の創始者　④272
——教校の教祖　⑧318
——教派　①309 ⑨173 ⑩38
——・スクール　④132
——の実話　⑨323
ユネスコ
——憲章　⑤323
——の人生観　⑥313
『ユネスコの目的と哲学』(ハックスレー)　⑤323
「ユ」の音霊　④238
夢は信念によって現実化する　②195
赦(ゆる)す
「——」と云うことは　①344
人を——さないことは　⑩44
我らが人の負債を——したるが如く、我らの負債をも赦したまえ(主の祈り)　⑩192
赦(ゆる)し
「——」「神の恵み」による免罪　㊕50
——の神想観　㊕195,199
宥(ゆる)し得ない相手が出て来た場合

⑧115
ユング　⑩335

【よ】

世
　――は吾れを憎む(イエス)　④324
　されどわれ既に――に勝てり(イエス)　④324 ⑨48,62
陽気　③333
　――ぐらし(天理教)　⑨226
　――とユーモアとは人生に油を差す　②93
　――を吸う(黒住教)　⑨226
幼児
　――期に愛を拒絶してはならぬ　②299
　――の性欲の問題　⑤332
幼時から情操教育を行え　②310
容貌以上に働く性格の美しさ　③148
養毛剤　⑨33
瑜伽の行者　⑧162
瑜伽の哲学と人格改善　⑥249
沃度(ヨード)　①50
ヨーロッパ　①291 ③229 ⑤275 ⑧332 ⇒欧州
　――人　③231
善き言葉の種を蒔きましょう　⑩30
良き配偶の見つからぬ場合　⑤257
抑圧されたる感情　⑨187
よくかみしめて読む方法は　③167
欲界　⑨52
善くしようと思うより、既に善いと思え　⑥55
欲望
　――とは　㊗37
　――は不滅の原動力である　㊗37
　――を正しき方向へ　⑨139
預言　⑤122
　永久平和が来ると云うような――に関して　⑥294
　『ダニエル書』の――　⑥294
　『黙示録』の――　⑥294
予言で金儲け　①216
横取りの方法　⑤199
横の真理　⑤188 ⑥146 ⑩318 ㊗89,91,102,217
緯(よこ)の真理　㊗89
よごれた茶碗で人を饗応してはならない　⑩235
「善さ」を呼び出す最高の方法　②161
吉川英治　⑦235 ⑨5
吉田武利　㊗194
吉田正明　①200
吉村賢　⑦21
余剰価値　⑥285
与田伊左夫　㊗214
依田佐四郎　②215
淀川　⑦196 ⑩183
「ヨ」の音霊　④239
ヨハネ　②84 ⑤120,236
『ヨハネ伝』　①273,309,311③207,243 ④24,177,185,205 ⑤196 ⑥64,105 ⑦344 ⑧36 ⑨37 ⑩18
『ヨブ記』　④168 ⑧263 ⑩80
夜見国　①165
嫁
　――いじめ　①181 ③120
　――に往ったら家庭に一つに融け込まねばならぬ　①179
　――に苛められる姑さん　①182
　――の犠牲　①182
　――を拝む心境になったら家庭が極楽に変じた　⑤84
　姑と――とは　①179
ヨルダン河(畔)　⑧124 ⑨102
喜び勇め(イエス)　⑨226
よろこびの感情　①291
悦びの日光を運んで来る人　③67
よろこべば悦びが来る　⑨206
よろめき夫人　⑩181
『四十八歳の抵抗』(石川達三)　⑨223
四層の心　②175

【ら】

癩患者　⑦125
頼山陽　⑥54
来世　㊮38,56
「——」に再び彼と相会うたとき彼であると知ることができるであろうか　㊮54
——への移行　㊮40
癩病　⑦124
ライン河畔　⑦88
「ラ」行の音霊　④240
楽園追放　⑩203
楽天主義　①153
楽天的な者は到る処に天国を見出す　②100
螺髻梵王(らけいぼんのう)　①159
ラザフォード　⑧280
ラザロ　②216 ⑧38 ⑨213
ラジオ
——・セット　①8,133,134,203,228 ②162,166,183,237,259,316 ③333 ⑦160,228,231 ⑨164 ⑩321 ㊮226
——装置　①132
——の受信機　①5
——の波　①132,134
ラシャメン(洋妾)　⑤211 ㊮198
ラスキン　①48 ⑧348
喇叭(らっぱ)/ラッパ　③132,140 ㊮254
——的役目　③141
卵巣　㊮165
——嚢腫　⑤33,197 ㊮164
——の発育不全　⑥96

【り】

理　②188
——は神じゃ(天理教祖)　⑧106
『リーダーズ・ダイジェスト』誌　④262,278,291,297 ⑧299 ⑩130
リーブマン (ジョシュア・ロス)　④290
理化学研究所　①50
力学的均衡状態　㊮19
力道山　⑧27
『李桂伝』(放送劇)　⑤40,45
李桂と云う歌妓　⑤45
利己主義　①149,212,286,303 ③69,233 ⑥202
——行動　①248
——的な心　②16
——の願いはきかれない　⑩238
——は却って自分を損う　②307
——は自分を狭く見ている　①301
——は富を遠ざける　⑨155
利己心　①313
——を捨てた人が富める人だ　⑨154
利己的
——観念を熔かす坩堝としての結婚生活　⑤218
——主張は「全体の生命」から切り離される　②204
——生活　⑤286
——な祈りをしてはならない　⑨173
離婚　⑥126
——してはならない場合　⑤215
——と云うことは　⑤219
——の合理性がみとめられる三つの場合　⑤213
——は正当化され得るか　⑤212
不貞と——の問題　⑤208
理想　③55
——国家　④64
——日本　④326
——を現実に屈服させてはならない　②274
吾が——とする青年　④96
立正佼成会　⑧39
立身出世　①25,130
律と云うのは　③101
立派な仕事をとげるには　③162
立派な人の伝記をお読みなさい　③171

律法のうち、何が最大第一のものであるか　⑩92
理念　①60 ②188,242 ⑦268,269 ⑩9
——国家　④78
——の大和国　④79
「——」の力　⑤187
——の日本の国　⑦273
——表現　⑦266
「クルマ」の——　③236
リビドー　⑥311
リフ (シャ)　⑤142
龍宮海　④70
龍宮之大神　④232
流産　⑦212
龍樹菩薩　④70 ⑦155,172
龍庸夫　⑧28
隆鼻術　㊓205
リューマチス/リューマチ　③143,156,308⑧239 ㊓141
良寛和尚　⑦239
良識　③192
量子力学　⑥147
寮長(谷口輝子)　①128
梁の武帝　⑥270
慮知の心　⑤57 ⑩16
リリジアス・サイエンス　④132
リンカーン　②128
——の最初の夢　④278
——の次の夢　④279
——は斯くの如く祈った　④276
——夫人　④279
「リンカーン最後の日」(サンドバーク)　④278
リンク　⑤222
『臨済録』　⑦283
吝嗇　⑤108
リンデマン (エリック)　④293
輪廻　⑥339
——転生　㊓48
『倫理学』(和辻哲郎)　⑤299
倫理学的立場から観た純潔　⑤299

【る】

類
——の集まる法則を知って「病気」を思うな　③338
——は類を招ぶ　①107,189,191,281 ②302,339 ④122 ⑨128 ㊓208
——をもって集る(諺)　②18,94,229,316,339 ③102,221,332,338 ④122,129,130 ⑤285 ⑥276,302 ⑧246 ⑨9,13,152 ㊓208
類型と個性と我と　⑧133
類似の思い　②118
ルイ十六世時代　⑤268
ルーズベルト (フランクリン)　④97 ⑧262
ルーン (ヴァン)　㊓21
『ルカ伝』　⑨38 ㊓53
ルシャナ仏　⑤156
ルソー　④125
流転輪廻　⑧46
ル・ボン　④248
ルンペン街　⑤43

【れ】

霊　②242
「——」「精神」「肉体」の関係　⑩46
——と精神と肉体との三重の進歩のために　⑩47
「——」と「物」との二元観ではいけない　⑧132
——なる実相人間は不滅である　⑩179
——なる人間　②243 ③248 ⑧157
——なる人　㊓79
——の顕現としての肉体　⑩80
——の進化の法則　㊓70
——の成長と欲望の浄化について

⑩60
——の選士としての青年の使命　④63
——の賜物　⑨115 ⑩214
——の人間　③103
——の不滅　㊿74
——の法則　④122 ⑧227 ㊿59
——の法則が回答を与える　㊿66
「——」のみが「本当の人間」である　⑨298
——の眼　⑩191
——は素材、想念は創造る力　②185
——は無限で遍在である。人間は「無限者」の自己表現の中心である　⑦230
霊界　④55,56
——通信　④193,322 ⑥287 ㊿39
——で良人に会うことが出来るでしょうか　⑤85
——の法則　⑨8
——の霊人　⑥289
『靈界の妻は語る』(レスター)　⑨103,171 ㊿39,156
霊感　②40
——と宗教について　①3
霊魂
——が肉体に受胎すると云うことは　⑤147
——というものは　①187
——の座　⑤147
——の進化　⑤147
発達を遂げてない——は離魂の修行をしてはならない　⑨171
霊示　⑥294
神示と——　⑨169
霊耳　②40
霊術を受けて霊動の起る場合は？　⑨101
霊身　⑩216
冷水摩擦　②7
冷戦　④95
冷淡すぎるのは執著よりも尚悪い　⑨249
霊智心　⑥273
霊聴　㊿16
霊的
——感応術　⑨101,103
——喫煙を覚えましょう　⑧162
——自我　⑩130
——実在　⑨64,321 ⑩4
——実在とお蔭との関係　⑧25
——修行と神に近づく道に就いて　⑨98
——進化の促進　㊿78
——進歩を遂げるには　⑨241
——生活は　⑧148
——施療　㊿157
——想念　①309
——存在　⑩45 ㊿133
——賜物　⑨64
——治療　⑧319
——微小体(を活用して)　⑨169,189
——恵み　⑨90
——目覚めを志して　⑩214
霊読　⑤212,216,223,231
霊媒　①216 ⑥333 ⑧136 ㊿157
——現象　㊿75
霊峰富士山　①128
霊盲　⑩206
霊力を増大するには　②27
レイモン (ウオード・ヒル)　④278,279,281
レクリエーション　⑨11
レスター (R.)　⑨171 ㊿156
Lethe(レテ)　㊿52
恋愛
——と云うものを、どんな心得で処置して行くべきか　⑥216
——と性愛に就いて　⑥280
——と性欲の昇華　⑤319
——とは如何なるものか　⑤308,319 ⑥280
——の問題　⑤324
『戀愛・結婚・母性』(谷口雅春)　⑤226
蓮華蔵世界説　⑧284
連合軍　⑤129
煉獄　㊿64
連鎖反応　⑩22
蓮如上人の御文章　⑧44

【ろ】

労瘵　③336
老子　⑧215
老死なく、老死の尽くる事もなし　⑥149
老熟　⑨21
老衰　④53 ⑩254
　——と虚弱を去るには　⑨20
労働
　——価値論　⑤135
　——基準法　③287
　——者　②197
　——争議も人類相互の不信の結果である　②196
　——は苦役ではありません　⑧68
　——は神聖なり　⑨164
　——は何故神聖ですか　⑨164
　——を労役とせず、聖業とせよ　⑧68
聾盲唖の三重苦　⑩259
「老」を思えば「老」があらわれます　⑨13
羅馬(ローマ)/ローマ　⑧234
　——・カトリック教会　㊗65
　——帝国は何故滅んだか　①20
　——の百卒の長　①271
　——は一日にして成らず(諺)　②49 ⑧83
　古代——　⑤212
ローランド (クララ)　⑧270
六条御息所(『源氏物語』)　⑤83,85,92
六波羅蜜　⑦9 ⑨116
　——の最後の最高のもの　⑩68
肋膜(炎)　①247 ③307 ⑨257 ⑩156 ㊗140
露西亜(ロシア)/ロシア/ロシヤ　⑥304
　——人　③230
　——の大生理学者　①69
　——の帝政を破壊したものは　⑥150
露出症　⑤317
ロッジ (オリバー)　⑥231
ロッフェ　⑨99
魯鈍なる物質から叡智が発生する筈はない　⑦225
『論語』　④19
倫敦(ロンドン)/ロンドン　①48 ⑤134
　——の霧　④118

【わ】

ワイリー　④297
ワイルド (オスカー)　④118,140 ⑥285
ワインガルトナー　④43
和解　①41
　——するとは　②345 ⑩34
　——の神想観　㊗179
　汝ら天地一切のものと——せよ(生長の家の神示)　①180
　先ず「神」に——せよ　⑧160
わが恐るるところのもの全てわれに降りかかれり(『ヨブ記』)　④168 ⑧263 ⑩80
若返り法　②74
若くあるには　②73 ⑧231,348 ⑨184
若さの復活は、こうして出来ます　⑨17
わがたましいの底の底なる神よ、無限の力湧きいでよ　⑦341 ⑨106,172,200,292,294
わが為に人汝等を罵り、又責め、詐りてさまざまの悪しきことを言うときは汝等幸いなり(イエス)　④324
我が名によって求むる処のものは何物でも与えられるべし(イエス)　②327 ⑨174
我が恵み汝に足れり(イエス)　⑧292
我が物と思えば軽し傘の雪(俳句)　①40
和歌山　⑤201
和歌山市和歌浦町　①249
腋臭が消える　㊗153
ワクチン　⑨175
和光倉　㊗187
禍は単に心を転ずるだけでは克服出来ぬ

④315
和して同ぜず(諺)　⑧250
ワシントン(米国)　①20 ④281
ワシントン (ジョージ)　①20 ⑥49 ⑨3
忘れの河　㊗52
忘れることが上手　⑩322
早稲田大学　⑤37,85 ⑦124
——の野球の監督　③164
早稲田の(英)文科　④18 ㊗200
私
——自身が富である　⑨150
——達の魂の真実の願いについて　⑨278
——たちの運命を支配するもの　㊗197,207
——たちは神の守りの中に包まれている　⑩84
——は猫に負けた　㊗183
私(谷口雅春)
——たちの責任　㊗13
——達の理想　㊗3
——の自叙伝　④41
——の娘(谷口恵美子)　①160 ⑦12
——の幼少年時代　④3
——は何故、名前が変ったか　㊗203
『私はこうして祈る』(谷口雅春)　⑨236 ⑩39,238 ㊗115,173
渡辺英三郎　⑧286,293
渡辺恭子　③22
和辻哲郎　⑤299
ワット (ジェームス)　②32
「ワ」の音霊　④242
笑い
——を人生に活用すること　⑩166
——を生活に利用すること　⑩165
笑う門に福来る(諺)　①152 ⑧228 ㊗208
笑って死んだ青年　①80
悪遊びをするのは　⑥186
悪い
——現象は本来存在しない　⑤34
——人間はひとりもない　①147
我れ是を為す、神が為さしめ給うなりと信ぜよ　④103
『われ三一の神を信ず』　③293
我(われ)生を知らず、いずくんぞ死を知らんや(孔子)　④56
われ地に穏かを出ださんが為に来れるに非ず、剣を出ださんが為に来れるなり(イエス)　⑥64
われ天の万軍を招び得ずと汝等おもうか(イエス)　④327
我(われ)戸の外にありて叩く、若し戸を開くものあらば我直ちに入らん(『黙示録』)　③51 ⑨183
我れ汝と何の係りあらんや(イエス)　①315 ⑥105
吾れに従え(イエス)　①316
我は沓(くつ)の紐を解くにも足らず(ヨハネ)　⑤120
われは主なる神なり。我のほかに如何なる神もあることなし(『イザヤ書』)　②59
吾は葡萄の樹、汝らは枝なり　②221
我を信ずる者は我より大いなる業をなさん(イエス)　④29 ⑩218
和を以て貴しとす(聖徳太子)　⑥223
ワンマン　⑧70

【ゐ】

「ヰ」の音霊　④243

【ゑ】

「ヱ」の音霊　④243

【を】

「ヲ」の音霊　④244

体験事例別索引

（新版 真理 全11巻の体験事例を巻数順に配列）

【治病】

疣と瘤が消える　（馬場きう）①83-85
蓄膿症が治る　（或る老人）①85-88
傷口が治る（或る戦傷軍人）①205-206
電車事故から速やかに回復する
（松田午三郎）①242
膿胸が癒える　（大津雅義）①246-248
膿胸が癒える　（池田隆）①249-250
列車事故に遭うも無傷
（依田佐四郎）②215-216
娘の先天性股関節脱臼が治る
（金子広只）②216
直腸癌の患者を治す（小出タケ）②216
膿胸が治る　（小野沢）②218
肺結核が治る　（三沢梅子）②219
盲腸炎が治る　（小林良一）③30-31
子供の湿疹が治る
（東智恵子）③150-152
曲った腰が治る（古屋亀一）③152-156
リューマチスが治る
（末永誠一）③156-157
腹に出来たカタマリが消える
（中村ユキヱ）③158
東京鎌倉間を歩いても疲れず
（山田槌太郎）③224-225
神経衰弱が治る（杉江重誠）③286-305
肺病と肋膜炎が治る
（服部仁郎）③307-308
立って歩けるようになる
（小川）③308-313
妊娠出産に成功する
（児島寿子）④264-265
胃下垂が快癒する
（中島富蔵）④266-267
肺病と胃下垂が治る（中村）④267-269
三男の肺結核と痔瘻が治る
（高見みな）④269-270
重態から回復する
（マーツル・フィルモア）④272-276
頭痛目まいが治る　（不明）④295-296
思いを告白して病気が治る
（或る誌友の娘）⑤31-35
眼病ながら『生命の實相』を朗読する
（北村勉）⑤76-77
子宮癌が治る（金田忠の母）⑤174-178
息子の覚醒剤中毒が治る
（岡本）⑤201-206
強迫観念に悩む青年に〔手紙〕
（西井真之介）⑥78-79
吃音矯正の鍵は何処に〔手紙〕
（三輪光子）⑥115-117
深刻なる人生苦を超克するには〔手紙〕
（薦田登）⑥136-145
偏執症は如何にして？〔手紙〕
（奥田一郎）⑥165-170
娘が神経衰弱で疲れ易い〔手紙〕
（三輪清造）⑥177
悟にて治病は可能か〔手紙〕
（宇佐美啓吉）⑥220
中風が治る　（或る老婆）⑦84-86
癩病患者が治る（おじゅう）⑦123-125
盲目が治る　（或る女性）⑧286-288
長男の小児麻痺が治る
（中村しげ子）⑨117
子供の先天原子病が治る
（被爆した或る女性）㊗127-128
肋膜炎と肺炎が治る
（服部仁郎）㊗140-141
リューマチスを克服する
（或る老婆）㊗141-142

睾丸上部の塊が消える
（石川芳夫）㊍152-153
腋臭が消える（或る娘）㊍153
卵巣嚢腫が消える（青木）㊍164-168
神経痛が治る（或る女性）㊍168-171
結核性関節炎が治る
（或る娘）㊍176-179
脊椎カリエスが治る
（木村英行）㊍191-196
中耳炎が治る（矢野桃江）㊍238-243

【教育】

不勉強の子供を導くには〔手紙〕
（綾川みつ子）⑥3-5
子供の入学試験に直面して〔手紙〕
（大西桂太郎）⑥39-40
学業を捨てて放浪する子供の問題〔手紙〕
（太田貞代）⑥44-45
知性の勝った叛逆の子の導き方〔手紙〕
（矢田はるみ）⑥51-53
叔父に反抗する少年をどう指導するか〔手紙〕
（木村みち子）⑥56-58
果して讃めるばかりが好いか〔手紙〕
（宮川修氏）⑥62-63
児童に「休養」は必要か〔手紙〕
（太田三郎）⑥67-69
母性愛の浄化に就いて〔手紙〕
（大山はるみ）⑥102-104
間違の多い子供をどうして導くか〔手紙〕
（太田芳子）⑥152
授業時間中居眠する子供〔手紙〕
（安田蔦子）⑥159
金を盗む不良児を如何にするか〔手紙〕
（細野みち子）⑥183-184
子供の嘘言はどうして直すか〔手紙〕
（大野あや子）⑥189

【繁栄】

家が売れる（吉田正明）①200-202
仕事が順潮に行く
（門脇観次郎）③134-135
畑の毛虫が消える
（高下佐一郎）③194 ⑥319-320
大根虫が消える（生長の家誌友）
③194-195
鼠が米倉を荒らさなくなる
（三十歳位の人）③194-197
紛失したボーナス袋を見出す
（江藤輝）④38-40
蛭が一匹も吸いつかない
（津野つや子）④269
商売が繁昌する（不明）⑤198-199
良人の仕事に妻が反対する場合〔手紙〕
（大岩義光）⑥108-110
観世音菩薩を念じて行き詰りを打開する
（吉村賢）⑦21-23
栄転する（竹迫晋）⑦200-201
ゆるし難い相手と和解する
（竹迫晋）⑦202-211
財布がもどってくる（樺沢ミセ）⑨196
鳥と和解する（或る信徒）㊍122-123
蛙を殺さなくなる
（或る農業青年）㊍125-126
猛犬と仲良くなる（嘉川）㊍183-185
特級酒が出来る
（或る醸り酒屋）㊍186-187
美味しい酒が出来る（長部）㊍187-189

【家庭】

夫婦仲がよくなる（大森機関少尉）①41
夫婦喧嘩して馬に蹴跳ばされる
（或る獣医）⑤17-19
良人と調和する（或る婦人）⑤67-69
家庭が極楽となる（長崎）⑤84-86

麻雀に凝る夫の外泊問題〔手紙〕
（牟田口とし子）⑥13-26
「妙子ちゃん事件」について〔手紙〕
（木藤房江）⑥73-74
三角関係をどう解決するか〔手紙〕
（岸田みつ・西川ふみ子）⑥82-88
子供を生みたいが生活不安〔手紙〕
（青木よしの）⑥95-96
業の流転より遁れるには〔手紙〕
（中本よね）⑥123-129
子供を有つ女教師の悩〔手紙〕
（石井みつ子）⑥193-195
処女で再婚した妻を持つ悩〔手紙〕
（井口二郎）⑥199-202
闇を行う父と子の関係〔手紙〕
（大重行正）⑥205-208
生理的本能と「夫婦の理念」とは異る
（中野ふゆ子）⑥213-215
戦歿せる兄の妻との結婚に関して
〔手紙〕
（小山生）⑥228-229
子宝を得る（大久保ヨシ子）⑦212-214
妾の問題を解決する（浜口）⑦215-218

【宗教】

救われて死を迎える
（或る青年）①79-81
懐中時計が動く　（岡村）①186-187
生き通しの生命　（小林昭三）③17-29
白髪白髯の神姿を遠方より透視する
（笠原政好）③133　㊗145-146
生長の家の神様を拝す
（門脇観次郎）③136-137
生長の家のマークを予見する
（門脇観次郎）③138-139
百人の誌友をつくる
（杉江重誠）③305-307
禅宗の僧侶と衆生救済
（豊島静虚）⑦122-123
自己拡大の体験を得る
（沢田正人）⑦196-198
墜落する飛行機に乗らない
（山上新太郎）⑨257　㊗210
戦死をまぬがれる　（或る誌友）⑨257
自殺を思いとどまる
（或る青年）㊗123-124
谷口雅春師が夢の中で教えを説く
（木原しづま）㊗147
沈没する船に乗らない
（或る誌友）㊗210-211
原子爆弾の難からのがれる
（高瀬清）㊗212-213
原子爆弾の難からのがれる
（与田伊左夫の娘）㊗214-215